청각장애아교육

EDUCATING DEAF AND HARD OF HEARING CHILDREN

| 고은 저 |

학지사

머 • 리 • 말

참 더딘 작업이었다. 애꿎은 시간만 한 해 두 해 보내면서 접어야겠다는 생각을 한 것도 수십 번이다. 굳이 핑곗거리를 찾자면 그 사이 쓸 만한 청각장애 관련 개론서들도 많이 나왔고 그래서 나까지 합세하지 않아도 될 성싶었다는 것이지만, 가장 솔직한 이유를 대자면 나는 주눅 들었다. '청각'과 '교육'이 잘 버무려진 개론서를 쓰겠다던 내 욕심과 달리 내 작품은 영 시시했다. 묵혀 두었던 원고 파일을 다시 꺼내들기까지의 시간이 길어서였을까? 어느 날 작업을 시작하면서 우습게도 나는 다시 웃고 있었다. 배운다는 기쁨이 컸고, 그러면서 이 작업이 마치 내 존재에 대한 하나의 물리적 징표처럼 느껴졌다. 다시 활기차지고, 다소 쓸쓸했던 내 삶이 선해지기 시작했다. 그리고 어느새 탈고의 시간이 다가왔다. 모든 게 감사할 일이다. 이 책을 쓰는 내내 나의 발목은 '임용'에 걸쳐져 있었다. 또 한 권의 수험서를 낸다는 것이 주는 심리적 부담도 컸고, 무엇보다도 이 책을 가지고 또 다시 임용이라고 하는 큰 산을 넘어야 하는 우리 학생들에게 불필요한 지식의 과유를 주는 것은 아닌지 염려했다. 청각장애를 좀 더 쉽게 이해할 수 있는 나침반의 역할, 딱 그 정도의 기능만 해 준다면 더할 나위 없이 만족할 일이라고 자위했다. 그래서 기존의 청각장애 관련 개론서들이 담고 있는 큰 틀에서 크게 벗어나지 않고자 하였다. 집필과정에서 가장 힘들었던 것은 저자가 알고 있는 지식의 얄팍함을 인정하는 것이었다. 무엇인지를 아는 것과 내가 그것을 어떻게 설명할 것인가는 완전히 별개의 문제였고, 만약 독자에게 충분히 이해되지 못한다면 그것은 순전히 저자 책임이라는 생각으로 임했다. 물론 탈고를 앞두고 있는 지금에 와서도 여전히 부족함이 많지만 나름 최선을 다했다.

청각장애는 그 어떤 장애 영역보다도 다학문적인 지식을 요구한다. 게다가 그 지식이란 매우 방대하고 전문적이어서 모두를 담아내지는 못하였다. 여기서는 최소한 청각장애를 이해하기 위해 필수적이라고 생각되는 부분에 한정하는 것으로 타협하고, 핵심 내용만을 전달하는 데 주력하였다. 특히 의학과 보청기 기술 부분에서는 무지한 내가 학생들에게 자칫 오개념(誤概念)을 만들어 주는 것은 아닌가 하는 생각에 몇 차례 전문가의 도움을 받으며 부족한 부분을 채워 나갔다. 이 책은 크게 '청각장애'와 '교육'으로 구분된다. 제1장에서 제6장은 청각장애에 관련된 기초 지식과 진단 및 보조기기에 중점을 두었으며, 제7장에서 제12장은 청각장애 아동의 특성과 그들을 어떻게 교육할 것인가에 대한 내용으로 구성하였다. 세부적인 구성은 다음과 같다.

제1장은 '청각장애 연구의 역사적 배경 및 청각장애의 정의'를 다룬다. 어떠한 역사적 흐름 속에서 하나의 학문이 탄생되었는가를 아는 것은 실로 중요하며, 실제로 여기에서 다룬 역사적 사건의 많은 부분이 청각장애의 주요 주제(thema)로 다루어진다는 점에서 주의 깊게 살펴보아야 할 것이다. 청각장애의 정의는 법적 정의를 중심으로 살펴볼 것이며, 이 장에서는 관련 통계자료와 법규들을 함께 소개하고자 한다.

제2장은 '청각기관과 청각장애의 원인 및 분류'를 다룬다. 어떤 경로로 소리를 듣는가에 대한 지식은 왜 소리를 듣지 못하는가에 대한 설명이 된다는 점에서 매우 중요하다. 특히 청각기관의 구조 및 원인과 분류 등에 대한 이해는 청각장애 진단뿐만 아니라 보청기와 인공와우를 이해하는 데에도 기초지식이 되므로 이 장은 청각장애아 교육을 공부하기 위한 선행지식이라 할 수 있다.

제3장은 '소리의 특성'을 다룬다. 'Hz'와 'dB' '공명' '진폭' 등 소리와 관련된 용어는 청각장애에서 계속해서 언급되는 용어로서, 소리에 대한 기본 개념의 이해는 필수적이다. 이 장에서는 소리를 물리적 특성과 지각적 특성으로 구분하여 소리의 가장 기본적인 내용을 살펴보고자 한다.

제4장과 제5장은 청력검사에 관한 내용이다. 피검사의 생리학적 반응에 근거한 검사는 객관적 청력검사라 하고, 피검자의 적극적인 협조가 필요한 것은 주관적 청력검사라 한다. 제4장에서는 '객관적 청력검사 및 유아청각검사'를 다룬다. 객관적 청력검사는 비단 유아 및 아동뿐만 아니라 청각장애등급을 받기 위해서 반드시 시행해야 하는 검사이다. 이 장에서는 중이검사와 특수청각검사, 신생아 청각선별검사와 유아청각검사로 나누어 살펴보고자 한다.

제5장은 '주관적 청력검사'에 대한 내용이다. 성인에게 사용되는 주관적 청력검사

로는 음차검사와 순음청력검사 그리고 어음청력검사가 있다. 순음청력검사는 500, 1,000, 2,000, 4,000Hz의 청력역치를 기준으로 평균값을 산출하며, 실제 순음청력검사는 모든 청력검사의 꽃이라 할 수 있다. 왜냐하면 순음청력검사 결과는 청각장애의 유형, 청력형 그리고 주파수별 역치 등을 가장 정확하게 보여 줄 수 있기 때문이다. 어음청력검사는 말 그대로 '어음'을 자극음으로 하여 실시되는 검사이며, 이 장에서는 어음청취역치검사와 어음명료도검사를 중심으로 살펴보고자 한다.

제6장은 '보청기 및 인공와우'에 대한 내용이다. 2011년 교육부 특수교육 실태조사에 따르면, 청각장애 학생들 가운데 431명을 제외한 3,131명(87.9%)이 보청기나 인공와우 또는 두 장치를 모두 사용하는 것으로 보고되고 있다. 따라서 특수교사는 보청기 및 인공와우에 대한 지식을 갖추고 있어야 하며, 이 장에서는 청각보조기기의 기초지식과 교육지원에 초점을 맞추어 살펴보고자 한다.

제7장은 '중추청각처리장애'를 다룬다. 이 장애의 출현율은 연구자에 따라 약 2~3% 또는 7%로 차이는 있으나 다른 장애에 비해 높다. 그럼에도 아직은 다소 생소한 장애로 여겨지고 있다. 중추청각처리장애는 말초청각기관이나 인지에는 이상이 없으나 청각 처리에 문제를 보이는 장애이며, 원인은 중추신경계의 이상 또는 기능적 손상 등으로 보인다. 이 장에서는 그 특성과 지도방법 등에 대해 알아보고자 한다.

제8장은 '청각장애 아동의 언어 및 심리적 · 학업적 특성'을 다룬다. 아동의 청력손실은 말과 언어발달에 지장을 줄 뿐만 아니라 사회 · 정서 · 인지 및 학업발달에 영향을 미친다. 건청아동은 신생아기와 영유아기를 거치면서 주변의 다양한 언어모델과의 상호작용을 통해 자연스럽게 언어를 습득한다. 그러나 청각장애 아동의 경우에는 낮은 청력손실로 인하여 다양한 발달 영역상에서 지장을 초래한다. 이 장에서는 일반적인 언어발달과 청각장애 아동의 언어적 특성 그리고 심리적 · 학업적 특성 등을 살펴보고자 한다.

제9장은 '구화지도'를 다룬다. 구화지도는 청능훈련, 독화 및 말 · 언어지도를 통해 음성언어를 매개로 한 언어교육방법을 말한다. 잔존청력을 최대한 활용하는 것이 청능훈련이라면, 독화는 시각적 단서를 활용하는 것이며, 말 · 언어지도는 말의 표현능력을 키워 주는 것이다. 궁극적으로는 자연스러운 의사소통 능력을 신장시키는 데 그 목적이 있다.

제10장은 '수어지도'에 관한 내용이다. 수어는 농인이 가지고 있는 고유한 언어인

동시에 아동의 언어습득을 촉진하고, 인지적 · 사회적 · 정서적 발달과 자신의 정체성을 형성하는 데에도 중요한 역할을 한다. 이 장에서는 수어의 언어학적 특징들을 설명하고 지면이 허락하는 범위 내에서 가급적 많은 수어 그림을 삽입하여 이해를 돕고자 한다.

제11장은 '교육과정 및 교과교육'에 관한 내용이다. 이 장에서는 '2015 개정 교육과정'에 따른 교육과정을 살펴보되, 그 범위가 너무 방대하여 교과교육에서는 국어과와 영어과만 언급하는 것으로 제한하고자 한다. 청각장애 학생들은 청력손실의 정도, 원인, 발생시기, 중복장애 유무 등 다양한 요인에 따라 교육적 의미와 접근방법 등이 달라진다. 따라서 개인 특성과 요구수준에 적합한 교수방법이 무엇보다도 중요하다는 점에서 교수적 수정에 중점을 두었다.

제12장은 '통합교육 및 통합수업'에 대한 내용이다. 전통적으로 장애학생은 분리된 학교나 시설에서 교육을 받아 왔다. 그러나 최근 통합교육은 장애아동의 기본적인 교육철학이 되었으며, 특히 청각장애의 경우에는 인공와우나 보청기 같은 의료공학의 발달로 일반학교에 재학하는 학생 수가 급증하고 있다. 이 장에서는 통합교육에 대한 기본 개념을 설명하고, 통합학급에서의 협력교수 그리고 수업지원 등에 대해 알아보고자 한다.

이 작업을 준비하고 완성해 나가는 과정에서 많은 분의 도움이 있었다. 광주 엔탑이비인후과 민경민 원장님, 부천 순천향대학교 인공와우 전문의 이종대 교수님, 얼굴에 자신이 없다고 하면서도 기꺼이 수어 모델이 되어 준 사광미 선생님 그리고 처음부터 끝까지 정성껏 원고를 다듬어 준 오랜 愛제자 김록현에게 깊은 감사의 마음을 전한다. 학지사 김진환 사장님을 비롯한 학지사 편집부 여러분께도 감사드린다.

항상 엄마가 최고라고 말해 주는 나의 아들 일현이와 백만 번의 뽀뽀로 힘을 주는 꽃송이 하진이에게 이 책을 선물한다. 세상 모든 부모에게 자식은 전부이다.

2017년

고 은

차 • 례

⊙ 머리말 _ 3

제1장 청각장애 연구의 역사적 배경 및 청각장애의 정의 / 11

1. 역사적 배경 / 13
2. 청각장애의 법적 정의 / 27
3. 국내 청각장애 관련 통계 현황 / 34
4. 청각장애 관련 법규 / 37

제2장 청각기관과 청각장애의 원인 및 분류 / 47

1. 청각기관의 구조 / 49
2. 청각장애의 원인 / 63
3. 청각장애의 분류 / 67

제3장 소리의 특성 / 75

1. 소리 / 77
2. 소리의 물리적 특성 / 85
3. 소리의 지각적 특성 / 94

제4장 객관적 청력검사 및 유아청각검사 / 101

1. 중이검사 / 103
2. 특수청각검사 / 112

3. 신생아 청각선별검사 / 123
4. 유아청각검사 / 127

제5장 주관적 청력검사 / 135
1. 음차검사 / 137
2. 순음청력검사 / 140
3. 어음청력검사 / 156
4. 차폐 / 163

제6장 보청기 및 인공와우 / 183
1. 보청기의 기본 구조 / 185
2. 보청기의 종류 / 196
3. 보청기 선정 / 204
4. 보청기 평가 및 관리 / 205
5. 인공와우 / 209

제7장 중추청각처리장애 / 223
1. 중추청각처리장애 / 225
2. 중추청각처리 기능 및 행동 특성 / 230
3. 진단 / 238
4. 중재방법 / 244

제8장 청각장애 아동의 언어 및 심리적 · 학업적 특성 / 253
1. 언어발달 / 255
2. 청각장애 아동의 언어발달 / 266
3. 심리적 특성 / 273
4. 학업적 특성 / 280

제9장 구화지도 / 299

1. 청능훈련 / 301
2. 독화 지도 / 320
3. 말 · 언어지도 / 331

제10장 수어지도 / 343

1. 수화의 역사 및 정의 / 345
2. 수어의 특징 / 351
3. 수화소의 구분 / 355
4. 수화의 기호 구성방법 / 361
5. 수화의 언어학적 분석 / 365

제11장 교육과정 및 교과교육 / 377

1. 교육과정 / 379
2. 교과교육 / 387
3. 교수방법 / 394
4. 국어과 교수 · 학습과정안 / 408

제12장 통합교육과 통합수업 / 415

1. 통합교육 / 417
2. 통합수업 / 424
3. 청각장애 교육방침 및 언어교육법 / 444

⊙ 찾아보기 _ 453

제 1 장

청각장애 연구의 역사적 배경 및 청각장애의 정의

나 하늘로 돌아가리라
아름다운 이 세상 소풍 끝나는 날
가서 아름다웠더라고 말하리라.

천상병의 「귀천」 중에서

청각장애아교육은 시각장애와 더불어 특수교육에서 가장 오랜 역사를 가지고 있다. 오늘날은 '농'과 '난청'을 포함하여 '청각장애'라는 용어를 사용하고 있지만 20세기 초까지만 하더라도 청각장애아교육의 주 대상은 '농'에 초점이 맞추어져 있었다. 이 장에서는 고대시대부터 중세 그리고 근대로 이어지는 청각장애 연구의 발전과정을 살펴보고자 한다. 또한 「장애인 등에 대한 특수교육법」과 「장애인복지법」에 근거한 청각장애의 법적 정의 및 농과 난청의 구분 등을 살펴보고, 마지막으로 청각장애 통계 현황 및 청각장애 관련 법규 등을 소개한다.

- 청각장애아교육은 어떠한 발전과정을 통해 특수교육의 한 분과 학문이 되었는가?
- 청각장애의 법적 정의는 무엇인가?
- 청각장애 통계 현황은 어떠한가?
- 청각장애 관련 법규에는 무엇이 있는가?

1. 역사적 배경[1) 2)]

1) 고대 그리스 · 로마시대

고대시대는 일반적으로 장애인에 대한 유기와 학대가 주로 이루어졌던 시기이다. 장애인은 가치가 없는 존재로 간주되어 유기되거나 학살되는 것이 합법적으로 묵인되었으며, 특히 스파르타[3)]와 같이 미와 건강을 최고의 가치 기준으로 삼는 사회에서 '장애인'이란 관용과 보호의 대상으로 간주되기보다는 무가치한 존재로 취급되었다. 그러나 농인의 경우에는 외형상 혐오감을 크게 주지 않는다는 점에서 다른 장애와 비교하여 극단적인 대우는 피할 수 있었을 것으로 추정된다. 구약성서와 고대 이스라엘 문헌들에서 나타나는 농인에 대한 인식을 살펴보면, 기원전 13세기경 히브리 예언자인 모세(Mose)의 세 번째 책에는 "너는 귀가 들리지 않는 것에 대해 수치스러워할 필요가 없다."라는 문구가 있으며, 『탈무드』에서는 농인은 지적장애인과 달리 '교육 가능자'로 간주되고 있음을 볼 수 있다. 그 시대에도 듣지 못해서 말을 하지 못하는 농인과 낮은 지능으로 인해 말을 하지 못하는 지적장애인을 다르게 구분하고 있다는 것을 알 수 있는 부분이다. 더욱 흥미로운 것은 태어날 때부터 청력을 잃은 사람과 후천적으로 청력을 잃은 사람을 구별하고 있다는 점이다. 당시 유대인 법에 따르면 말을 못하는 성인은 아동과 동일하게 간주하였으나, 후천성 농인에 대해서는 일반인과 동일한 법적 지위를 부여하였다. 로마시대의 유스티니아누스(Justinianus, 483~565) 법전을 비롯한 여러 규정에서도 후천성 농인은 선천성 농인과 달리 법적 보호를 받도록 되어 있다. 이러한 역사 기록물로 보아, 농인의 법적 지위는 상당 부분 보호되었던 것

1) 농교육과 관련하여 명확하게 시대를 구분하기는 어렵다. 따라서 여기서의 시대 구분은 사건을 중심으로 한 임의적 구분임을 밝힌다.

2) 이 장의 내용과 그림들은 Leonhardt(1999)에서 발췌하여 인용하였다.

3) 남아가 출생하면 국립검사장에 데려가 엄한 신체검사를 받게 했으며, 신체가 허약할 경우에는 장래 국가를 위한 유능한 군인이 될 수 없다고 판단하여 불합격시켰다. 이들은 타이게투스(Taygetus) 산중의 암굴에 버려졌다(조영일, 1992).

으로 추정할 수 있다.

그리스 시대에 이미 의사들은 외이(外耳)와 중이(中耳) 일부를 과학적으로 연구하기 시작하였다. 당시 히포크라테스(Hippocrates, 기원전 460~377)는 농인이 말을 못하는 이유는 혀의 구조적 결함에 있다고 설명하였다. 아리스토텔레스(Aristoteles, 기원전 384~322)도 농인이 말을 하지 못하는 이유를 비슷한 맥락에서 찾았다. 그에 따르면 혀가 없거나 혀의 운동이 자유롭지 못한 동물은 말을 할 수가 없다. 마찬가지로 농인이 말을 못하는 것은 성대는 가지고 있으나 혀에 결함이 있기 때문이라고 보았다. 또한 그는 가르침의 가장 중요한 기관으로 '귀'를 언급하면서 농인은 맹인보다도 더 가르치기 어려운 '교육 불가능자'로 간주하였다. 듣고 말하는 능력은 교육에서 가장 중요한 요소이며, 특히 언어는 사고를 전달하기 때문에 언어능력이 없는 농인은 곧 사고의 결함을 갖는다고 본 것이다. 반면에 소크라테스(Socrates, 기원전 470~399)의 수제자였던 플라톤(Platon, 기원전 427~347)은 비단 음성언어가 아니더라도 몸짓으로 서로 소통을 할 수 있다면 이것이 사고능력을 보여 주는 것이라고 주장하였다. 그러나 당시 그의 주장은 크게 주목받지 못하였다. 물론 아리스토텔레스학파 중에서도 몇몇 학자들은 농인이 말을 하지 못하는 이유는 혀의 결함이 아니라 소리를 들을 수 없기 때문이라는 주장을 하였으나, 혀의 구조적 결함으로 보는 아리스토텔레스의 주장은 당시 오랫동안 사람들의 지지를 받았다. 이러한 견해는 로마시대에 와서도 크게 달라지지 않았다. 로마의 유명한 의사이면서 인체해부학의 효시를 이룬 갈렌(Galen, 129~201)도 혀의 기능을 과대평가하면서, 설소대 제거 등이 농인이 말을 하는 데 도움이 될 것이라고 주장하였다.

2) 중세시대[4] 및 르네상스 시대

일반적으로 중세시대는 정치적 · 문화적 암흑기라고 부른다. 로마제국을 멸망시킨 게르만족은 당시 로마의 문화를 철저히 파괴하였으며, 신중심주의의 사상을 수립하였다. 기독교 교리 전파를 목적으로 한 교회에서의 종교교육이 중세 교육의 전부라고 불릴 정도로(조영일, 1992), 모든 사상과 지식은 신에 맞추어졌다. 따라서 과학에 대한

---

4) 중세시대란 서로마가 멸망한(476) 이후부터 동로마제국이 멸망한(1453) 약 1,000년 동안을 통칭한다.

연구는 침체기를 맞이하게 되었으며, 인체에 대한 현상 규명은 거의 이루어지지 않았다. 농인을 교육 불가능자로 간주한 아리스토텔레스의 견해는 중세시대에 들어서도 크게 바뀌지 않았다. 그러나 기독교 교리 전파를 목적으로 한 세례나 성찬식과 같은 종교적 예식에는 농인들을 의무적으로 참여하도록 하였다. 또한 당시 문헌들은 수도사들에 의해 농인 교육이 시작되었으며, 교육은 귀족계층의 농아동을 대상으로 한 개인 교수 형식에 머물렀다는 것을 보여 주고 있다.

14세기 무렵부터 이탈리아에서 시작된 르네상스(Renaissance)는 신 중심의 사고를 인간 중심으로 바꾸어 나갔으며, 인간의 자유와 존엄성을 중시하였다. 점차적으로 농인에 대한 사고가 바뀌기 시작하였으나, 모든 편견이 일순간에 사라진 것은 아니었다. 루터(Martin Luther, 1483~1546)는 맹(盲)·농(聾)을 비롯한 장애는 모두 악마의 작품이라고 보았다. 이는 당시 사회가 여전히 기독교적 사상의 영향을 받고 있음을 보여 주고 있다. 그러나 이탈리아 수학자이자 의사이면서 철학자였던 카르다누스(Cardanus, 1501~1576)는 농과 무성(無聲)의 관계를 인식하고, 사람들은 귀를 통해서 말하는 것을 배우기 때문에 태어나면서부터 듣지 못하는 사람은 말을 할 수 없는 것이 당연하다고 보았으며 다음과 같이 주장하였다.

> "우리는 들음으로써 말을 배우기 때문에 들을 수 없는 사람은 말을 배울 수도 없다. 따라서 태어날 때부터 들을 수 없도록 태어난 사람은 무성일 수밖에 없다. 태어날 때는 정상이었더라도 언어습득 전에 청력을 잃은 경우도 마찬가지이다. 하지만 말하기나 쓰기를 학습한 이후에 농이 되는 경우는 이와 다르다."

카르다누스의 가장 큰 업적은 농인을 '교육 가능자'로 보기 시작하였으며, 이로써 이제까지의 농인을 바라보는 시각과는 다른 새로운 교육적 관점이 만들어졌다는 것이다. 카르다누스는 문자언어를 토대로 한 교수법을 개발하였으며, 농과 지능은 무관하다고 주장하였다. 이로써 미신과 편견 그리고 단순히 자선적 관심 대상이었던 장애인에 대한 인식이 점차 '교육 가능자'로 바뀌면서 청각장애아교육의 역사도 새롭게 열리게 되었다.

3) 농교육의 태동기

농교육의 시작을 언제로 보느냐 하는 것에 대한 통일된 정설은 없다. 그러나 일반적으로 스페인을 중심으로 한 16세기 후반부터 17세기 초를 농교육의 태동기라고 보고 있다. 농교육을 이끌어 낸 대표적인 선구자는 다음과 같다.

• 폰세 데 레온(Ponce de León, 1519~1584)[5)]

레온

귀족 출신이면서 베네딕트 수도사였던 폰세 데 레온은 비록 귀족 출신의 농아동으로 제한되기는 하였으나 대략 12명의 학생들을 대상으로 수업을 실시하였으며, 그 가운데에는 여학생도 포함되었다. 수도원 전통에 따라 처음에는 수도사들이 사용하는 몸짓을 사용하다가 점차 손 알파벳을 사용하였다고 알려져 있으나, 유감스럽게도 레온의 교수법에 대한 기록은 남아 있지 않다. 그의 업적은 특정 교수법보다는 농인도 말할 수 있고 교육받을 수 있다는 것을 세상에 알렸다는 데 있다(Schumann, 1940).

• 카리온(Carrión, 1579~1652)

폰세 데 레온의 뒤를 이어 약 50년 후에 등장한 카리온은 마찬가지로 귀족 출신으로서 초등학교 교사로 일하다가 1600년부터 귀족 출신의 농아동들을 가정교사 형태로 가르치기 시작했다. 당시 그의 학생들은 읽기 · 쓰기 · 말하기 영역에서 매우 놀라운 능력을 보여 주었다. 그러나 카리온이 자신의 교수법이 외부에 알려지는 것을 극도로 꺼렸기 때문에 교육방법에 대해서는 알려진 바가 없다.

• 보넷(Bonet, 1579~1633)

스페인이 낳은 세 번째 선구자는 보넷으로서 카리온이 가정교사로 일하던 귀족 집안의 비서로 일했던 것으로 알려져 있다. 그는 농교육에 관한 최초의 책이라 할 수 있는 『철자(문자)의 단순화와 농아의 언어교수방법(Reduccion de las letras, y arte para

5) 그의 이름(fullname)은 Pedro Ponce de Leon이다.

enseñar a ablar los mudos)』을 출판하였다.

폰세 데 레온, 카리온 그리고 보넷 세 사람은 전문적인 농교육을 받지는 않았으나 당시 높은 교육적 성과를 이루었다. 물론 소수 정예의 귀족 출신 자녀만을 대상으로 한 교육이었지만, 농아동의 교육 가능성을 발견하였다는 점과 구화 중심의 교수법을 개발한 것은 커다란 공헌이라 할 수 있다.

스페인에서 꽃을 피우기 시작한 청각장애교육은 영국, 네덜란드 그리고 프랑스로 건너가면서 힘을 얻기 시작했다. 영국에서는 딕비(Digby, 1603~1665)가 카리온의 수업관찰을 토대로 한 책을 출판하였으며, 의사이자 작가였던 불워(Bulwer, 1606~1656)는 '농인을 위한 아카데미' 설립을 계획하였다. 그러나 당시 그의 계획은 허무맹랑한 것으로 받아들여졌으며, 투자자들의 호응을 얻지 못하고 수포로 돌아갔다. 수학자이자 음성학자인 월리스(Wallis, 1616~1703)는 사람이 만들어 내는 다양한 소리는 말을 산출하는 기관의 일정한 변화를 통해 만들어지기 때문에 전혀 소리를 듣지 못하는 농아동의 경우에도 말하는 것을 가르칠 수 있다고 주장하였다. 가정교사 출신의 달가노(Dalgarno, 1626~1687)는 맹아동과 농아동을 비교하면서, 농아동이 맹아동보다 언어와 교육 영역에서 더 많은 결함을 보인다고 주장하였다. 언어를 가르치기 위해서는 양손 알파벳을 사용해야 한다고 하였는데, 그가 정말로 농아동 교육 경험이 있는지 아니면 이론가에 불과하였는지에 대해서는 정확하게 알려지지 않고 있다. 베커(Baker, 1698~1774)는 농아동 3명을 대상으로 한 수업 경험을 바탕으로 부모가 고액의 학비를 지불할 수 있는 아동만을 대상으로 한 사립학교를 설립하였다. 그는 쓰기, 기호, 말 그리고 독화 등을 수업에 활용한 것으로 알려져 있다. 영국의 농학교 설립에 기여한 브레이드우드(Braidwood, 1715~1806)는 1760년 에든버러(Edinburgh)에 농아동을 위한 사립학교를 설립하였으며, 사후에는 그의 부인이 1816년까지 운영하였다[6]. 그는 수화법에 매우 회의적이었으며 음소 위주의 발어 지도, 즉 말하기와 독화에 중점을 두었다.

스위스 출신의 의학전공자인 암만(Amman, 1669~1724)은 네덜란드의 농교육을 이끌었다. 그는 농은 치료될 수 있는 것이라고 수차례 언급하면서 발화의 중요성을 강조

6) 당시 사립학교들은 몇 년을 버티지 못했으며, 대부분 설립자가 세상을 떠나면 문을 닫는 것이 일반적이었다.

암만

했고, 생리학에 관심을 두었다. 또한 발화를 위해서는 독화에 중점을 두어야 한다고 강조하였다. 말을 할 때는 입 모양이 서로 다르기 때문에, 듣지 못하는 사람도 입모양을 읽음으로써 말을 이해할 수 있다고 주장하였다. 특히 그는 다른 사람들과는 달리 자신의 교육방법을 비밀시하지 않고 오히려 적극적으로 홍보함으로써 그의 교수법은 영국과 독일 그리고 프랑스까지 널리 알려졌다.

페레이라(Pereira, 1715~1780)는 프랑스의 농교육을 이끌었다. 그는 농을 가지고 있는 여동생을 돕기 위해 보르도(Bordeaux)에 있는 아카데미에 조언을 구한 결과, 보넷과 월리스 등의 책을 추천받고, 이후 여동생을 비롯한 다른 농학생들을 가르치게 되었다. 페레이라는 음성언어를 중점적으로 가르쳤으며, 학생들이 다양한 수준의 잔존청력을 가지고 있다는 것을 인식하고 교수법에 적용하였다. 그러나 이때까지의 농교육은 여전히 귀족계층에 한정된 소수정예의 사립학교 형태에 그쳤다.

4) 농학교의 설립기

18세기 계몽주의 시대에 와서야 비로소 제도화된 교육이 열리게 되는데 그 선구자로는 크게 두 사람을 들 수 있다. 수화법의 아버지라 불리는 프랑스 출신 레페(Abbe de l'Epee, 1712~1789)와 구화법의 아버지라 불리는 독일 출신 하이니케(Samuel Heinicke, 1727~1790)이다. 1770년 레페는 파리(Paris)에 농학교를 설립하였으며, 하이니케는 1778년 독일 라이프치히(Leipzig)에 농학교를 설립하였다. 이 두 사람은 동시대를 살면서 청각장애아 교육에 커다란 논쟁거리와 공헌을 남겼다.

• 레페

레페

부모의 뜻을 거역하고 수도사의 길을 걸은 레페는 그의 집에서 2명의 농인 여학생을 가르친 것을 계기로 학교를 설립하게 되었다. 그는 루소(Rousseau, 1712~1778)의 자연주의 사상[7]을 따랐으며, 학교는 후원금 없이 거의 사비로 운영되었다. 레페의 교수방법은 주로 몸짓 신호와 문자언어였으며, 그는 농인에게 있어서 몸짓은 천성이라는 당시 언어철학적 사고의 영향을 받았다. 동시에 문자는 건청인의 문화적 언어로써 동일한 비중으로 지도하였다. 농학생의 경우에도 음성언어 습득이 가능하다고 보았으나 수업에는 음성언어가 거의 사용되지 않고 자연수화 중심으로 이루어졌다. 레페의 교수법은 훗날 시카르드(Sicard, 1742~1822)에 의해 승계되었다.

• 하이니케

하이니케

하이니케는 가정교사 출신으로서 농학생을 가르친 것을 계기로 1778년 라이프치히에 학교를 설립하였다. 이 학교는 국가의 지원을 받으면서 자연스럽게 공교육 기관의 학교 형태를 보이게 되는데 이로써 세계 최초의 공립농학교가 설립된 것이다. 그는 당시 칸트(Kant, 1724~1804)와 헤르더(Herder, 1744~1803) 사상에 영향을 받았으며, 말과 사고는 밀접한 관계를 가지고 있다고 믿었다. 그는 몇 가지의 액체를 가지고 'Arcanum'[8]이라고 하는 모음산출 지도법을 개발하였다. 예를 들면, 강한 식초 맛은 [i]를, 설탕물은 [o]를, 나무기름은 [u]를 산출하는 식의 방법이다. 그는 미각뿐만 아니라 촉각을 이용하여 말을 배울 수 있는 방법도 개발하였는데, 예를 들면 특정 조음 산출 시 학생들이 직접 조음점을 의식할 수 있도록 하는 방법이다. 이렇듯 하이니케는 철저하게 구화 중심 교수법을 수업에 적용하였다. 그가 설립한 학교는 사후 50년 가까이 그의 부인에 의해 유지되었다.

이를 계기로 유럽에서는 공립 농학교 설립이 확산되었으며, 레페와 하이니케의 교수법은 수화법과 구화법에 대한 논쟁으로 이어졌다. 당시 초기에는 대부분 수화 중심 교육을 선호하다가 19세기 중반부터는 독일어권 국가들을 중심으로 구화법이 점차 전 유럽으로 확산되는 경향을 보였다. 레페의 수화법과 하이니케의 구화법을 둘러싼 논쟁은 오랫동안 이어졌으며, 1880년 이탈리아 밀라노(Milano)에서 개최된 '2차 국제 농교육자회의'에서 164명의 참가자들[9] 대부분은 음성언어를 수업에 사용하는 것이

7) 어떤 강요나 간섭도 하지 않는 자연스러운 성장을 강조하고 자연에 의해서 아동을 교육하고 나아가 아동의 개성을 존중하며 아동의 세계를 이해하는 것에서부터 교육을 하는 것이 올바른 교육이다(김숙이, 2006).

8) Arcanum은 단 8페이지로 요약되어 있으며, 그가 개발한 독특한 방법들이 소개되어 있다.

9) 참가자의 80%는 이탈리아와 프랑스에서 참가하였으며, 독일은 2~3명에 불과하였다(Schumann, 1940; Löwe, 1992).

바람직하다는, 즉 구화법은 수화법보다 우선되어야 하며 수업에서는 음성언어를 사용할 것을 의결하였다. 이로 인해 구화는 청각장애 학생의 교육목표이자 학교의 교육방침이 되었으며, 유럽 대부분 농학교에서는 점차 수화 사용이 금지되었다. 예를 들면, 농학생들은 말하는 동안 몸을 움직이지 않아야 하며, 수업시간에는 손을 등 뒤에 고정시키거나, 혹시 수화를 사용할 경우 체벌을 받는 등 수화는 수업에서 철저하게 배제되었다. 극단적인 구화주의의 팽배가 훗날 수화운동을 일으키는 계기가 되었다는 것은 자명한 일이다.

5) 농교육의 확대 및 발전기

하이드직

19세기는 자본주의 사회가 확립되고 국가주의 사상이 만들어진 시기이다. 당시의 사상은 청각장애아 교육에도 많은 영향을 주었다. 레페와 하이니케의 영향으로 농교육이 사립학교의 형태에서 점차 공교육으로 틀을 갖추어 가고 있었으나, 당시 학교는 여전히 귀족 출신으로 제한되고 겨우 10명 이내의 규모에 그쳤다. 농아동도 일반아동과 마찬가지로 거주지 근처의 초등학교에서 교육을 받아야 한다는 진보주의적인 사고가 점차 농학교 교사 중심으로 확산될 때쯤에야 서민계층에 대한 국가의 절대적 지원이 강조되기 시작했다. 무엇보다도 모든 농아동는 일반아동과 동등한 교육기회를 부여받아야 하며, 그들의 교육은 국가 책임이라는 인식이 확대되었다. 또 하나의 획기적인 변화는 바로 '수화운동'이다. 농학교에는 건청교사뿐만 아니라 농교사가 있어야 하며, 수화 장려와 표준수화 도입의 중요성이 강조되었다. 모든 교육방법은 학생에게 맞추어져야 하며, 그러한 의미에서 농학생들에게 수화를 금지하고 음성언어를 강요하는 것은 비교육적일 뿐만 아니라 폭력에 해당한다는 하이드직(Heidsiek, 1855~1942)의 주장은 미국과 유럽 전역으로 확산되었다. 독일에서는 1848년 최초 농인협회가 설립되었고, 1853년부터는 학술지 편찬이 시작되었다. 여기에는 농학교 교사들의 공헌이 컸는데, 그들은 수화에 대한 청각장애인의 권리를 옹호하였으며 일반아동과 동등한 교육권 부여와 농인 교사의 필요성 그리고 농인의 위원회 참여 권리 등을 강조하였다. 하이드직이 주장한 수화의 적극적인 수업 활용은 미국 농학교의 최초 설립자인 갈로뎃(Gallaudet, 1787~1851)의 사상에도 깊은 영향을 주었다.

• 갈로뎃

갈로뎃(Thomas Hopkins Gallaudet, 1787~1851)은 성직자 출신으로서 이미 14세에 예일(Yale) 대학교에 입학하여 1810년까지 학업에 몰두하였다. 위그노파[10] 가정에서 태어난 그는 신교도 사상이 뿌리박혀 있었으며, 실제로 신학을 공부하였다. 그러던 중 이웃에 살고 있는 메이슨 콕스웰(Mason Cogswell) 박사의 딸인 농소녀 엘리스 콕스웰(Alice Cogswell)을 만나면서 인생의 전환점을 맞게 되는데, 그는 메이슨 콕스웰과 함께 농학교 설립 준비 후원회를 결성하고 농아동의 교수법을 직접 배우기 위하여 유럽으로 떠났다. 처음에는 에든버러에 농학교를 설립한 브레드우드 밑에서 구화법을 전수받기 위해 영국에 정착하였다. 그러나 강연회에서 우연히 만난 시카르드는 갈로뎃에게 파리로 건너올 것을 권유하고, 그는 그곳 농학교에서 수화법과 지문자를 배우게 되었다. 이로써 1817년 갈로뎃은 하트포드(Hartford)에 수화법을 기반으로 한 미국 최초 농학교[11]를 설립하게 되고, 수화법을 미국에 전파하는 데 기여하였다. 그의 막내아들인 갈로뎃(Eduward Miner Gallaudet, 1837~1917)은 아버지와 청각장애인이었던 어머니의 영향을 받아 미국의 농교육을 이끌었으며, 1857년에는 애모스 켄들(Amos Kendall)과 함께 정부의 재정지원으로 지금의 갈로뎃(Gallaudet) 대학교[12]를 설립하였다(위키백과 http://de. wikipedia.org).

이 시기에는 '청능훈련'이 도입되었다. 청능훈련은 농학교에 다니고 있는 학생들의 잔존청력에 관심을 갖게 된 데에서부터 시작되었다. 이미 몇 명의 연구자들에 의해 잔존청력 가능성이 제기되기는 하였으나, 실제로 훈련을 통해 청력을 향상시킬 수 있다는 논의가 본격적으로 시작된 것은 19세기 말에서 20세기 초라 할 수 있다. 오스트리아 빈(Wien) 출신의 우르반치추(Urbantschitsch, 1847~1921)는 100명의 농학생 가운데 단 3명만이 완전히 소리를 듣지 못한다고 보고하면서 체계적인 훈련을 통해 숨

10) 16세기 프랑스의 칼빈파의 신교도이다.

11) 구화법을 기반으로 한 미국 최초의 농학교는 1867년 매사추세츠 주에 설립된 크라크(Clarke) 농학교이다.

12) 갈로뎃 대학(Gallaudet College)은 미국 최초의 농인 대학이다.

겨져 있는 청각기능을 향상시킬 수 있다고 주장하였다. 당시 그의 주장은 매우 새로운 것이었으며, 농학교 교사 가운데에도 찬성과 반대가 거의 50%로 나뉠 정도로 흥미로웠다. 그러나 청능훈련이 청각의 생리학적 변화를 가져올 것이라는 그의 주장에는 오류가 있었다. 베졸트(Bezold, 1842~1908)는 1883년부터 1889년까지 독일 뮌헨(München)에 있는 농학교 학생들을 대상으로 한 청능훈련 연구결과에서 청능훈련이 청각기관의 향상을 가져오는 것은 아니라고 밝혔다. 전체 학생 가운데 1/3은 청각경로 및 시각-청각경로를 통해 음성언어를 배울 수 있을 만큼의 잔존청력을 가지고 있으며, 청능훈련의 효과는 무감각한 청신경을 활성화시키는 것이 아니라 남아 있는 잔존청력을 활용하여 들을 수 있는 역량을 신장시키는 데 있다고 주장하였다. 이때부터 체계적인 '청능훈련'이 하나의 프로그램 형식으로 개발되기 시작하였다.

잔존청력에 대한 인식 변화와 함께 점차 유럽 내에서는 '농'과 '난청'이 구분되기 시작하였으며, 그들의 분리교육에 대한 논의도 교사들에 의해 산발적으로 이루어지기 시작했다. 당시 농학교에 다니는 많은 학생이 음성언어를 습득할 수 있을 정도의 잔존청력을 가지고 있음에도 농학교에서 적절한 교육을 받지 못하고 있거나, 혹은 많은 난청 학생이 일반학교에서 방치되고 있다는 문제점이 부각되기 시작하였다. 이로써 농과 난청 아동이 분리되어 교육받아야 한다는 인식이 확산되었으며, 1894년에는 예나(Jena)에 최초 난청학교가 설립되었고, 1902년에는 베를린(Berlin)에 난청아동을 위한 특수학급이 개설되는 등 유럽 내에서는 농과 난청에 대한 차별적 접근이 적극적으로 이루어지기 시작하였다.

6) 청각장애교육의 다면적 도약기

20세기는 청각장애교육의 다면적 도약기로서 의학과 기술의 발달이 가속화된 시기이다. 이미 1851년 코르티(Corti, 1822~1876)는 내이 안의 코르티(Corti) 기관을 발견하였으며, 이어 헬름홀츠(Helmholtz, 1821~1894)는 귀의 작동과 관련된 코르티 기관의 기능을 밝혔다. 이러한 의사들의 연구결과는 농교육에 직접적인 영향을 주었다. 또한 1876년 벨(Alexander Graham Bell, 1847~1922)의 전화기 발명을 계기로 보청기 개발이 본격적으로 시작되었다. 1900년 초에 개발된 초기 진공관식 보청기는 휴대하기 어렵다는 문제점을 가지고 있었다. 그러나 1950년 초에는 트랜지스터(transistor)로 인해 크기가 작아졌으며, 집적회로 기술의 개발로 그 기능 또한 급격히 발전하였다(이정학, 이경원, 2005). 보청기의 신기술 개발과 함께 인공와우 이식 수술은 청각장애인의 재활에 새로운 장을 열었다. 인공와우는 귀에 보청기를 착용하는 방법 대신 고도난청 또는 농을 가진 사람에게 특별히 고안된 전극을 와우 내부에 삽입함으로써 소리를 듣게 하는 원리이다. 1957년 프랑스의 드주르노(Djourno)와 이뤼(Eyries)가 최초로 사람의 귀에 인공와우 이식 수술을 성공한 이후 인공와우 이식기의 개발이 활발히 이루어졌다. 1980년대에는 호주에서 뉴클리어스(Nucleus)® 22가 개발되고 오늘날에는 2세 이전의 영아에게 시술이 가능할 정도로 발전되어 있다. 또한 베케시(Bekesy, 1899~1972)는 기저막(Basilar Membrane)에서 이루어지는 고주파수와 저주파수 운동의 메커니즘을 밝혀냄으로써 노벨상을 수상하였다. 베케시 이론은 고주파는 기저막이 시작되는 부분에서 큰 진동을 하고, 저주파는 첨단 부분에서 진동을 하면서 신경흥분을 두뇌로 전달한다는 것이다.[13] 이러한 의학과 공학의 발전은 20세기 이후 청각장애인의 삶에 획기적인 영향을 미쳤다.

20세기는 다양한 의사소통 방법이 만들어진 시기이다. 1950년경 구소련을 중심으로는 신구화주의가, 미국에서는 로체스터법이 대두되었다. 신구화주의와 로체스터법은 유사한 것으로서 지문자와 구화법을 병행하여 사용하는 의사소통법이다. 신구화주의는 약 2세 전후부터 지문자를 익힌 다음 말하기와 말 읽기를 지도하는 방식이며, 로체스터법은 말하기와 말 읽기에 지문자를 보충하여 지도하는 방식을 말한다(이필상 외, 2016).

또 다른 의사소통방법으로는 토털 커뮤니케이션(Total Communication: TC)[14]을 들 수 있는데, TC는 의사소통에 사용할 수 있는 모든 수단을 상황에 따라 적절하게 병행하여 사용하는 방법을 말한다. 여기에는 말소리, 지문자, 수화, 몸짓, 상징, 읽기, 쓰기 등 모든 소통 수단이 의사소통 수단이 되며, 이는 극단적인 구화주의를 부정하며 농인 중심의 의사소통 방법을 우선시한다는 측면이 강하다. 1980년경 미국에서 보고된 자료에 따르면 교사의 2/3가 TC를 사용하고 1/3은 구화법을 사용하고 있었으며, 이때 TC에는 구화와 영어에 기초한 수화법이 주로 사용되었던 것으로 보고되고 있다(한국

13) 제2장에서 자세하게 설명하고 있다.

14) 1960년대 말 미국의 메릴랜드(Maryland) 농학교에서 개발된 것으로 동시법 또는 결합법이라고도 불린다(김영욱, 2001).

청각장애교육 국제학술대회 자료집, 2009; 국립특수교육원, 2009). 이는 구화주의 또는 수화주의의 양극화된 대립적 논쟁에서 벗어나 아동의 교육적 요구에 따른 맞춤형 접근이 이루어지는 부분이라고 평가할 수 있다. 그러나 실제로는 청각장애 아동의 욕구에 적합한 의사소통 방법을 제시할 수 있는 교사가 부족했다는 점에서 실효성 측면에서는 큰 성과를 거두지 못하였다(최성규, 1999). 수요자 중심의 언어교육 방법이라는 철학적 접근에서 출발하였으나, 실질적으로는 교사 중심의 선택이라는 비판과 함께 우리나라에는 문법수화를 보급시키는 계기로 작용하였다. 청각장애학교 유치부와 초등 저학년에서는 집중적으로 청각-구화교육을 실시하고, 고등부에서 수화교육을 실시한다는 학교 중심의 선택적 언어교육 방법이 주를 이루게 된 것이다. 또한 교사 중심의 문법수화에 치중하는 문제점도 함께 나타났다(국립특수교육원, 2016a, 2016b).

농아인의 의사소통 방법에는 이탈리아 밀라노 선언에 근거한 순구화법, 수화법, 신(新)구화법 그리고 토탈 커뮤니케이션(TC)으로 구분할 수 있다. 신구화법에는 대표적으로 로체스터법(=구소련의 신구화주의)을 들 수 있으며, 지화법과 구화법을 결합하여 읽기와 쓰기가 강조되는 방법이다. 반면에 TC는 의사소통의 양식을 제한하지 않으며 신구화법의 영향을 받은 언어의 자유로운 접근 방안이다.

수화에 대한 재평가도 눈여겨볼 필요가 있다. 갈로뎃 대학의 언어학자인 스토키(Stoke, 1919~2000)는 1960년 저서 『수화의 구조』에서 자연수화는 자체적인 문법과 통사 그리고 의미를 가지고 있는 완벽한 언어라고 규정하면서 수화가 농인의 언어로 인정받는 데 크게 기여하였다. 1991년 일본 동경에서 열린 제11차 세계농인연맹총회에서는 1880년 밀라노(Milano)에서 선언된 순구화주의(pure oralism)를 받아들일 수 없다고 선언하면서 유치원에서 고등학교까지의 농교육에서는 자연수화가 중심이 되어야 한다고 강조하였다(최상배, 안성우, 2003).

최근에는 2Bi(bilingual/bicultural)가 새롭게 논의되고 있는데, 이는 21세기 청각장애 아동을 위한 언어교육 방법론의 새로운 패러다임을 형성하고 있다. '이중문화 · 이중언어 접근법'에서 이중문화란 농인문화(deaf culture)와 건청인의 문화를 동등하게 보고, 농인문화를 농인들이 함께 공유하는 또 하나의 문화로 인정하는 것이다(권순항, 2008). 또한 언어에 있어서는 농인의 언어인 자연수화와 건청인이 사용하는 음성언어를 각각 독립된 언어로 인정하고, 농인에게 있어서 수화는 그들의 모국어가 되며 건청인이 사용하는 음성언어와 문자언어는 그들에게 제2언어의 개념으로 본다. 2Bi는 1995년 미국의 'New York School for the Deaf'를 기점으로 시작되었으며, 현재는 미국의 47개 이상의 주에서 'star school project'라는 이름으로 적용되고 있다(국립특수교육원, 2016). 2Bi 접근의 가장 기본적인 교수전략은 농문화의 이해와 존중, 제1언어로서 자연수화의 정착, 수화를 통한 교과수업에 있다. 그러나 농문화에 대한 건청 부모의 거부감과 자연수화를 건청교사가 얼마만큼 지도할 수 있는가 등은 제한점이라 할 수 있다(이필상 외, 2016). 따라서 2Bi가 성공적으로 정착하기 위해서는 농인의 정체성 회복과 부모의 긍정적 지원뿐만 아니라 자연수화를 사용하는 농인 교사의 양성 등이 함께 고려되어야 할 것이다.

–2Bi의 교육방법과 전략–

- (자연)수화는 농아동의 제1언어, 즉 모국어가 되어야 한다.
- 수화 사용은 자아실현과 학업성취도 및 언어발달을 촉진한다.
- 수화를 통하여 국어가 함께 발달한다.
- 수화 습득은 조기에 이루어져야 한다.
- 교육과정에서 제시된 교과목을 지도할 때는 일차적으로 수화를 사용해야 한다.
- 농아동의 낮은 언어수행 능력과 낮은 학업성취도의 원인은 제1언어로서 수화가 정착되지 않았기 때문이다.
- 음성언어를 통한 교육과정 운영이 한계가 있음에도 불구하고 '듣기' 교육과정에만 집착하면 청각장애 아동의 학업성취도는 낮아질 수밖에 없다.
- 농문화와 그들의 정체성을 이해하려는 노력이 함께 이루어져야 한다.
- 이중문화 접근은 농인의 정체성과 수화 학습을 촉진하는 데 도움이 된다.
- 수화와 농문화는 동일한 시각에서 접근되어야 한다.
- 2Bi는 농아동을 지도하기 위한 전문가를 양성하기 위한 교원양성 과정이 고려되어야 한다.
- 농아동의 부모는 자신의 자녀가 이중언어를 사용할 수 있도록 배려하고 지원해야 한다.
- 2Bi는 팀티칭으로 이루어져야 한다.

출처: 최성규(1999, 2007); 이필상 외(2015).

역사를 통해 우리는 현재를 이해하고 미래를 전망한다. 청각장애 역사를 살펴보면, 그 발전과정은 당시 시대의 교육사상 및 과학적 발전과 밀접한 관계를 가지고 있다는 것을 알 수 있다. 고대시대에는 고대사상의 기본 목적에 부합되었으며, 중세시대에는 당시의 정신적 문화사상에 맞는 교육이 이루어졌다. 19세기 이후의 신인문주의는 귀족사회에서 시민사회로의 전환과 국가 중심의 교육제도를 이끌어 내었다. 이 과정에서 공교육 체제의 청각장애학교가 설립되었고, 인간성의 평등원리에 따라 장애학생의 교육권이 보장되었다. 오늘날도 우리의 교육은 국가 교육정책과 사회적 요구에 따라 그 모습을 달리하고 있다. 전망컨대, 앞으로 청각장애아교육은 의학과 기술의 발전으로 인해 많은 변화가 있을 것이며, 그에 못지않게 농인 중심의 문화와 교육이 강조될 것으로 보인다. 다수 속에 소수가 존중받는 것이 '정당한' 또는 '건강한' 사회라고 한다면, 그들의 언어인 자연수화와 농문화의 중요성은 더욱 강조될 것이기 때문이다.

–한국의 청각장애아 교육의 역사–

우리나라의 특수교육 역사 자체는 그리 길지 않다. 일반적으로 개화기 이전(19세기 이전), 개화기 및 일제강점기(1900~1945년) 그리고 광복 이후(1945년 이후)로 구분하였을 때, 개화기 이전은 준비기로서 실질적으로 장애인에 대한 교육적 관심과 기록을 찾기는 어렵다. 1881년 박정양 등을 중심으로 한 신사유람단에 의해 일본 최초 특수교육기관인 맹아원(盲啞院)이 소개되었다. 또한 1895년 유길준의 『서유견문(西遊見聞)』을 통해 서양의 특수교육이 국내에 처음으로 소개되었다. 그러나 한국의 실질적인 특수교육은 의사이면서 선교사인 로제타 셔우드 홀(Rosetta Sherwood Hall)이 1894년 오봉래라고 하는 맹아동을 가르친 것에서 시작되었다고 보는 것이 일반적이다. 맹교육에서 점차 농교육에 관심을 갖기 시작한 홀 여사는 동료인 록웰(Rockwell) 부인과 이익민을 중국 농학교로 파견하여 농교육 방법을 전수받도록 하는 등 국내 최초의 근대화된 농교육 사업을 시작하였다. 이렇듯 특수교육은 기독교 선교사들에 의해 선교 사업의 일환으로 시작되었으며, 일제강점기에는 제생원 맹아부에서 그 명맥을 이어갔을 뿐 뚜렷한 발전을 했다고 보기는 어렵다. 실질적으로 국내에서 농교육이 이루어진 것은 광복 이후다. 제생원 맹아부는 국립맹아학교로 개명되었으며, 교장으로 취임한 윤백원은 한글 지문자를 제정하여 농교육 발전에 공헌하였다. 1946년 이영식 목사는 국내 최초 사립 농학교인 '대구맹아학원[15]'을 설립하였다. 이후 전국 각지에서는 사립 농학교가 설립되기 시작하여 1960년대에는 이미 전국에 총 9개의 사립 농학교가 설립되었다. 국가수준의 농학교 교육과정은 1967년에 처음 제정되었으며, 1977년 「특수교육진흥법」이 제정되면서 국가 지원의 공교육 전환이 본격적으로 이루어지기 시작했다. 한때 26개교에 달하였던 농학교는 통합교육의 활성화로 점차 감소되어 2009년에는 17개교, 2015년은 15개교로 보고되고 있다(한국청각장애교육 100년사 편찬위원회, 2000; 한국청각장애교육 국제학술대회 자료집, 2009; 국립특수교육원, 2016a). 초창기에는 기숙사를 운영하는 청각장애 학교가 많았으나 지금은 대부분 가정에서 통학을 하고 있다. 또한 보청기와 인공와우의 확대로 청각장애학교 유치부에 입학하는 학생의 수는 점차 감소되고 있는 추세이다(이필상 외, 2016).

2. 청각장애의 법적 정의

1) 「장애인 등에 대한 특수교육법」 상의 정의

1977년 「특수교육진흥법」이 제정되면서 특수교육의 기틀이 마련되었고, 몇 차례의 개정과정을 거쳐 2007년 5월 25일 「장애인 등에 대한 특수교육법」(이하 신법)이 제정·공포되었다. 이로써 특수교육은 새로운 발전의 기틀을 마련하는 법적 근거를 가지게 되었다. 과거 「특수교육진흥법 시행령」(이하 구법)에서는 청각장애를 다음과 같이 규정하고 있다.

> 가. 두 귀의 청력손실이 각각 90 데시벨 이상인 자
> 나. 청력손실이 심하여 보청기를 착용하여도 음성언어에 의한 의사소통이 불가능하거나 곤란한 자
> 다. 일상적인 언어생활과정에서 청각의 기능적 활용이 불가능하여 일반인과 함께 교육받기가 곤란한 자

15) 당시 이 학교는 맹학생과 농학생을 함께 교육하였다.

이 기준은 당시 「장애인복지법시행규칙」(1991. 6. 3. 개정)과 비교하여 난청아동이 특수교육 대상자로부터 제외되었다는 비판을 받았다. 신법 「장애인 등에 대한 특수교육법 시행령」 제10조에서는 다음과 같이 청각장애를 정의하고 있다.

> 청력손실이 심하여 보청기를 착용하여도 청각을 통한 의사소통이 불가능 또는 곤란한 상태이거나 청력이 남아 있어도 보청기를 착용해야 청각을 통한 의사소통이 가능하여 청각에 의한 교육적 성취가 어려운 사람

구법과 신법은 다음과 같은 차이를 갖는다.

- 구법에서의 선정기준 (가)항이 삭제되었다. (가)항은 의학적 관점에서 볼 때 농(聾)에 해당하는 수준으로 실제 특수교육 대상자를 농에 제한시킨다는 점과 청력손실 정도만을 가지고 특수교육 대상자를 정의하는 것에 대한 문제점에 기인한다고 볼 수 있다.
- 신법에서는 '음성언어에 의한 의사소통'이 '청각을 통한 의사소통'으로 수정되었다. 신법에서 말하는 '청각을 통한 의사소통이 불가능하거나 곤란한 경우'는 독화를 통한 음성언어 사용자도 특수교육대상자에 포함시킨다는 것을 의미한다.
- 신법에 따르면, 보청기를 착용해야만 청각을 통한 의사소통이 가능하다면 이는 특수교육 대상자에 해당한다. 즉, 보청기 또는 인공와우[16]의 성공적인 재활 여부와 상관없이 청각보조기기를 착용해야 한다면, 특수교육 대상자에 포함된다는 것을 의미한다.
- 구법의 '일반인과 함께 교육받기가 곤란한 자'와 신법의 '교육적 성취가 어려운 자'의 가장 큰 차이점은 전자의 경우에는 장애 정도에 따라 통합교육의 가능 여부를 묻고, 통합교육이 가능하지 않은 정도의 청력을 가진 사람을 특수교육 대상자로 본다. 반면에 신법에서의 '교육적 성취가 어려운 자'는 교육적 요구에 적

16) 인공와우는 청각보조기기의 하나로서 특수교육 대상자의 범위를 인공와우까지 확대 해석하여도 무방하다고 본다. 인공와우를 착용하여도 여전히 30dB 이상의 청력손실이 남아 있으며(국립특수교육원, 2016a), 특히 인공와우 이식 아동은 수술 후 장기간 체계적인 재활과정을 거쳐야 하며 세심한 주의가 필요하기 때문이다.

합한 교육 제공을 원칙으로 하고 있으며, 학생 입장에서의 교육성과에 초점을 두고 있다.

2)「장애인복지법」상의 정의

「장애인복지법」은 장애 정도에 관한 심사에 필요한 기준과 방법 등을 명시한 규정으로서 장애등급 신청과 판정기준을 명시하고 있다.「장애인복지법 시행규칙」(2010. 3. 19.)에서는 청각장애인을 '청력이 손실된 사람'과 '평형기능에 장애가 있는 사람'으로 구분하여 각각 다음과 같이 등급을 규정하고 있다.

〈표 1-1〉 장애등급표

구분	등급	기준 내용
청력손실	2	두 귀의 청력을 각각 90dB 이상 잃은 사람 (두 귀가 완전히 들리지 아니하는 사람)
	3	두 귀의 청력을 각각 80dB 이상 잃은 사람 (귀에 입을 대고 큰 소리로 말을 하여도 듣지 못하는 사람)
	4	두 귀의 청력을 각각 70dB 이상 잃은 사람 (귀에 대고 말을 해야 들을 수 있는 사람)
		두 귀에 들리는 보통 말소리의 최대 명료도가 50% 이하인 사람
	5	두 귀의 청력을 각각 60dB 이상 잃은 사람 (40cm 이상의 거리에서 발성된 말소리를 듣지 못하는 사람)
	6	한 귀의 청력을 80dB 이상 잃고, 다른 귀의 청력을 40dB 이상 잃은 사람
평형기능장애	3	양측 평형 기능의 소실로 두 눈을 뜨고 직선으로 10m 이상을 지속적으로 걸을 수 없는 사람
	4	양측 평형 기능의 소실 또는 감소로 두 눈을 뜨고 10m를 걸으려면 중간에 균형을 잡기 위하여 멈춰야 하는 사람
	5	양측 평형 기능의 감소로 두 눈을 뜨고 10m 거리를 직선으로 걸을 때 중앙에서 60cm 이상 벗어나며, 복합적인 신체운동은 어려운 사람

장애등급을 판정할 경우 같은 등급에 2개의 중복장애가 있는 경우에는 1등급 위의 급으로 조정한다. 예를 들면, 지적장애 2급과 청각장애 2급을 중복으로 가지고 있는 경우, 청각장애 1급 판정을 받게 된다(단, 이때 주 장애가 청각장애이어야 한다). 2013년

보건복지부 통계자료에 따르면, 청각장애 1급을 가지고 있는 사람의 수는 6,731명에 달하고 있다. 만약 2개 이상의 장애가 서로 다른 등급일 경우에는 〈표 1-2〉의 장애등급 상향 조정표에 따른다.

〈표 1-2〉 중복장애 합산 시 장애등급 상향 조정표(보건복지부 고시 제2013-56호)

	1급	2급	3급	4급	5급	6급
1급	1급	1급	1급	1급	1급	1급
2급	1급	1급	1급	1급	2급	2급
3급	1급	1급	2급	2급	3급	3급
4급	1급	1급	2급	3급	3급	4급
5급	1급	2급	3급	3급	4급	4급
6급	1급	2급	3급	4급	4급	5급

청각장애 판정의는 청력검사실과 청력검사기(오디오미터)가 있는 이비인후과 전문의로서 장애판정 시기는 충분히 치료를 하였음에도 불구하고 증상이 고정된 때에 이루어진다. 수술 또는 치료로 기능이 회복될 수 있다고 판단되거나 향후 장애 정도의 변화가 예상되는 경우에는 재판정을 받도록 한다. 「장애인복지법」 제2조 및 같은 법 시행규칙 제2조제2항의 규정에 의한 장애등급판정기준(보건복지부고시 제2013-56호)에서는 청력장애와 평형기능 장애를 다음과 같이 판정하고 있다.

〈청력장애〉[17]

-장애등급판정기준-

(가) 청력장애의 장애정도평가는 순음청력검사의 기도순음역치를 기준으로 한다. 2~7일의 반복검사주기를 가지고 3회 시행한 청력검사 결과 중 가장 좋은 검사결과를 기준으로 한다. 또한 장애등급을 판정하기 위해서는 청성뇌간반응검사를 이용한 역치를 확인하여 기도순음역치의 신뢰도를 확보하여야 한다. 단, 청성지속반응검사를 제출한 경우에는 청성뇌간반응검사를 대체할 수 있다.

17) 이 판정기준은 제4장과 제5장을 학습한 후에 참고할 것을 권한다.

–평균 순음역치는 청력측정기(오디오미터)로 측정하여 데시벨(dB)로 표시하고 장애등급을 판정하되, 주파수별로 500Hz, 1000Hz, 2000Hz, 4000Hz에서 각각 청력검사를 실시한다.

–평균치는 6분법에 의하여 계산한다(a+2b+2c+d/6). [500Hz (a), 1000Hz (b), 2000Hz (c), 4000Hz (d)] 6분법 계산에서 소수점 이하는 버린다. 만약 주어진 주파수에서 청력역치가 100데시벨(dB) 이상이거나 청력계의 범위를 벗어나면 100데시벨(dB)로 간주하고, 청력역치가 0데시벨(dB) 이하이면 0데시벨(dB)로 간주한다.

(나) 청력의 감소가 의심되지만 의사소통이 되지 아니하여 청력검사를 시행할 수 없을 때에는 청성뇌간반응검사를 시행하고, 필요한 경우 청성지속반응검사를 첨부하여 장애등급을 판정한다.

(다) 이명[18]이 언어의 구분능력을 감소시킬 수 있으므로 청력역치검사와 이명도검사를 같이 실시하여 아래와 같이 등급을 가중할 수 있다. 이명은 객관적인 측정이 어려우나, 2회 이상의 반복검사에서 이명의 음질과 크기가 서로 상응할 때 가능하다.

–심한 이명이 있으며, 청력장애 정도가 6급인 경우 5급으로 한다.

–심한 이명이 있으며, 양측의 청력손실이 각각 40~60데시벨(dB) 미만인 경우 6급으로 판정한다.

–단, 심한 이명은 1년 이상 지속적으로 적극적인 진단과 치료 후에도 불구하고 잔존 증상이 남아 있는 경우에 한하여 진료기록지를 확인하여 판정하며, 진료기록지에는 이명에 대한 반복적인 검사 기록이 있어야 한다.

(라) 최대어음명료도는 다음과 같이 검사하되, 2~7일의 반복검사주기를 가지고 3회 시행한 검사결과 중 가장 좋은 검사결과를 기준으로 한다.

① 검사는 녹음기, 마이크 또는 청력측정기에 의하며 보통 회화의 강도로 발성하고 청력측정기 음량의 강약을 조절하여 시행한다.

② 검사어는 '어음명료도 측정표'에 의하고 2초에서 3초에 하나의 낱말을 나누거나 합해서 발성하고 어음명료도의 가장 높은 수치를 최대어음명료도로 한다.

어음명료도(%) = (피검자가 정확히 들은 검사어음의 수/검사어 수) ×100

18) 이명은 외부의 자극 없이 발생하는 다양한 비정상적인 소리에 대한 지각으로 병인과 치료방법에 대해 아직 밝혀진 바가 없다.

③ 녹음된 어음표에 의한 반복검사에서 어음명료도가 12% 이상 차이를 보일 경우에는 기능성 난청 또는 위난청을 감별한다.

〈평형기능장애〉

(가) 평형기능이라 함은 공간 내에서 자세 및 방향감을 유지하는 능력을 말하며 시각, 고유 수용감각 및 전정기관에 의해 유지된다.

(나) 평형기능의 평가에 있어 검사자는 피검사자의 일상생활 동작수행에 잔존되어 있는 기능을 고려하여 등급을 결정하여야 하며, 1년 이상의 진료기록 등을 확인하여야 한다.

(다) 평형기능 장애는 최초 판정일로부터 2년 이후의 일정한 시기를 정하여 재판정하여야 하며, 재판정 시에 장애 상태의 현저한 변화가 예상되는 경우는 다시 재판정일로부터 2년 이후의 일정한 시기를 정하여 재판정을 하여야 한다. 다만, 재판정 당시 장애의 중증도나 연령 등을 고려할 때 장애 상태가 거의 변화하지 않을 것으로 예측되는 경우에는 재판정을 제외할 수 있다.

(라) 양측 평형기능의 소실의 경우, 전문적 진단으로 영구적 장애로 판단하는 때에는 재판정을 제외할 수 있다.

(마) 모든 평형기능 이상의 등급 결정에 있어 전정기관 이상의 객관적 징후가 반드시 확인되어야 한다.

(바) 양측 전정기능의 이상은 온도안진검사[19] 또는 회전의자검사[20]로 확인하며, 그 외 동요시(oscillopsia)검사[21], 자발 및 주시 안진검사[22], 체위(postulography)검사[23] 등으로 객관성을 높일 수 있다.

---

19) Caloric Test로 온도 차를 이용하여 전정안구반사를 자극하는 검사이다.

20) Rotation Chair Test로 회전의자가 규칙적 또는 비규칙적으로 회전할 때 안구의 움직임을 관찰하는 검사이다.

21) 눈동자를 고정하지 못하고 계속 흔들리는 정도를 보는 검사이다.

22) 환자가 중립된 바른 자세에서 고정된 점을 응시하는 검사이다.

23) 환자가 각각 여러 위치에 있을 때 안진이 유발되는 것을 검사한다.

3) 농과 난청

청각장애에는 흔히 말하는 '난청' '농' '전농'[24]이 모두 포함된다. 우선 의학적 관점(생리학적 관점)에서의 청각장애는 청각기관의 기능장애로서 생리학적인 청력손실 정도에 따라 농과 난청으로 구별한다. 일반적으로 정상청력은 20~25dB HL까지로 보며, 농은 90dB HL 이상으로 규정하고 있다. 역치가 90dB HL이라 함은 90dB 이하의 작은 소리를 듣지 못한다는 것으로서, 이것이 잔존청력이 없다는 것을 의미하지는 않는다.

- 농(deaf)[25]: 청력손실이 90dB HL 이상인 경우
- 난청(hard-of-hearing): 청력손실이 대략 20~90dB HL 이하인 경우
- 정상: 청력손실이 20~25dB HL 이하인 경우

반면에 교육학적 관점에서는 청각을 통한 언어정보 이해 및 처리능력 정도로 농과 난청을 결정한다. 즉, 개인과 환경 간의 관계 그리고 그로 인한 사회적 제약을 중요시한다.

- 농: 보청기를 착용하고도 청각을 통한 언어적 정보교환이 불가능한 경우
- 난청: 보청기를 착용하면 청각을 통한 언어적 정보교환이 가능하지만 어려움을 갖는 경우

「특수교육진흥법」과 「장애인 등에 대한 특수교육법」에서 나타난 바와 같이 교육학적 관점에서의 청각장애는 청력손실로 인한 의사소통에 초점이 맞추어져 있다. 의학적 관점과 교육학적 관점 모두를 종합하여 볼 때, 청각장애는 다음과 같이 정의될 수 있다.

---

24) 전농은 청력손실 정도가 100%로서 아무런 소리를 듣지 못하는 것을 전제로 한다. 최근에는 전농의 표현은 전문가들에게서 거의 사용되지 않고 있다.

25) 미국에서는 농에 대한 용어로 Deaf와 deaf를 구별하고 있다. 'Deaf'는 장애인이 아니라 언어적 · 문화적 소수 집단을 지칭하며, 'deaf'는 병리적으로 농을 설명할 때 사용되는 용어이다. 현재는 deaf보다는 Deaf 개념을 더 많이 사용한다(염동문, 2008).

청각장애란 청각기관의 손상으로 인하여 청각보조기기 없이 청각을 통한 의사소통이 어렵거나 불가능한 경우를 말한다.

물론 여기서 청각장애를 손상(impairment)으로 보느냐 핸디캡(handicap)으로 보느냐에 따라 강조되는 측면은 달라진다. 손상은 청각 구조 및 기능이 상실되거나 저하되어 회복이 불가능한 물리적 상태를 말하며, 핸디캡은 청력손실로 인하여 의사소통 및 일상생활에서 어려움을 겪는 사회적 불리로서 사회적 차원에서의 기능적 측면을 강조하고 있다.

의학적 관점과 교육적 관점 외에 최근에는 문화적 관점에서 청각장애를 정의하고 있다. 농인은 청력이 손실된 또는 청각보조기기가 필요한 사람이 아니라 구어가 아닌 수어를 사용하는 소수 집단을 이루는 사람이라는 관점이다. 예를 들면, 영어를 잘 듣지 못한다고 하여 "청각장애가 있다."라고 하지 않듯이, 구어를 사용하지 못한다고 해서 장애인라고 보는 관점은 옳지 않다는 것이다(국립특수교육원, 2016b).

3. 국내 청각장애 관련 통계 현황

1) 보건복지부 통계자료

청각장애 출현율은 국가나 연구기관에 따라 차이가 크다. 2015년 보건복지부 통계자료(http://stat.mw.go.kr)에 따르면, 전국 청각장애 등록 장애인 수는 252,779명으로 전체 등록된 장애인 수(2,494,460명)의 10.1%에 해당한다.[26] 장애등급별 등록 현황은 〈표 1-3〉과 같다.

26) 전체 특수교육 대상자 가운데 청각장애 학생의 비율이 약 4%라고 하면, 청각장애인의 비율은 상대적으로 높다고 할 수 있다.

〈표 1-3〉 전국 청각장애인 등록 현황

장애등급	1급	2급	3급	4급	5급	6급	계
명	6,740	46,071	41,633	55,219	64,173	38,943	252,779
비율(%)	2.7	18.2	16.5	21.8	25.4	15.4	100

청각장애인 등록 현황에 따르면 50대 이상이 80%를 차지한다. 독일의 경우에도 20세 이하는 불과 4%, 20~40세는 11%, 40~60세는 40% 그리고 60세 이상이 45%로 보고되는 것으로 보아(Krüger, 1991) 고령화시대를 맞이하여 노인성 난청이 차지하는 비율은 전 세계적으로 매우 높다는 것을 알 수 있다.

2) 대한청각학회 통계자료

대한청각학회 자료(2015)에 따르면, 난청 발생시기는 만 1세 이전이 2.7%이며, 1세 이후에 발생한 난청 가운데 7.9%가 1~4세에 발생하고 있다.

〈표 1-4〉 청각장애의 발생 시기 (단위: %, 명)

구분	남자	여자	전체
출생 전 또는 출생 시	2.0	1.7	1.9
돌 이전	2.9	2.5	2.7
돌 이후	95.1	95.8	95.4
계	100.0	100.0	100.0
전국 추정 수	182,796	129,197	311,993

국내의 경우 신생아를 대상으로 한 청각선별검사에서 난청[27]으로 분류된 영유아는 2011년을 기준으로 0.42%로 보고되고 있다. 즉, 선천성 난청 출현율은 대략 1,000명당 3~4명 정도라고 볼 수 있다(대한청각학회, 2012). 이는 선천성 대사 이상이 4,000명당 1명꼴이라고 할 때 선천성 난청의 출현율이 얼마나 높은지 가히 짐작할 수 있는 부분이다.

27) 청성뇌간반응검사의 청력역치가 40dBnHL 이상인 경우를 난청으로 진단하고 있다.

3) 특수교육 통계자료

2015년 특수교육통계에 따르면, 우리나라의 특수학교는 167개교이며, 그중에서 청각장애 특수학교는 15개교로 9.0%를 차지한다. 장애영역별 특수학교의 수는 정신지체, 지체장애, 청각장애, 시각장애, 정서장애 순이다. 청각장애 학교의 시·도별 특수학교 현황을 보면 서울 4개교, 부산 2개교, 대구 1개교, 인천 1개교, 울산 1개교, 경기 2개교, 강원 1개교, 충북 1개교, 전북 1개교, 전남 1개교로 분포되어 있다.

〈표 1-5〉 청각장애 특수학교 현황 (단위: 개교)

시도	서울	부산	대구	인천	울산	경기	강원	충북	전북	전남
수	4	2	1	1	1	2	1	1	1	1

전국 15개 청각장애 특수학교 가운데 사립학교가 11개로 전체 청각장애 특수학교의 약 73%를 차지하고 있다. 사립학교 비중이 높은 것은 비단 청각장애 학교뿐만 아니라 한국 특수교육의 특수성이기도 하다. 종교단체나 재단이 주도적으로 특수교육 사업을 이끌었으며, 그로 인하여 사립 특수학교가 활성화되었다고 볼 수 있다.

〈표 1-6〉 국내 특수교육 대상자 현황 (단위: 명)

구분	특수학교	일반학교		특수교육 지원센터	계
		특수학급	일반학급		
특수교육 대상자 수	25,531	46,351 (52%)	15,622 (18%)	563	88,067

2015년 기준으로 하였을 때 우리나라 특수교육 대상자의 수는 88,067명이다. 그 가운데 특수학교를 다니고 있는 학생은 30%가 채 되지 않으며, 일반학교의 특수학급과 일반학급에 재학 중인 학생의 수를 모두 합치면 61,973명으로 70%를 초과한다.

청각장애 학생에 국한하여 살펴보면, 청각장애 학생은 3,491명으로서 전체 특수교육 대상자의 약 4%에 달하고 있다. 그 가운데 일반학교에서 통합교육을 받고 있는 학생은 약 72%에 해당하는 2,517명이다(교육부, 2016). 특수학교를 다니고 있는 학생은 952명으로 약 27%를 차지하고, 일반학교의 특수학급에 재학 중인 학생은 765명으로 21.9%를 차지하고 있다. 일반학교의 일반학급에 재학 중인 학생은 1,752명으로 50.18%를 차지한다. 통계적으로 보았을 때 국내 청각장애 학생은 일반학교 일반학급, 특수학교, 일반학교 특수학급 순으로 배치되어 있다. 즉, 통합교육을 받고 있는 비율은 72%에 달하고 있다는 것을 알 수 있다.

〈표 1-7〉 국내 청각장애 학생의 학교배치 현황 (단위: 명)

구분	특수학교	일반학교		특수교육 지원센터	계
		특수학급	일반학급		
특수교육 대상자 수	952	765	1,752	22	3,491

통합교육의 확산으로 청각장애학교 학생들의 수는 줄고 있다. 국립 청각장애학교인 서울 농학교의 연도별 청각장애학생 수를 보면 1990년에 520명이었던 수가 2008년에는 131명 그리고 2014년에는 158명으로 보고되고 있다(서울 농학교 http://www.seoulnong. sc.kr). 이는 청각장애 학생의 조기 선별과 조기 중재와 보청기 기술의 발달 그리고 인공와우 착용 학생 수의 증가 등으로 인한 결과이다.

4. 청각장애 관련 법규

1) 「소음 · 진동관리법 시행규칙」(환경부령 제674호 일부개정 2016. 7. 28.)

소음은 일조권 및 조망권 등과 같이 공동생활을 하는 데 있어서 중요한 환경요소 중 하나이다. 소음 노출은 청각기관의 손상뿐만 아니라 의사소통을 방해하고 주위를 산만하게 하며 불쾌감을 유발한다. 따라서 「소음 · 진동관리법 시행규칙」은 대상 지역에 따른 규제기준치를 제시하고 있는데, 공장 소음 배출 허용기준의 예시는 〈표 1-8〉과 같다.

〈표 1-8〉 공장 소음 배출 허용기준의 예 [단위: dB(A)][28)]

대상지역	시간대별		
	낮(6:00~18:00)	저녁(18:00~24:00)	밤(24:00~06:00)
도시지역 중 전용주거지역 및 녹지지역 등	50 이하	45 이하	40 이하
도시지역 중 일반주거지역 및 준주거지역 등	55 이하	50 이하	45 이하
농림지역, 자연환경보전지역 중 수산자원보호구역 등	60 이하	55이하	50 이하
도시지역 중 상업지역 · 준공업지역 등	65 이하	60 이하	55이하
도시지역 중 일반공업지역 및 전용공업지역	70 이하	65 이하	60 이하

2) 「산업안전보건기준에 관한 규칙」(고용노동부령 제182호 일부개정 2017. 03. 03.)

직업성 소음성 난청은 상대적으로 긴 시간 동안 소음에 노출됨으로써 영구적인 청력손실을 가져올 수 있다. 소음에 더 많은 기간 동안 노출될수록 난청이 극심해질 수 있으므로 작업 현장에서의 하루 소음 노출량은 매우 중요하다. 손상위험기준에 근거하여 미국노동안전위생국(OSHA)은 소음 강도가 90dBA를 초과한다면 소음 강도가 5dB 증가할 때마다 소음 노출 시간을 1/2로 감소시킬 것을 요구하고 있다. 또한 소음원 자체에서 발생되는 소음을 감소시키거나 방음용 귀덮개나 방음용 귀마개 등의 청각보호장치를 착용하도록 권장하고 있다. 소음작업에 대한 정의는 다음과 같다.

28) 소음을 소음계로 측정한 단위이다.

제512조 (정의) 이 장에서 사용하는 용어의 정의는 다음 각 호와 같다.

1. '소음작업'이라 함은 1일 8시간 작업을 기준으로 85dB 이상의 소음이 발생하는 작업을 말한다.
2. '강렬한 소음작업'이라 함은 다음 각목의 어느 하나에 해당하는 작업을 말한다.
   가) 90dB 이상의 소음이 1일 8시간 이상 발생하는 직업
   나) 95dB 이상의 소음이 1일 4시간 이상 발생하는 직업
   다) 100dB 이상의 소음이 1일 2시간 이상 발생하는 직업
   라) 105dB 이상의 소음이 1일 1시간 이상 발생하는 직업
   마) 110dB 이상의 소음이 1일 30분 이상 발생하는 직업
   바) 115dB 이상의 소음이 1일 15분 이상 발생하는 직업

3) 「도로교통법」(일부개정 2016. 1. 27.), 「도로교통법 시행령」(일부개정 2016. 7. 26.)

청각장애는 원칙적으로 운전면허의 결격사유가 되지는 않으나, 1종 대형면허 또는 특수면허의 경우에는 제한을 받는다. 해당 법규는 다음과 같다.

제45조(자동차 등의 운전에 필요한 적성의 기준)

① 법 제83조제1항제1호, 제87조제2항 및 제88조제1항에 따른 자동차 등의 운전에 필요한 적성의 검사(이하 "적성검사"라 한다)는 다음 각 호의 기준을 갖추었는지에 대하여 실시한다. 다만, 제2호의 기준은 법 제87조제2항 및 제88조제1항에 따른 적성검사의 경우에는 적용하지 아니하고, 제3호의 기준은 <u>제1종 운전면허 중 대형면허 또는 특수면허를 취득하려는 경우에만 적용한다.</u>
   1. 다음 각 목의 구분에 따른 시력(교정시력을 포함한다)을 갖출 것
      가. 제1종 운전면허: 두 눈을 동시에 뜨고 잰 시력이 0.8 이상이고, 두 눈의 시력이 각각 0.5 이상일 것
      나. 제2종 운전면허: 두 눈을 동시에 뜨고 잰 시력이 0.5 이상일 것. 다만, 한쪽 눈을 보지 못하는 사람은 다른 쪽 눈의 시력이 0.6 이상이어야 한다.

2. 붉은색 · 녹색 및 노란색을 구별할 수 있을 것
3. 55데시벨(보청기를 사용하는 사람은 40데시벨)의 소리를 들을 수 있을 것
4. 조향장치나 그 밖의 장치를 뜻대로 조작할 수 없는 등 정상적인 운전을 할 수 없다고 인정되는 신체상 또는 정신상의 장애가 없을 것. 다만, 보조수단이나 신체장애 정도에 적합하게 제작 · 승인된 자동차를 사용하여 정상적인 운전을 할 수 있다고 인정되는 경우에는 그러하지 아니하다.

제82조(운전면허의 결격사유)

① 다음 각 호의 어느 하나에 해당하는 사람은 운전면허를 받을 수 없다. 〈개정 2014. 12. 30.〉

1. 18세 미만(원동기장치자전거의 경우에는 16세 미만)인 사람
2. 교통상의 위험과 장해를 일으킬 수 있는 정신질환자 또는 뇌전증 환자로서 대통령령으로 정하는 사람
3. 듣지 못하는 사람(제1종 운전면허 중 대형면허 · 특수면허만 해당한다), 앞을 보지 못하는 사람이나 그 밖에 대통령령으로 정하는 신체장애인
4. 양쪽 팔의 팔꿈치관절 이상을 잃은 사람이나 양쪽 팔을 전혀 쓸 수 없는 사람. 다만, 본인의 신체장애 정도에 적합하게 제작된 자동차를 이용하여 정상적인 운전을 할 수 있는 경우에는 그러하지 아니하다.
5. 교통상의 위험과 장해를 일으킬 수 있는 마약 · 대마 · 향정신성의약품 또는 알코올중독자로서 대통령령으로 정하는 사람
6. 제1종 대형면허 또는 제1종 특수면허를 받으려는 경우로서 19세 미만이거나 자동차(이륜자동차는 제외한다)의 운전경험이 1년 미만인 사람

4) 청각선별검사 관련 법령[29)]

선별검사는 특정 집단에서 장애 유무를 확인하기 위한 목적으로 실행된다. 선별검사 자체로는 실제 상태를 완벽하게 결정할 수 없으므로 선별검사에서 통과되지 못한 사람은 다른 검사를 보완하여 정확한 진단검사를 받아야 한다. 우리나라의 경우 6세

29) 이는 대한청각각회(2015)의 신생아청각선별검사 워크숍 자료집에 근거한다.

이하 아동에 대해서는 대표적으로 「모자보건법」과 「영유아보육법」에서 청력검사 시행 법률이 마련되어 있다. 보건복지부에서는 신생아난청 조기진단 사업을 추진하고 있으며, 2009년부터는 전국 저소득층을 대상으로 신생아난청 조기진단을 시행하고 있다. 최근에는 신생아청각선별검사에서 재판정을 받은 경우에 1회 난청확진검사를 지원하는 등 지원을 확장하고 있다.

〈표 1-9〉 청각선별검사 관련 법령

시기	진행방법	대상	주관	법령
신생아기[30]	신생아청각선별검사 (AAOE/AABR → ABR)[31]	국민기초생활보장 및 의료급여 보장 가구 전국가구 월평균소득 60% 이하 가구	복지부	「모자보건법」
영유아기[32]	청각문진 5문항	4, 9, 18, 30, 42, 54, 66개월	복지부	「국민건강보험법」, 「영유아보육법」

우리나라는 2007년 11월 15일부터 영유아 건강검진을 전국적으로 시행하고 있으며, 총 7차로 구분한다. 이때는 문진표로 검사하도록 되어 있으며, 66~71개월에 이루어지는 문진 문항은 〈표 1-10〉과 같다.

〈표 1-10〉 문진 문항(예시)

예 ① 아니요 ②

1	대부분의 모음과 자음을 맞게 발음할 수 있습니까?	① ②
2	작은 소리로 하는 말을 잘 이해합니까?	① ②
3	다른 사람과 함께 말로 대화할 수 있습니까?	① ②
4	어른이 하는 말을 정확히 따라할 수 있습니까?	① ②
5	부모 또는 친척 중에 어려서부터 청각장애를 가진 사람이 있습니까?	① ②

30) 「모자보건법」에 따르면, 신생아란 출생 후 28일 이내의 영유아를 말한다.

31) 자동이음향방사 또는 자동뇌간반응검사를 실시한 후 재검 판정을 받은 경우 뇌간반응검사를 실시한다. 보다 자세한 내용은 제4장을 참고할 것을 권한다.

32) 「모자보건법」에 따르면, 영유아란 출생 후 6년 미만인 사람을 말한다.

신생아기에 청력검사를 의무화하도록 법제화하여야 하며, 영유아기에 이루어지는 문진 항목으로는 청각장애를 선별하는 데 많은 어려움이 있으므로 전문가들은 학교 입학 후에는 필수적으로 순음청력검사 실시가 필요하다고 주장하고 있다.

5) 학교건강검사규칙(교육부령 제93호, 2016. 3. 4. 일부개정)

학교의 장은 「학교보건법」에 의거하여 구체적인 건강검사 실시 계획을 매년 3월 31일까지 수립하여야 하며, 귀는 제15조 2항과 관련하여 건강검진의 항목에 포함된다. 검진방법은 〈표 1-11〉과 같다.

〈표 1-11〉 검진 항목

검진항목	검진방법(세부항목)	
귀	청력	가. 청력계 등에 의한 검사 나. 오른쪽과 왼쪽의 귀를 각각 구별하여 검사
	귓병	중이염, 외이도염 등 검사

6) 청각장애 등록절차

장애인 등록을 위해서는 주민등록상 거주지의 읍 · 면 · 동 주민센터를 방문하여 장애인 등록 및 서비스 신청서를 작성하여 제출하여야 한다. 원칙적으로는 본인이 하도록 되어 있으나 18세 미만의 아동 또는 거동이 불편한 경우에는 보호자가 대신 신청 가능하다. 등록 신청이 접수되면 주민센터에서는 장애진단의뢰서를 발급해 주고, 신청자는 관련 의료기관의 전문의에게 장애진단 및 검사를 받아야 한다. 장애진단서, 진료기록, 검사결과 등 필요한 심사서류를 주민센터에 제출하면, 장애심사전문기관인 국민연금공단에서 이를 검토한 후 장애등급을 판정한다. 심사결과는 국민연금공단에서 주민센터로 전달되고 당사자는 결과를 통지받는다. 〈표 1-12〉는 장애인등록 혜택을 정리한 것이다.

〈표 1-12〉 장애인 등록 혜택

분야	내용
생활	장애수당, 가사 · 간병 방문 지원사업, 장애인연금, 지방세감면(지방세, 주민세, 취득세 및 자동차세), 사랑의 그린PC보급, 에너지 바우처, 장애등록 진단비 및 검사비 지원, 장애인활동지원, 아동발달지원계좌지원, 사회취약계층 실내 환경 진단개선 사업, 학교우유급식, 장애아동수당, 장애아가족 양육지원, 서민층가스시설개선, 장애인보조기구교부, 정보통신 보조기기 보급, 시청각장애인용방송수신기 보급사업, 장애아동 입양양육보조금, 여성장애인어울림센터, 발달장애인 공공후견지원 사업, 통신중계 서비스 제공, 소외계층 매체 지원, 무료우편서비스, 장애인 문화 · 예술 지원 등
건강	의료급여, 장애등록 진단비 및 검사비 지원, 발달재활서비스, 장애인의료비 지원, 여성장애인출산비용 지원, 의료급여장애인보장구 지원, 치료지원서비스, 장애인보조기구교부, 발달장애인 부모심리상담 지원사업, 정신보건센터 운영, 지역사회서비스 투자사업, 보험급여 등
고용	취업성공수당 · 참여수당 · 생계지원수당 지원, 일반형 일자리 지원, 장애인 복지 일자리 지원, 지역사회 서비스 투자 사업, 장애인 창업 지원, 장애인 고용장려금 지급, 보조공학기기 지원, 훈련수당 지원 등
교육	방과후 보육료 지원, 장애아보육료 지원, 언어발달지원사업, 교육비 지원, 장애인 정보화교육 등

출처: 국립특수교육원(2016b).

7) 보청기 지원

보청기는 장애인 보장구 급여제도의 적용을 받는 의료기기로서, 장애인 등록이 되어 있을 시에는 행정기관이나 국민건강보험공단에서 구입 금액의 전부 또는 일부를 지원받을 수 있다. 지원절차는 다음과 같다. [그림 1-1]은 의료급여수급권자의 경우이며, [그림 1-2]는 국민건강보험 대상자에 해당하는 절차이다. 이때 보청기 지원은 원칙적으로 1대를 기준으로 하나, 15세 미만이면서 양쪽 귀에 보청기를 착용할 경우 2대 모두 급여제도가 적용된다(국립특수교육원, 2016b).

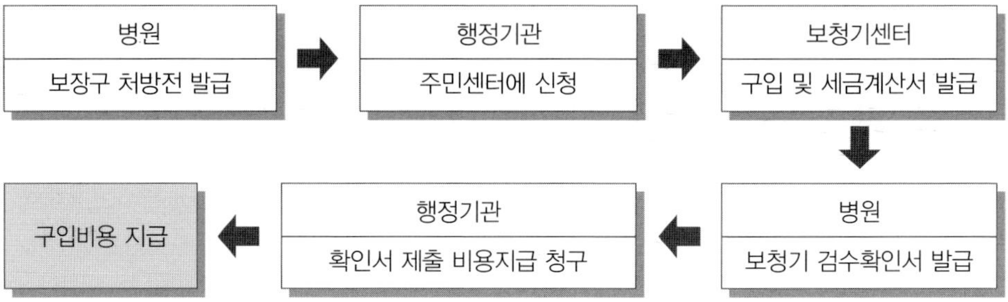

[그림 1-1] 보청기 지원 절차(의료급여수급권자)

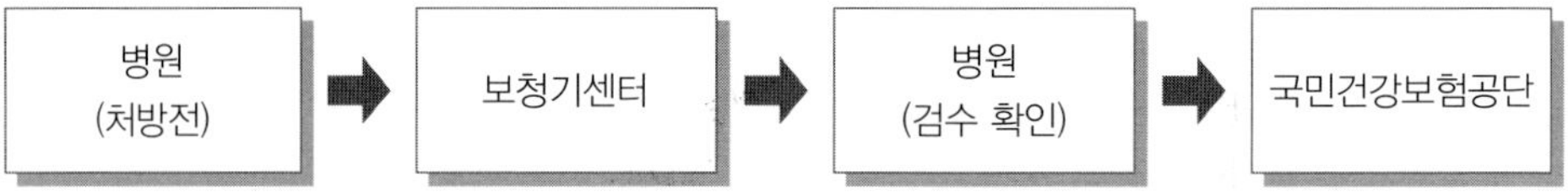

[그림 1-2] 보청기 지원 절차(국민건강보험 대상자)

참고문헌

교육부(2016). **특수교육통계.**

국립특수교육원(2009). **미국의 청각장애교육.**

국립특수교육원(2016a). **청각장애학생 보조 교과서 국어⑤ 교사용 매뉴얼.**

국립특수교육원(2016b). **장애영유아+양육+길라잡이, 4권.**

권순항(2008). 농인 가족과 생활경험이 있는 농학생의 2bi 인식 및 통합교육에 미치는 영향. **제10회 한국수화학회 학술대회**, 159-177.

김숙이(2006). 루소의 자연주의 교육사상: 현대 아동교육에의 시사점을 중심으로. **교육사상 연구, 19**, 1-21.

김영욱(2001). **청각장애아동교육의 이해.** 서울: 도서출판 양지.

대한청각학회(2012). 제8회 신생아청각선별검사.

대한청각학회(2015). 제11회 신생아청각선별검사.

염동문(2008). **한국수화.** 서울: 학지사.

이정학, 이경원(2005). **보청기평가.** 서울: 학지사.

이필상, 권순항, 김수진, 김시영, 박미혜, 박선희, 정은희(2015). **청각장애아동교육의 이해.** 서울: 학지사.

조영일(1992). **교육의 역사 및 철학적 기초.** 서울: 형설출판사.

최상배, 안성우(2003). 수어능력과 읽기능력간의 상관관계 분석. **특수교육연구, 10**(1), 151-168.

최성규(1999). 청각장애아 언어 교육방법론에 대한 패러다임 이동-이중문화와 이중언어 접근의 타당성. **특수교육학연구**, 33(2), 121-143.

최성규(2007). 청각장애아동을 위한 이중문화와 이중언어 접근법에 대한 Vytotsky의 시각과 공헌. **특수교육저널: 이론과 실천**, 8(4), 633-653.

한국청각장애교육 100년사 편찬위원회(2009). **한국청각장애교육 100년사**. 한국청각장애교육 100주년 기념사업회.

한국청각장애교육 국제학술대회 자료집(2009). **미국의 청각장애 교육**. 47-55.

Krüger, M.(1991). *Häufigkeitsstatistische und demographische Angaben zum Personen kreis hoergeschaedigte Menschen*. Jussen/Glaussen.

Leonhardt, A. (1999). *Einführung in die Hoergeschädugtenpädagogik*. Reinhardt.

Löwe, A. (1992). *Hörgeschädigten Pädagogik international*. Schindele.

Schumann, P.(1940). *Geschichte des Taubstummenwesens vom deutschen Standpunkt aus dargesteel*. Diesterweg.

보건복지부 http://stat.mw.go.kr

서울 농학교 www.seoulnong.sc.kr

위키백과 http://de.wikipedia.org

제 2 장

청각기관과 청각장애의 원인 및 분류

내가 이 세상에 태어나 가장 잘한 것이 있다면
한 남자를 만나 결혼을 하고
두 아이의 엄마가 되었다는 것.
나는 다시 태어나도
내 아이들의 엄마이고 싶다.

귀는 매우 복잡한 구조를 가지고 있으며, 기능상으로는 청력과 평형기능을 담당한다. 그런 맥락에서 「장애인 복지법」상의 청각장애는 청력장애와 평형기능 장애로 구분된다. 청각장애를 이해하기 위해서는 일차적으로 청각기관의 생리적 구조 및 기능을 알아야만 한다. 이는 청각장애를 공부하는 데 있어서 가장 기초적 지식에 해당하며, 이 장에서는 외이, 중이, 내이 그리고 중추신경계로 구분하여 각각의 구조와 기능을 살펴보고자 한다. 또한 그러한 기초적 지식을 바탕으로 청각장애의 원인과 청각장애의 분류 등을 알아보고자 한다.

- 청각기관은 어떠한 구조와 기능을 가지고 있는가?
- 청각장애를 유발하는 원인과 관련 청각질환에는 무엇이 있는가?
- 청각장애는 어떻게 분류되며, 어떤 특성과 메커니즘을 갖는가?

1. 청각기관의 구조[1)]

청각기관은 공기를 통해 전달된 음파를 모아서 중이로 전달해 주는 외이(external ear), 전달된 음파를 기계적인 에너지(mechanical energy)로 바꾸어 줌과 동시에 소리를 증폭시켜 주는 역할을 하는 중이(middle ear), 중이에서 전달된 소리를 전기적 에너지로 전환시켜 주는 내이(inner ear) 그리고 중추청각신경계(Central Auditory Nervous System: CANS)로 크게 나눌 수 있다. [그림 2-1]은 청각기관의 구조를 보여 주고 있다.

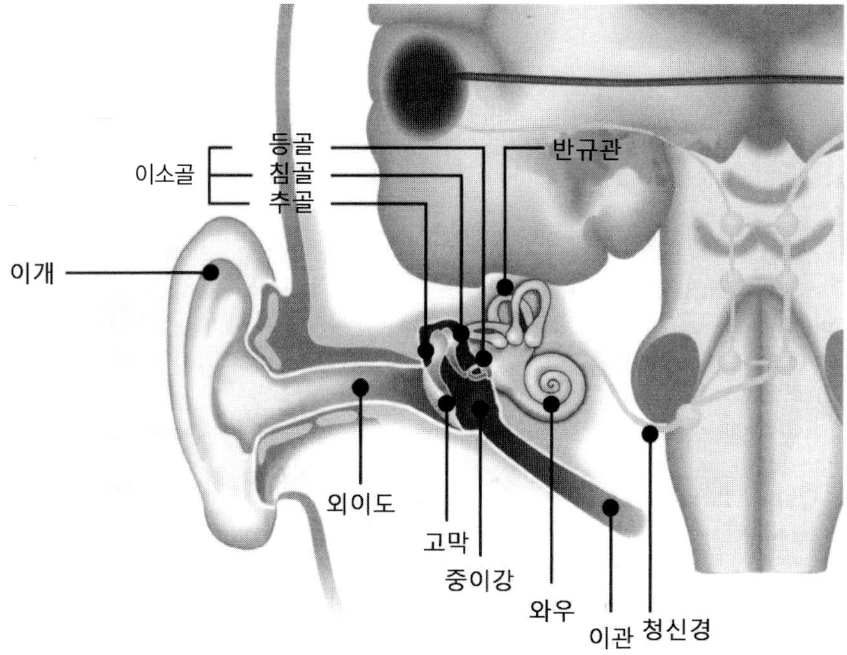

[그림 2-1] 청각기관의 구조

출처: Brüser(2012).

1) 이 절은 다음 문헌들을 참고하여 정리하였다(강봉균 외 역, 2009; 김진동 외 역, 2015; 대한청각학회, 2010; Böhme, 2003, 2006; Keilmann, 2000; Kompis, 2009).

1) 외이

외이는 이개(귓바퀴)와 외이도를 포함한다. 외이의 가장 큰 역할은 전달된 음파를 모아 고막으로 전달하는 것이다. 또한 외이의 대표적인 기능은 집음기능과 소리방향 지각에 있다. 과거 인간의 귀는 끝이 길고 뾰족하며 소리가 나는 방향으로 움직이는 운동능력(ear mobility)을 가지고 있었으나 진화과정을 거치면서 현재의 형태를 갖게 되었다고 알려져 있다. 단순 외이의 이상은 대부분 청력손실이 크지 않다. 그러나 청각기관의 생성과정에서 외이와 내이는 같은 조직으로부터 만들어지기 때문에 대부분 외이와 내이 기형은 함께 나타나는 경향이 있다.

(1) 이개

이개(auricle)는 우리가 눈으로 볼 수 있는 귀의 가장 바깥쪽 구조로서 약 0.5~1.0mm 두께의 탄성연골[2]과 피부조직으로 만들어져 있다. 이개의 피부조직은 우리 몸에서 가장 얇고 피하지방층이 없을 뿐만 아니라 혈관도 단층으로 되어 있기 때문에 동상에 걸리기 쉽다. 얼굴 앞쪽 가운데로 볼록하게 튀어나온 부분을 이주라고 하는데, 이주를 막으면 외이도가 폐쇄되면서 내부의 소리가 골전도를 통해 울리게 된다.

(2) 외이도

외이도(external auditory canal)는 이개에서 모아진 소리를 고막으로 전달하는 통로이며 성인의 경우에는 3.0~3.5cm의 길이에 넓이 0.7~0.9cm 정도이다. 성인의 외이도는 외부로부터 고막을 보호하기 위하여 S자 형으로 굽어 있으나, 신생아는 외이도 안쪽에 형성되어 있는 측두골(뼈)이 완성되지 않아서 직선 형태를 보인다. 외이도의 바깥쪽 1/3은 연골로 되어 있으며, 안쪽 2/3는 뼈로 되어 있다.

2) 중이

중이는 외이도를 통해 전달된 음파를 내이에 전달하는 기능을 한다. 중이에는 고막

2) 탄성섬유가 있어서 압력을 가해도 원래 모양으로 돌아오는 특징이 있다.

(tympanic membrane), 이소골(ossicle), 이내근(auditory muscles)이 위치하고 있는 고실(중이강, tympanic cavity)과 이관(유스타키오관, eustachian tube)이 포함된다. 중이의 가장 큰 역할은 외이에서 전해진 소리를 약 34~37배 정도 증폭하여 내이로 전달하는 것이다.

(1) 고막

고막은 외이도와 고실 사이에 위치하고 있으며 외이와 중이를 나누는 경계이다. 고막은 안쪽으로 함몰된 형태를 가지고 있다. 가로 9~10mm, 세로 8~9mm, 두께 0.1mm의 얇은 막으로 만들어져 있으며, 세 개의 층(외층, 중간층, 내층)으로 구분된다. 성인의 경우에는 타원형이며 약 40~50°의 경사를 갖지만, 신생아의 고막은 원형에 가깝고 성인의 고막보다 두꺼우며 거의 수평의 형태를 보인다. 정상 고막의 색은 반투명의 진주빛 회백색을 띠며, 광추(cone of light)라고 하는 밝은 빛이 관찰된다. 고막은 얇은 막으로 형성되어 있기 때문에 외부 물체나 폭발음 또는 압력 변화에 의해 쉽게 파열될 수 있다. 일반적으로 100~110mmhg[3]의 압력이 주어지면 고막이 손상되며 난청의 원인이 된다. 고막의 기능은 외부로부터 고실을 보호하는 동시에 소리의 진동을 고실 내로 전달하는 데 있다.

(2) 고실

고실은 중이강이라고도 불리며, 공기로 차 있는 텅 빈 공간으로 이소골과 이내근 등이 위치한다. 고실에는 2개의 구멍이 있는데, 하나는 등골족판이 맞닿아 있는 난원창(oval window)이며 또 하나는 제2의 고막이라고 불리는 정원창(round window)이다. 난원창은 내이의 전정계(scala vestibuli)와 연결되며 정원창은 고실계(scala tympani)와 연결된다.

3) milimeter 헥토그램 또는 milimeter hg라고 읽는다.

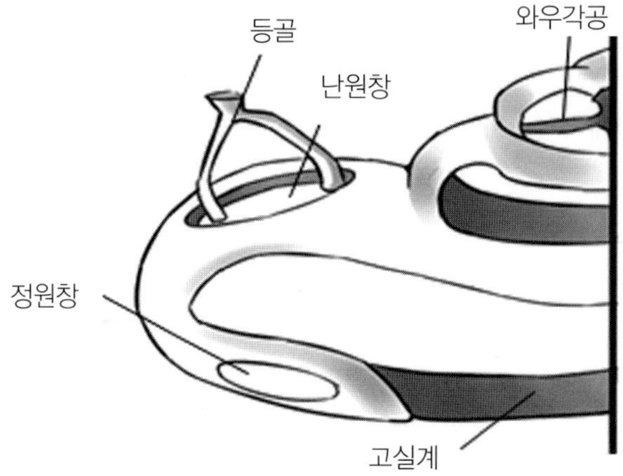

[그림 2-2] 난원창과 정원창

① 이소골

이소골은 고막 뒤에 위치하며, 고실 내에 있는 작은 뼈인 추골(malleus), 침골(incus), 그리고 등골(stapes)로 구성된다. 이들은 서로 연결되어 움직인다. 이소골은 고막에서 전달된 소리의 진동을 내이에 전달해 주는 기능을 하며, 이소골의 기형이나 운동결함은 난청을 가져온다.

- 추골: 추골은 망치뼈라고도 불리며, 3개의 뼈 가운데 가장 큰 뼈로서 길이는 약 7.5~8.0mm 정도이다.
- 침골: 침골은 모루뼈라고도 불리며, 추골과 등골을 연결한다.

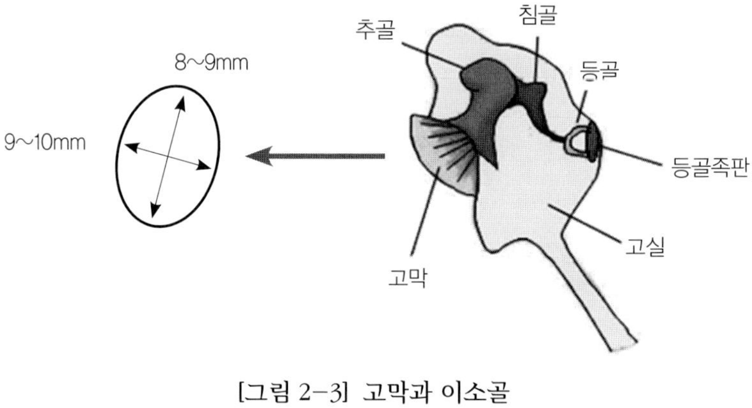

[그림 2-3] 고막과 이소골

• 등골: 등골은 등자뼈라고도 불리며, 우리 몸에서 가장 작은 뼈로 알려져 있다. 등골의 피스톤(piston) 움직임에 의해 난원창이 움직이게 된다. 난원창에는 등골족판(footplate)이 부착되어 있다.

② 이내근

중이 내에 있는 근육으로서 고막장근(tensor tympani muscle)과 등골근(stapedius muscle)이 해당한다.

• 고막장근: 고막장근은 추골병(handle of malleus)의 윗부분에 부착되어 있으며, 자극을 받아 수축을 하게 되면 추골은 전측과 내측으로 당겨진다. 이때 이소골은 경직 상태가 된다.
• 등골근: 고막장근이 약 25mm 길이인 반면에 등골근은 약 6mm로 짧고 두껍다(이정학, 이정숙, 1999). 등골근은 등골에 부착되어 있으며, 강한 음이 도달하면 반사적으로 수축하여 내이를 보호하고 소리전도를 조절하는 기능을 한다. 이것을 등골근 반사라 한다. 즉, 등골근반사란 큰소리(70~100dB SPL)가 들어오면 내이에 100% 전달되지 않도록 근육수축이 일어나는 현상으로 소리감소를 통해 청각기관을 보호해 주는 기능을 말한다. 반사작용이 느리게 활성화되기 때문에 급작스러운 소리로부터 청각기관 손상을 완전히 막아 주지는 못한다. 등골근은 안면신경에 의해 조절된다.

(3) 이관

유스타키오관이라고도 하며, 성인의 경우 약 3.5~4cm 길이로 된 관이다. 고실에서 시작하여 코의 뒤쪽 부분인 비인강 입구까지 형성되어 있으며, 공기로 채워져 있다. 정상적인 경우에는 이관이 폐쇄되어 중이를 막고 있으나, 중이압력과 대기압력의 평형이 깨질 경우에는 이관이 열리게 된다. 예를 들면, 비행기를 타거나 높은 산에 올라갔을 때 갑자기 귀가 먹먹해지는 것은 바로 외부와 중이 내의 압력이 달라졌기 때문이다. 하품을 하거나 침을 삼키면 이관이 개방됨으로써 중이강 내의 공기가 환기되고 양쪽의 압력이 같아진다. 이관 이상은 중이 질환을 유발할 수 있다. 특히 이관이 성인에 비해서 짧고 경사가 지지 않은 6세 이하의 유소아는 감기나 인후염 등이 중이염으로 전이되는 현상이 자주 나타난다. 그러나 이관은 고실의 압력 조절의 역할을 할 뿐, 직접적인 소리전달의 기능은 가지고 있지 않다.

-중이 증폭의 원리-

소리는 외이와 중이 그리고 내이로 전달된다. 그 과정에서 소리를 전달하는 매질이 바뀌게 되는데, 림프액으로 가득 차 있는 내이는 매질이 곧 액체가 된다. 액체라고 하는 매질의 성격으로 인하여 많은 에너지가 반사될 경우 외부에서 입력된 소리의 약 0.1%만 전달된다. 따라서 중이에서는 최대한으로 에너지를 증폭시켜 내이에서 소실된 에너지를 보상해 주어야 한다. 이를 임피던스 정합 작용(impedance matching function)이라 하며, 증폭의 원리는 다음과 같다.

- 고막과 등골족판의 넓이의 비(17:1)로 인하여 약 17배의 증폭 효과가 생긴다. 면적이 넓은 고막에서 좁은 면적인 등골족판으로 에너지가 전달되면서 훨씬 강한 에너지가 집중되기 때문이다. 이를 면적비 효과(hydrodynamic effect)라고 한다.

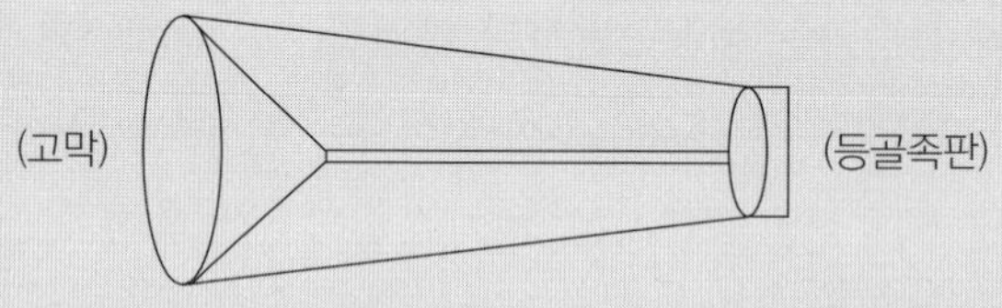

- 추골과 침골의 길이 비율의 차이(1.3:1)로 인하여 약 1.3배 정도의 증폭효과가 생긴다. 지렛대 효과(lever effect)라고도 한다. 길이가 긴 추골에서 짧은 침골로 소리가 도입되면서 난원창으로 전달되는 음이 증강되기 때문이다.

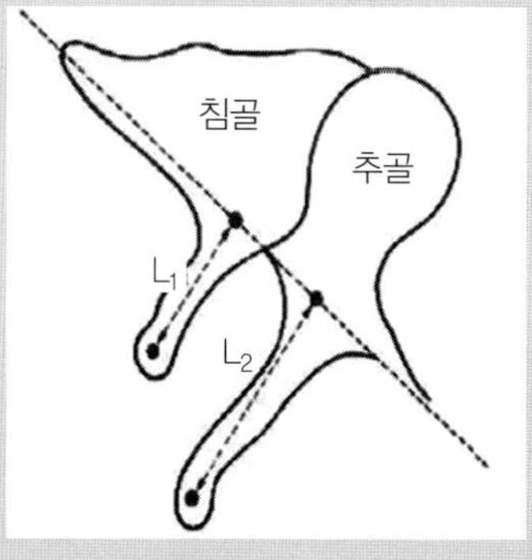

• 안쪽으로 빨려 들어가 있는 오목한 부채꼴 형태인 고막의 외형과 고막의 복원력[4]은 약 2배 정도의 증폭 효과를 만들어 낸다. 이를 버클링 효과(buckling effect)라고 한다.

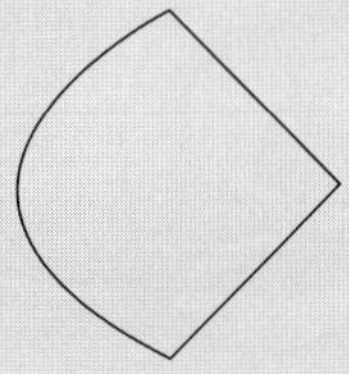

이러한 원리에 따라 중이에서는 dB SPL로 환산하였을 때 음압의 약 34dB SPL의 소리를 증강시켜 내이에 전달하게 된다. 만약 중이에 이상이 있을 경우에는 약 34dB의 음향에너지 손실이 발생함으로써 소리를 잘 들을 수 없는 결과를 가져온다. 그러나 이소골에 심한 결함이 있을 경우에는 약 60dB의 청력손실이 발생하기도 한다.

3) 내이

내이는 구조가 매우 복잡하기 때문에 미로라 불린다. 내이는 크게 와우(달팽이관, cochlea), 전정(vestibular) 그리고 반규관(세반고리관, semicircular canal)으로 이루어져 있다. 이때 와우는 청각기관에 속하며, 전정과 반규관은 평형기관에 해당한다. 전정과 반규관은 기능적으로는 별개이지만 구조적으로는 와우와 연결되어 서로 통하는 구조로 되어 있다. 앞서 언급한 바와 같이, 중이강은 공기로 가득 차 있는 반면에 내이는 림프액(lymph)으로 차 있다.

내이는 다시 골미로(bony labyrinth)와 막미로(membranous labyrinth)로 구분되는데, 골미로의 내부에 막미로가 위치하고 있다고 보면 된다. 골미로는 뼈가 그 벽을 둘러싸고 있기 때문에 골미로라 불리며, 막미로는 내부 관이 막으로 이루어져 있어서 막미로라 불린다(김진동 외 역, 2015). 이들은 위치가 다를 뿐 같은 구조를 가지고 있다. 더 쉽게 표현하자면, 내이의 외부는 골미로로, 내이의 내부는 막미로로 이해하면 된다.

4) 음압에 따라 고막이 늘어났다가 줄어드는 현상을 말한다.

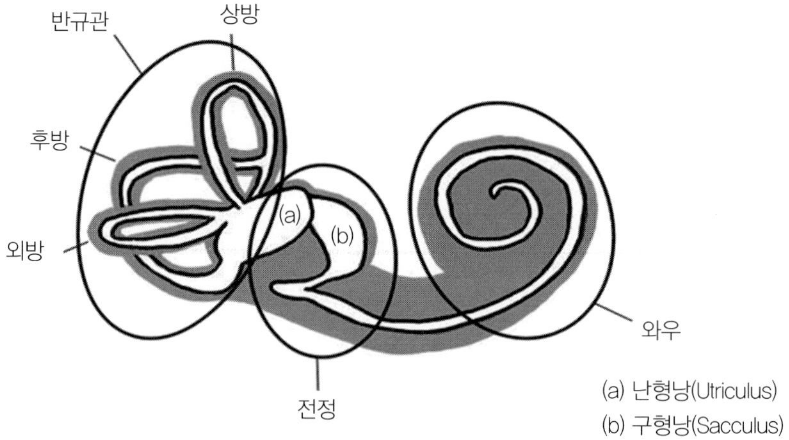

[그림 2-4] 내이

(1) 전정기관

전정기관은 3개의 반규관과 난형낭과 구형낭으로 구성된 전정이 해당한다. 반규관은 상방, 후방, 외방의 3개의 반원으로 서로 연결되어 있으며, 전정은 반규관과 와우 사이에 위치한다. 이들은 평형과 속도변화 그리고 수직운동과 수평운동 등을 감지한다. 이 밖에도 전정기관의 손상은 구토나 현기증, 이석증과 자발안진 등과 같은 증상을 보인다.

> 이석증이란 난형낭 내부에 있는 이석이 떨어져 나와 세반고리관 내부로 유입되어 세반고리관 내림프액의 유동을 방해하게 되면서 어지럼증을 유발하는 질환이다(권치헌, 2015).

(2) 와우

청각기관인 와우의 가장 큰 역할은 중이로부터 전달된 에너지를 유모세포(auditory hair cell)[5]에 의해 전기에너지로 바꾼 후 청신경으로 전달하는 것이다. 와우[6]를 단면으로 펼쳐 놓았을 때 와우의 제일 윗부분을 전정계, 가운데를 중간계 그리고 제일 아

5) 소리를 감지하는 기관이며, 약 3,500개의 내유모세포(inner hair cell)와 13,000개의 외유모세포(outer hair cell)가 있다. 유모세포는 청신경시스템에 연결되어 있어 감지된 소리는 청신경(auditory nerve)을 통해 뇌로 전달된다.

6) 달팽이관의 길이는 약 3.5cm이며 그 지름은 2mm이다.

[그림 2-5] 와우의 구조

랫부분의 관을 고실계라고 한다. 전정계와 고실계는 외림프액이 채워져 있으며, 중간계에는 내림프액이 있다. 중간계는 라이스너막(위)과 기저막(아래) 사이의 통로 부위를 말한다. 즉, 전정계와 중간계를 나누는 막은 라이스너막이며, 중간계와 고실계를 나누는 막은 기저막이다. 중간계에는 코르티 기관이 들어있다.

① **코르티기**(Organ of Corti)

코르티기는 소리를 감지하는 핵심조직이자 내이의 꽃이라고 불린다. 코르티기 내부에 있는 유모세포는 달팽이관의 표면을 덮고 있는 끝이 가늘고 털이 나 있는 감각세포로서 한 줄로 배열된 내유모세포와 3~4열로 된 외유모세포[7]가 있다. 외유모세포는 길이가 내유모세포에 비해 2배 정도 길뿐만 아니라 양적으로도 3배 정도가 많다. 그러나 내유모세포는 숫자는 적지만 구심성신경섬유[8]의 약 90%를 차지할 만큼 중요한 기능을 한다. 유모세포는 다른 세포들과 달리 재생능력이 없어서 사멸되거나 제 기능을 하지 못할 경우에는 감각뉴런 신호전달이 영구적으로 불가능해진다. 만약 유모세포가 모두 손상된 경우에는 소리가 중이를 통해 내이에 전달된다 하더라도 전기적 신호가 만들어지지 않기 때문에 뇌에서 소리를 인지할 수 없게 된다. 유모세포의 활동 메커니즘은 [그림 2-6]과 같다.

7) 운동량이 내유모세포보다 커서 이음향방사로 그 움직임을 측정할 수 있다. 또한 약물중독이나 소음성난청 그리고 노인성난청의 경우 외유모세포의 기능을 주로 잃게 된다.

8) 말초에서 중추로 감각세포 활동을 전달하는 신경을 말한다.

난원창을 통해 림프액 파동이 발생한다.

↓

파동은 기저막을 진동시키고 유모세포들을 자극한다.

↓

유모세포는 음파를 전기적 신호로 변환시킨다.

↓

양이온과 음이온의 탈분극 현상이 일어나면서 감각뉴런에 신호를 보낸다.

[그림 2-6] 유모세포 활동 메커니즘

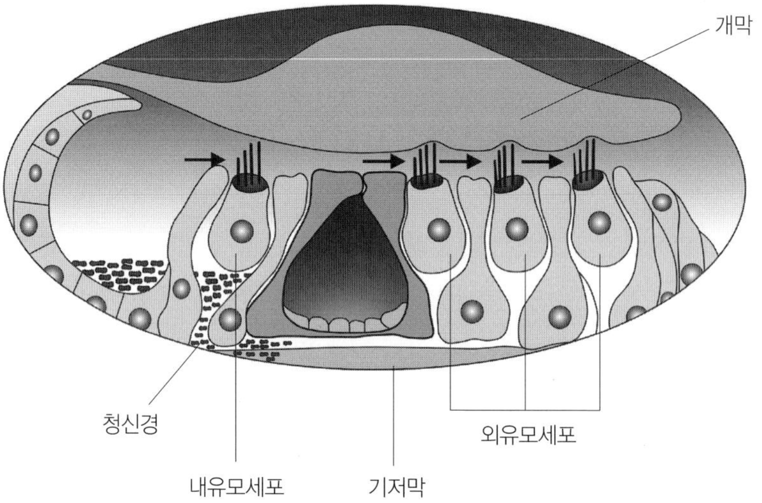

[그림 2-7] 코르티기의 구조

출처: Brüser(2012).

② 기저막

기저막(basilar membrane)은 고실계 위쪽에 위치하고 있으며 유모세포들이 분포되어 있는 질긴 섬유층이다. 앞서 언급한 바와 같이, 림프액의 파동은 와우 내의 기저막을 움직이게 한다. 기저막은 각각 정해진 주파수 대역이 있어서 전달되는 소리 주파수에 따라 선택적으로 각기 다른 부분이 진동하게 되는데, 고주파수대의 음을 주면 기저막의 입구인 기저부(와우저, base) 쪽에서 반응을 하고, 반대로 저주파수대의 음을 주면 기저막의 안쪽인 첨단부(와우첨, apex)에서 진동을 일으킨다. 이것이 바로 베케시(Bekesy)가 밝혀 낸 기저막의 고유진동원리이다. 기저부는 좁고 두꺼운 막의 형태를 가지고 있으며, 첨단부는 폭이 넓어지고 헐거운 특성을 갖는다. 파동으로 인해 유모세포의 섬모(stereocilia)[9]들이 흔들리면서 전기에너지로 변환된다.

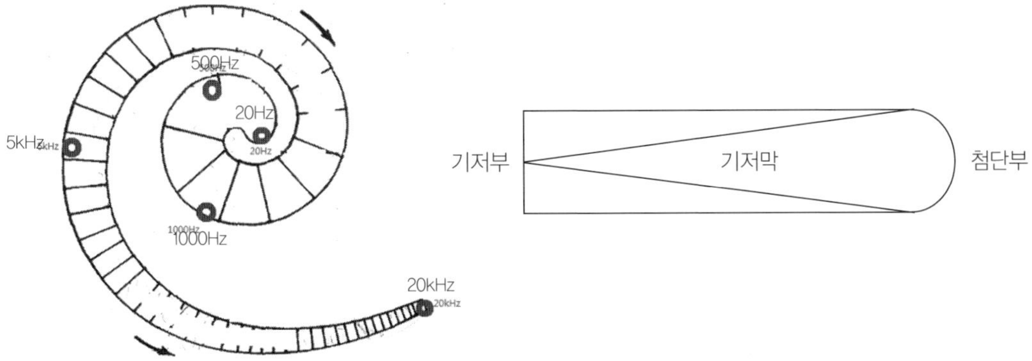

[그림 2-8] 기저막

③ 탈분극(depolarization) 현상

탈분극 현상의 일반적인 원리는 다음과 같다. 세포막을 기준으로 안쪽은 음극(−), 바깥쪽은 양극(+)이라 하며 이를 분극현상이라 한다. 일반적으로 세포 안은 K^+(칼륨)이 주된 양이온이며 세포 밖은 Na^+(나트륨)이 주된 이온이다. 세포막에는 일종의 통로처럼 이온 채널(ion channel)이 있으며 Na^+과 K^+ 등의 특수한 이온의 경우에는 통로를 열어 주어 투과시키도록 되어 있다. 그러나 특성상 K^+은 세포 밖으로 쉽게 나가는 경향이 있으며, 반대로 Na^+은 세포 안으로 잘 들어오지 못한다. 따라서 자극이 없는 안정상태에서는 계속적으로 K^+이 세포 밖으로 나가는 현상이 일어난다. 이때는 세포막의 안쪽이 음극(음전하), 바깥쪽이 양극(양전하) 상태이다. 그러나 우리의 신경세포는 역치 이상의 자극을 받으면 Na^+ 채널이 열리면서 소량의 나트륨 이온이 세포 밖에서

9) 유모세포의 섬모는 지름 5미크론(micron) 정도의 거미줄 굵기를 하고 있다. 안정 상태에서는 섬모가 위를 향해 뻗어 있다가 소리자극이 들어오면 기저막이 위로 올라가고 섬모들은 긴 섬모가 있는 방향으로 구부러지면서 탈분극 현상이 일어난다.

세포 안으로 들어간다. 이를 전위가 변화되기 시작하였다고 말한다. 이로서 세포막의 안쪽이 양전하(+)가 되고 세포막 바깥쪽이 음전하(−)로 전위가 역전되기 시작한다. 그러나 더 많은 수의 Na^+이 세포 내로 확산되면서 전압이 최고점에 이르게 되고 이에 따라 양전하(positive charge)가 많아지고 어떤 수치를 넘게 되면 모든 나트륨 채널이 열리면서 세포막의 안과 밖의 전위차가 거의 없어지게 된다. 이를 탈분극 현상이라고 한다. 이와 동시에 칼륨 채널이 열리면서 세포 안의 칼륨이 세포 밖으로 확산되어 나가면서 다시 세포막 안쪽은 음극 상태가 되는데, 이를 재분극(repolarization)이라고 한다.

유모세포의 탈분극 현상은 일반적인 탈분극 현상에서 나타나는 원리와 동일하다. 소리자극이 들어오면 유모세포의 섬모가 앞뒤로 구부러지면서, 개막과 섬모 사이에는 비틀림(schering force)이 생긴다(대한청각학회, 2010). 소리가 유입되면 기저막이 위로 올라가면서 망상판이 와우축을 향해 안쪽 위로 움직이면서 섬모를 바깥쪽으로 구부러지게 만들기 때문이다.

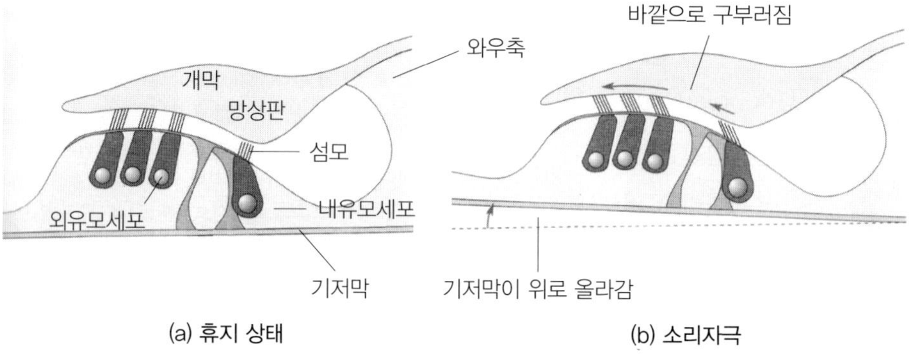

[그림 2-9] 기저막과 섬모의 움직임

출처: 강봉균 외 역(2009)

섬모의 움직임으로 인하여 섬모의 꼭대기에 있다고 생각되는 아주 작은 '뚜껑 문(trap doors)'이 열리고 닫힌다. 섬모의 상부에 있는 K^+ 통로가 열리면서 K^+이 중간계로부터 외유모세포 안쪽으로 들어가서 외유모세포를 탈분극시킨다(대한청각학회, 2010). K^+ 이온이 급격히 몰려오면 세포의 내부가 분극화되어 양전하가 많아진다. 그것은 다시 전압개폐성 칼슘채널을 활성화시키면서 Ca^{2+}(칼슘)이 유입된다. Ca^{2+} 유입은 신경전달물질로 채워진 조그만 주머니의 방출을 유도한다. 방출된 신경전달물질은 세포의 바깥쪽

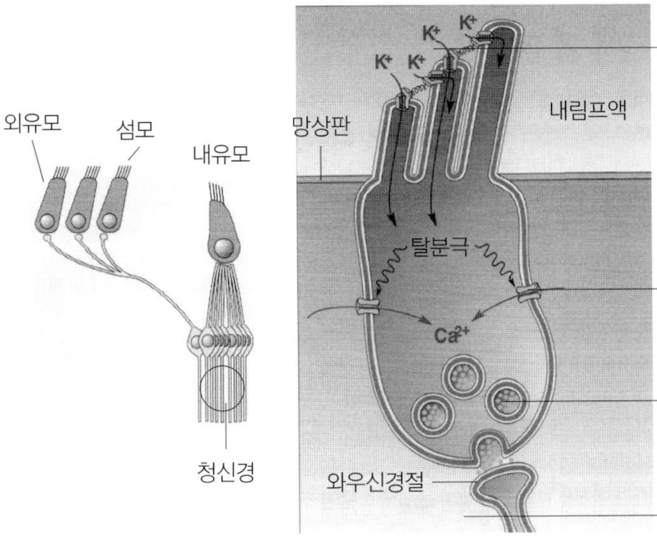

[그림 2-10] 유모세포의 탈분극 현상

으로 흘러나간다. 거기서 유모세포에 붙어 있는 신경세포를 만나고 유모세포는 섬모의 구부러짐을 통한 전기에너지 전환 작업이 끝나게 된다(이승복 외 역, 2011).

4) 중추청각신경계

중추청각신경계는 유모세포에서 만들어진 전기신호가 청신경을 따라 청각피질(auditory cortex)에 전달되는 과정을 담당한다. 앞서 설명한 바와 같이 소리가 내이로 전달되면서 발생되는 림프액의 파동은 기저막을 움직이게 한다. 또한 유모세포에서 변환된 전기적 신호는 청각신경(청신경, 8번 뇌신경)을 통해 대뇌의 청각중추에 도달하게 된다. 우선 청신경에 대해 알아보자. 청신경은 뇌신경의 하나로서, 우리 몸은 12쌍의 뇌신경이 있다. 뇌신경은 숫자로 제시된다. 뇌신경 1번, 2번 그리고 8번은 순수감각 뇌신경에 해당하며, 예를 들면 1번 뇌신경은 후신경으로 코의 후각수용체에서 뇌로 감각신호를 보낸다. 2번 뇌신경은 시신경으로 눈의 시각수용체에서 뇌로 감각신호를 보낸다. 청각에 관여하는 뇌신경은 8번으로 전정와우신경(vestibulocochlear nerves)이라 불린다. 한 분지는 전정기관에서 감각신호를 보내고 또 다른 분지에서는 와우에서 감각신호를 보낸다. 즉, 8번 뇌신경은 청각과 평형감각을 담당한다. 중추청각계에서의 청각정보 전달과정은 다음과 같다.

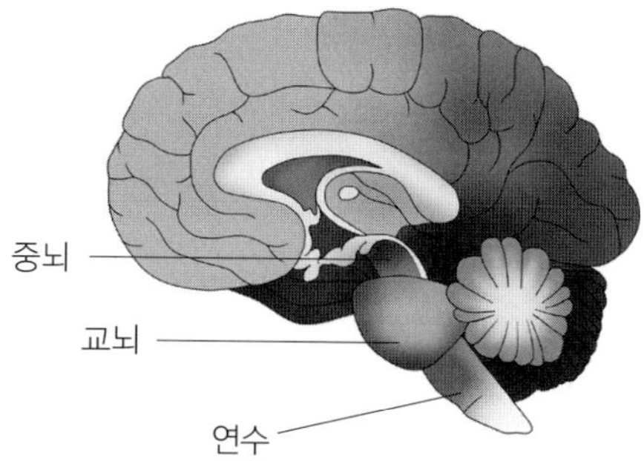

[그림 2-11] 뇌간

- 와우에서 전기에너지로 변환된 청각정보는 청신경을 통해 뇌간(brain stem)으로 들어간다. 뇌간은 뇌에서 대뇌반구와 소뇌를 제외한 나머지 부분을 통칭한다. 대표적으로 중뇌, 교뇌 그리고 연수를 포함한다.
- 청각정보는 와우핵(cochlear nucleus, 와우신경핵)으로 전달된다. 와우핵은 양측에 있으며 동측 와우로부터 정보를 받는다.
- 와우핵에 있는 세포들은 좌우 양쪽 상올리브핵(superior olivary nucleus)으로 축삭들을 투사한다. 여기서 축삭이란 세포체에서 신경계의 다른 부분으로 신경신호를 처리하는 기능을 한다. 이때 일부는 동측 상올리브핵으로, 일부는 반대측 상올리브핵으로 전달된다.
- 올리브 뉴런들의 축삭들은 외측융대(lateral lemniscus)를 거쳐 중뇌의 하구(inferior colliculi)에서 신경연결을 이룬다. 하구는 주로 청각 역할을 하는 부분으로, 반대로 중뇌의 상구(superior colliculi)는 시각 역할을 한다. 하구의 신경뉴런들은 시상으로 이동한다.
- 시상(thalamus)에는 여러 개의 핵이 있으며 대뇌피질로 연결된다. 예를 들면, 외측슬상체는 시각정보를 대뇌피질로 연결해 주는 시상핵이며, 내측슬상체는 청각정보를, 복측후핵은 촉각정보를 대뇌피질로 연결한다. 따라서 청각경로에 있는 뉴런은 내측슬상체(Medial Geniculate Nucleus: MGN) 뉴런이다.
- 시상의 내측슬상체의 뉴런들은 대뇌반구의 청각피질로 축삭들을 투사한다. 청각피질(auditory cortex)은 청각정보를 수용하는 영역으로서 측두엽 부근에 위치한다.

–청각기관의 생성 및 발달–

- 청각기관은 태아기부터 형성되기 시작한다.
- 임신 8주 이전에 외이도, 와우, 이소골과 고막 등이 형성되기 시작한다.
- 임신 20주가 되면 와우가 완성되며 성인의 크기와 동일하다.
- 태아기 때는 모체의 양수 및 여러 가지 매질의 저항으로 인해 20~50dB 정도 소리가 감소하여 들린다.
- 고막은 생후 2세까지 발달한다.
- 등골은 성인기까지 계속 발달한다.
- 외이도는 7세에 이르러서야 골부가 완전히 형성되고, 이개는 생후 9세까지 성장이 계속된다.

출처: 허승덕, 유영상(2004).

2. 청각장애의 원인

청각장애의 원인은 선천성/후천성 또는 유전적/환경적 등으로 다양하게 구분할 수 있다. 여기에서는 청각장애의 원인을 청각기관의 손상 부위로 구분하여 살펴보고자 한다.

〈표 2-1〉 청각장애의 원인

손상부위	원인	특성
외이	외이도 폐쇄증	외이가 정상적으로 형성되지 않은 것으로 무이증 또는 소이증을 동반한다. 기도청력에 문제를 보인다.
	외이도염/외이도 이물질	세균이나 곰팡이 등에 감염되어 외이도에 염증이 생기거나 이물질로 인해 외이도가 막히는 경우이다. 통증이나 부종 또는 가려움증 등을 유발하며, 분비물이 막힐 경우에는 난청이 발생할 수 있다. 그러나 청력손실이 크지 않다.
중이	고막천공	외상이나 염증, 폭발음과 같은 강한 소리 또는 중이의 압력 변화 등으로 발생할 수 있으며, 전음성 난청을 유발한다. 천공의 크기에 따라 자연 회복이 되기도 하며, 경우에 따라서는 고막성형술을 실시한다. 일반적으로 20~30dB 정도의 경도 청력손실이 발생된다.

	중이염	–급성중이염: 중이의 염증으로 발생되며, 진주빛이어야 할 고막이 붉은 색으로 변하거나 붓는 경우로서 고막운동 기능이 떨어진다. 대부분은 의료적인 처치가 가능하여 난청을 예방할 수 있다. 그러나 중이염이 3개월 이상 지속될 경우에는 만성중이염에 해당하며 전음성 난청을 유발한다. –삼출성중이염: 고막 안 중이강에 진물이 차는 경우로 다양한 종류의 액체가 축적될 수 있다. 이관의 기능장애 등으로 발생할 수 있으며, 중이의 증폭기능에 결함을 가져온다. 의료적 처치가 늦어지는 경우 난청을 유발한다.
	이경화증	중이의 난원창 부위의 뼈가 지나치게 자라서 생기는 질병으로 난원창 속으로 등골족판이 유착되거나 이소골 연쇄 운동을 방해하는 현상을 가져온다. 그 결과 전달된 소리 에너지를 내이의 액체로 전달하는 피스톤 역할 기능이 깨어짐으로써 경도에서 고도까지의 난청을 유발한다.
	이소골 기형	이소골 자체 기형으로 50~60dB의 청력손실을 가져올 수 있다.
내이	선천성 기형	태어나면서부터 유모세포가 제 기능을 하지 못하는 경우로서 고도난청 이상의 청력손실을 보인다.
	감염 또는 약물	–풍진[10]: 임신 3개월 내에 산모가 풍진에 감염되면 출생 시 농 또는 고도 난청을 가지고 태어날 수 있다. –거대 세포 바이러스(사이토메가로바이러스, Cytomegalovirus: CMV) 감염: 세포들이 비정상적으로 커지는 선천적 감염으로 감염된 아동의 1/3~1/2이 청각장애를 동반한다. –약물: 아미노글리코사이드 계통의 항생제나 아스피린, 이뇨제 등으로 인해 내이의 와우, 전정 또는 유모세포나 혈관에 문제를 가져오는 경우다.
	증후군	–트리처 콜린스(Treacher-Collins)증후군: 안면기형과 청각장애를 동반하는 유전질환으로 눈꼬리가 바깥쪽으로 내려오고, 안검 외축결손, 안면골에 해당하는 협골과 하악골의 발육부진, 물고기나 새 모양의 특이한 얼굴 형태를 보인다. –바르덴부르크(Waardenburg)증후군: 1951년 네덜란드 안과 의사의 이름을 딴 증후군으로, 내이 이상과 안면 기형을 동반하는 유전질환이다. 앞머리가 하얗고 양 미간이 넓은 것이 특징이다. 평형기능 장애를 동반하는 경우가 많다. –어셔(Usher)증후군: 망막 색소 변성을 동반하며 청력손실뿐만 아니라 지적장애나 정신분열증을 보이기도 한다. 평형기능 장애를 동반하는 경우가 많다. –알포트(Alport)증후군: 사구체 기저막 이상으로 발병하며 신부전으로 진행되는 경우가 많으며 청력과 안구이상이 동반된다. –펜드레드(Pendred)증후군: 갑상선 기능저하와 청각장애를 동반한다.

	청각기관의 노화	노화과정에 의해 기저막이 고유한 탄성을 잃게 되고 유모세포가 퇴화하게 된다. 고주파수 대의 청력손실이 크다.
	메니에르병	막미로 내부의 내림프액이 지나치게 많아져서 내림프관이 부어오르는 질병으로 그 원인은 분명하게 밝혀진 바가 없다. 어지러움증을 동반하며 저주파수 대의 청력손실이 크다.
	소음[11]	단시간 내에 과도하게 큰 소리에 노출될 경우(급성소음성난청)나 오랫동안 소음에 노출되어(만성소음성난청) 외유모세포가 손상된 경우로서 대개 4,000Hz에서 특히 청력손실이 크다.
신경기관	두부외상	측두골에 골절이 생길 경우 청각경로 손상으로 인해 청각장애가 발생될 수 있다.
	중추질환	청신경 종양이나 와우신경염 또는 전정 신경염 등에 의해 난청이 발생하는 경우다. 8번 뇌신경 종양은 청신경 종양으로 불리며, 병소의 위치나 크기에 따라 특징이 조금씩 다르다.

증후군이란 어떤 질병이나 상태에서 일반적으로 나타나는 여러 가지 두드러진 임상적 특징들의 집합으로서(권도하, 2011), 청각장애를 동반하는 증후군은 여러 가지가 있다. 그 가운데 트리처콜린스 증후군은 1900년 영국의 외과의사 트리처 콜

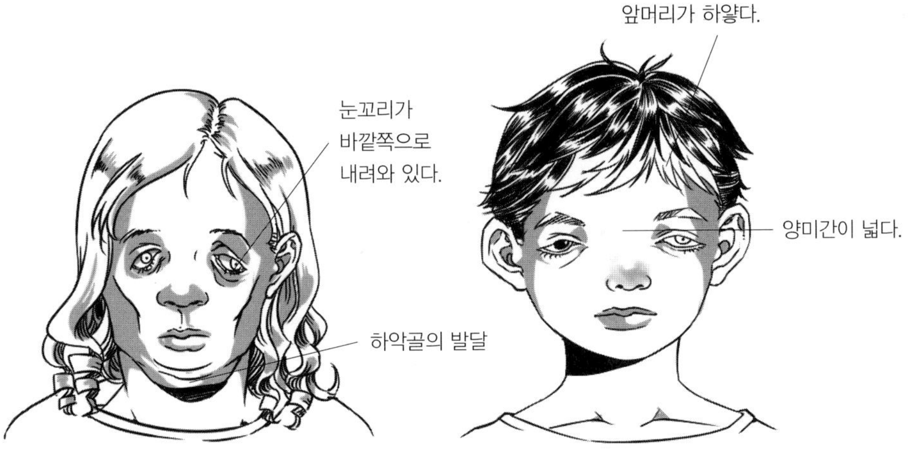

Ⓐ 트리처콜린스 증후군　　Ⓑ 바르덴부르크 증후군

[그림 2-12] 청각장애를 동반하는 증후군

10) 백신접종으로 대부분 예방이 가능하다.

11) 소음성난청은 이 장의 마지막에 자세히 기술되어 있다.

린스(Edward Treacher Collins)가 2명의 환자를 보고하면서 최초로 명명되었다. 안면기형과 함께 중이와 내이 기형에 의한 청각장애를 동반하는 것으로 알려져 있다(박지현 외, 2010). 바르덴부르크 증후군은 유전성 질환으로 1951년 바르덴부르크(Waardenburg)에 의해 처음 보고되었으며, 눈과 귀 등의 주요 감각기관에 이상이 있는 경우가 많다. 난청의 정도는 경도부터 전농까지 매우 다양하나, 대부분 내이 이상이 관찰된다(이대원 외, 1997; 최성준 외, 1986). 다음 장에서 자세히 살펴보겠지만, 외이와 중이의 이상은 난청의 정도가 크지 않은 전음성 난청을 보이는 반면에 내이의 이상은 대부분 청력손실이 큰 감음신경성 난청을 보인다. 청신경의 이상은 후미로성 난청에 해당한다.

지금까지 청각장애를 유발하는 원인을 외이, 중이, 내이 그리고 중추신경계로 구분하여 살펴보았으나 실제로 청각장애는 원인불명인 경우가 많다. 청각장애 아동만으로 대상을 제한한 독일의 연구결과를 보면, 유전적 요인이 36%, 환경적 또는 후천적 요인이 18%, 그리고 46%가 원인불명인 것으로 보고되고 있다(Leonhardt, 1999). 팩햄(Peckham)의 보고에서도 1/3은 유전, 1/3은 후천성, 1/3이 원인불명인 것으로 보아(이필상 외 2016에서 재인용) 청각장애의 원인은 많은 경우 명확하게 설명되지 않는다고 할 수 있다.

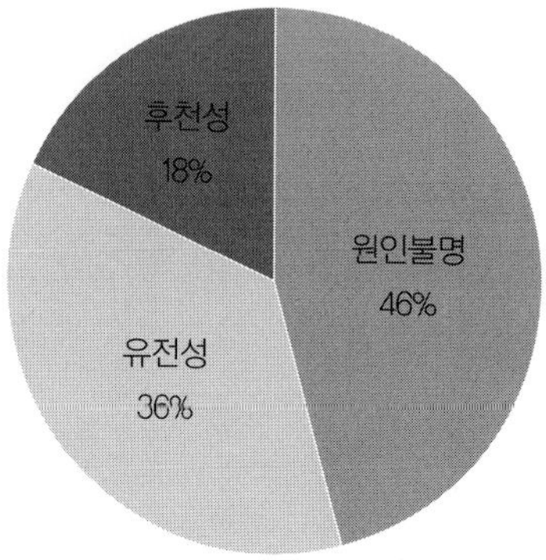

[그림 2-13] 청각장애의 원인

출처: Leonhardt(2009).

3. 청각장애의 분류

1) 소리를 듣는 경로

우선 소리를 듣는 경로는 크게 두 가지가 있다. 외이도를 통해 전달되는 소리를 듣는 방법과, 외이와 중이를 거치지 않고 두개골을 진동시켜 바로 내이로 전달되는 소리를 듣는 방법이다. 전자를 기도전도라 하고 후자를 골도전도라 한다. 기도전도는 다음과 같은 경로를 거친다.

> 이개에서 모아진 음파는 외이도를 통하여 고막을 진동시킨다. 음파는 중이의 이소골을 거쳐 증폭되며 등골족판의 움직임으로 난원창에 도달된다. 난원창을 통해 전달된 압력은 내이의 림프액을 진동시키고 그 파동은 기저막에 연결된 코르티기관의 유모세포를 활성화시킨다. 이때 청신경의 뉴런이 활성화되면서 전기적 신호로 변환되고 뇌로 전달된다.

반면에 골도전도는 다음과 같은 경로를 거친다.

> 외이도와 중이를 거치지 않고 소리가 두개골을 진동시켜 바로 내이로 전달된다. 내이로 전달된 소리는 기도전도와 동일한 방법으로 뇌로 전달된다. 이는 청력검사 시 유양돌기부나 전두부에 장착된 골 진동자에서 발생된 소리가 직접 유모세포의 자극을 유발시키는 원리이다.

우리는 외부에서 들리는 소리를 기도전도와 골도전도 모두를 통해 듣는다. 그래서 외이나 중이에만 손상이 있을 경우에는 두개골을 통해 소리가 전달되기 때문에 전혀 소리를 듣지 못하는 경우는 발생하지 않는다. 또한 자신의 목소리는 골도를 통해 듣게 되며 그렇기 때문에 헤드셋으로 귀를 막아도 자신의 소리를 듣는 데에는 큰 지장이 없다. 그러나 만약 내이에 이상이 있을 경우에는 기도전도와 골도전도 모두에서 잘 들을 수 없기 때문에 고도난청의 청력손실이 예상되며 자신의 목소리를 피드백하는 데에도 어려움을 갖게 된다.

2) 청각장애의 분류

청각장애의 분류방법은 매우 다양하다. 청력손실 시기에 따른 분류, 손실 정도에 따른 분류, 손실 부위에 따른 분류 그리고 원인에 따른 분류 등이 있다.

(1) 손실 시기에 따른 분류

청각장애는 손실시기에 따라 언어습득 이전과 언어습득 이후로 구분할 수 있다. 언어습득 시기는 일반적으로 유아가 자신의 모국어를 이해하고 말하기 시작하는 시점으로 볼 수 있는데, 그 시기는 대략 3~4세이다. 언어습득 이전에 청력손실을 갖게 된 경우는 언어습득 전 청각장애라고 하며, 대부분 선천성 청각장애에 해당한다. 언어를 경험하지 못했기 때문에 구어를 통한 의사소통 능력이 현저하게 떨어진다. 반면에 언어습득 이후 청각장애는 모국어의 음운체계와 말의 형식-내용 간의 관계를 터득한 상태이기 때문에 구어발달의 예후가 상대적으로 좋다. 물론 손실시기만으로 예후를 단언할 수는 없다.

(2) 손실 정도에 따른 분류

청력손실 정도에 따른 청각장애 분류는 연구자들마다 차이가 있다. 앞서 언급한 바와 같이, 20~25dB HL까지를 정상청력으로 간주하고 90dB HL 이상을 농으로 보는 것이 일반적이지만, 구체적인 단계에 대한 분류는 합의된 바가 없다. 〈표 2-2〉는 국제표준기구(International Organization for Standardization: ISO)가 규정하는 분류표이다.

〈표 2-2〉 ISO에 따른 난청의 분류

분류	청력역치
정상(normal)	25dB HL 이하
경도(mild)	26~40dB HL
중등도(moderate)	41~55dB HL
중(등)고도(moderately severe)	56~70dB HL
고도(severe)	71~90dB HL
농(profound)	91dB HL 이상

25dB HL까지의 청력손실을 정상으로 간주하는 이유는 일상적인 대화음을 듣는 데에 어려움을 느끼지 않기 때문이다. 그러나 그 이상부터 40dB HL까지의 청력손실은 경도로서, 작은 소리나 멀리서 나는 소리 혹은 등 뒤에서 나는 말소리 등을 이해하는 데에 문제를 보인다. 경도의 경우에는 보청기를 착용하지 않아도 일상생활에 큰 어려움을 보이지는 않으나, 40dB HL을 초과하면 의사소통에 많은 제한을 받게 된다. 여러 사람이 말을 하는 상황에서 소리를 듣고 이해하는 데에 어려움을 보이며, 약 60dB HL이라면 보청기를 착용하지 않고서는 실질적으로 일상적인 크기의 사람의 말소리를 듣고 이해하는 것은 기대할 수 없다. 특히 청력손실이 커질수록 말소리 명료도는 낮아지기 때문에 동일한 크기의 환경음의 소리는 들을 수 있을지라도 말소리를 정확히 인지하는 데에는 어려움을 보이게 된다. 90dB HL은 차의 경적소리나 락밴드의 음악소리를 들을 수 있는 수준에 해당하며 농으로 분류된다. 90dB HL 이상을 농으로 분류하는 이유는 실제 사람의 대화하는 말소리는 90dB을 초과하지 않기 때문이다.

〈표 2-3〉 청력역치에 따른 듣기 특성

청력역치(HL)	듣기 특성
0~25dB(정상)	• 일상적인 소리를 듣고 생활하는 데에 어려움이 없음
26~40dB(경도)	• 속삭이는 말소리와 같이 작은 소리 또는 멀리서 들리는 소리는 듣기 어려움 • 뒤에서 하는 말소리는 이해하기 어려움 • 1:1이 아닌 토론 상황에서는 이해하기 위한 노력이 요구됨
41~55dB(중등도)	• 가까운 거리의 소리는 들을 수 있으나 일상적인 대화소리를 듣는 데에 문제를 보임 • 집단 토론이나 집단 활동 등에서는 상당한 노력이 요구됨
56~70dB(중등고도)	• 수업시간에 교사의 말을 듣고 이해하기 어려움 • 아주 큰 소리는 들을 수는 있으나 말소리를 듣고 이해하는 데에 현저한 문제를 보임 • 말소리 명료도가 두드러지게 낮음
71~90dB(고도)	• 큰 소리의 환경음은 감지할 수 있으나 많은 경우 음원을 정확하게 알기 어려움 • 말소리가 거의 들리지 않아 대부분의 단어가 인지되지 않음 • 말의 명료도는 거의 알아듣기 어려움
91dB 이상(농)	• 비행기 이륙소리나 대형 트럭 경적소리와 같은 아주 큰 환경음만 들을 수(도) 있음

출처: 유은정 외(2010); 이필상 외(2015).

(3) 청각기관의 손실 부위에 따른 분류

청각기관의 어느 부위에 손상이 있는지에 따른 분류는 청각장애의 유형을 결정한다는 점에서 매우 중요하다. 청각장애는 손상 부위에 따라 전음성 난청(전음성 청각장애), 감각신경성 난청(감음성 청각장애), 혼합성 난청, 중추성 난청으로 구분된다.

① 전음성 난청

청각기관의 이상이 외이와 중이에 있다면 이 경우는 전음성(conductive) 청각장애라 한다. 전음(轉音), 즉 소리를 전달하는 과정에서의 난청이다.

② 감각신경성 난청

외이와 중이에는 이상이 없으나 내이에 이상이 있는 경우는 감각신경성(sensory-neural) 청각장애라고 한다. 감각과 신경계통의 병변을 모두 포함한다. 감각계통의 병변은 와우의 이상으로 인해 청각신호로 변환되는 과정에서 문제가 발생하는 경우이다. 반면에, 신경계통의 병변은 유모세포에서 전달되는 청각신호에는 문제가 없으나 청각신경 자체 또는 신경에 연결하는 과정에서의 병변을 말한다. 그런 맥락에서 전자는 내이(와우)에 문제가 있다고 하여 미로성 난청으로, 후자는 후미로성 난청으로 분류된다. 또한 감각신경성 난청은 소리를 느끼는 데 문제를 보인다고 하여 감음(感音)성 난청으로 불리기도 한다.

③ 혼합성 난청

중이와 내이 모두에서 이상이 있는 경우에는 혼합성 난청이라 한다. 청력손실이 심할수록 혼합성 난청이 발생하는 경향이 많다(오세진, 2015).

④ 중추성 난청

청각신경이 대뇌 청각피질로 도달하는 과정에서의 손상은 중추성 청각장애라고 한다. 순음청력검사에서는 큰 이상을 보이지 않으나 말소리를 듣고 이해하는 등의 언어처리과정에서 문제를 보인다.

손상 부위에 따른 네 가지 유형의 청각장애는 다음과 같은 특성을 갖는다. 전음성 난청은 외이와 중이기관의 이상으로 소리가 작게 들리는 현상을 보인다. 반면에 감각신경성 난청은 유모세포의 손상으로 인해 전달된 신호가 정상적으로 대뇌에 전달하지 못하는 경우이다. 이는 미로성 난청에 해당하며, 청신경의 경로나 신경중추의 이상은 후미로성 난청으로 분류된다. 외이와 중이가 정상이라 할지라도 내이에 병변이 큰 경우에는 소리를 정상적으로 인식하는 것이 실제로 매우 어렵다. 혼합성 난청은 중이염과 같은 중이기관의 손상과 감각신경성 난청이 동시에 나타난 경우이며 대부분 청력손실이 크다. 중추성 난청은 중추신경계의 이상으로 말소리 변별 등과 같은 청각감도가 현저하게 낮다. 예를 들면, 종양이나 두부손상 또는 노화 등으로 인해 나타날 수 있다.

〈표 2-4〉 손실 부위에 따른 분류

유형	특성	손실 부위
전음성 난청	일반적으로 청력손실이 60~70dB을 넘지 않으며, 보청기로 소리를 증폭시켜 줌으로써 어느 정도 효과를 기대할 수 있다. 골도청력은 거의 정상에 가깝다.	외이 또는 중이의 이상
감각신경성 난청	청력손실이 많고 기도청력과 골도청력[12]에 모두 결함을 보이며, 골도청력 역치와 기도청력 역치 사이에 차이가 거의 없다.	내이(유모세포) 또는 청신경 이상
혼합성 난청	전음성 난청과 감각신경성 난청의 혼합, 청력손실이 많고 기도청력과 골도청력이 모두 손상되어 있다. 골도청력역치와 기도청력 역치 사이에 차이가 있으며, 이때 기도청력 손실이 더 많다.	중이의 증폭기능과 내이의 이상
중추성 난청	청각신호의 정보처리과정에서의 결함으로 말소리를 종합하고 분석하여 이해하는 데 문제를 보인다.	중추신경계의 이상

앞에서 언급한 네 가지 유형의 난청은 다시 말초청각장애와 중추청각장애로 구분된다. 말초청각장애는 외이, 중이, 내이, 청신경의 병변으로 발생하며, 중추청각장애는 청신경을 거쳐 청각 중추에 이르는 과정에서의 문제로 발생한다.

12) 기도청력은 기도검사에서의 청력역치이며 골도청력은 골도검사에서의 청력역치이다. 자세한 내용은 제5장을 참고하도록 한다.

〈표 2-5〉 말초청각장애와 중추청각장애

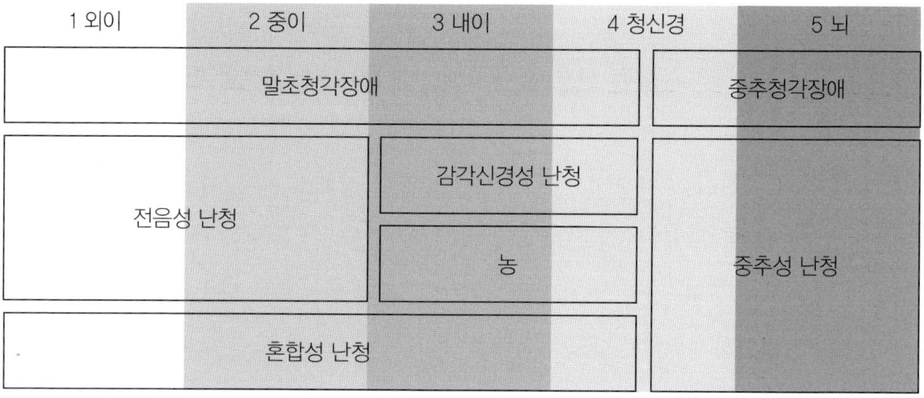

출처: Truckenbrodt, Leonhardt(2016).

-소음성 난청-

소음은 생리적·심리적·생활적 측면에 영향을 미친다. 생리적으로는 청력손실, 즉 난청 유발 요인이 되며 맥박과 혈압을 상승시키고 소화기와 순환기질환의 원인이 되기도 한다. 심리적으로는 불쾌감이나 정서불안 등을 가져오는 '공해'로 지각될 수 있으며, 생활적으로는 작업·휴식·수면방해 등 신체에 미치는 영향이 크다. 소음이 난청을 유발한다는 점에서 이미 1713년부터 구리 세공자에게 소음을 방지하기 위한 귀 보호기 사용이 권장된 바 있으며, 산업혁명과 제1, 2차 세계대전 등을 거치면서 소음성 난청에 대한 관심이 점차 높아졌다. 소음은 노출 특성과 소음 강도 그리고 기간에 따라 청각기관의 변화를 가져온다. 외유모세포의 손상 및 변성이 가장 대표적이며, 미국 노동부에서는 하루 평균 90dBA가 넘는 작업환경에 있을 경우에는 최대 8시간을 넘지 않도록 기준을 정하고 있다. 소음으로 인해 나타나는 현상들은 다음과 같다.

- 차폐(masking): 소음이 신호음보다 더 커서 듣고자 하는 소리가 잘 들리지 않는다.
- 일시적 역치의 변화(Temporary Threshold Shift: TTS): 초 단위에서부터 수일에 이르기까지 일시적으로 청력이 떨어진다.
- 영구적 역치의 변화(Permanent Threshold Shift: PTS): TTS를 일으키는 소음에 반복적으로 노출되면 유모세포 손상이 누적되어 역치의 상승을 가져온다.

소음성 난청을 예방하기 위해서는 소음 노출 후 회복할 수 있는 충분한 시간을 주어야 하며, 음원 자체에서 소음을 조절하거나 귀마개 착용 등을 의무화하여야 한다. 수영장에서 사용하는 귀마개(earplug)는 소음을 15~30dB 감소시키며 고음 차단에 효과적이다. 방한용 형태의 귀마개(earmuff)는 소음 감소폭이 더 크고 500~1,000Hz의 저음역에서 효과가 크다.

만약 외부 소음이 70dB 이상이거나 혹은 내부 소음이 지나치게 클 경우에는 소음 차단 시설이 필요한데, 예를 들면 다음과 같은 방법이 효과적이다.

- 건물 주위에 수목이나 상록 지대를 형성한다.
- 인공적인 방음 둑을 축조한다.
- 소음원과 건물 사이에 다른 건물을 건축하여 소음을 차단한다.
- 이중 유리창을 설치한다.
- 약 10cm 두께의 벽면을 만든다.
- 천장이나 벽에 흡음 재료를 사용한다.
- 벽에 스티로폼을 댄다.
- 책상이나 의자 다리에 헝겊을 댄다.
- 바닥에 양탄자를 깐다.

출처: 장선오(1994); 전진용(2004).

참고문헌

강봉균, 감경윤, 권오주, 김경태, 김대수, 김선정, 김인범, 김종남, 민철기, 박병운, 박중진, 백자현, 서민아(2009). **신경과학: 뇌의 탐구**. 서울: 바이오메디북.

권도하(2011). **언어치료학사전**. 서울: 물과 길.

권치헌(2015). 이석증성 어지럼증의 진단 및 치료를 위한 착용형 시스템 개발. 서울대학교 대학원 석사학위논문.

대한청각학회(2008). **청각검사지침**. 서울: 학지사.

대한청각학회(2010). 제10회 청력검사강습회.

박지현, 김승혜, 송제선, 김성오, 이제호(2010). Treacher Collins 증후군 환아의 증례보고. **대한소아치과학회, 37**(3), 374-380.

오세진(2015). **보청기개론**. 서울: 시그마프레스.

유은정, 백무진, 안성우, 최상배, 서중현, 이광렬, 서유경(2010). **청각장애아동이 이해와 교과 교육**. 서울: 학지사.

이대원, 이종훈, 장무환(1997). Waardenburg 증후군 1례. **대한안과학회지, 38**(12), 2247-2250.

이정학, 이정숙(1999). 소리의 특성 및 청지각기능에 대한 고찰. **음성과학, 5**(1), 167-179.

이필상, 권순황, 김수진, 김시영, 박미혜, 박선희, 정은희(2015). **청각장애아동교육의 이해**. 서울: 학지사.

장선오(1994). 소음과 난청. **한국소음진동공학회 학술대회, 11**, 7-17.

전진용(2004). 소음이 인체에 미치는 영향과 주거환경 개선방향. **소음진동, 14**(5), 24-30.

최성준, 김광수, 유희준, 손숙자(1986). 모자에서 발생한 Waardenburg 증후군. **대한피부과학회, 24**(4). 563-567.

허승덕, 유영상(2004). **청각학(3판)**. 부산: 동아대학교 출판부.

Bear M.F., Connors, B.W., Paridiso, M.A.(2009). **신경과학**(강봉균 외 역). 서울: 바이오메디 북.

Böhme, G.(2003). *Sprach-, Sprech-, Stimm-und Schluckstörungen Band 1: Klinik*. Urban & Fischer.

Böhme, G.(2006). *Sprach-, Sprech-, Stimm-und Schluckstörungen Band 2: Therapie*. Urban&Fischer.

Brüser, E. (2012). *Besser Hören*. Stiftung Warentest.

Gelfand, S. A.(2015). **청각학개론**(김진동, 박미혜, 신은영, 장선아, 조소현, 최참도, 허명진 역). 서울: 시그마프레스.

Keilmann, A.(2000). *Kann mein Kind richtig hören?*. Ravensburger.

Kompis, M.(2009). *Audiologie*. Huber.

Leonhardt, A. (1999). *Einführung in die Hörgeschädugtenpädagogik*. Reinhardt.

Ronald, B. G., Thomas P. M., & Frederick, N. M. (2011). **의사소통과학과 장애**(이승복, 한기선 역). 서울: 시그마프레스.

Truckenbrodt, T., & Leonhardt, A. (2016). Sch ermit H schadigung im Inklusiven Unterricht, 2. Auflage. Reinhardt.

제 3 장

소리의 특성

살다 보면 잠깐 길을 잃을 수도 있다고
다독거리다 보니
어느새 따뜻한 봄이 왔다.
다시 그날이 오더라도
아마 나는 똑같은 선택을 할 것이다.

제2장에서는 귀를 통해 입력되는 소리가 대뇌피질의 청각중추까지 전달되는 과정에 대해 알아보았다. 그렇다면 소리가 발생되는 현상은 무엇이며 어떠한 특성을 가지고 있는가? 소리는 탄성체와 매질 내에서 일어나는 분자운동이라는 물리적 의미의 소리와 우리가 듣는 청각적 경험이라는 심리적 의미로서의 소리로 구분할 수 있다. 소리의 물리적 특성이 공기 중에서 만들어지는 고유한 특성을 수치화시킨 것이라면, 사람이 청각기관을 통해 주관적으로 느끼는 소리는 지각적 특성에 해당한다. 예를 들면, 'kg' 'cm' 등의 단위는 변하지 않는 고유한 특성인 반면 '날씬하다' '크다' 등은 여러 가지의 매개변수 등을 통해 다르게 인식될 수 있듯이, 소리의 물리적 특성과 지각적 특성에도 차이가 있다. 이 장에서는 소리를 물리적 특성과 지각적 특성으로 구분하여 살펴보고자 한다.

- 소리의 일반적인 특성은 무엇인가?
- 소리의 물리적 특성은 무엇인가?
- 소리의 지각적 특성은 무엇인가?

1. 소리

소리가 우리 귀에 들리기 위해서는 절대적으로 두 가지 조건이 필요하다. 첫째, 물체의 진동(vibration)이다. 예를 들어, 양 손바닥이 서로 간격을 두고 마주대고만 있다면 절대 소리가 만들어질 수 없다. 진동체가 없기 때문이다. 물체의 진동이 곧 소리라는 것을 쉽게 이해할 수 있는 예는 소리굽쇠(음차)이다. 소리굽쇠의 금속가지를 부딪친 후 소리가 나는 소리굽쇠에 손을 대면 2개의 금속 가지가 좌우로 진동하는 것을 느낄 수 있다. 즉, 물체의 진동과 함께 소리가 만들어지고 있는 것이다. 혹은 꺼져 있는 스피커에 손을 대면 아무 느낌이 없지만, 음악소리가 나오는 상태에서 손을 대면 진동을 느낄 수 있는 것도 그러한 이유에서이다. 둘째, 매질이다. 진공 상태의 달에서 아무리 고함을 질러도 소리가 들리지 않는 것은 소리를 전달해 주는 매질이 없기 때문이다. 즉, 소리란 어떤 물체가 외부의 자극을 받아 진동하면서 일어나는 매질의 압력 변화를 의미한다.

1) 매질

매질은 어떤 물체의 움직임이나 진동을 다른 곳으로 전달해 주는 기능을 한다. 매질은 공기가 될 수도 있고, 액체나 고체가 될 수도 있다. 소리가 외이도를 거쳐 고막으로 전달될 때까지는 공기가 매질이 되지만, 중이에서는 고막이라고 하는 고체가, 내이에서는 림프액이라고 하는 액체가 소리를 전달하는 매질이 된다. 매질은 파동을 발생시키는 매우 중요한 요소로서 전자파[1]를 제외하고는 모두 매질이 있어야만 파동이 발생한다. 물결파는 물이, 음파는 공기가 그리고 지진파는 땅이 매질이 된다.

1) 전자파는 매질이 없다. 매질이 진동해서 파동이 전달되는 것이 아니라, 전기장과 자기장이 서로 진동하면서 파동이 전달된다.

〈물결파〉

〈음파〉

〈지진파〉

[그림 3-1] 소리를 전달하는 매질

2) 파동

파동(波動, wave)이란 진동체로부터 에너지가 전달되는 현상을 말한다. 즉, 공간이나 물질의 한 부분에서 생긴 주기적 진동이 시간의 흐름에 따라 퍼져 나가는 현상이다. 예를 들어, 호수에 돌을 던지면 돌이 떨어진 곳의 물은 진동을 하고 물결이 사방으로 퍼져 나가는 것을 볼 수 있다. 이때 돌이 떨어진 곳을 파원이라고 하며, 만들어지는 물결은 파동 그리고 물은 매질이 된다. 피아노 연주 소리를 10m 떨어져 있는 자리에서도 들을 수 있는 이유는 바로 공기를 매질로 한 파동이 만들어지기 때문이다.

- 매질: 진동을 다른 곳으로 전달하기 위한 물질을 말한다. 소리의 대부분은 공기를 통해 전달되지만, 철로에 귀를 대고 기차가 오는 소리를 듣는 것처럼 고체를 통해 전달되기도 하고, 싱크로나이즈 선수들이 음악 소리에 맞추어 수중 연기를 할 수 있는 것처럼 액체를 통해 전달되기도 한다.
- 파동: 물질의 한 곳에서 발생한 진동이 주위로 퍼져 나가는 현상을 말한다. 즉, 파동은 진동(에너지)을 다른 곳으로 전달하는 것을 말한다.
- 파원: 파동이 처음 생긴, 즉 진동을 일으키는 물체나 장소를 말한다. 바이올린과 같은 현악기는 줄이 파원이 되며, 북과 같은 타악기는 북 표면이 파원이 된다.

3) 매질의 진행방향

파동은 매질의 진행방향에 따라 크게 횡파와 종파로 구분된다. 파동의 진행방향과 매질의 진행방향이 서로 수직인 경우는 횡파라 하며, 파동과 매질의 진행방향이 평행한 경우는 종파라 한다.

(1) 횡파

횡파는 가장 쉬운 예로 파도타기 응원을 들 수 있다. 사람들을 매질로 보았을 때 그들은 제자리에서 일어났다 앉기를 반복하는 동안 파동은 계속해서 옆으로 이동하면서 퍼져 나가는 것을 볼 수 있다. 이때 매질은 수직방향으로, 파동은 수평방향으로 이동하고 있는 것이다.

(2) 종파

종파는 도미노 게임에서 블록이 무너지는 모습과도 같다. 블록이 쓰러질 때의 방향을 파동의 진행방향이라고 할 때, 매질의 진행방향은 위아래가 아닌 동일한 방향으로 이루어지고 있는 것이다. 즉, 파동과 매질의 방향은 수평이다.

횡파와 종파는 용수철의 움직임을 관찰하면 더 쉽게 이해할 수 있다([그림 3-2] 참조). 용수철의 한쪽 끝을 벽에 고정시키고 위아래 방향으로 흔들고 파동의 방향을 관찰해 보면 왼쪽에서 오른쪽으로, 즉 옆으로 전달되는 것을 볼 수 있다. 이처럼 횡파는 파동방향과 진동방향이 수직이다. 반면에 용수철을 앞뒤(↔)로 흔들었을 때에는 파

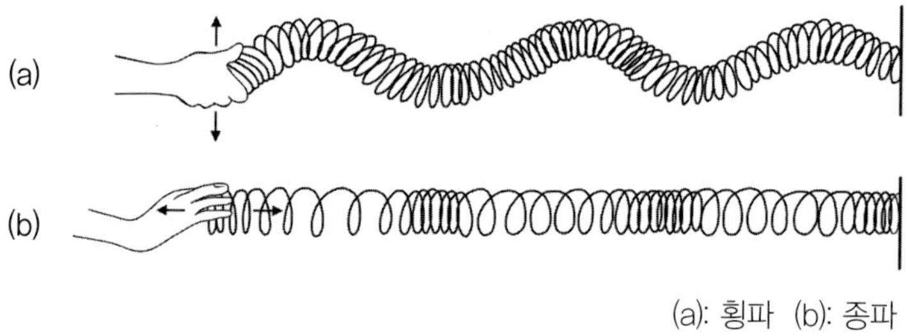

[그림 3-2] 파동의 형태

동의 움직임이 그 자리에서 좌우로만 움직이는 것을 관찰할 수 있다. 즉, 일정한 간격 내에서 모이고 멀어지면서 점차 오른쪽으로 움직이는 것을 볼 수 있다. 이처럼 종파는 파동방향과 진동방향이 평행한 경우를 말한다. 소리의 경우에는 소리가 발생되는 방향과 진동의 방향이 동일하기 때문에 대표적인 종파로 분류된다.

4) 파동의 모습

파원으로부터 파동이 퍼져 나갈 때의 모습은 크게 평면파와 구면파로 구분된다. 평면파는 파면의 모양이 레이저와 같이 평면이나 직선인 파동을 말한다. 파이프 안에 원형의 피스톤이 설치되어 있고, 이 피스톤이 주기적으로 왕복운동을 한다고 가정했을 때, 피스톤이 전방으로 운동하면 공기입자를 밀어내어 압축부가 만들어지고 후진하면 희박부가 만들어지는 모습이 그려진다. 그러나 이러한 왕복운동이 주기적으로 반복되는 평면파는 실제로 자연에서는 거의 존재하지 않는다. 반면에 구면파는 파면의 모양이 풍선에 공기를 불어 넣는 형태라고 생각하면 된다. 즉, 어느 한 방향으로만 공기가 차는 것이 아니라 전체적으로 팽창하고 수축하는 모습을 보인다. 음원에서 발생된 소리는 모든 방향으로 동일한 세기로 방사되어 마치 공과 같은 형태로 파동이 전파되기 때문에(오세진, 2013) 소리의 파동은 대표적인 구면파에 해당한다.

5) 압력의 변화

소리가 발생했을 때 공기 입자들의 운동은 활발해지기 시작하며 공기의 압력

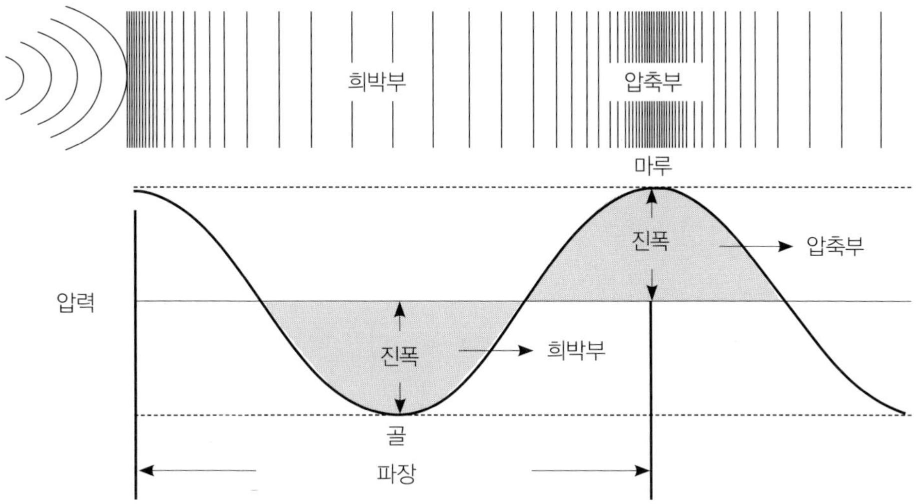

[그림 3-3] 압력의 변화

(wave pressure)은 상승된다. 이때 평형 상태보다 압력이 높아지는 상태를 '압축부(compression)', 평형 상태보다 압력이 낮아지는 상태를 '희박부(rarefaction)'라고 한다.

[그림 3-3]과 같이 물체의 진동으로 인해 공기압력은 압축부와 희박부를 형성하는데, 소리굽쇠의 경우 금속가지가 오른쪽으로 이동하면 오른쪽에서는 압축부가, 왼쪽에서는 희박부가 만들어진다. 공기입자들의 간격이 조밀해진 부분은 압축부를 의미하며, 간격이 멀어지는 부분은 희박부이다.

6) 소리의 유형

파형(waveform)[2]의 규칙성에 따라 주기음과 비주기음으로 구분된다. 주기음이란 파형이 주기적으로 반복되는 소리[3]로서 다시 순음(pure tone)과 복합음(complex tone)으로 구분된다. 순음은 소리굽쇠와 같이 규칙적인 단일 음파형을 갖는 경우이며, 복합음은 2개 이상의 주파수와 진폭들이 혼합된 소리를 말한다. 즉, 여러 개의 순음이 합쳐진 소리이다. 피아노나 색소폰 등의 대부분의 악기들이 해당하며, 사람의 말소리

2) 파형이란 시간에 따른 소리의 진폭 변화를 말한다.
3) 진동이 주기성을 갖는다는 것은 같은 형태의 진동이 지속적으로 반복하여 발생한다는 것을 의미한다.

에서는 성대의 진동에 의해서 발생되는 모음이 복합음에 해당한다.

(1) 주기음

주기음은 순음과 복합음이 해당한다. [그림 3-4]의 (a)와 (b)는 진폭과 진동수가 매우 일정한 상태를 유지하는 순음에 해당하며, (c)는 이 2개 파형의 합성으로 만들어진 복합음이다. 복합음은 여러 개의 순음이 모여 있다고 생각하면 되는데, 그 가운데 진동수가 가장 적은 음을 기본음(fundamental tone)이라 하고, 나머지 순음들의 주파수가 기본음과 2배 또는 3배 등 정배수일 경우를 배음(하모닉스, harmonics)이라 한다. 이때 배음은 공기의 울림에 의해 자연적으로 발생한다.

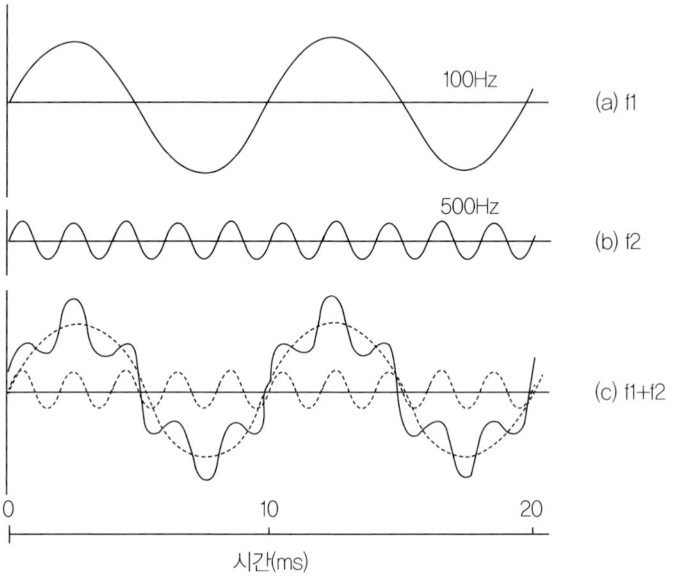

[그림 3-4] 주기음

(2) 비주기음

비주기음이란 특정한 주기나 규칙성이 없는 소리로서 대표적으로는 소음이 해당한다. 말소리 가운데에서는 공기의 기류가 차단되거나 방해되어 나오는 폐쇄음, 마찰음 그리고 파찰음 등이 비주기음에 해당한다. 비주기음[4]의 파형은 [그림 3-5]와 같다.

4) 모든 가능한 주파수가 나타나기 때문에 소음유형에 있어서는 백색소음(white noise)라고도 불린다.

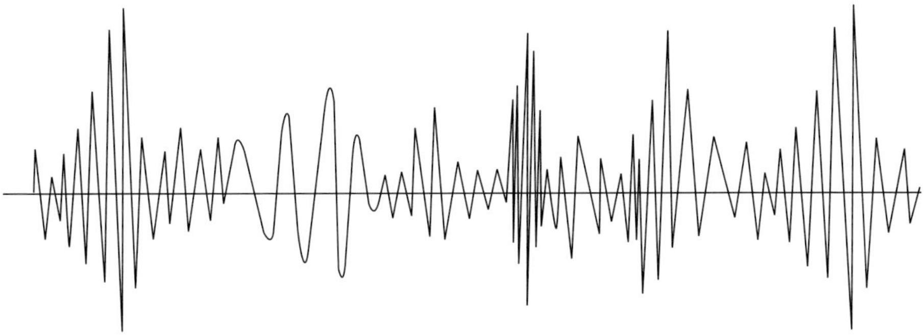

[그림 3-5] 비주기음

7) 공명

공명(resonant)이란 특정 진동수(주파수)에서 진폭이 크게 증가하는 현상을 말한다. 크기나 모양 혹은 재질에 따라 모든 물체는 각각의 고유 진동수를 가지고 있다. 똑같은 나무 재질이라 할지라도 형태에 따라 혹은 크기에 따라 고유 진동수가 다르기 때문에 그 소리가 다르게 들리는 것이다. 어떤 물체가 가지고 있는 고유 진동수와 고유 진동수가 동일한 다른 물체가 만나게 되면 그 물체의 진폭은 커지게 된다. 이러한 진폭 증가현상이 바로 '공명'이다. 비근한 예가 바로 타코마 다리(Tacoma Bridge)의 붕괴이다. 1940년 미국의 타코마 다리는 다리 자체가 가지고 있는 고유 진동수와 바람의 고유 진동수가 일치하여 진폭이 점점 커지는 공명현상으로 붕괴되었다고 알려져 있다. 혹은 같은 진동수를 갖는 한 쌍의 소리굽쇠의 경우, 하나의 소리굽쇠를 진동시키면 다른 하나도 함께 진동하지만, 다른 진동수를 가진 소리굽쇠는 진동하지 않는다는 예가 그러하다.

공명은 소리를 증폭시킬 뿐만 아니라 소리를 맑게 하는 기능을 한다. 사람의 목소리를 예로 들자면, 성악가의 진정한 입은 인두(pharynx)[5]라고 할 만큼 공명현상은 음색을 결정하는 데에 중요하다. 성대진동으로 생겨난 소리는 실제로는 매우 작고 음색이 거의 없어 아름답지 않다. 그러나 인두강, 구강, 비강 그리고 부비강[6] 등의 공명기관을 지나면서 울림이 커지고 배음이 첨가되어 소리가 아름답고 커지게 되는 것이다.

5) 후두에서 비강으로 이어지는 빈 공간으로 사람의 음성에서 인두는 중요한 공명기의 역할을 한다.
6) 콧구멍과 연결되어 얼굴 뼈 안에 있는 빈 공간을 말한다. 즉, 안면 골격 내부에 공기가 들어 있는 빈 공간이다.

같은 높이의 소리를 가진 악기라 하더라도 악기의 몸체, 즉 공명기에 따라 각기 다른 소리가 나는 것처럼 사람의 목소리도 그러하다. 귀의 경우, 귓구멍의 앞쪽에 있는 이주를 막으면 저 주파수 대역에서 공명현상이 발생한다. 이는 외이도가 폐쇄되면서 내부의 소리가 골전도를 통해서 울리게 됨으로써 발생하는 것인데, 이러한 공명현상은 보청기(귓속형 또는 갑개형)를 착용했을 때에도 발생될 수 있다.

8) 속도

속도란 음원에서 다른 지점으로 이동할 때의 빠르기를 말한다(김영욱, 2011). 음속은 매질의 종류와 온도 등에 따라 변화한다. 압력이 높을수록, 즉 매질의 밀도가 높을수록 브라운 운동[7]이 활발해진다. 따라서 매질이 고체인 경우가 가장 음의 전달속도가 빠르며, 다음으로 액체 그리고 기체 순이다. 액체에서는 공기와 비교하였을 때 약 5배 빠른 속도로 전달된다(Kompis, 2016). 공기 중에서 소리의 속도는 표준 온도와 압력 조건(해수면에서 20도)에서 대략 초당 344미터이다(김영욱, 2011).

소리전달 속도는 공기 온도와도 밀접한 관계를 갖는다. 대기의 온도가 높아지면 마찬가지로 브라운 운동이 활발해지기 때문에 음속도 빨라지게 된다. 공기 중에서 섭씨 1도가 증가할 때마다 음속은 초속 0.6m씩 빨라진다(유은민, 2008). 반면에 고도가 높아지면 분자 간의 간격이 커짐에 따라 소리의 속도는 줄어든다(김영욱, 2011).

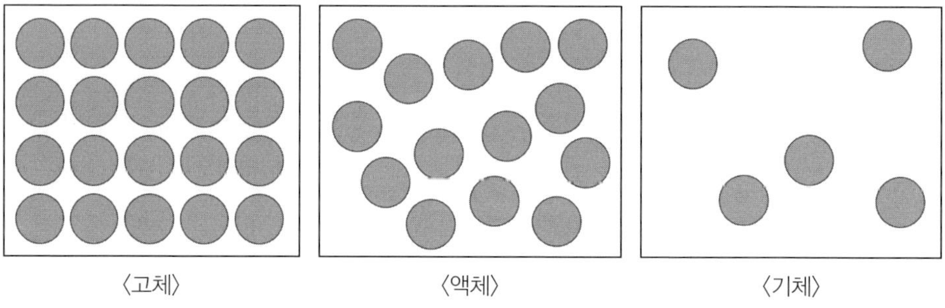

[그림 3-6] 분자 배열

7) 스코틀랜드의 식물학자인 브라운(Brown)이 1827년에 밝혀낸 것으로서, 전체적으로는 움직이지 않는 평형 상태라도 물체를 이루는 미소 입자는 그 안에서 서로 충돌하며 불규칙한 운동을 하는 현상을 말한다.

9) 소멸

우리가 폐쇄된 공간에서 말을 하게 되면 공기를 매질로 하여 그 소리는 초당 344m의 속도로 전파가 된다. 그리고 벽이나 바닥, 천장과 같은 대상물과 충돌하면서 소리는 다시 반사가 되는데 이 과정을 반복하면서 소리가 소멸된다. 이때 부딪히는 대상물이 단단하고 윤이 나는 표면일 경우에는 에너지의 손실이 적기 때문에 소리의 대부분을 반사한다. 이처럼 소리(직접음)는 바로 없어지지 않고 약간의 시간이 경과한 후에 멈추는데 잠시 울림처럼 남게 되는 현상을 잔향이라고 한다. 잔향이 클 경우 말의 이해도를 떨어뜨리기 때문에 소리 청취를 돕기 위해서는 부드러운 내부 마감재나 흡음 재료를 사용하여 소리의 반사를 줄여 주기도 한다(오송훈, 2007). 일반적으로 음향실험실이란 소음이 없고 소리의 반사가 없는 무반향실을 말한다.

또한 청자와 화자의 거리는 소리를 듣는 데 매우 중요하다. 아무리 큰 소리일지라도 거리가 멀어지면 대부분 소멸된다. 이는 역자승 법칙으로 설명되는데, 음원에서 거리가 멀어지면 소리의 강도가 줄어드는 것으로 거리가 두 배가 될 때 소리 음압 레벨은 6dB씩 감쇠한다는 것이다. 예를 들면, 음원으로부터 30m 거리에서 24dB의 소리를 듣는다면, 두 배 더 멀어진 거리로 이동했을 때는 18dB의 소리를 듣게 된다. 반면에 15m에서는 6dB이 큰 30dB의 소리를 들을 수 있다.

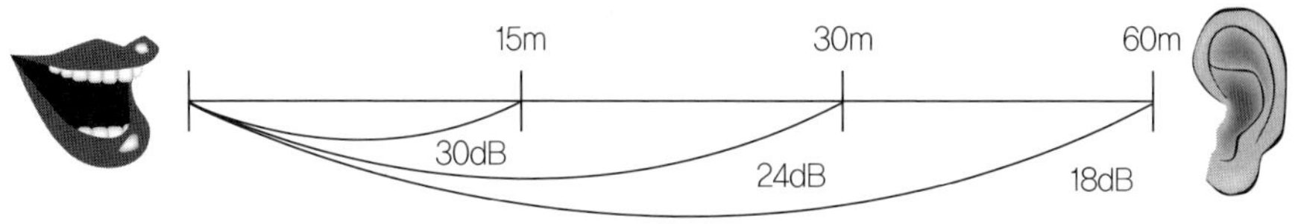

[그림 3-7] 소멸의 법칙

2. 소리의 물리적 특성

소리의 물리적 특성을 표시한 단위로는 주파수(frequency, Hz), 진폭(amplitude, dB), 시간(time, phase) 그리고 복합성(complexity) 등이 있다.

1) 주파수

주파수는 1초(sec) 동안에 발생하는 주기의 수를 말하며, 헤르츠(Herz, Hz)로 표기한다. 음파가 공기라고 하는 매질을 통해 전달될 때 공기입자는 탄성(elasticity)과 관성(inertia)에 의해서 진동한다.

- 탄성: 힘이 가해지면 다시 제자리로 돌아오려는 성질
- 관성: 물체가 운동하는 상태를 계속 유지하려는 성질

이 두 가지 성질에 의해 주기가 만들어지며, 입자 간의 거리가 서로 가까워진 상태를 압축부라고 하며, 탄성의 힘에 의해 다시 제자리로 돌아와서 입자 간의 거리가 멀어진 상태를 희박부라고 한다. 주파수는 압축부과 희박부가 교대로 이루어지는 사인함수 그래프로 분석할 수 있다. 어떤 소리의 주파수가 500Hz라고 한다면 공기밀도의 변화가 0.002초 동안에 1번, 1,000Hz는 0.001초에 1번 이루어졌다는 것을 말한다. 주파수(f)와 주기(t)를 산출하는 공식은 다음과 같다.

- f(주파수) = 1/t(주기)
- t(주기) = 1/f(주파수)

주파수와 파장과의 관계는 [그림 3-8]에서와 같이 주파수가 높아지면 파장은 짧아지고, 반대로 주파수가 낮아지면 파장은 길어진다. 이때 파장이란 음압이 평형 상태의 처음 값으로 되돌아오는 데 요구되는 거리를 말한다(오세진, 2013). 즉, 압력이 제일 높은 골에서 다음 골 사이의 거리 또는 제일 낮은 마루에서 다음 마루까지의 거리를 말한다. 파장이 길어진다는 의미는 음압이 다시 동일한 값으로 회복되는 데 소요되는 거리가 증가한다는 것을 말한다. 주파수와 파장은 서로 반비례한다.

인간은 다른 동물과 달리 들을 수 있는 주파수의 영역이 그리 넓지 않다. 일반적으로 인간의 가청 영역은 20~20,000Hz이며, 20Hz 이하는 아음파(infrasonic), 20,000Hz 이상은 초음파(ultrasonic)라고 한다. 개는 20~50,000Hz, 고양이는 60~ 65,000Hz, 돌

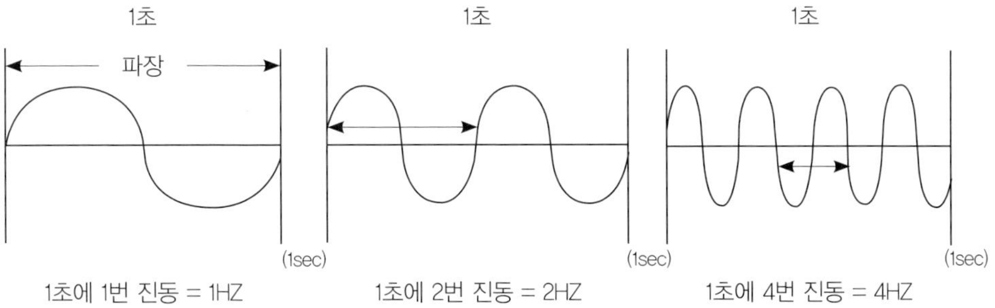

[그림 3-8] 주파수와 파장

고래는 150~150,000Hz로 인간에 비하여 가청주파수 대역이 넓다. 인간이 말을 듣고 이해하는 데 사용되는 주파수, 즉 주요 회화 음역대는 500~2,000Hz 정도이다(오세진, 2013). 이때 저음은 에너지가 강하여 멀리 소리를 보낼 수 있다는 특징이 있다. 예를 들면, 저음을 내는 큰북이 작은북보다 더 멀리 소리가 전달되는 것도 그러한 이유에서이다(이동재, 1999).

〈표 3-1〉 주파수에 따른 음성에너지와 음성명료도

주파수(Hz)	음성에너지(%)	음성명료도(%)
100~500	60	5
500~1,000	35	35
1,000~2,000	3	35
2,000~4,000	1	13
4,000~8,000	1	12

출처: 이정학, 김진숙(1999).

〈표 3-1〉에서 보여 주는 바와 같이, 고주파수 대역은 음성에너지는 낮으나 상대적으로 음성명료도는 높다. 반면에 500Hz 이하의 저주파수 대역은 음성에너지는 크지만 음성명료도는 매우 낮다는 것을 알 수 있다.

2) 진폭

(1) 단위

진폭은 소리의 강도(intensity) 또는 힘(power or energy)을 의미한다. 이를 사인곡선으로 나타내면 진동의 중심선에서 마루 혹은 중심선에서 골까지의 거리를 말한다. 소리의 강도를 나타내는 단위에는 dB SPL(Sound Pressure Level), dB HL(Hearing Level), dB SL(Sensation Level)이 있다.

- dB SPL: 소리가 발생하지 않은 평형 상태로부터 소리의 발생으로 인하여 변화된 압력의 변동을 말한다. 즉, SPL은 소리를 만들어 내는 물리적인 공기압력을 측정한 값이다.
- dB HL: 인간이 들을 수 있는 청력의 크기를 표시하는 단위이다.[8)]
- dB SL: 개인의 절대역치를 초과한 만큼의 감각레벨이다.

요약하자면, dB SPL은 소리에 의한 물리적 압력 크기이다. 보청기의 전기음향학적 특성이나 소음 또는 청력검사기 등의 기계정확도를 측정하는 음압측정기는 dB SPL 단위로 나타낸다. 반면에 dB HL은 정상 성인이 듣는 인간이 들을 수 있는 볼륨 단위이다. 따라서 개인의 청력역치를 말해 주는 청력검사 단위는 dB HL이 된다. dB SL은 감각레벨로서 피험자의 귀에서 듣는 소리의 세기를 말한다. 예를 들어, 가청역치가 50dB HL인 사람에게 70dB HL의 소리가 주어진다면 그 사람의 dB SL은 검사음에서 피검자의 가청수준을 뺀 값인 20dB SL이 된다. 0dB HL과 dB SPL 단위 사이에는 대략 다음과 같은 값의 차이가 있다. 〈표 3-2〉는 헤드폰(TDH-39)을 착용한 상태에서 0dB HL에 준하는 주파수별 음압레벨(SPL)의 값이다. 예를 들면, 250Hz에서 0dB HL에 도달하기 위해서는 26dB SPL이 필요하지만, 1000Hz에서는 7dB SPL이 필요하다고 할 수 있다.

8) 0dB HL은 소리가 존재하지 않는 것이 아니라, 성인이 들을 수 있는 최소가청역치의 평균치를 말한다. 즉, 일반적으로 보았을 때 사람이 들을 수 있는 가장 작은 소리이다.

〈표 3-2〉 dB HL과 dB SPL의 비교

주파수	dB HL	dB SPL
250	0	26
500	0	12
1,000	0	7
2,000	0	9
4,000	0	10
8,000	0	13

출처: 김진동 외 역(2015).

이 기준치는 측정기기에 따라 조금씩 다르지만, 인간의 귀는 1,000~4,000Hz 사이에서 가장 민감한 반응을 보인다는 것을 알 수 있다. 반면에 500Hz 이하이거나 8,000Hz 이상의 고주파수 음역대에서는 민감도가 떨어진다(Kompis, 2009). 예를 들면, 250Hz에서 20dB HL을 듣기 위해서는 약 46dB SPL이 필요하지만, 1,000Hz에서는 27dB SPL이 필요하다고 할 수 있다. 순음이 아닌 어음의 경우에는 dB HL과 dB SPL 사이의 차이는 대략 +20dB로 본다(오세진, 2015; Kompis, 2009). 즉, 만약 어음청력검사 결과를 dB SPL로 기록하고 dB HL로 환산할 경우에는 −20dB로, 기록된 dB HL 값을 dB SPL로 환산할 경우에는 20dB을 더하는 것이 일반적인 규칙이다(김수진, 2012).

(2) 일상생활 속 음압레벨

우리가 일상생활에서 자주 들을 수 있는 소리의 대략적인 음압레벨은 〈표 3-3〉과 같다.

〈표 3-3〉 일상생활 속 음압레벨

음압레벨	소리의 예
130dB	제트 비행기 이륙 시의 근접한 거리에서 총성
120dB	커다란 천둥소리
110dB	자동차 경적소리
100dB	아주 시끄러운 소리
90dB	지하철 내부 소음
80dB	시내버스에서의 내부 소음

70dB	큰 소리로 대화하는 소리
60dB	일상 대화
50dB	사무실 소음
40dB	조용한 사무실
30dB	부드러운 속삭임
20dB	정적인 상태

출처: 오세진(2013).

(3) 소리의 합

2개의 소리가 합쳐진 경우에 소리의 크기는 어떻게 달라지는가? 예를 들면, 2개의 스피커에서 동일한 60dB 소리가 나올 경우에는 2개의 소리가 합쳐져서 120dB이 되는 것이 아니라 63dB의 소리 크기를 갖는다. 소리의 합은 정밀도를 필요로 하지 않는 경우에는 〈표 3-4〉에서 제시하는 보정 값을 이용하여 dB 값의 합을 구한다(이성태, 2006).

〈표 3-4〉 음의 세기의 보정값

L_1-L_2	0	1	2	3	4	5	6	7	8
보정값	3.0	2.5	2.1	1.8	1.5	1.2	1.0	0.8	0.6
L_1-L_2	9	10	11	12	13	14	15	16	17
보정값	0.5	0.4	0.3		0.2		0.1		
L_1-L_2	18	19 이상							
보정값	0.1	0							

동일한 크기의 소리 합은 $L_1-L_2=0$이기 때문에 총 3dB만 증가된다. 이때 L_1은 항상 큰 값을 기준으로 작은 값과의 차이를 구하고, 그 차이에 따른 보정 값을 큰 값에 더해준다. 만약 2개의 음원에서 40dB과 45dB의 소리가 합해진다면 보정값이 1.2가 되므로 46.2dB로 들리게 된다. 여러 개의 음원에서 나오는 소리의 합은 다음과 같은 방식으로 산출된다. 85dB, 83dB, 82dB, 78dB 등 4개의 음원에서 나오는 소리의 합을 예시로 들어보도록 하자.

- L_1-L_2의 차를 구한다. (85−83=2)
- L_1에서 보정 값 2.1를 더한다. (85+2.1=87.1)
- L_1−(다음) L_2의 차를 구한다. (87.1−82=5.1)
- L_1에서 보정 값 1.2를 더한다. (87.1+1.2=88.3)
- L_1−(다음) L_2의 차를 구한다. (88.3−78=10.3)
- L_1에서 보정 값 0.4를 더한다. (88.3+0.4=88.7)
- 반올림하면 전체 dB의 합은 89dB의 값이 된다.

3) 시간

음향학적 단위의 시간은 1개의 사이클을 발생시키는 데 걸리는 시간을 의미한다. 만약 어떤 소리에 대한 음압의 위상이 45°라고 한다면, 음압이 0으로부터 증가하기 시작하여 최대가 되는 과정에서 절반의 위치 또는 시간에서의 음압 상태를 표현하는 것이다(오세진, 2013).

소리의 시간과 주파수와의 관계는 T(time)=1/f(frequency)로 나타난다. 진폭이 같고 양의 위상과 음의 위상이 정확하게 반대가 되면 소리가 사라지는 현상이 나타나는데, 이것을 '위상상쇄(phase cancellation)'라고 한다. 주파수가 동일한 2개의 음이 서로 180°의 반대 위상을 가질 경우, A음의 마루와 B음의 골이 만나게 된다. 이때 반대위상의 소리가 만나 '0'의 상태, 즉 소리가 없어지는 상태가 되는 것이다. 최근 능동 소음제어기법으로 이러한 음의 간섭현상을 응용하는 방식이 만들어지고 있는데, 소음원의 위상과 180° 차이가 나고 동일한 진폭을 갖는 소리를 인공적으로 만들어 주는 것이다.

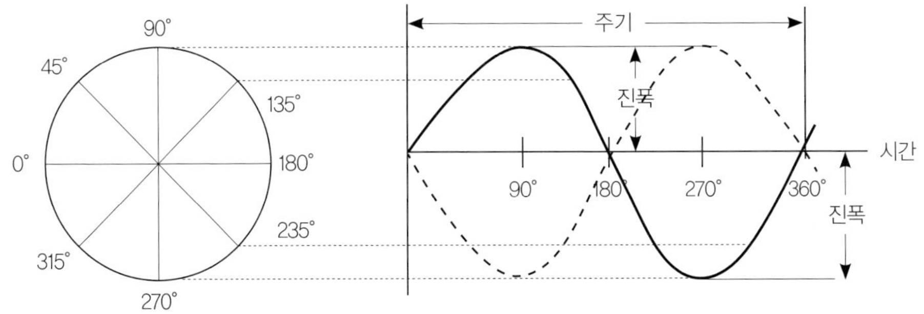

[그림 3-9] 소리의 위상

4) 복합성

주파수와 진폭이 서로 다른 2개 이상의 소리가 만나 겹치면서 복잡한 파형을 이루는 것을 소리의 복합성이라 한다. 앞서 언급한 바와 같이 하나의 파형만을 갖는 경우를 순음이라 하며, 여러 개의 주파수와 진폭이 규칙적으로 혼합된 소리를 복합음이라 한다. 순음과 복합음은 주기음에 해당하며, 대표적으로 소음은 비주기음에 해당한다.

(1) 주기음

대표적으로 목소리(모음)나 악기음(타악기 제외)을 들 수 있다. 악기음의 경우 기본음과 배음으로 구성된 많은 순음이 합쳐져 있는데, 이때 기본음(fundamental)이란 복합음의 많은 성분 중에서 가장 낮은 주파수를 말한다. 반면에 배음(倍音, harmonics)은 기본 주파수의 정배수로 진동하는 음을 말한다. 상음(上音, overtone)은 기본음보다 높은 진동수의 소리를 말하며 상음은 원칙적으로는 배음을 포함한다. 그러나 음악에서는 일반적으로 혼용되어 사용하기도 한다.

예를 들면, 바이올린이 도(C5)를 켜면 실제 연주한 음은 530Hz지만, 530Hz의 2배인 1,060Hz, 3배인 1,590Hz 등의 복합적인 소리가 함께 난다. 다음 [그림 3-10]은 이를 실제 측정한 것이다. 맨 아래 굵게 칠한 선이 기본음이며, 그 위의 라인들은 모두 배음

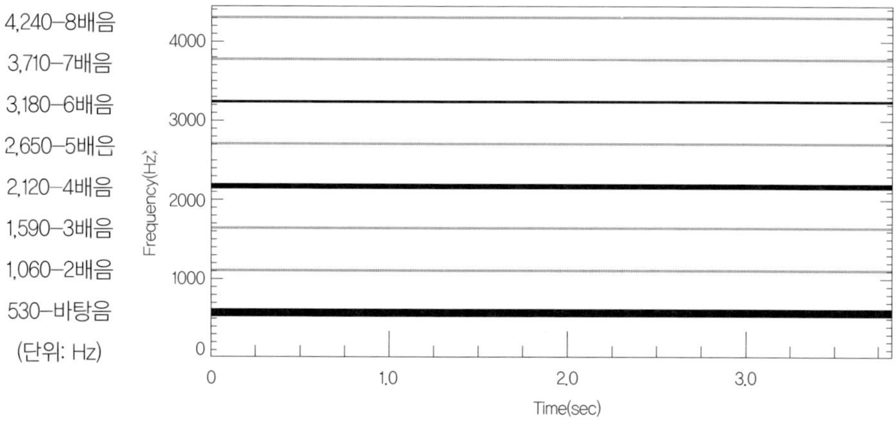

[그림 3-10] 배음

출처: 정다영(2011).

에 해당한다. 피아노의 65.41Hz 음인 C2를 치면, 그 주파수에 대해 2배, 3배, 4배, 5배의 위치에 있는 주파수 대역의 음들도 C2 음보다 음 세기는 훨씬 미약하지만 점차 같이 울린다(이동재, 1999). 이처럼 정배수의 규칙성을 갖는 배음은 인간의 귀에 아름답고 음악적으로 들리지만 그렇지 않은 경우에는 음악적으로 풍부한 소리를 만들어 내지 못한다. 마찬가지로 순음도 아름다운 소리로 들리지 않는다.

(2) 비주기음

여러 가지 주파수 대역의 소리들이 규칙성 없이 분포되어 있는 소리는 비주기음 또는 불규칙음이라 한다. 대표적으로는 사람들이 불쾌하다고 느끼는 소음이 해당한다. 음향기기나 실내 공간의 특성을 조사하거나 분석할 때 유용하게 사용되는 일종의 소음을 잡음이라고도 한다. 순음청력검사나 어음청력검사에서는 차폐 용도로도 사용된다.

- 백색잡음(white noise): 모든 주파수 대역이나 매우 넓은 대역에서 동일한 세기로 합쳐져 있는 소음을 말한다. 폭포수가 떨어지는 소리 또는 TV 방송시간이 끝나면 화면에서 들리는 소리가 해당하며, 광대역소음과 특성이 유사하다.
- 핑크잡음(pink noise): 소리의 세기와 주파수가 서로 반비례하는 소음이다. 주파수가 2배로 증가하면 음압레벨은 3dB 감소한다. 예를 들면, 500Hz에서 18dB이라면 1,000Hz에서는 15dB이 된다. 이처럼 주파수가 증가할 때 음압레벨은 일정한 폭으로 감소되는 성격을 갖는다.
- 광대역소음(broad-band noise): 거의 모든 영역의 주파수를 포함한 소음을 말한다.

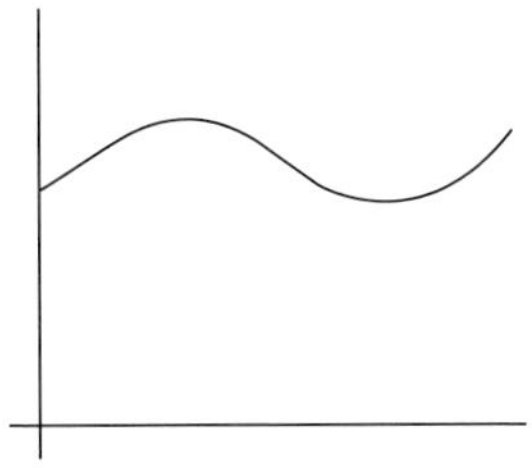

• 협대역소음(narrow-band noise): 분명한 주파수 특성을 보이기 때문에 특정 주파수 부근에서 소음을 주고자 할 때 유용하다.

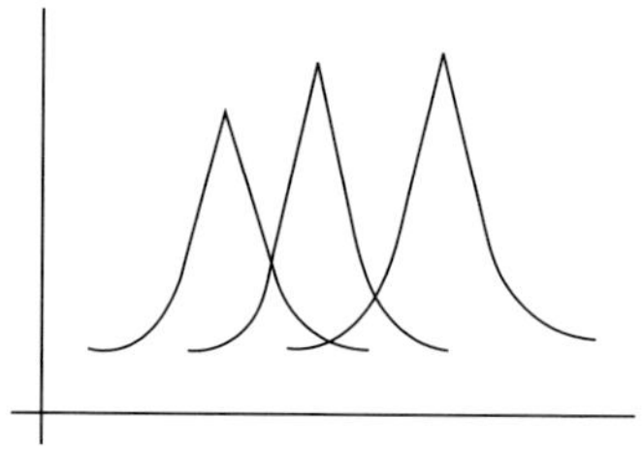

3. 소리의 지각적 특성

소리의 지각적 특성이란 인간이 청각기관을 통해 감각으로 받아들인 소리의 특성을 말한다. 주파수, 진폭, 시간 그리고 복합성이 소리 자체가 갖는 물리적 특성을 표시한 것이라면, 지각적 특성은 인간의 귀에 도달된 소리의 특성을 말한다. 흔히 소리의 음향학적 특성이라고도 불린다. 물론 소리의 물리적 특성과 지각적 특성 간에는 높은 상관관계가 있다. 주파수가 높으면 음고(pitch)가 높게 느껴지며, 소리 압력이 커지면 감지되는 소리 크기도 커진다. 그러나 인간이 청각기관을 통해 지각하는 소리는 소리 자체가 갖는 물리적 특성과는 다르다. 예를 들면, 순음 A와 순음 B가 같은 강도를 가지고 있더라도 주파수에 따라 하나는 더 큰 소리로 지각할 수 있는 것이다.

〈표 3-5〉 소리의 3요소

물리적 특성	지각적 특성	관계
주파수(Hz)	음고(pitch)	주파수가 높으면 높은 음으로 들리고, 주파수가 낮으면 낮은 음으로 들린다.
음압(dB)	음량(loudness)	음압이 크면 큰 소리로 들리고, 음압이 작으면 작은 소리로 들린다.
복합성 (complexity)	음색(timbre)	파형의 규칙성과 스펙트럼에 따라 소리가 다르게 느껴진다.

1) 음의 높이(음고, pitch)

소리는 물리적으로 측정하는 주파수(Hz)와 인간이 인지하는 소리의 높이(pitch)로 구분된다. 주파수는 초당 진동횟수이며, 음고는 우리에게 수용되는 소리의 높고 낮음을 말한다. 미국표준협회(American National Standards Institute: ANSI)는 음고를 "소리의 높낮이 척도 속에서 어떤 높이에 해당하는지 보여 주는 청각적인 감각 특성이다."라고 정의하고 있다. 그리고 mel은 음고를 나타내는 단위로서, 40dB SPL/HL에서 1,000Hz 순음은 1,000mel에 해당한다(이정학 외, 2014). 그러나 사람의 청각에서 느끼는 심리적 음의 높이는 1,000Hz보다 높은 음에서는 실제 주파수보다 높게, 1,000Hz보다 낮으면 더 낮은 주파수로 감지한다. 예를 들면, 1,800Hz는 2,000mel로, 850Hz는 500mel로 감지한다. [그림 3-11]은 1,000Hz의 소리가 2배로 느껴지기 위해서는 3,500Hz가 되어야 하며, 400~1,000Hz 주파수 대역에서는 대체로 정비례한다는 것을 보여 준다(오세진, 2012).

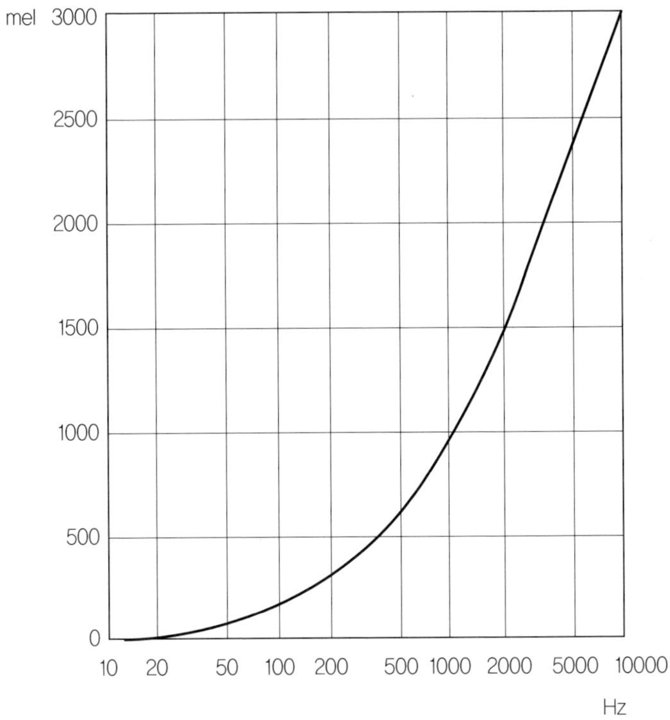

[그림 3-11] Hz와 mel의 관계

2) 음의 크기(음량, loudness)

물리적 측면에서의 소리 크기는 단위 면적당 에너지의 양을 의미하며, 소리의 강약은 음압 레벨 단위인 dB을 사용한다. 그러나 청각에서 느끼는 소리 감도의 크기는 phon 단위를 사용한다. 일반적으로 사람들이 들을 수 있는 소리의 강도는 0~130dB HL이며, 이것을 심리음향학적(지각적)으로 표현하면 소리 크기에 대한 가청 한계는 0~130phon이다. 1,000Hz 순음에서 50dB은 50phon을, 60dB은 60phon이 된다. 그러나 이것은 1,000Hz에서만 일치할 뿐, 다른 주파수 대역에서는 차이가 있다. [그림 3-12]는 1,000Hz를 제외한 다른 주파수에서는 dB과 phon이 정확히 일치하지 않는다는 것을 보여 주고 있다. 이를 등음량 곡선 또는 등라우드니스 곡선(equal loudness curve)이라고 부른다.

앞서 언급한 바와 같이 dB과 phon의 값은 1,000Hz에서만 일치한다. 그 외의 주파수 대역에서는 dB과 다른 크기의 소리로 듣게 되는데, 일반적으로 저음으로 갈수록 더 큰 강도를 가져야 동일한 음량으로 들을 수 있다. 즉, 낮은 주파수 대역에서는 청력

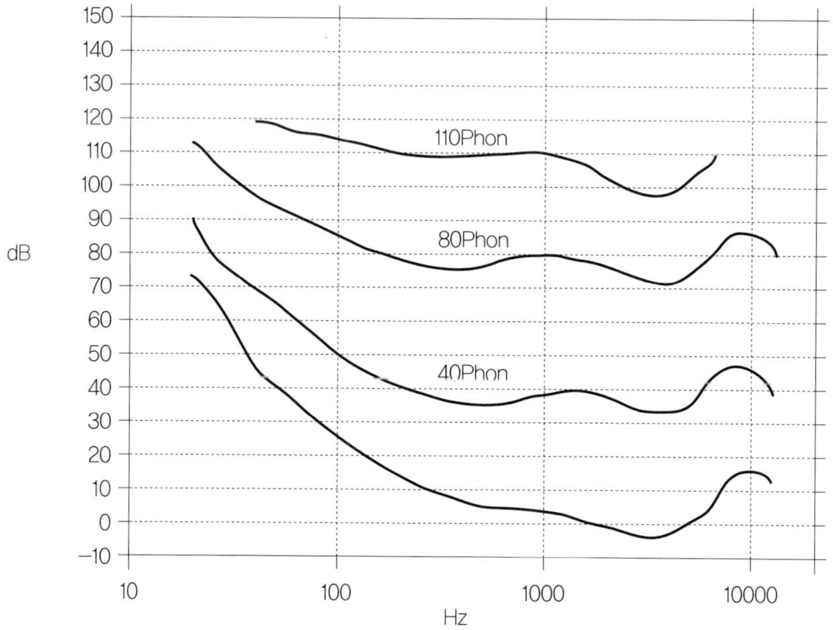

[그림 3-12] 주파수에 따른 dB와 Phon의 변화

출처: 이성태(2006).

감도가 낮아진다는 것을 의미한다. 예를 들면, 1,000Hz에서는 40dB(=40phon)에 해당하는 음량이 100Hz에서는 동일한 음량으로 지각하기 위해서 50dB의 음압레벨이 필요하다.

심리적으로 느끼는 소리의 크기는 소리의 물리적 크기 세기 증가와 다르게 10dB이 커지면 2배, 20dB이 커지면 4배로 크게 느낀다.

〈표 3-6〉 음압레벨의 변화에 따른 지각의 정도

음압레벨의 변화	지각(라우드니스)의 정도
1dB	변화를 느끼기 어려움
3dB	약간의 변화를 느낄 수 있음
5dB	변화를 확실하게 느낌
10dB	소리의 크기를 2배로 느낌
20dB	소리의 크기를 4배로 느낌

출처: 오세진(2013).

3) 음색

프랑스어로 비롯된 'timbre'라는 용어는 소리의 색(color) 또는 질(quality)을 의미한다. 음색(timbre)에 대한 정의는 학자마다 해석이 조금씩 다른데, 그 이유는 음고는 '높고 낮음', 음량은 '크고 작음'의 잣대로 측정할 수 있으나, 음색은 다차원적이기 때문이다(이석원, 2000). 미국표준협회에서는 "음색이란 크기와 높이가 같은 음을 동시에 제시하여 두 음이 다르다고 청취자가 판단할 수 있는 청각적 특성이다."고 정의하고 있다. 즉, 음색은 기본적으로 음원의 성질(identity)을 알아낼 수 있는 특성에 해당한다. 예를 들어, 우리가 들을 수 있는 모든 것을 소리라 한다면, 그 소리들이 각각의 특성으로 식별되는 것이 가능한 이유는 바로 소리가 음색의 차이를 갖기 때문이다. 악기뿐만 아니라 사람들 목소리도 그 크기와 높이가 같더라도 다른 소리라고 판단할 수 있는 것은 바로 사람마다 음색이 다르기 때문이다. 소음의 경우에도 크기가 같지만 음색이 다르다면 소음을 받아들이는 정서적 수용도가 다르게 나타난다는 점에서(정광용, 김선우, 2000), 음색은 소리에 대한 주관적인 느낌이다.

소리는 색깔과 마찬가지로 여러 가지 소리의 혼합 비율에 따라 다르게 들린다. 기

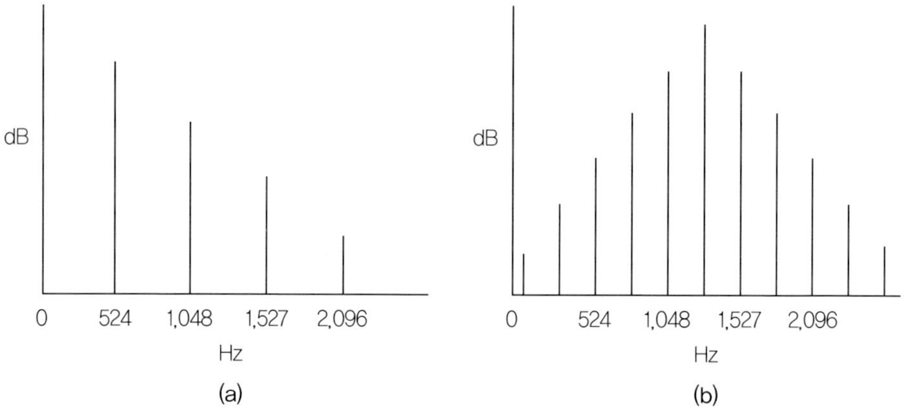

[그림 3-13] 플루트(a) 스펙트럼과 트럼펫(b) 스펙트럼

본음과 배음의 주파수 그리고 강도는 청감적 특징에 영향을 미친다. 기본주파수가 서로 다를 경우에 각각의 소리는 더 잘 식별되며, 배음의 주파수가 기본주파수에서 벗어날 때 서로 다른 소리로 지각하기 쉽다. 또한 배음은 음색에 영향을 미친다. 예를 들면, 배음이 거의 존재하지 않는 플루트는 음색이 가늘고 청순하다고 받아들여지는 반면, 고음 음역에서 배음을 많이 만들어 내는 바순 같은 악기는 풍부한 음색으로 느껴지게 된다. 또는 동일한 주파수를 가지고 있는 소리더라도 강도가 서로 다를 경우에는 음색이 서로 다르게 느껴진다.

위 [그림 3-13]을 보면, 플루트의 기본 주파수는 524Hz로서 가장 진폭이 크며 배음 성분이 트렘펫에 비해 많지 않다는 것을 알 수 있다. 또한 고음으로 갈수록 음량이 줄어들고 있다. 반면에 트렘펫은 기본주파수의 진폭이 낮고 배음 성분이 오히려 강하게 나타나는 것으로 보아 배음 음량이 크게 강화된 소리라는 것을 알 수 있다.

참고문헌

김동현(2015). 음의 특성 학습을 위한 프로젝트 수업 설계 및 적용: 초등학교 6학년 영재 학생을 대상으로. 부산대학교 석사학위 청구논문.

김수진(2012). (교사와 부모를 위한) **청각장애 아동 교육**. 서울: 학지사.

김영욱(2011). **청각장애아동교육의 이해**. 서울: 도서출판 양지.

오세진(2013). **보청기개론**. 서울: 시그마프레스.

오세진(2013). **심리음향학**. 서울: 시그마프레스.

오송훈(2007). 내부마감재 변화가 공연장 음향개선에 미치는 효과. 부경대학교 대학원 석사학위 청구논문.

유은민(2008). 음악 수업을 통한 좋은 소리 탐색 연구. 한국교원대학교 대학원 석사학위 청구논문.

이동재(1999). 음색. **공주영상정보대학 논문집, 6**, 499–510.

이석원(2000). 파형과 음색. **낭만음악, 12**(3), 179–206.

이석원(2003). **음악음향악**. 서울: 심설당.

이성태(2006). **소리의 원리와 응용**. 서울: 청문각.

이정학, 김진숙(1999). 소리의 특성 및 청지각 기능에 대한 고찰. **음성과학, 5**(1), 167–187.

이정학, 김규상, 김진숙, 김형종, 방정화, 이경원, 이재희, 이호기, 이효정, 임덕환, 장현숙, 조수진, 최철희, 한우재(2014). **청각학개론**. 서울: 학지사.

정광용, 김선우(2000). 환경소음의 심리적 영향 요인. **소음 진동, 10**(3), 395–400.

정다영(2011). 클래식음악의 배음연구: 하모닉스파워와 그 철학적 의미. 성균관대학교 석사학위논문.

Gelfand, S. A.(2015). **언어치료인과 청각학도를 위한 청각학개론**(김진동, 박미혜, 신은영, 장선아, 조소현, 최참도, 허명진 역). 서울: 시그마프레스.

Kompis, M.(2016). *Audiologie*. Huber.

제 4 장

객관적 청력검사 및 유아청각검사

풀 한 포기 없는 이 길을 걷는 것은
담 저쪽에 내가 남아 있는 까닭이고
내가 사는 것은, 다만,
잃은 것을 찾는 까닭입니다.

윤동주의 「길」 중에서

객관적 청력검사란 피검자의 판단에 의존하지 않고 피검자의 생리학적 반응만을 통해 청력의 이상 유무와 정도를 파악하는 검사이다. 객관적 청력검사는 의사소통에 어려움이 있는 영유아 및 노인, 위난청, 메니에르병[1] 등의 진단 그리고 기능성 난청(functional hearing loss)[2]을 판별하는 데에 효과적으로 사용된다. 특히 객관적 청력검사는 영유아의 청각선별검사에 많이 이용된다. 영유아의 경우에는 객관적 청력검사뿐만 아니라 주관적 청력검사로서 행동관찰 청력검사와 유희청력검사와 같은 유아청각검사가 유용하게 사용된다. 이 장에서는 중이검사와 특수청각검사, 신생아 청각선별검사 그리고 유아청각검사로 구분하여 살펴보고자 한다.

- 중이검사에는 무엇이 있으며, 어떻게 실시되는가?
- 뇌간유발반응검사와 이음향방사는 어떻게 실시되는가?
- 신생아 청각선별검사는 어떻게 이루어지는가?
- 유아청각검사에는 무엇이 있으며 어떻게 이루어지는가?

1) 난청, 이명, 회전하는 느낌의 어지럼증의 반복, 귀의 충만감 등을 특징으로 하는 질환이다.
2) 심인성 난청이라고도 하며, 청각기관에 아무런 이상이 없음에도 불구하고 소리가 잘 들리지 않는 경우를 말한다.

1. 중이검사

중이검사(immittance test)[3]는 크게 세 가지 목적을 갖는다. 첫째, 중이의 질병 유무를 알 수 있다. 둘째, 질병의 유형을 알 수 있다. 셋째, 청력손실 정도를 파악하는 데에 보충 진단 자료가 될 수 있다. 중이검사에는 대표적으로 고막운동성검사(고막운동성계측, Tympanometry)와 등골근반사검사(Stapedial Reflex Threshold) 그리고 등골근반사 피로검사(Acoustic Reflex Decay)가 많이 사용되고 있다.

1) 고막운동성검사

고막운동성검사는 외이도 입구에서 음향자극을 준 후 고막에서 반사되어 돌아오는 에너지를 분석하는 검사이다. 검사원리는 다음과 같다. 고막은 외이도와 고실 사이에 위치한 원뿔 모양의 얇은 막으로서 중이를 외부로부터 보호하는 동시에 고막에 전달된 음파의 진동을 이소골로 전달해 주는 역할을 한다. 외부로부터 들어오는 소리 에너지는 고막이라고 하는 고체 매질을 만남으로써 일부는 흡수되고 일부는 반사가 된다. 이때 흡수되는 에너지를 수용(admittance), 반사되는 에너지를 저항(impedance)이라고 한다. 만나는 매질의 밀도가 높으면 높을수록 반사되는 에너지의 양은 커지게 된다(대한청각학회, 2008). 매질이 공기에서 액체나 고체로 바뀔 경우 더 높은 저항을 받게 되는 것도 그러한 이유에서이다. 음향자극에 대한 고막의 탄성 변화 정도는 고막과 중이강의 상태를 보여 준다는 점에서 고막운동성검사는 중이질환 유무에 매우 유용한 진단 기준이 된다.

(1) 실시방법

- 과거 중이 질병 여부를 확인한다.
- 이경(otoskope)으로 중이의 상태를 확인한다.[4]

3) 에너지가 시스템을 얼마나 잘 통과하는지를 설명하는 용어로서, 이미턴스검사는 중이검사를 통칭한다.

- 검사를 시작하기 전에 다음과 같은 내용을 피검자에게 설명한다.

"이 검사는 소리가 들리지만 그 소리에 반응하시지 않으셔도 됩니다. 그리고 이 부드러운 팁을 귀 안에 살짝 넣고 검사를 할 것입니다. (이때 혹시 겁을 먹은 아동이나 피검사자의 경우에는 팁의 부드러운 재질을 손으로 만져보도록 한다). 소리뿐만 아니라 압력이 변화하는 것을 느끼실 텐데 마치 높은 산에 올랐을 때나 비행기를 탔을 때와 비슷한 기분입니다. 그런 이상한 느낌이 들어도 가만히 움직이지 않고 계시면 검사를 빨리 진행할 수 있습니다. 검사 도중에 하품하거나 침을 삼키지 마시고 가만히 계시기만 하면 됩니다."(대한청각학회, 2013)

- 공기펌프를 외이도에 삽입하여 공기를 차단한다. 이때 크기가 맞지 않을 경우 정확한 압력 변화를 줄 수 없으므로 주의해야 한다.
- 외이도로 순음 226Hz에서 +200~−400mmH_2O까지 압력 변화를 준다.
- 공기압에 따른 고막의 탄성 변화를 측정한다.

(2) 측정기기

검사기기는 크게 공기압력을 조절하는 공기펌프와 소리에너지를 발생시켜 주는 음향변환기(acoustic transducer), 그리고 고막에서 반사되어 나오는 소리에너지를 측정하는 변압감지기(microphone)로 구성되어 있다.

- 공기펌프: 압력계(manometer)가 부착되어 외이도의 압력을 변화시킬 수 있다.
- 음향변환기: 음을 생성한다. 일반적으로 226Hz[5]에서 85dB SPL의 음을 전달한다.
- 변압감지기(마이크로폰): 반사되어 나온 소리 압력 수준을 수치로 나타낸다.

4) 검사를 위해 프로브(probe)를 넣어도 되는지를 확인하기 위한 목적이다.
5) 신생아의 경우에는 외이의 공명이 성인과 다르므로 678Hz 또는 1,000Hz 프로브 음을 사용하기도 한다(대한청각학회, 2010).

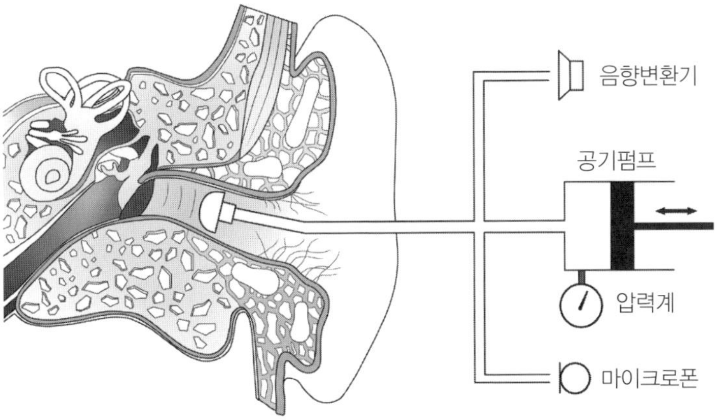

[그림 4-1] 고막운동성 검사기기

출처: Kompis(2016).

(3) 해석방법

고산지대에 오르거나 비행기 이륙 시에 흔히 경험할 수 있는 현상 중 하나는 귀가 먹먹해지는 것이다. 이는 외부와 중이강의 압력이 깨지기 때문인데, 중이강의 압력이 과도하게 높아진 상태가 오래 지속되면 귀의 통증을 가져올 수 있다. 일반적으로 우리의 귀는 외부 압력과 중이 압력이 평형을 유지하도록 되어 있다.

외이도 내부에 공기 압력이 들어오면 중이에서는 그에 대한 저항으로 고막이 긴장되고 딱딱해진다. 고막의 경직(stiffness) 상태에 따라 반사에너지가 달라지는데, 예를 들면 고막이 긴장된 상태에서는 소리에너지가 고막을 통과하지 못하고 반사의 양이 커지며, 반대로 고막이 이완된 상태에서는 상대적으로 반사의 양은 줄어든다. 즉, 고막의 저항이 증가하면 중이 안으로 흡수되는 수용에너지는 감소된다.

고막운동성검사는 앞서 언급한 바와 같이 중이의 질병 유무, 질병의 유형 그리고 청력손실 정도 파악을 위한 보충자료가 될 수 있다. 고막운동성검사는 고실도를 통해 그 결과를 보여 주는데, 고실도란 프로브로 외이도를 막고 음향변환기를 통해 공기압력을 주면 마이크로폰에서 고막의 운동성의 변화가 자동으로 기록되는 그 과정을 그래프로 보여 주는 것이다. 다음은 대표적인 고실도의 유형이다.

고실도의 x축은 압력(daPa)[6]을 의미한다. 외부에서 압력이 들어가면 중이강에는

6) 외이도의 압력변화는 물의 압력 단위인 mmH2O를 사용하거나 공기 압력의 양을 측정하는 dakapaskal을 쓰기도 한다.

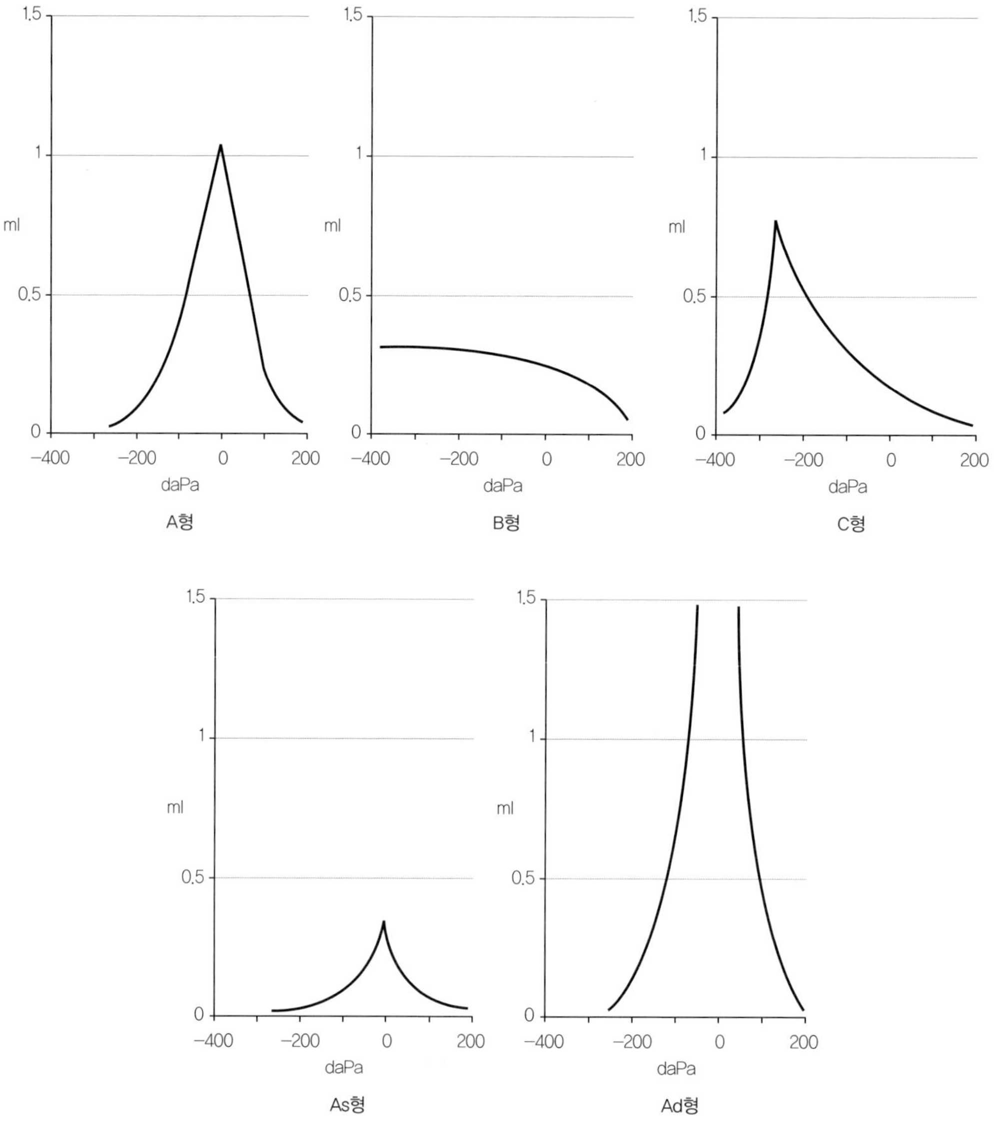

[그림 4-2] 고실도(고막운동)[7]

최고 약 +200daPa의 압력이 만들어졌다가 천천히 −200에서 −400daPa까지 내려가게 된다. 여기서 중요한 것은 고막의 긴장 상태가 어떻게 변화되는가이다. 일반적으로 고막은 최고의 압력 상태에서 가장 긴장된 상태를 보인다는 것이다. 정적탄성 0ml란 유연성이 없는, 즉 경직된 상태라는 것을 의미하며, 반대로 1.5ml는 고막의 유연

7) 고막의 탄성 변화를 연속적으로 그린 것을 말한다.

성이 매우 크다는, 즉 소리의 반사가 적다는 것을 말한다. 따라서 정상인 경우에는 +200daPa에서 정적탄성은 0ml를 보여야 한다. 압력이 점점 내려가면 유연성이 커지며, 정상적인 경우에는 −100에서 +50daPa에서(바꾸어 말하면, 외이도와 중이강의 압력이 일치되는) 최고 유연성(peak compliance, 정점)이 나타난다. 압력이 계속해서 내려가면 고막은 다시 긴장되고 딱딱해지는 물리적 현상을 보이면서 정적탄성의 수치가 0에 놓이게 된다. 그러나 B형과 같이 압력의 이동이나 고막의 유연성 변화가 관찰되지 않는 경우에는 고막의 움직임이 둔화되어 있다고 볼 수 있으며, 중이강 내부에 액체가 차 있을 때 흔히 나타난다. C형은 정점이 −100daPa 이하로 이동된 것을 알 수 있다. 이는 외이도와 중이강의 압력 차이가 비정상적으로 크다는 것을 말해 주는 것이며, 중이강의 압력이 외이도 내의 압력보다 낮다는 것을 의미한다.

고실도 해석에서 두 번째 요소는 고막의 최대 유연성 정도이다. 정상 성인의 경우 최대 유연성은 0.3~1.5ml 사이에 놓인다. 그러나 Ad형에 해당하는 고막천공이나 이소골이 단절되어 있을 경우에는 고막의 움직임이 마치 바람에 흔들리는 만국기처럼 크다는 것을 의미한다(허승덕, 유영상, 2004). 반대로 As형은 고막이 매우 경직되어 자유롭게 움직이지 못하고 있다는 것을 말해 준다. B형 또는 As형은 유연성이 비정상적으로 낮으므로 반사에너지가 많아 청력이 낮을 것으로 예측할 수 있다.

> 고막운동성검사란 외이도를 탐침기(probe tip)로 폐쇄한 상태에서 특정 주파수와 강도의 probe tone를 발생시킨 후 외이도 내부의 압력을 +200에서 −400daPa까지 변화시키면서 반사되는 음향에너지의 변화를 연속적으로 측정하는 검사법이다.

〈표 4-1〉 대표적인 고막운동도 형태

유형	특성
A형	탄성의 최고점이 −100daPa에서 +50daPa 사이에 놓이며, 정점은 0.3~1.5ml에서 나타난다.
B형	탄성의 최고치가 없이 수평형의 상태를 보인다. 외이도에 압력을 가해도 고막이 거의 움직이지 않는 경우로 삼출성 중이염과 같이 중이 내에 액체가 고인 질병에서 많이 나타난다.
C형	탄성의 최고점이 −100daPa 이하에 위치하며, 고막의 운동성도 매우 낮은 상태이다. 이관 폐쇄에서 흔히 나타난다.

As형	탄성의 최고치 압력은 정상범위에 있으나, 정적탄성이 비정상적으로 적다. 이는 고막이 경직되어 있는 상태로 고막의 움직임이 현저하게 적다는 것을 의미한다. 이소골 유착 또는 이경화증에서 많이 나타난다.
Ad형	탄성의 최고치 압력은 정상범위에 있으나, 정적탄성이 지나치게 커지거나 정점압력이 사라질 수도 있다. 고막의 정적탄성이 비정상적으로 증가했다는 것은 고막의 움직임이 지나치게 크다는 것을 의미한다. 고막천공이나 이소골이 단절되었을 때 많이 나타난다.

2) 등골근반사검사

등골근반사는 중이의 중요한 기능 중 하나이다. 강한 음자극이 외부에서 입력되면 등골근이 수축되고 이로 인해 이소골 연쇄가 경직되어 저항이 증가되는 현상을 보인다(박미혜, 권현우, 김부임, 2008). 등골근은 등골에 부착되어 제7번 안면신경의 영향을 받는 근육으로서, 강한 소리가 들어오면 내이를 보호하기 위해 수축을 하게 된다. 등골근반사 역치(음향반사 역치, Acoustic Reflex Threshold: ART)는 어느 정도의 큰 소리가 제시되었을 때 등골근이 수축되는지를 알아보는 반응 값이다. 일반적으로는 70~100dB SPL 순음에서 등골근이 반사적으로 수축되며, 이러한 반사가 탐지되는 가장 작은 소리 수준이 역치 값이 된다.

(1) 실시방법[8)]

등골근반사는 주파수, 강도, 동측(ipsilateral)반사와 대측(contralateral)반사 등의 조건 설정이 필요하다. 동측반사란 프로브에서 음 자극을 주고 동일한 귀의 반응을 측정하는 경우이며, 대측반사는 반대쪽 귀에서 반사를 측정하는 것이다.

- 500Hz, 1,000Hz, 2,000Hz에서의 순음을 선택한다.
- 약 90dB에서 음을 준다.
- 반응이 관찰되면 최저 수준을 찾기 위해 5dB 낮춘다.
- 반응이 관찰되지 않으면 5dB 높인 음을 제시한다.
- 반응이 관찰되는 가장 작은 소리 수준을 역치로 간주한다.

8) 고막운동성검사 기계와 동일하다.

(2) 검사원리

정상적인 경우라면 90dB SPL 정도의 큰 소리를 들려주면 등골근 수축현상이 관찰된다. 고실도에서는 유연성이 최대로 도달하는 지점이 다소 감소되는 결과를 보이며, 일반적으로 약 0.02cc 감소 변화를 보일 때 등골근반사 반응을 보인 것으로 간주한다(대한청각학회, 2008). 예를 들면, 약 15초 동안 1,000Hz에서 연속하여 90dB, 95dB 그리고 100dB의 소리를 들려준 결과 90dB에서는 수축현상을 보이지 않다가 95dB에서는 분명한 수축현상을 보일 경우 등골근반사 역치는 95dB이 된다. 75dB HL 이상의 감각신경성 난청에서는 약 90% 정도가 등골근반사를 보이지 않는다(대한청각학회, 2010).

등골근반사가 관찰될 경우 최소한 중이가 정상이라는 것을 보여 주며, 난청이 있다고 하더라도 그 정도가 고도난청보다는 경미할 것으로 예측할 수 있다.

(3) 동측반사와 대측반사

등골근반사검사에서의 동측반사와 대측반사의 결과는 청각장애를 진단하는 데 매우 중요한 단서가 된다. 정상인 경우에는 동측과 대측반사의 결과가 일치한다. 왜냐하면 큰 소리가 들리면 양쪽 등골근 수축이 함께 나타나는 것이 정상이기 때문이다. 그러나 〈표 4-2〉는 동측과 대측반사의 결과가 일치하지 않은 경우이다.

동측 ART는 검사하고자 하는 귀에 프로브를 꽂고 자극음을 제시한 후 그 귀의 등골근반사를 측정한다. 반면에 대측 ART를 측정하는 경우에는 검사하고자 하는 귀에 자극음을 제시하고, 반대쪽 귀의 등골근반사를 측정한다. 일반적으로 대측 기록은 자극음을 제시하는 귀를 기준으로 한다. 예를 들어, 오른쪽 귀의 대측 ART를 측정하기

〈표 4-2〉 등골근반사검사 기록

검사	자극음귀 (stimulus ear)	프로브착용귀 (probe ear)	500Hz	1,000Hz	2,000Hz
동측	RE(right ear)	RE	95	95	100
	LE(left ear)	LE	95	95	100
대측	RE	LE	NR	NR	NR
	LE	RE	NR	NR	NR

(NR: Non Response)

위해서는 오른쪽 귀에 자극음을 제시하고 반대측 귀에 프로브를 삽입한다(대한청각학회, 2014).

등골근반사검사에서 동측반사와 대측반사를 모두 고려하는 이유는 소리자극이 들어가면 일부는 반대측 귀의 안면신경을 따라 반대측의 등골근을 수축시키기 때문이다. 와우에서 전기신경에너지가 발생하면 전기신호는 8번 청신경[9](뇌신경)을 따라 뇌간을 경유한 후 복측와우핵을 거친다. 상올리브핵에 도달된 전달신호는 동측의 안면신경핵을 따라 7번 뇌신경[10]을 거쳐 동측 등골근을 수축한다. 상올리브핵에서는 동시에 반대측 안면신경핵을 거쳐 반대측의 등골근을 수축한다. 즉, 등골근반사는 2개의 경로를 밟게 되는 것이다. 이를 도식화하면 [그림 4-3]과 같다.

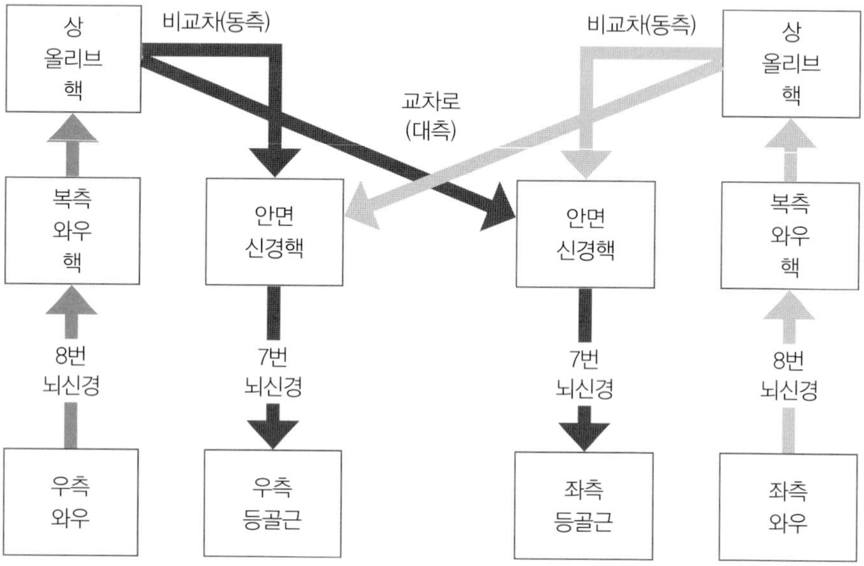

[그림 4-3] 등골근반사 경로

출처: 김진동 외 역(2015).

9) 뇌신경 VIII(8번)은 내이신경(vestibulocochlear nerve)이다.

10) 뇌신경 VII(7번)은 안면신경(facial nerve)이다.

3) 청각피로검사

청각피로(소실, tone decay)란 순음을 계속해서 들려주면 어느 순간 음량이 감소되거나 음이 사라지는 현상으로서, 그 자체는 정상이다. 즉, 소리자극이 처음 들어오면 청각기관은 반응을 하지만 그 소리가 지속되면 신경반응의 감소로 자극음이 존재함에도 못 듣게 되는 것이다. 검사방법의 대략적인 절차는 다음과 같다.

- 개인의 역치에 해당하는 순음(0dB SL)을 60초 동안 제시한다.
- 60초가 되기 전에 음이 들리지 않는다고 신호를 주면, 5dB을 올린 후 다시 60초 동안 제시한다.
- 60초 동안 자극음을 들을 수 있을 때까지 절차를 반복한다.

예를 들면, 역치가 40dB HL인 사람에게 40dB 소리를 들려주고 1분을 듣는지 확인한다. 만약 60초 동안 소리를 들었다면 그의 청각피로는 0dB이 된다. 1분을 다 듣지 못하고 소리가 끊겼다고 반응을 하면 45dB, 50dB 등으로 5dB씩 소리를 키워 주면서 1분을 지속적으로 듣는 강도를 찾는다. 정상 청력이나 전음성 난청에서는 0dB SL[11] 또는 매우 적은 범위 내에서 피로현상이 나타난다. 그러나 감음성 난청의 경우에는 약 30dB SL까지의 청각피로를 보일 수 있다. 이는 40dB HL인 사람이 70dB 소리를 들려주었을 때에야 비로소 1분을 지속적으로 듣는다는 것을 의미한다. 그러나 후미로성 난청의 경우에는 30dB SL로 소리를 높여 주어도 1분을 듣지 못하는 경우가 많다.

이런 청각피로 현상은 등골근반사피로검사를 통해서도 관찰할 수 있다. 검사는 다음과 같은 원리로 이루어진다.

- 등골근반사 역치보다 10dB 높은 강도에서 10초 동안 소리자극을 제공한 후 등골근반사의 경과를 관찰한다.

11) 0dB SL이란 개인 역치가 60dB HL인 사람에게는 60dB의 소리를 들려준 것을 말하며, 60dB에서 1분을 지속적으로 들었다는 것은 정상적인 피로현상을 보였다고 할 수 있다.

• 젊고 정상적인 귀의 경우에는 10초 정도 진행되는 동안 등골근 수축현상이 유지되거나 서서히 반응을 멈춘다.
• 후미로성 난청의 경우에는 10초 이내에 등골근 수축현상이 유지되지 못하고 50% 이상 사라진다.

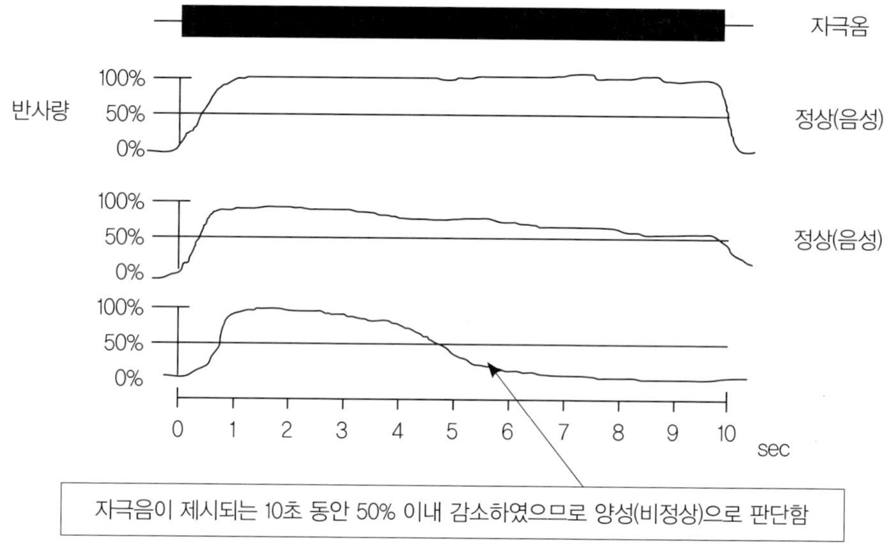

즉, 정상적인 경우에는 등골근반사 역치가 70dB인 경우에는 80dB의 소리를 들려주었을 때 약 10초 동안 등골근 수축현상이 유지된다. 만약 이러한 현상이 관찰되지 않을 경우에는 후미로성 난청을 의심할 수 있다. 후미로성 난청은 신경이 약화되어 등골근반사 유지가 잘 이루어지지 않기 때문이다. 그러나 연령이 높은 경우에는 후미로성 난청을 가지고 있지 않더라도 2000 Hz에서 등골근반사 피로현상이 흔히 관찰될 수 있으므로(Kompis, 2016) 하나의 결과만으로 후미로성 난청으로 진단할 수는 없다.

2. 특수청각검사

중이에서 내이로 전달된 소리에너지는 유모세포의 섬모들의 움직임으로 인하여 전기에너지로 전환된다. 1980년 이후 와우와 청신경 반응을 통해 청력을 평가하는 다양한 객관적 검사가 생겨났다. 여기서는 청각장애 2급과 3급을 판정받기 위해서 필수적으로 첨부해야 하는 이음향방사(Otoacoustic Emission: OAE)검사와 뇌간유발반응(Auditory Brainstem Response: ABR)검사로 구분하여 살펴보고자 한다. 영유아는 성인과 달리 검사자의 지시에 적절한 반응을 하지 못하는 경우가 많아서 주관적 청력검사보다는 객관적 청력검사에 많은 부분 의존하고 있다(엄지연, 김영욱, 2001).

1) 이음향방사(OAE)검사

이(耳)는 귀를 의미하며, 방사란 '열이나 전자기파 따위를 사방으로 방출하다.'의 의미를 갖는다. 일반적으로 소리는 외부에서 내부로 유입되어 청각신경전달 경로를 통한다고 알려져 왔다. 그러나 와우는 소리를 받아들일 뿐만 아니라 소리를 발생한다. 즉, 소리가 와우에 도달하면 기저막의 진동과 섬모의 흔들림으로 인하여 소리가 발생되는 것이다. 1978년 켐프(Kemp)는 와우에 있는 외유모세포의 물리적인 진동[12)]으로 만들어진 소리를 외이도에서 최초로 기록하였다. 즉, 이음향방사는 내이에서 발생한 소리가 다시 외이도로 방사되는 소리를 측정하는 검사이다. 그러나 그 진동의 진폭은 일반 청력검사로는 측정할 수 없을 만큼 경미하기 때문에, 이음향방사는 주위 소음이 없는 방음된 장소에서 특수 이음향방사 분석기를 통해 실시해야만 한다. 만약 이음향방사가 관찰되지 않는다면 와우의 이상을 예측할 수 있다. 이음향방사는 청신경을 차단하여도 발현되며, 30dB HL 이상의 난청에서는 현저하게 발현률이 감소하는 경향이 있다(이승환, 2010). 측정이 빠르고 객관적이기 때문에 그 유용성이 크지만 ABR과 달리 청력손실을 정량적으로 평가해 줄 수 없다는 단점을 안고 있다.

이음향방사는 자발적 또는 음향자극에 대한 반응으로 와우에서 방사되는 낮은 강도의 음향에너지를 외이도에서 마이크로폰으로 측정하는 검사이다.

12) 이음향방사가 발생하는 부위를 외유모세포로 보는 이유는 내유모세포가 없는 돌연변이 쥐에서는 이음향방사가 발현되는 반면에, 외유모세포가 없는 쥐에서는 이음향방사가 나타나지 않기 때문이다. 또한 청신경이 차단되거나 잘렸을 때도 이음향방사가 나타나며, 이독성약물이나 소음에 큰 영향을 받는 것으로 알려져 있다(정연훈, 2010).

(1) 검사유형

이음향방사는 자발이음향방사(Spontaneous Otoacoustic Emissions: SOAE)와 유발이음향방사(Evoked Otoacoustic Emissions: EOAE)로 부분된다. 자발이음향방사는 외부 자극음이 없는 상태에서 외이도로 방사되는 소리를 측정하며, 유발이음향방사는 음자극에 대해 발생되는 이음향방사를 말한다. 유발이음향방사는 어떤 음을 주느냐에 따라 일과성 음유발이음향방사(Transient Evoked Otoacoustic Emissions: TEOAE)와 변조이음향방사(Distortion Product Otoacoustic Emissions: DPOAE)로 구분된다(유은정 외, 2015). TEOAE와 DPOAE는 비교적 상관관계가 높으며, 선별검사로는 TEOAE가 유용하고, 와우의 변화를 추적하는 데에는 DPOAE가 더 많이 활용된다(정연훈, 2010).

〈표 4-3〉 이음향방사 유형

종류	특성
SOAE	20~30dB HL 이상에서는 발현하지 않으나, 개인차가 심함
TEOAE	30~40dB HL 이상에서는 발현하지 않음
DPOAE	50~60dB HL 이상에서는 발현하지 않음. 상대적으로 넓은 주파수 대역에서 정보를 제공함

출처: 이승환(2010).

• 자발이음향방사(SOAE)

외부 음자극이 없는 상태에서 이루어지기 때문에 소음이 철저히 차단된 공간에서 검사가 이루어져야 한다. 정상청력을 가진 사람들의 경우 SOAE는 13~60% 정도에서만 관찰되기 때문에, 임상적으로 해석하는 데 어려움이 있다. 개인차가 심하다는 단점을 가지고 있으나 최소한 이음향방사가 관찰된 경우에는 정상청력이라는 단서를 제공해줄 수 있다.

• 일과성 음유발이음향방사(TEOAE)

클릭(click)음이나 톤버스트(tone burst)음을 주고 귀를 자극하면 와우의 외유모세포에서 얼마간의 잠복기 이후 이음향방사가 발생한다. 30dB HL보다 좋은 청력을 가지고 있는 경우에는 거의 100% 이음향방사가 관찰되기 때문에 청력손실 여부를 예측하는 데에 효과적이다. 청력역치가 30~40dB HL을 넘는 난청의 경우에는 발현하지 않는다(이승환, 2010).

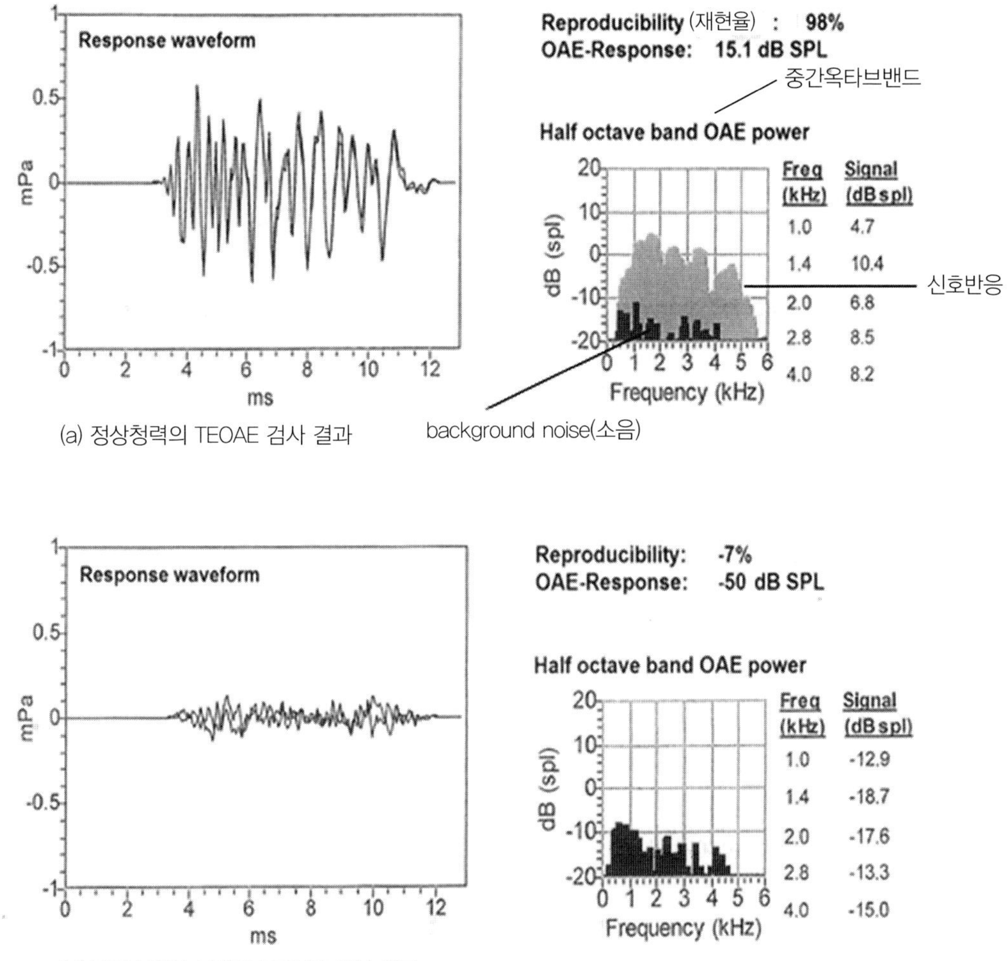

(a) 정상청력의 TEOAE 검사 결과

(b) 감각신경성 난청의 TEOAE 검사 결과

[그림 4-4] TEOAE 검사결과

출처: Kompis(2016).

정상청력 TEOAE(a)의 경우에는 소음보다 신호반응이 위에 있어서 소리자극에 대한 반응이 있다는 것을 알 수 있다. 재현율이 98%에 달하며 인간이 들을 수 있는 가청주파수 영역 가운데 중간옥타브에 해당하는 1000~4000Hz를 측정한 검사결과이다. 감음신경성 난청의 경우, 신호자극에 대한 반응이 없는 것으로 나타나고 있다. 마찬가지로 주변 소음이 지나치게 클 경우에는 유효한 결과가 나올 수 없다.

• 변조이음향방사(DPOAE)

DPOAE는 2개의 다른 주파수를 가진 순음(f1과 f2)을 주었을 때 발생하는 여러 주파수의 이음향방사를 특정한다. f1은 낮은 주파수, f2는 높은 주파수로서 와우에서는 두 순음의 자극이 가해지면 제3의 주파수를 가진 변조된 음이 생성된다. 자극음으로 2개의 순음이 이용되기 때문에 주파수가 다른 2개의 자극음은 기저막의 특정 부위에서 반응하고 비교적 넓은 주파수대에서 정보를 제공한다는 특성을 갖는다(이덕규 외, 2010). 변조이음향방사는 청력손실이 50~60dB HL 이상이 되면 방사가 나타나지 않으며 주파수별 정보를 제공한다는 장점을 갖는다.

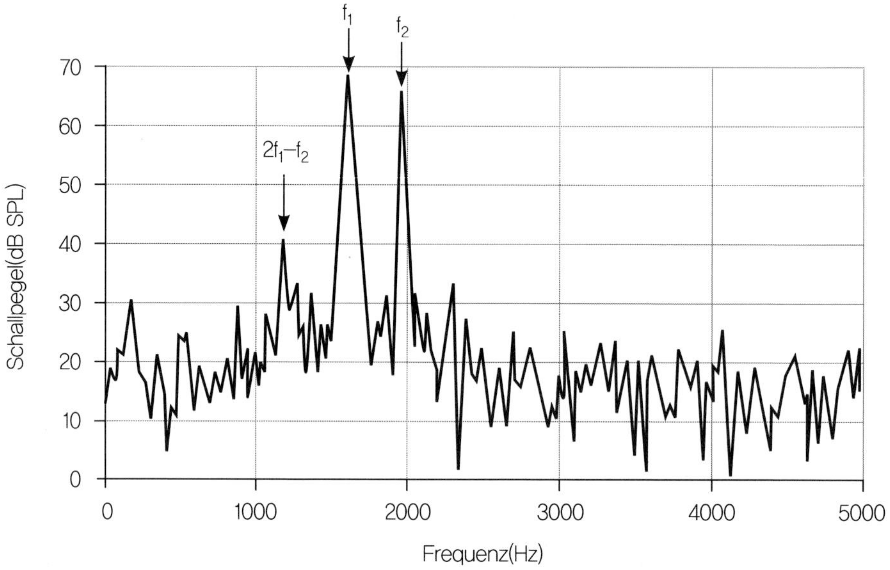

[그림 4-5] DPOAE 검사결과

출처: Kompis(2016).

2) 뇌간유발반응(ABR)검사

뇌간유발반응검사는 청성유발반응검사의 하나이다. 청성유발반응검사란 소리자극에 의해 와우, 청신경 그리고 중추청각전달로로 전파되는 일련의 전기적 신호를 기록하는 검사를 말한다. 청성유발반응은 잠복기, 즉 소리자극을 준 후 전기적 신호가 발생할 때까지 소요된 시간에 따라 초기반응, 중기반응, 후기반응으로 분류한다. 초기반응검사의 하나인 ABR은 마취나 수면 등의 영향을 받지 않아서 중간반응이나 후기반응에 비하여 유용하게 사용된다(엄지연, 김영욱, 2001).

〈표 4-4〉 청성유발반응검사

검사	잠복기	잠복시간	발생 부위
전기와우반응[13], ABR	초기반응	0~10ms	와우, 청신경, 뇌간 일부
AMLR, 40Hz 반응	중기반응	10~80ms	뇌간, 중뇌
ALLR, P-300 반응	후기반응	50~300ms	대뇌피질

'뇌간유발반응검사'는 '청성뇌간 유발반응검사' '청성유발전위검사' 등으로 불리기도 한다. 우선 각각의 용어를 살펴보자.

- 뇌간(brainstem): 뇌간은 말초신경계에서 중추신경로로 향하는 중요 경로로서, 청각신호는 와우에서 측두골을 거쳐 뇌간으로 들어간다.
- 유발반응(evoked response): 어떤 자극에 의한 반응을 의미한다.
- 유발전위(evoked potential): 유발반응과 유사하게 사용되며 각종 감각자극에 의해 일정한 잠복기 후에 일어나는 신경조직의 전기적 반응을 말한다.

> 뇌간유발반응검사는 청신경에서 뇌간의 일부에 이르는 청각전달로에서 발생하는 전기적 신호를 기록한 것이다.

(1) 원리

이미 1967년 소머(Sohmer)와 파인메스(Feinmesser)는 이개에 전극을 부착하여 청신경 활동전이를 기록하였으며, 1971년 제비트(Jewett)와 윌리스톤(Williston)은 두피 전극으로부터 청신경과 뇌간에 이르는 청각경로의 활성화를 파형으로 기록하였다. ABR은 청각전기생리학적 검사 가운데 가장 널리 사용되는 검사 중 하나이며(김일태

13) 전기와우반응검사는 와우의 인접한 곳에 전극을 위치시키고 소리를 자극하는 동안 와우에서 발생하는 유발전위를 측정하는 검사이다.

외, 1994) 음자극 후 1~10ms[14]에 나타나는 5~7개의 전위를 기록하여 청력손실의 특성과 객관적인 역치를 추정할 수 있다(홍성화, 2010). 검사원리는 다음과 같다.

- 자극이 가해지는 귀에는 자극신호발생기를 통해 소리(자극음)[15]가 유입된다.
- 소리자극이 입력되면 머리에 있는 전극에 의해 전기신호가 감지된다.
- 활성전극(+, active)은 두정부에, 기준전극(−, reference)은 양측 유양돌기부에, 그리고 접지전극(ground)은 전두부 중앙에 밀착시킨 후 소리자극에 대한 전기적 반응을 기록한다(우훈영, 김주태, 권대형, 1995). 단 신생아는 두정부 대신 이마 위쪽 부분에 활성전극을 부착시킨다.
- 기록장치에서 그래프로 표시된다.

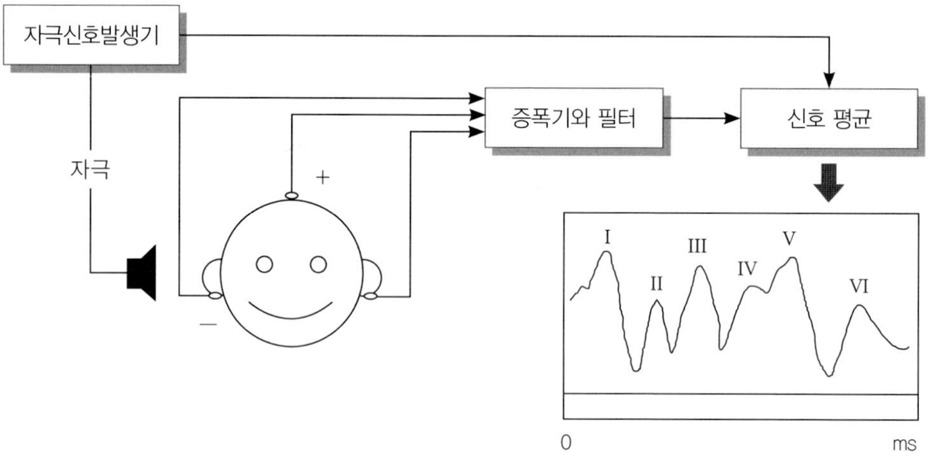

[그림 4-6] ABR 측정도식

출처: Gelfand(2005).

ABR에서는 여러 가지 자극음이 가능하지만, 일반적으로 클릭음[16]이 가장 많이 쓰인다. 자극빈도는 초당 10~20회 정도가 적정하며, 최소 20ms 정도의 자극간격이 필요하다. 전극이 전기신호에 반응을 하는 과정에서 소리자극이 아닌 기타 소음들은 필

14) ms는 1000분의 1초로서 밀리초라고 읽는다.

15) 자극음의 강도는 100dB HL부터 시작하여 10dB 또는 20dB 간격으로 점차 줄인다.

16) 2,000Hz에서 4,000Hz의 고주파수 대역의 평균 청력역치를 제공하며 저음역에 대한 청력평가는 어렵다는 제한점을 갖는다.

터링(filtering)을 통해 제거해야 한다. 또한 유발전위를 정확히 측정하기 위해서는 증폭(amplification)이 필요하다. 청성뇌간 반응은 매우 약한 전위를 가지는 신경반응이기 때문에 시각적으로 확인 가능한 반응을 얻기 위해서는 증폭이 필요하며, 증폭기를 이용해 약 100,000배 정도로 반응을 증폭하여 기록한다(정성욱, 2014). ABR은 인체에서 발생하는 다양한 생리적 잡음에 쉽게 영향을 받을 수 있으므로 다음 두 가지 기법이 사용된다(허승덕 외, 2007).

- 필터링: 청신경과 뇌간에서 발생하는 전기신호를 제외한 특정 주파수 대역에서의 신호는 기타 불필요한 신호로 간주하고 기록에서 배제한다.
- 평균화(averagin): 소리를 한 번 자극한 후 1~10ms 정도까지의 초기반응에 해당하는 유발전위를 수집한다. 이 과정을 1,000회에서 2,000회 정도 반복하여 가산평균을 낸다.

(2) 해석방법

건청인의 경우 소리자극을 주면 대략 7개의 파형이 나타난다. 그 가운데 가장 안정된 파형을 보이는 것은 I번에서 V번까지의 5개 파형이며, 특히 V번 파형은 ABR 결과 판독 시 매우 중요하다. 왜냐하면 낮은 자극강도에서도 잘 나타나며 가장 안정되고 쉽게 구별되는 파형이기 때문이다(우훈영, 김주태, 권대형, 1995). 클릭음의 강도가 적어지면 파형의 진폭도 낮아진다. 실시절차는 다음과 같다.

- 주변에 모든 (전기)잡음을 제거한다.
- 조용하고 정지된 분위기를 위해 조명을 끄거나 줄인다.
- 의자에 편안하게 앉거나 눕힌다.
- 검사절차를 상세하게 설명해 준다.
- 알코올 등으로 전극 부착 지점을 깨끗이 닦는다.
- 전극을 전극 몽타주(montage)에 따라 정해진 위치에 고정한다.
- 장비를 켜고 검사를 실시한다.
- 일반적으로 자극음의 강도는 100dB HL부터 시작하여 10dB 또는 20dB 간격으로 점차 줄인다.

- V번 파형이 나타나는 가장 낮은 자극음의 강도를 피검자의 역치로 한다.
- 자극음의 빈도는 초당 10회, 자극 횟수는 최소 1,000회 이상으로 한다.
- 반대측 귀에는 동일한 클릭음의 차폐를 준다.
- 자극에 대한 반응은 nHL(normal Heraring Level)로 표기한다

-dB nHL-

지속시간이 긴 순음(pure tone)의 경우에는 자극음의 강도를 dB HL 또는 dB SPL 단위로 표기한다. 가청역치의 평균은 dB HL로, 음압에 대한 비는 dB SPL로 나타낸다. 1000Hz 자극음을 기준으로 하였을 때 정상청력을 가진 성인의 가청역치인 0dB HL은 7.5dB SPL에 해당한다. 반면에 클릭음이나 톤 버스트 음과 같이 짧은 지속시간을 가진 자극음의 단위는 dB nHL을 사용한다. 0dB nHL은 정상청력을 가진 성인에게 초당 10~20회의 물리적 클릭음을 주고 구한 가청역치를 말한다.

출처: 대한청각학회(2014).

ABR 결과 순음역치와의 차이가 10~20dB[17] 정도일 경우에는 정상이라고 간주한다.[18]

〈표 4-5〉 파형의 발생 위치

wave	발생 위치
I	와우신경(청신경) 말단부
II	와우신경(청신경) 근위부
III	와우핵
IV	상올리브핵
V	외측융대(외측모대)

출처: 대한청각학회(2008); 김수진(2012); 유은정 외(2013); 정원혁(2007).

다음은 정상파형을 가진 ABR 검사 결과이다. I번 파형부터 V번 파형은 다음과 같은 위치에서 발생한다.

17) ABR의 역치는 순음청력역치에 비해 대체로 높게 나타난다(김일태 외, 1994). 성인의 경우 5~10dB이 높게 나타나며, 소아의 경우에는 20dB까지 차이를 보이는 경우도 있다.

18) 고령의 경우에는 순음역치보다 ABR이 더 나쁘게 나오는 경우가 많다.

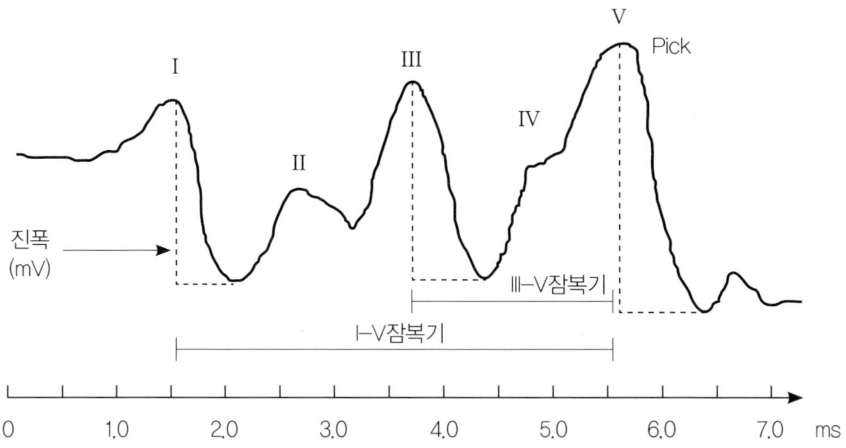

[그림 4-7] ABR에서 나타나는 정상파형 예시

그러나 ABR은 청신경에서 뇌간의 일부에 이르는 청각전달로를 기록할 뿐 청각피질에서의 병변은 발견할 수 없다는 단점을 갖는다.

- 음 자극 후 10ms 이내에 기록되는 파형은 파형의 유무, 잠복시간, 진폭 등으로 구분하여 분석된다.
- 파형의 유무를 본다. 정상 성인은 10~20dB nHL 이하에서도 V번 파형이 나타난다.
- 각 파형에는 정점(peak)이 있으며 V번 파형이 관찰되는 가장 낮은 강도를 찾아 역치로 잡는다.
- 각 파형에는 잠복기(absolute latency)가 있다. 자극음의 강도가 커질수록 잠복기가 짧아지지만, 90dB nHL 이상에서는 더 이상 변화되지 않는다.
- 진폭은 각 파형의 정점에서 이어서 나타나는 골짜기까지의 높이로 계산된다. 충분한 진폭을 보여야만 파형 추출 및 잠복기 계산이 가능하다. I-V 진폭의 비가 1.0보다 작은 경우는 병적인 것으로 보고 있다(우훈영 외, 1995).[19]

19) [그림 4-7]에서 나타난 파형의 진폭을 보면 I번 파형은 0.26mV(millivolt: 밀리볼트) 그리고 V번 파형은 0.45mV로서 V번 파형 대 I번 파형의 진폭비율은 1.80에 해당하므로 정상에 해당한다.

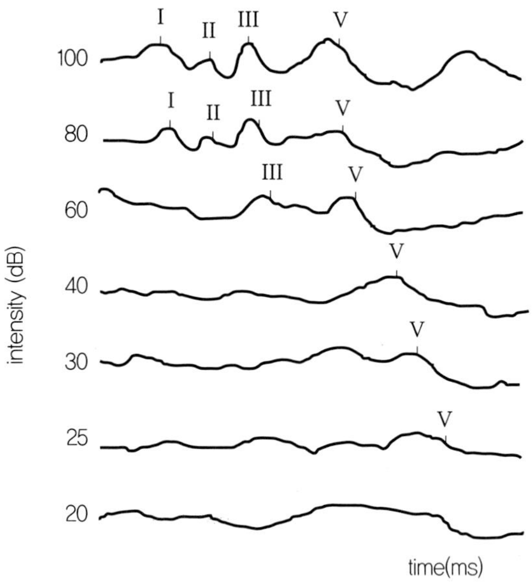

[그림 4-8] ABR 판독(예시)

출처: 정원혁(2007).

[그림 4-8]은 자극음의 강도에 따른 파형의 변화이다. 자극음의 강도가 낮아질수록 잠복기가 길어질 뿐만 아니라 V번 파형이 관찰되지 않는다는 것을 볼 수 있다. 여기서는 25dB에서 최초로 V번 파형이 관찰되었으므로 25dB nHL이 역치가 되며, 정상 청력으로 간주된다.

ABR과 OAE의 결과를 바탕으로 청신경병증(auditory neuropathy)을 진단할 수 있다. 청신경병증은 정상적으로 유입된 소리가 뇌로 전달되는 과정에서 문제를 보이는 질환이다. 청력손실 정도는 매우 다양하나, 일반적으로 매우 낮은 언어인식 능력을 갖고 있는 것이 특징이다. 주원인은 분명하게 밝혀진 바는 없으나 내유모세포의 손상, 내유모세포와 청각신경들과의 연결 또는 신경계 자체의 결함으로 보고 있다.

-청신경병증-

OAE는 정상으로 나타나지만 ABR에서는 비정상적인 파형을 보이는 경우는 청신경병증을 의심할 수 있다. OAE가 나타난다는 것은 와우에 이상이 없다는 것을 의미하며, ABR 이상은 청각신경에 문제가 있다는 것을 말한다. 이 경우에는 대측 등골근반사에서도 음성으로 나타난다.

3. 신생아 청각선별검사

선별검사(screening test)란 전체를 대상으로 하여 검사를 실시하고 그 가운데 의심이 되는 사람들을 골라내는 검사를 말한다. 신생아 청각선별검사는 난청 조기 발견과 이에 따른 조기 중재를 가능하게 함으로써 난청으로 인한 손실을 최소화하고 영구적인 장애를 예방할 수 있다는 점에서 매우 중요하다. 신생아 난청 조기진단 계획에는 1·3·6 원칙이 있다. 생후 1개월 이내에 청각선별검사를 시행하고, 3개월 이내에는 난청확진검사를 시행하며 6개월 이전에 보청기 착용과 언어치료를 시작한다는 것을 뜻한다(대한청각학회, 2017).

1) 선별검사의 목적

신생아 난청은 현재 발견되는 신생아의 선천성 질환 중 발병률이 높은 장애 중 하나이다. 국내에서 매년 신생아 1,000명당 약 1.6명꼴로 양측 60dB 이상의 청각장애가 발생하며, 이 가운데 약 25%는 인공와우 이식술의 대상자가 되는 고도 청각장애인 것으로 알려져 있다. 미국유소아청력연합회(Joint Commission Infant Hearing: JCIH)에서는 난청의 위험인자가 있는 신생아들에게 신생아 난청의 선별검사를 시행하여 난청이 발견될 경우 늦어도 생후 6개월이 되기 이전에 재활치료를 시작하여야 한다고 권고하고 있으나, 국내에서는 여전히 상당수의 난청 신생아들이 제대로 선별되지 않고 있는 실정이다(홍용성, 2008). 보건복지부에서는 생후 1개월 이내에 일률적으로 선별검사를 실시할 것을 권장하고, 이를 점차 의무화하는 제도를 추진하고 있다. 또한 선별검사에서 난청이 의심되는 경우에는 3개월 이내에 확진검사[20]를 받아 적절한 의료 서비스를 받도록 하고 있다. 일반적으로 신생아 청각선별검사를 실시하지 않을 경우 난청은 언어발달이나 사회성 발달의 지체가 인지되는 생후 30개월 전후에야 가능하다는 점에서(Davis et al., 1997: 대한청각학회, 2010에서 재인용) 선별검사의 필요성이

20) 고막운동성검사, ABR, OAE 등이 해당한다.

강조되고 있다. 신생아 청각선별검사에서는 위음성[21]이나 위양성[22]의 경우가 있을 수 있으므로 보다 신중한 해석과 지속적인 추적이 요구된다.

2) 신생아 청각선별검사의 종류

신생아 청각선별검사에는 자동청성뇌간반응(Automated Auditory Brainstem Response: AABR)과 자동이음향방사(Automated Evoked Otoacoustic Emissioins: AOAE)가 가장 많이 사용되고 있다. 여기서 '자동(automated)'이란 자동화 검사기기를 사용하는 것으로 기존 ABR 또는 OAE의 원리에 준한다. AABR의 경우 파형을 자동으로 검출해 주는 방식이다. 반응파형의 표준치와 검사를 받는 신생아의 파형을 비교하여 자동적으로 난청을 감별할 수 있는 것이다. AOAE도 마찬가지로 정상청력을 가진 신생아의 평균과 비교하여 통과는 'pass'로, 재검은 'refer'로 나온다. '통과'는 심각한 난청의 위험성이 없거나 선별검사 시점에서 추가 청력검사가 필요 없는 경우이며, '재검'은 난청의 위험성이 있거나 선별검사 시점에서 추가 청력검사를 요하는 경우를 말한다(대한청각학회, 2017). 만약 한 가지 선별검사 방법을 선택해야 할 경우에는 AABR 시행을 권장한다(대한청각학회, 2010). 두 가지 검사 모두 조용한 장소에서 실시하는 것이 좋으며, 생후 12시간 이내에는 중이에 양수 등의 액체가 남아 있을 수 있으니 생후 24시간 이후에 시행하는 것이 좋다. 신생아 선별검사를 해석하는 데 주의할 것은 머리나 몸의 움직임 혹은 주변 소음 등의 영향으로 'refer'가 나올 수 있으므로 반드시 재검을 받아보도록 하여야 한다.

(1) 자동청성뇌간반응

수면 상태에서 단시간에 실시할 수 있는 검사이다. 약 35dB nHL 자극음에 대해 나타나는 뇌파를 정상아동의 V번 파형과 비교하여 통과와 재검으로 판정한다. 통상적으로는 반응역치가 35dB nHL로 설정되어 있으며[23] 경도 이상의 난청 발견이 가능하다. 그러나 앞서 언급한 바와 같이, ABR은 중추청각기관의 이상을 판별할 수는 없다

---

21) 청력저하가 있음에도 불구하고 통과로 나타나는 경우를 말한다.

22) 청력은 정상이나 재검으로 나타나는 경우이다.

23) tone pip 또는 tone burst 음을 사용할 경우에는 40dB nHL 미만을 정상으로 간주한다(대한청각학회, 2010).

(대한청각학회, 2012; 대한청각학회, 2015). AABR은 신호음에 대해 파형 I~V가 자동으로 검출되는 방식이다.

(2) 자동이음향방사

앞서 살펴본 바와 같이 OAE는 소리자극을 주어 청각세포에서 발생하는 음향 진동파를 측정하여 와우 이상 유무를 알아보는 검사이다.

정상청력을 가진 신생아들의 평균 반응결과를 바탕으로 하여 자동적으로 통과와 재검으로 판정한다. 검사가 빠르게 이루어지고 비침습적으로 시행되기 때문에 아이가 울지 않으면 검사가 가능하다는 장점을 갖는다. 특히, 전극을 붙일 필요가 없어서 귀에 프로브만 잘 위치시키면 주위 소음을 효과적으로 막을 수 있다(대한청각학회, 2017). 그러나 마이크가 외부에 있으므로 실제로는 소음 영향을 전혀 받지 않을 수는 없다. 또한 후미로의 병변에 의한 난청을 측정할 수 없다는 단점을 갖는다.

〈표 4-6〉 AABR과 AOAE의 특징 및 장단점

구분	AABR	AOAE
시행 전 준비	전극, air tip	air tip
기기 및 소모품 비용	고가	저가
검사비	고가	저가
검사시간(수면 시)	약 20분 내외	약 10분 내외
	수면 시	울지 않으면 가능(3~5분 이내)
기준 청력역치(setting)	(대개) 35dB nHL	25~35dB HL
검사로 얻는 반응	뇌간으로부터의 전기적 반응	와우로부터의 방사음
장점	후미로성 병변 측정 가능, 재검률이 낮음	검사시간이 짧고 전극이 불필요함
단점	소음과 전극 등에 영향이 큼	후미로성 병변 감별 불가

출처: 대한청각학회(2010).

3) 청각선별 프로그램

김종선(2004)이 제안하는 청각선별 프로그램은 다음과 같다. 조기진단에는 주로 AABR과 AOAE의 2단계 선별검사 프로그램이 이루어진다.

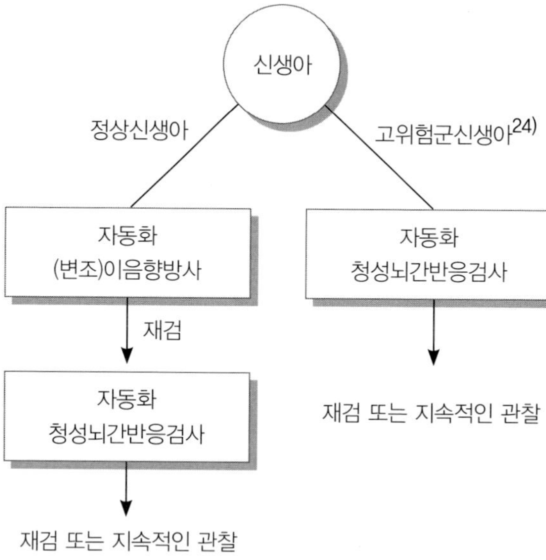

[그림 4-9] 청각선별프로그램

출처: 김종선 외(2004).

앞서 언급한 바와 같이, 난청은 발병률이 높음에도 출생 시 발견하기 어렵다. 2세 이후에야 발견되고 진단되는 경향이 많아서, 언어발달에 중요한 시기를 놓치고 향후 인지발달 및 사회 적응에서 여러 문제를 야기하게 된다. 따라서 신생아 난청을 조기에 진단하여 조기 재활을 해야 한다는 필요성은 계속 강조되고 있다. AABR은 비용이 많이 들기 때문에 최근에는 우선적으로 AOAE를 많이 사용하고 있다. 모든 신생아를 대상으로 하는 선별검사에서는 AABR보다 AOAE를 선호하는 이유이기도 하다. 그러나 앞서 언급한 바와 같이 한 가지 선별검사 방법을 선택해야 하는 경우는 AABR을 시행하도록 한다. 신생아 난청의 선별검사로 사용되기 위해서는 다음과 같은 조건이 충족되어야 한다.

첫째, 감수성과 특이성이 높아야 한다. 여기서 감수성이란 자극을 받아들이고 반응을 보이는 성질을 말한다. 특이성이란 어떤 질병에 대한 진단방법을 비교했을 때 높은 진단율을 보일 때 '특이성이 높다.'고 말한다. 둘째, 비침습적이고 선별검사로서 적절한 비용이 들어야 한다. 비침습적이란 바늘로 찌르거나 인체에 고통을 주지 않고 실시

24) 신생아집중치료실(Neonatal Intensive Care Units: NICU)에 있었거나 난청의 위험요인이 있는 신생아의 경우 난청의 유병률은 2~5%로 보고되고 있다.

하는 방식을 말한다. 셋째, 검사가 용이하고 검사 결과의 객관성이 보장되어야 한다. 즉, 검사자가 바뀌어도 결과가 동일해야 한다. 넷째, 검사 비용이 적절해야 한다.

AABR과 AOAE는 모두 높은 감수성과 특이성을 가지고 있다. 특히, AOAE는 마취가 필요하지 않으며 간편하고 검사시간이 짧고 저렴하다는 장점을 갖는다. 상대적으로 AABR은 여러 가지 장점에도 검사시간과 높은 비용은 제한 요소가 된다. 그런 맥락에서 정상 신생아는 AOAE를 하고 재검 시에만 AABR를 시행하는 것을 추천한다. AOAE 가운데 어떤 자극을 줄 것인가에 대해서는 연구자마다 차이가 있다. 앞서 언급한 바와 같이, 일부 연구자들은 일과성 음유발이음향방사를 선호하지만, 또 일부 연구자들은 와우 변화 추적에 더 효과적이라고 판단하여 변조이음향방사로 측정하기도 한다.

–선별검사가 반드시 필요한 경우–

- 신생아의 가족력을 통해 볼 때 유전성 감각신경성 난청이 의심되는 경우
- 산모가 임신 중에 풍진 등의 바이러스에 감염된 경우
- 교환수혈이 필요한 과빌리루빈증[25]인 경우
- 임신 중 혹은 그전에 이독성 약물 치료 경험이 있을 경우
- 신생아가 두개 안면기형이거나 저체중인 경우
- 아프가점수(Apgar score)[26]가 태어나서 1분 동안 0~4점, 5분 동안 0~6점인 경우
- 신생아에게 인공호흡을 5일 이상 실시한 경우
- 신생아에게 증후군이 나타나는 경우

출처: Stewart(1995).

4. 유아청각검사

유아청각검사는 순음청력검사를 정상적으로 시행하기 어려운 영유아 또는 중증

25) 신생아에게 나타나는 빈혈을 말한다.
26) 출생 직후 신생아의 건강상태를 평가할 수 있는 검사로서 8~10점을 정상적인 적응상태로 본다.

장애를 가지고 있는 경우에 주로 사용된다. 청력손실의 유무와 정도를 측정하기 위한 목적으로 시행되기도 하지만, 보청기 착용의 효과를 보기 위해서도 사용된다. 일반적으로 사용되는 유아청각검사에는 행동관찰청력검사(Behavioral Observation Audiometry: BOA), 시각강화청력검사(Visual Reinforcement Audiometry: VRA), 그리고 놀이청력검사(play audiometry)가 있다. 이들은 자극음에 대한 무의식적 반응을 제외하고는 피검자의 협조가 필요하다는 점에서 주관적 청력검사에 해당한다.

1) 행동관찰청력검사

반사기능이 나타나는 신생아기에서부터 실시 가능하다. 영유아의 청각행동 발달 및 듣기능력 수준에 근거하여 기대되는 반응으로 청력을 판단한다. 자극 후 2초 이내에 보이는 반응을 측정하며, 이때 반응행동은 눈꺼풀반사와 모로반사 등이 있다(이영 외, 2009).

- 눈꺼풀반사(눈깜빡임 반사): 아기의 눈에 갑자기 밝은 빛을 주고 머리 가까이에서 손뼉을 치면 눈을 감는 반응을 보인다.
- 모로반사: 큰 소리가 나면 신생아의 머리는 뒤로 젖혀지고 등이 활처럼 휘며 두 팔과 다리를 벌림과 동시에 손가락을 쭉 펴서 허공에서 무언가를 잡으려는 행동을 보이다가 다시 금방 가슴으로 손을 모은다.

생후 6개월 정도가 되면 좀 더 구조화된 상황에서 BOA를 실시할 수 있다. 그 시기가 되면 큰 소리가 들렸을 때 신체를 확실하게 움직이는 동작반사나 소리가 들리면 갑자기 조용해진다거나 혹은 소리가 나는 쪽으로 고개를 돌리는 등의 행동을 통해 청력 이상을 확인할 수 있다. 이 시기에는 큰 소리에 놀라는 반응을 보인다는 것을 전제로 하며 검사 시에는 반드시 주변 소음을 통제하고 관찰해야 한다. 일반적으로는 80~90dB 범위의 큰 소리를 주고 유아의 반응을 보거나(김수진, 2012) 경우에 따라서는 스피커를 사용하여 자극음의 강도를 조절할 수도 있다. 그러나 BOA는 청력손실의 유형이나 역치보다는 고도난청 유무에 대한 선별의 성격을 가지고 있다.

2) 시각강화청력검사

고개를 돌리는 것이 가능한 6개월부터 약 24개월 유아까지 실시할 수 있는 검사이다. 소리자극을 주고 반응을 나타내면 강화물을 보여 주는 간단한 원리이다. 즉, VRA는 스피커를 통해 소리자극을 주고 머리를 돌리는 등의 반응을 보이면 유아가 좋아하는 장난감 등이 시각적 강화물로 제시된다. '음향자극'과 '시각적 보상' 간에 하나의 조건형성을 이룬다는 것이 전제된다. 검사 시에 어머니와 떨어지는 것을 거부하는 경우에는 어머니가 안고 검사를 실시하되, 단서를 주는 일이 없도록 하여야 한다. 검사는 다음과 같이 이루어진다.

- 스피커를 통해 소리자극을 제시한다. 조건형성을 위해서 처음에는 소리의 강도를 약 70~100dB로 한다.
- 음향자극이 들어오면 스피커 위에 놓인 상자 안에 있는 장난감 동물에 조명이 들어오거나 모니터 화면에 유아가 좋아하는 그림들이 나타난다.
- 음향자극과 시각적 강화물 간에 조건형성이 이루어지면, 주파수와 강도를 조절하여 대략적인 청력역치를 측정한다.

스피커를 통해 검사가 이루어지므로 좋은 쪽 귀의 반응만을 볼 수 있다는 제한점이 있으며, VRA에 사용되는 소리는 익숙한 어음, 예를 들면 '깍꿍' '빠이빠이' '엄마' '아빠' 등이 사용될 수 있다. 만약 유아가 40dB HL의 소리가 나는데도 반응을 하지 않는다면 그 소리를 듣지 못하는 것으로 추정할 수 있다. 스피커를 통한 음장검사로서 엄밀히 말하면 역치라고 하기보다는 가장 반응을 잘하는 수준의 소리 크기로 보는 것이 적절하다.

3) 놀이청력검사

행동유희청력검사라고도 불린다. 약 2세 이상의 유아에게 자주 적용되는 검사방법으로 소리자극에 대해 재미있는 놀이로서 반응하도록 한다(이필상 외, 2015). 검사방법의 예시는 다음과 같다.

- 소리가 나면 빈 깡통 속에 블록을 떨어뜨리거나, 고리 끼우기 등의 놀이를 한다. 이때 놀이는 유아가 흥미를 보이는 것이어야 한다.
- 목표 행동을 수행하면 칭찬과 같은 강화물을 준다.
- 소리자극에 대한 반응이 지속적으로 이루어지면 검사용 이어폰을 착용하고 역치를 측정한다.

이 검사는 이어폰 착용 위치를 조정하여 기도와 골도역치를 비교적 정확하게 알아볼 수 있으며, 각 귀의 역치를 비교할 수 있다는 장점을 갖는다. 그러나 검사자와 충분한 라포가 형성되어야 한다는 제한점을 갖는다.

–행동관찰청력검사–

생후 6개월에서 2세까지 실시할 수 있는 검사로 친숙한 어머니의 목소리나 장난감 소리를 들려주고 영유아가 머리를 돌려서 소리를 찾는 행동을 관찰하는 검사이다.

–시각강화청력검사–

청각자극에 대한 반응을 유발하게 하기 위해 소리가 나는 쪽으로 고개나 시선을 돌릴 때 빛을 깜박이거나 재미있는 그림 화면, 장난감 등을 이용하여 반응을 유도하고 조건형성을 이룬 다음 관찰하는 검사이다.

–놀이청력검사–

2세 이상의 유아를 대상으로 하며 이어폰을 통해 자극음이 들려올 때마다 놀이를 하도록 하는 검사이다. 유아가 소리를 알아채고 소리가 들릴 때만 블록을 쌓도록 하거나 막대에 고리를 끼우도록 하는 방법으로 진행한다.

출처: 국립특수교육원(2016).

영유아는 성인과 달리 피검자가 검사자의 지시에 적절한 반응을 하지 못하는 경우가 많다. 따라서 성인에게 실시하는 주관적 청력검사보다는 객관적 청력검사에 많은 부분을 의존하고 있다. 소리에 대한 반응을 관찰하는 행동관찰청력검사 및 놀이청력검사 등은 청력역치를 측정한다기보다는 최소지각 수준만을 측정할 수 있다는 제한점을 갖는다. 그러나 순음청력검사를 시행하기 어려운 경우에는 유용한 청력평가로 활용된다. 또한 헤드폰을 사용하지 않고 스피커를 통해 이루어지는 경우는 음장청력검사에 해당하며, 피검자의 반응은 dB SPL로 기록한다(김수진, 2012).

4) 청각의 발달

유아청각검사를 실시하고 그 결과를 해석하기 위해서는 연령에 따른 청각수준에 대한 이해가 전제되어야 한다. 청각은 태아기부터 자궁 밖 외부 소리에 반응을 보일 정도로 일찍 발달한다. 출생 직후 양수를 제거하면서 더 잘 듣게 되며, 소리에 대해 민감한 반응을 보이기 시작한다(곽노의 외, 2007).

영유아 청각장애 조기진단에 있어서 무엇보다도 중요한 것은 청각 및 의사소통 행동을 독립적으로 평가할 수 있는 체크리스트이다. 대부분 발달선별검사에 사용되는 도구는 부모가 직접 설문지를 작성하는 형태의 표준화된 검사도구를 사용하게 되는데, 국내에서도 다양한 평가도구가 개발된 바 있다. 다음은 박경연과 김진숙(2016)에 의해 개발된 국내 영유아를 위한 청각 및 의사소통 행동 체크리스트이다. 평가도구의 궁극적인 목적은 발달이 지체되는 영역과 시기를 확인하고 이를 조기 청능재활에 적용하여 더욱 효율적인 조기 청능재활 구현에 있다(박경연, 김진숙, 2016).

〈표 4-7〉 영유아 청각 및 의사소통 행동 체크리스트

연령	내용
1~3개월	갑자기 큰 소리에 놀라거나 깬다. 큰 소리에 젖이나 우유병을 빠는 동작을 멈춘다. 엄마 목소리(친숙한 목소리)를 듣고 울다가 조용해지는 등의 반응을 한다.
4~5개월	소리가 나는 곳을 찾으려는 행동(고개를 돌리는 등)을 한다. 이상한 소리(자음이나 모음으로 표현할 수 없는)를 내며 놀기 시작한다. 반복적인 모음소리(/아~/, /오~/)를 내기 시작한다.
6~7개월	자기 이름에 반응하기 시작한다. 다양한 소리("껄껄" "끼끼" "걸걸" 비명소리, '흐~읍' 하며 들이마시는 소리 등)를 낼 수 있다. 음악소리를 좋아하고, 반응하기 시작한다.

8~9개월	자기 이름에 작은 소리로 불러도 확실히 반응한다. '까꿍'이나 '짝짝꿍' 놀이 등을 따라하고 즐긴다. 익숙한 물건의 이름(혹은 단어; 컵, 신발, 우유, 꺼꺼 등)을 안다.
10~11개월	말소리와 같은 옹알이로 의사표현을 하고 대화하듯 응답할 수 있다. 간단한 말소리를 따라 내거나 흉내낼 수 있다. 지시어("가져와" "이리와" "더 줄까?" 등)의 의미를 알고 행동한다.
12~13개월	어른들이 사용하는 어구("이거 지지" "아빠, 빠이빠이" 등)의 억양을 흉내낼 수 있다. 지시어("가져와", "이리와", "더 줄까?" 등)뿐만 아니라 "너 신발 어디 있어?"와 같은 간단한 질문도 이해한다. '엄마' '아빠' 이외에 적어도 한 단어 이상을 알고 사용한다.
14~15개월	책 속의 그림을 가리키는 말('멍멍'-강아지, '빵빵'-차, '음메'-소 등)을 하면 해당 그림을 가리킬 수 있다. '엄마' '아빠' 이외에 2~3개 정도의 단어를 알고 사용한다. 간단한 질문을 이해하고 한 단어("응" "아니" 등)나 몸동작으로 답한다.
16~17개월	간단한 심부름(기저귀, 신발, 컵 등을 가져오기)을 한다. 10~20개의 단어를 알고 말한다. 매일 새로운 단어를 배우고 사용한다.
18~19개월	20개 이상의 단어를 알고 사용한다. "나" "이거" "저거"와 같은 대명사를 사용할 줄 안다. "배고파?" "쉬 마려워?"와 같은 단순한 예-아니요 식의 질문을 이해한다.
20~21개월	"이게 머야?"와 같은 간단한 질문에 답한다. 말로 하는 간단한 지시사항에 따라 행동한다. 집에서 사용하는 다양한 일상 어휘를 사용한다.
22~23개월	단어의 끝 억양을 높여 질문의 형태로 묻는다. 세 단어 이상을 사용하여 문장을 말한다("아가 코 자" "나 우유 싫어" 등) "컴 안에" "책상 밑에" "의자 위에" 등의 부사구를 이해한다.
24~26개월	사물의 크기를 구분한다(큰/작은 공). 배설 욕구를 말이나 행동으로 표현한다. "어디?"나 "언제?"와 같은 질문에 답한다.

출처: 박경연, 김진숙(2016).

참고문헌

곽노의, 김경철, 김유미, 박대근(2007). **영유아발달**. 서울: 양서원.

국립특수교육원(2016). 장애영유아+양육+길라잡이, 4권.

김수진(2012). (교사와 부모를 위한) **청각장애 아동 교육**. 서울: 학지사.

김일태, 김중강, 이경철, 안병성(1994). 청성뇌간유발반응역치와 순음청력도의 비교. **계명의대 논문집, 13**(2), 212-218.

김종선, 최병운, 이명철, 오승하, 최중환, 장선오(2004). 자동화변조이음화방사검사와 자동화청성뇌간반응검사를 이용한 신생아청력선별검사의 효율성. **대한 이비인후과학회지, 47**(1), 27-32.

대한청각학회(2008). **청각검사지침**. 서울: 학지사.

대한청각학회(2010). 제10회 청력검사 강습회.

대한청각학회(2012). 제8회 신생아청각선별검사 Workshop.

대한청각학회(2015). 제11회 신생아청각선별검사 Workshop.

대한청각학회(2014). 제14회 청력검사 보청기 강습회.

대한청각학회(2017). 제13회 신생아 및 영유아 청각조기진단재활 심포지엄.

박경연, 김진숙(2016). 영유아 청각 및 의사소통 행동 체크리스트 개발 연구. **청능재활, 12**(2), 65-73.

박미혜, 권현우, 김부임(2008). 알코올 섭취에 따른 등골근 반사 역치의 변화. **청능재활, 4**, 48-51.

엄지연, 김영욱(2001). 뇌간유발반응청력검사에 의한 유소아 보청기 착용의 문제. *Communication Sciences and Disorders, 6*(1), 1-14.

우훈영, 김주태, 권대형(1995). 정상성인에서의 청성 뇌간 유발반응검사에 관한 연구. **仁濟醫學, 16**(2), 231-239.

유은정, 백무진, 안성우, 최상배, 서중현, 이광렬, 서유경(2013). **청각장애아동이 이해와 교과 교육**. 서울: 학지사.

이덕규, 이덕규, 이재은, 고의경, 이일우, 공수근, 전경명(2010). 광대역소음 부하 후 이음향방사 의 변화와 일시역치변동과의 관계. *Korean Journal of Otolaryngology-Head and Neck Surgery, 53*(3), 143-147.

이필상, 권순항, 김수진, 김시영, 박미혜, 박선희, 정은희(2015). **청각장애아동교육의 이해**. 서울: 학지사.

이승환(2010). OAE의 해석과 개원가에서의 활용. 대한이과학회 임상이과학세미나.

이영 외(2009). **영유아발달**. 서울: 학지사.

정연훈(2010). 이음향방사검사. **대한이과학회**, 28-35.

정원혁, 홍현기, 남기창, 차은종, 김덕원(2007). 신생아 청성뇌간 반응의 자동 판독 알고리즘. **전자공학논문지**, 44(1), 100-107.

최성규(1997). 청각장애유아의 보청기 적합검사 지침. **난청과 언어장애연구**, 20(1), 219-236.

홍성화(2010). 청성뇌간반응. **대한이과학회**, 20-27.

홍용성(2008). 신생아 청각선별검사로서의 일과성음 유발이음향방사의 유용성. 전남대학교 대학원 석사학위 청구논문.

허승덕, 박정홍, 장윤석, 최아현, 김리석, 강명구(2007). 청성뇌간유발반응 재현성을 이용한 사청감별. **언어치료연구**, 16(3), 1-11.

허승덕, 유영삼(2004). **청각(3판)**. 부산: 동아대학교출판부.

Gelfand, S. A. (2015). **청각학개론**(김진동, 박미혜, 신은영, 장선아, 조소현, 최참도, 허명진 역). 서울: 시그마프레스.

Kompis, M. (2016). *Audiologie*. Huber.

Stewart, J. (1995). Congen ital deafness . In J. L. Northern (Ed.), Hearing Disorders(pp. 189~198). Colorado, USA: Allyn & Bacon.

제 5 장

주관적 청력검사

젊었을 땐
봄이면 꽃은 당연히 피는 거라고 생각했고
언제든 그 봄은 다시 온다고 생각했다.
어느 순간
세상에는 돌아오지 않는 것이
참 많다는 것을 알았을 때,
갑자기 많은 것들이 하고 싶어졌다.

주관적 청력검사란 피검자가 소리를 듣고 그에 대한 주관적인 반응을 보임으로써 이루어지는 검사이다. 주어지는 자극음이 무엇인가에 따라 주관적 청력검사는 음차검사, 순음청력검사 그리고 어음청력검사로 구분된다. 순음청력검사는 다시 기도검사와 골도검사로 구분되며, 이 2개의 검사결과를 토대로 전음성 난청, 감각신경성 난청 또는 혼합성 난청을 판별할 수 있다. 어음을 듣는 민감도와 명확도를 평가하기 위해서는 어음청력검사를 실시해야 하는데, 어음청력검사에는 어음청취역치검사와 어음명료도검사가 많이 사용된다.

- 음차검사는 어떠한 원리로 이루어지는가?
- 순음청력검사란 무엇이며, 어떠한 방법으로 실시되는가?
- 어음청력검사란 무엇이며, 어떠한 방법으로 실시되는가?
- 차폐란 무엇이며, 어떠한 방법으로 실시되는가?

1. 음차검사[1]

음차검사는 128Hz, 256Hz, 512Hz, 1,024Hz, 2,048Hz[2]의 소리굽쇠(음차)를 이용하여 난청 유무와 난청 유형을 간단히 알 수 있는 선별검사이다. 소리굽쇠의 길이에 따라 주파수가 다르며, 고주파수일수록 길이가 짧다.[3] 음차검사는 특별한 장소에 구애받지 않으며, 소리굽쇠만 있으면 언제든지 검사할 수 있기 때문에 손쉽게 활용된다. 반면에 정확한 청각장애 유형을 판별할 수 없으며, 역치 값을 구할 수 없다는 점에서 진단검사로는 부적합하다.

1) 린네검사

린네검사(Rinne Test)는 좌/우 양측 귀를 따로 검사하며, 전음성 난청 유무를 알 수 있다. 검사는 다음과 같은 두 가지 방법으로 실시한다. 첫 번째 방법은 음차의 경우 골도전도보다 기도전도에서 더 오랫동안 소리를 듣는다는 청각 메커니즘에 기초한다.

- 음차를 진동시킨 후 유양돌기에 댄다.
- 피검자가 소리가 더 이상 들리지 않는다고 신호를 주면, 음차를 외이도에서 2~3cm 떨어진 입구에 댄다.
- 이때 소리가 계속 들릴 경우에는 정상이라고 간주하며, 들리지 않는다고 하면 최소한 25dB 이상의 난청을 가지고 있다고 판별한다.

두 번째 방법은 린네검사의 약식검사로써, 유양돌기에서보다 외이도에서 더 소리를 크게 듣는다는 메커니즘에 기초한다.

1) 이 내용은 석동일(2007), 허승덕(2000), Kompis(2016) 등의 자료에 근거한다.
2) 일반적으로는 512Hz와 2,048Hz가 가장 많이 사용된다.
3) 이는 성대의 길이가 남성에 비해 짧은 여성이 남성보다 음도가 높은 것과도 같은 원리이다.

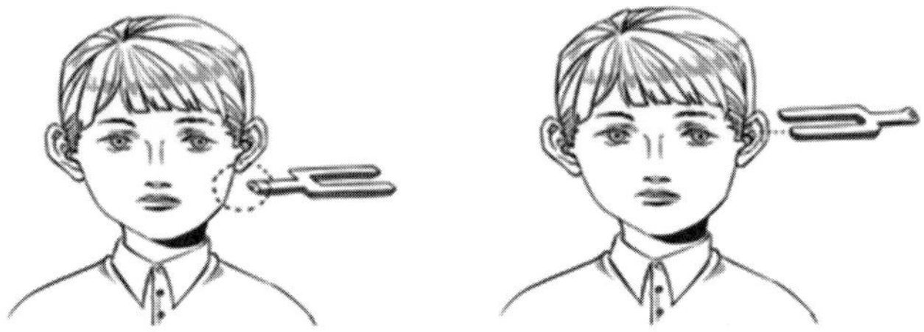

• 음차를 진동시킨 후 유양돌기에 대고, 곧바로 외이도에서 2~3cm 떨어진 입구에 댄다.
• 어느 쪽에서 소리가 더 크게 들리는지 묻는다.
• 이때 외이도쪽에서 소리가 더 크게 들릴 경우에는 정상이라고 간주하며, 유양돌기 쪽에서 더 소리를 크게 들릴 경우에는 난청을 가지고 있다고 판별한다.

2) 웨버검사

웨버검사(Weber Test)는 편측성 난청자에게 유용하게 사용되는 검사로서 웨버검사는 단독으로 청력손실 유무를 해석하기는 어렵기 때문에 린네검사와 함께 실시해야 한다.

• 음차를 진동시킨 후 피검자의 이마나 정수리에 댄다.
• 소리가 어디서 들리는지 묻는다. 이때 오른쪽, 왼쪽 혹은 가운데에서 들릴 수 있다.
• 만약 머리의 가운데에서 소리가 들린다면, 양쪽 모두 정상일 확률이 높다. 물론 양쪽 모두 비슷한 형태의 청력손실일 가능성도 배제하기는 어렵다.
  –음이 나쁜 쪽 귀에 잘 들리면 그 귀는 전음성 난청이라고 볼 수 있다.
  –음이 좋은 쪽 귀에서 잘 들리면 나쁜 쪽 귀는 감각신경성 난청이라고 볼 수 있다.

즉, 웨버검사는 편측 난청이 전음성인지 감각신경성인지를 결정짓는 데 도움이 되는 검사이다.

3) 슈바바검사

슈바바검사(Schwabach Test)는 골도전도의 청각민감도를 상대적 기준으로 예측하는 검사이다. 골도전도를 통한 음을 피검자는 듣지 못하고 검사자가 더 오래 듣는다면 피검자는 감각신경성 난청이 있는 것으로 해석한다.

- 음차의 아랫부분을 진동시킨다.
- 음차 손잡이를 피검자의 유양돌기에 댄다.
- '삐-' 소리가 더 이상 들리지 않으면 신호를 주도록 한다.
- 검사자의(청력이 정상이라는 전제하에) 유양돌기에 음차 손잡이를 댄다.

이때 검사자의 귀에 계속 소리가 들린다면 피검자의 골도전도에 문제가 있다고 볼 수 있으므로 감각신경성 난청에 해당한다.

4) 빙검사

빙검사(Bing Test)는 폐쇄효과가 나타나는지의 여부를 알기 위한 것이다. 폐쇄효과란 귀를 막았을 때 저주파수 대역의 소리가 더 잘 들리는 현상을 말한다. 양쪽 귀의 외이도 입구를 손가락으로 완전히 막은 후에 말을 했을 때 소리가 더 울리는 것도 폐쇄효과 때문이다. 이러한 현상은 외이도로 들어간 소리가 입구를 막음으로써 귀 밖으로 빠져나가지 못하고 반사되어 다시 고막으로 돌아가기 때문에 생겨나며(오세진, 2013) 정상적인 경우에는 폐쇄효과가 나타난다. 그러나 전음성 난청의 경우에는 폐쇄효과가 발생하지 않기 때문에 빙검사 결과를 통해 전음성 난청 유무를 알 수 있다.

- 음차를 진동시킨다.
- 음차 손잡이를 유양돌기에 댄다.
- 소리가 더 이상 들리지 않으면 신호를 주도록 한다.
- 이주를 손가락으로 막아서 외이도를 차단한다.
- 만약 소리가 다시 크게 들리면 정상이지만, 소리가 들리지 않으면 전음성 난청이라고 볼 수 있다.

2. 순음청력검사

순음청력검사는 음차에서 발생되는 것과 같은 순음을 전기적으로 발생시켜서 그것을 자극음으로 들려주고 각 주파수에 따라 음을 조절하여 가청역치 값을 찾는 검사이다. 여기서 순음(pure tone)이란 하나의 주파수로 이루어진 음을 말한다. 말소리와 같은 모든 자연음은 여러 주파수 성분이 모여 있는 복합음이기 때문에 주파수별 가청역치 값을 구할 수 없다. 순음청력검사는 각 주파수별로 음의 강도를 조절하여 역치를 구하는 가장 기본적인 청력검사이다. 또한 피검자의 반응이 있어야만 가능하기 때문에 연령과 최소한의 인지기능을 전제로 한다.

1) 순음청력검사기

순음청력검사기(pure tone audiometer)는 다음과 같은 구성 요소를 갖는다.

- 전원스위치: 전기 공급을 조절하며 램프에 불이 들어오면 전원스위치가 켜졌다는 것을 알려 준다.
- 주파수조절기: 0~20,000Hz는 인간의 가청 주파수 대역에 해당하지만 모든 대역이 일상생활을 하는 데에 영향을 주는 것은 아니다. 따라서 대부분의 검사기에는 125, 250, 500, 750, 1,000, 2,000, 3,000, 4,000, 6,000, 8,000Hz의 검사음을 선택할 수 있도록 되어 있다.
- 강도조절기: 대부분의 검사기에는 −10dB에서 110dB까지 선택할 수 있도록 되

어 있으며, 만약 30dB HL의 소리를 선택하면 그에 상응하는 음압(SPL)을 가진 소리가 이어폰을 통해 출력된다.4)

- 출력선택기: 소리 출력을 좌/우로 선택할 수 있다. 또한 소리를 기도/골도로 구분하여 출력할 수 있다.
- 이어폰과 골도진동자: 기도검사는 이어폰(헤드셋)을 양 귀에 착용한 후 선택된 귀 쪽으로 소리가 들리게 되며, 골도검사는 골도진동자를 유양돌기에 고정하여 사용할 수 있다.

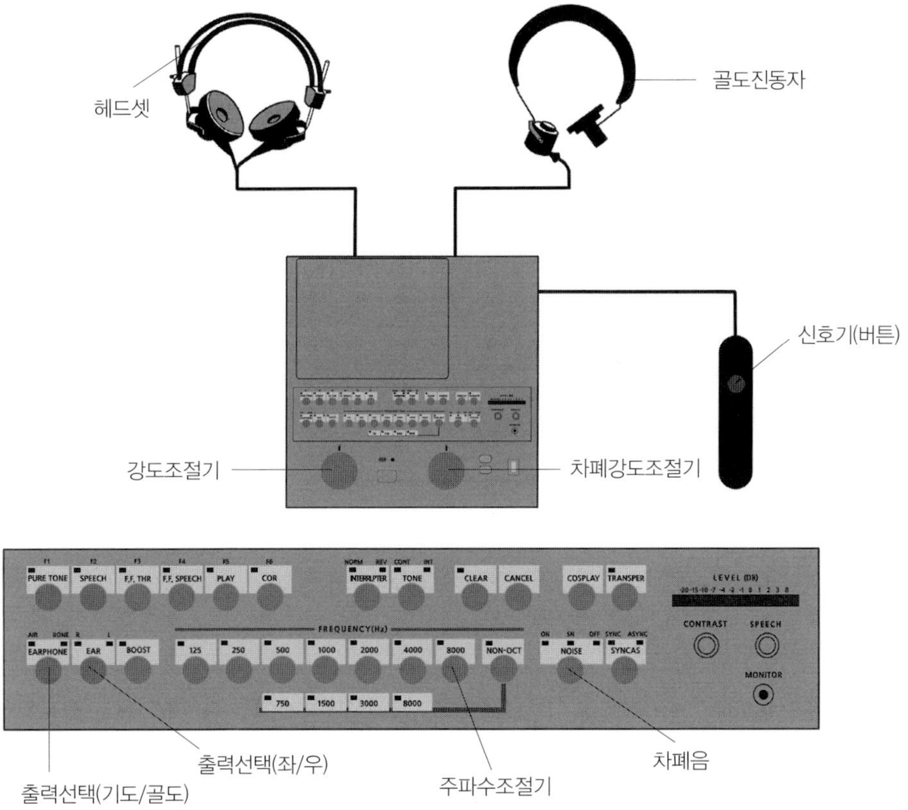

4) 음압측정기를 이용하여 제시되는 음이 정확한 음압(SPL)인지를 확인하는 정기적인 교정(calibration)작업이 필요하다. 이때 교정이란 실제 수행하고 있는 장비가 기준에 맞는지 확인하는 과정이다(Gelfand, 2015).

• 소음발생기: 기도나 골도검사 시 차폐가 필요하다고 판단될 시에는 소음을 발생시킨다. 차폐는 우측 귀(검사귀)에 제시된 음을 왼쪽 귀(반대 쪽 귀)가 듣지 못하도록 하는 목적으로 사용되며, 소음발생기에서 나오는 차폐음은 이어폰을 통해 듣게 된다.

2) 검사환경

순음청력검사는 반드시 소음이 차단된 공간에서 실시해야 한다. 청력측정용 부스에서 실시하지 못할 경우에는 실내의 배경 소음을 사전에 음압측정기로 확인하는 것이 좋다. 검사 실시 전에는 피검자에게 검사 진행에 대해 충분히 설명해 주어야 한다. 특히 순음청력검사는 가장 작은 소리에 대한 반응을 요구하기 때문에 환자에게 그에 대한 설명을 해 주는 것이 필요하다. 가장 전형적인 지시문은 다음과 같다.

> "이 검사는 당신이 들을 수 있는 가장 작은 소리를 찾아내는 것입니다. 당신은 이어폰을 통해 소리를 듣게 될 것입니다. 큰 소리도 들리지만 대부분은 매우 희미한 소리가 들릴 수도 있습니다. 희미하게 들리더라도 소리가 있다고 느낄 때에는 신호[5]를 주시기 바랍니다. 한쪽 귀를 다 검사하고 나서는 다른 쪽 귀를 검사할 것입니다."

청력검사는 검사자와 피검자의 위치가 매우 중요하다. 피검자와 검사자가 서로 마주보고 앉을 경우에는 검사자가 피검자의 반응을 정확하게 관찰할 수 있다는 장점이 있으나, 신호음 제시 버튼을 피검자가 인지하여 앞서 반응하는 등의 위험이 있다. 반면, 피검자가 등을 돌리고 검사할 경우에는 의도치 않은 단서를 차단할 수 있다는 장점이 있는 반면에, 검사자가 피검자의 미세한 행동단서를 놓치는 일이 발생할 수 있다. 따라서 피검자가 45도 각도로 앉을 경우에는 검사자가 피검자의 행동을 볼 수 있고, 피검자는 검사자의 행동을 볼 수 없다는 장점이 있어서 임상에서 많이 사용되고 있다.

5) 손을 들거나 스위치를 누르는 등의 반응을 할 수 있다.

3) 청력역치의 정의

청력역치(threshold)란 피검자가 들을 수 있는 가장 작은 강도의 소리를 말한다. 여기서 '들을 수 있는' 수준이란 3번 검사음을 주었을 때 2번 반응하는 것으로 한다. 즉, 50% 이상 반응할 수 있는 소리가 역치가 된다(김진동 외 역, 2015).

순음청력검사로 산출된 청력역치의 단위는 HL이다. 0dB HL이란 소리가 없다는 것이 아니라 20~30대 건청인의 기준에서 들을 수 있는 가장 작은 소리 강도를 말한다. 따라서 청력검사 결과 역치가 0dB HL이라는 것은 건청인의 귀가 반응하는 가장 작은 소리를 들을 수 있다는 것을 의미한다. −10dB을 듣고 소리가 있다고 반응하는 것은 평균적인 사람들보다도 훨씬 소리를 잘 듣는다는 것을 의미한다. 만약 청력역치가 40dB HL인 사람은 40dB 보다 작은 소리를 듣지 못하며, 역치가 높다는 것은 그만큼 청력손실이 크다는 것을 의미한다.

4) 순음청력검사의 목적

- 청력손실의 유무: 순음청력검사 결과를 통해 청력손실의 유무를 알 수 있다. 일반적으로 청력역치가 20~25dB HL은 정상범위로 간주하는데, 그 이유는 의사소통을 하는 데 큰 영향을 받지 않기 때문이다.
- 편측성과 양측성: 순음청력검사는 원칙적으로 좌우 귀를 따로 검사하기 때문에 양쪽 귀의 청력을 알 수 있다.
- 청력손실의 정도: 순음청력검사가 가지고 있는 가장 큰 장점은 평균순음역치(Pure Tone Average: PTA)를 통해 청력손실 정도(degree)를 정확하게 알 수 있다는 것이다. 평균순음역치는 500Hz(a), 1,000Hz(b), 2,000Hz(c), 4,000Hz(d)에서의 역치값을 가지고 3분법, 4분법 또는 6분법으로 산출한다. 공식은 다음과 같다.

예시: 500Hz에서 30dB, 1,000Hz에서 40dB, 2,000Hz에서 40dB, 4,000Hz에서 50dB의 역치를 가지고 있을 경우, 피검자의 평균 역치값을 구하시오.		
3분법	4분법	6분법
a+b+c/3 110÷3=36dB	a+2b+c/4 150÷4=37dB	a+2b+2c+d/6 240÷6=40dB

- 청력손실의 종류 및 병변 부위: 순음청력검사는 난청의 유형을 알 수 있다. 기도검사와 골도검사 결과를 통해 피검자가 전음성 난청인지, 감음신경성인지 혹은 혼합성 난청인지를 판별할 수 있다. 기도역치와 골도역치 값이 같은 경우에 왜 감음신경성 난청인가를 이해하기 위해서는 다음의 검사원리를 이해하여야 한다.

〈표 5-1〉 검사경로

구분	외이/중이	내이 또는 청신경
기도검사	→	→
골도검사		→

기도역치는 외이에서 내이까지의 전체 경로상의 청력손실 정도를 의미한다. 따라서 기도검사 만으로는 내이 손상 여부를 알 수 없다. 만약 기도검사 결과 정상이라면 골도검사는 필요치 않다. 반대로 기도검사에서 청력손실이 있는 것으로 나타났다면, 그것이 내이의 이상으로 인한 것인지를 알기 위해 골도검사를 실시해야 한다. 전음성 난청은 내이에 이상이 없으므로 골도역치는 정상이어야 하며, 내이 이상으로 인한 감음신경성 난청의 경우는 외이와 중이의 결함이 없으므로 기도역치 값과 골도역치 값이 같아야 한다. 그러나 혼합성 난청의 경우는 기도역치 값과 골도역치 값 사이에 차이가 난다. 만약 기도역치가 80dB HL이고 골도역치가 50dB HL이라면 30dB은 외이나 중이의 결함으로 인한 것으로 볼 수 있다. 골도역치가 기도역치보다 나쁜 경우는 측정과정에서의 오류로 볼 수 있다.

〈표 5-2〉 순음청력검사 결과에 따른 난청 유형 및 병변 부위

순음청력검사 결과	난청 유형	병변 부위
AC 청각손실 있음, BC 청각손실 없음	전음성 난청	외이, 중이
AC 청각손실 있음, BC 청각손실 있음 (AC 역치값 = BC 역치값)[6]	감음신경성 난청	내이(또는 청신경)
AC 청각손실 있음, BC 청각손실 있음 (AC 역치값 > BC 역치값)[7]	혼합성 난청	외이, 중이, 내이(또는 청신경)

주: AC-기도전도; BC-골도전도

6) 기도역치가 50dB HL이고 골도역치가 50dB HL일 경우처럼 그 차이가 0dB인 경우이다.
7) 최소한 2개의 주파수 대역에서 10dB 이상 차이가 있는 경우이다.

- 청력형: 동일한 평균청력역치를 가지고 있다고 하더라도 어떤 주파수대에서 어느 정도의 손실을 갖느냐는 개인의 청력 특성을 결정하는 중요한 요소이다. 특히 청력형은 보청기를 제작하는 데 매우 중요한 단서를 제공해 준다.
- 청능재활 정보: 청력검사 결과를 바탕으로 수준에 맞는 보청기를 선택할 수 있으며, 착용 후 의사소통의 예후를 알려 준다.

5) 순음청력검사 방법[8)]

순음청력검사는 기도검사와 골도검사로 나눌 수 있다. 앞서 언급한 바와 같이, 소리전달경로는 외이와 중이를 거쳐 내이로 전달되는 기도전도, 그리고 외이나 중이를 거치지 않고 바로 두개골을 진동시켜 내이로 소리가 전달되는 골도전도가 있다.

(1) 기도검사

공기전도 청력검사라고도 하며, 헤드셋이나 이어폰을 이개나 외이도에 착용시켜 검사한다. 자극음을 주면 그 소리는 외이도와 중이 그리고 내이 및 청신경(8번 뇌신경)까지의 청각경로를 모두 거치며, 피검자가 그 소리가 '들린다'고 반응하는 가장 작은 소리를 찾는 검사이다. 즉, 외이에서부터 청신경까지 어느 한 부분에 이상이 있을 경우 역치가 높게 나타난다.

① 자극음 제시방법

자극음은 1~2초 정도가 가장 적당한다. 자극음이 너무 짧을 경우에는 우리 뇌가 소리 정보를 충분히 받아들일 수 없으며, 너무 길 경우에는 역치가 실제보다 좋게 나타날 수 있기 때문이다. 자극음 간의 간격(interval)은 자극음보다는 최소한 길게 주어야 하며, 불규칙적으로 제시하여야 한다. 그래야만 오반응[9)]을 방지할 수 있다.

---

8) 이 내용은 김규상(2014), 김수진(2012), Gelfand(2015), 석동일(2007), 이필상 외(2015), 허승덕(2000), Kompis(2016) 등에 근거한다.

9) 거짓양성반응과 거짓음성반응이 있는데, 거짓양성반응은 안 들리는데 들린다고 반응하는 것을 말하며, 거짓음성반응은 소리가 들림에도 불구하고 들리지 않는다고 반응하는 것을 의미한다.

② 검사 귀 선정

검사 시에는 좋은 쪽 귀를 먼저 하는 것이 좋은데 그 이유는 좋은 쪽 귀를 먼저 실시할 경우, 피검자가 소리에 대한 느낌을 알 수 있기 때문이다. 어느 쪽 귀가 좋은지 알 수 없을 때에는 오른쪽 귀부터 실시하는 것이 일반적이다.

③ 강도 조절방법

피검자가 정상청력을 가지고 있다고 판단될 경우에는 30dB HL보다 작은 소리로, 청각장애가 의심되거나 현재 보청기를 착용하고 있으면 70dB HL에서 1~2초간 연속음을 제시하여 검사음에 대한 친숙화 과정이 필요하다. 강도 조절 방식에는 상승법과 하강법 그리고 수정법이 있다. 상승법은 듣지 못하는 작은 소리에서부터 점차 강도를 높이는 것이며, 하강법은 반대로 들을 수 있는 큰 강도에서 점차 강도를 낮추는 방법이다. 수정법은 두 가지 방법을 혼합한 경우를 말한다. 수정상승법이라고 하며, 30dB HL에서 시작하여 20dB 단위로 높여가며 처음 응답한 값을 확인한 후, 소리에 대한 반응이 있을 경우에는 10dB을 낮추고, 반응이 없을 경우에는 5dB 높이는 방법이다. 기도검사에서는 검사자에 따라 조금씩 차이가 있으나 최대 90dB~100dB까지 자극음을 준다. 반응을 하지 않을 경우에는 무반응으로 표기하고, 평균값을 구할 경우에는 100dB로 간주한다.

④ 주파수 조절방법

역치는 모든 주파수에서 동일한 절차를 거쳐 찾아야 한다. 기도검사에서는 250Hz에서 8,000Hz 범위를 측정한다. 주파수는 1,000Hz에서부터 시작한다. 1,000Hz는 대부분의 피검자들이 가장 쉽게 듣는 것으로 파악되기 때문이다(김수진, 2012). 주파수 조절은 1,000Hz −2,000Hz −4,000Hz −8,000Hz −1,000Hz −500Hz −250Hz로 한다.[10] 다음 주파수를 검사할 시에는 인접 주파수 청력역치보다 10~20dB 낮은 강도부터 측정하는 것이 효율적이다(대한청각학회, 2008). 1,000Hz를 두 번 검사하는 이유는 검사의 신뢰도를 점검하기 위해서이며, 이때 역치가 ±5dB 이내일 때 신뢰할 수 있

10) 고도 난청이 이미 확실한 경우에는 1,000Hz에서 시작하여 저주파수 대역을 먼저 검사해도 된다(대한청각학회, 2008).

다고 본다. 오차 범위 내에 있을 경우에는 좋은 역치를 역치값으로 한다.

⑤ 검사 실시 예시[11)]

- 1000Hz로 주파수 조절기를 맞춘다.
- 30dB HL에서 시작하여 20dB씩 상승시킨다.
- 70dB HL 강도음을 3회 준다.
- 피검자가 3회 모두 반응을 보이자, 10dB 낮춘다.
- 60dB HL에서 피검자는 3회 중 1회 반응한다.
- 5dB 올린 65dB HL에서 강도음을 준다.
- 피검자가 3회 중 2회 반응한다.
- 1,000Hz에서 65dB HL을 피검자의 역치로 결정한다.
- 2,000Hz로 주파수 조절기를 맞춘다.
- 50dB HL 강도음[12)]을 3회 준다.
- 피검자가 3회 중 2회 반응한다.
- 10dB 내린 40dB HL에서 강도음을 준다.
- 피검자가 3회 중 1회 반응한다.
- 5dB 올린 45dB HL에서 강도음을 준다.
- 피검자가 3회 중 2회 반응한다.
- 2,000Hz에서 45dB HL을 피검자의 역치로 결정한다.
- 동일한 방법으로 각 주파수에 대해 역치를 찾는다. 8,000Hz까지 각각의 역치를 찾은 후 다시 1,000Hz를 검사하고, 500Hz와 250Hz의 역치를 찾는다.
- 각각의 주파수에서의 역치값을 바탕으로 평균 순음역치 값을 산출한다.

(2) 골도검사

골도검사는 외부의 소리가 두개골의 진동을 유발시켜 내이로 전달되어 소리를 듣는 과정에서의 이상 유무를 확인하고 역치를 측정하는 검사이다. 기도검사에서 얻어진 역치와 골도검사 역치를 비교하면 청각장애의 유형을 판별할 수 있다. 골도검사는

---

11) 여기서는 10dB 낮추고 5dB을 올리는 방법을 사용하고 있다.

12) 인근 주파수 대 역치가 65dB HL이므로 50dB HL로 시작하여도 무방하다.

유양돌기에 진동자를 착용한 후 각 주파수별 역치를 찾는다. 기도검사와 동일한 방법으로 시행된다.

① 강도 조절방법

강도 조절 방식은 기도검사와 동일하나, 최대 70dB까지만 자극음을 준다. 또한 기도역치가 1,000Hz에서 40dB HL이었다면 골도역치는 1,000Hz에서 최소한 40dB HL을 초과하지 않는다는 것을 전제로 한다.

② 주파수 조절방법

주파수 조절은 기도검사와 달리 250Hz(500Hz)에서 4,000Hz까지만 검사한다. 1,000Hz에서 시작하며, 2,000Hz, 4,000Hz, 1,000Hz, 500Hz로 한다. 그 외의 검사절차는 동일하다.

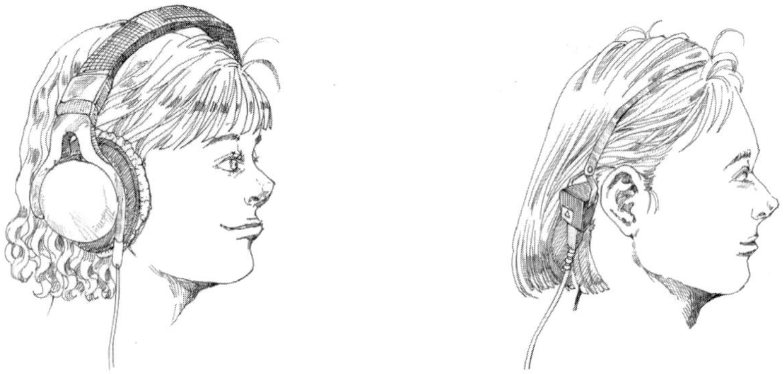

(a) 기도검사 (b) 골도검사

[그림 5-1] 헤드폰과 골진동자 착용 위치

6) 청력도 해석

청력도란 주파수별 환자의 역치를 기록한 그래프로 가로축은 주파수를 나타내며 세로축은 강도를 의미한다. 청력도상의 기호는 청력도를 해석하는 데 매우 중요하다.

(1) 청력도 기호

청력도 기호는 〈표 5-3〉과 같다.

〈표 5-3〉 청력도 기호

표시 내용	오른쪽	왼쪽
비차폐기도(unmasked AC)	○	×
차폐기도(masked AC)	△	□
비차폐골도(unmasked BC)	<	>
차폐골도(masked BC)	[	]
쾌적역치(most comfortable loudness level)	M(빨강)	M(파랑)
불쾌역치(uncomfortable loudness level)	U(빨강)	U(파랑)
맨 귀 음장 최소가청역치(free field)	S[13]	
보청기 교정 최소가청역치(aided)	A(빨강)	A(파랑)
인공와우 교정 최소가청역치(implanted)	CI(빨강)	CI(파랑)
무반응(no response)[14]	↙	↘

청력도에 사용되는 기호는 좌/우, 기도/골도 그리고 차폐/비차폐 등으로 구분된다. 오른쪽 기도는 '○', 왼쪽 기도는 '×'로 표기하며, 골도는 각각 '<'와 '>' 기호를 사용한다. 기도 차폐는 '△'와 '□'를 사용하고, 골도 차폐는 '['와 ']'기호를 사용하여 기도와 골도검사에서 차폐 사용 유무를 보여 준다. 그 밖에도 최대강도 레벨에서도 피검자가 반응을 보이지 않을 때에는 '↙'와 '↘'로 표기한다. 예를 들면, 골전도에서는 70dB HL을 최대강도로 줄 수 있는데, 피검자가 70dB HL에서도 반응을 보이지 않으면 그 위치에 무반응 기호를 써 준다.

13) 스피커에서 출력된 소리를 듣고 반응하기 때문에 좌우 차이를 알 수 없다.

14) 무반응은 측정할 수 있는 가장 높은 강도의 청력에 위치해야만 한다(Gelfand, 2015).

- 최적역치(쾌적음량역치, Most Comfortable level: MCL): 어음청취역치(SRT)에서부터 음강도를 높이면서 들려주었을 때 피검자가 가장 편안히 느끼는 강도를 말한다. 일반적으로 MCL은 SRT보다 35~40dB 높은 강도에서 나타난다.
- 불쾌역치(불쾌음량역치, Uncomfortable level: UCL): MCL에서부터 음 강도를 높이면서 들려주었을 때 피검자가 자극음으로부터 불쾌감, 압박감, 통증 등을 느끼는 강도를 말한다.

(2) 평균 순음역치 계산법

검사에서 사용된 각 주파수의 역치를 바탕으로 피검자의 평균 순음역치(Pure Tone Average: PTA)를 산출할 수 있다. 계산법에는 3분법과 4분법 그리고 6분법이 있다. [그림 5-2]의 PTA를 6분법에 근거하여 산출한 예시는 다음과 같다. 이때 소수점 이하는 버린다.

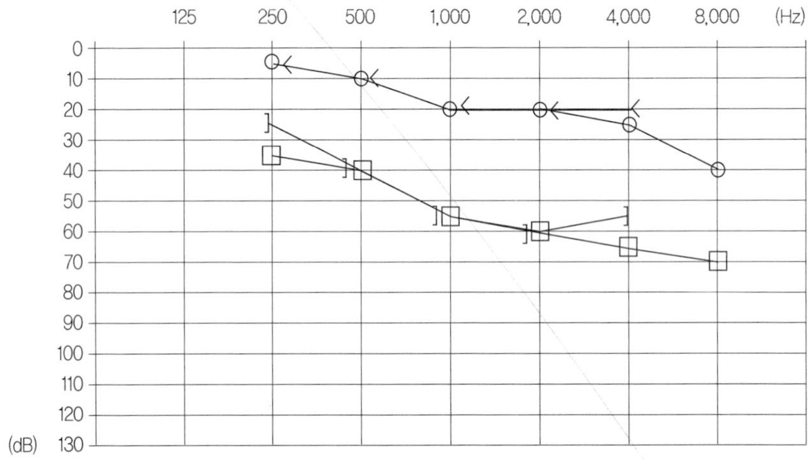

[그림 5-2] 청력도 예시

우측 귀 기도: (10 + 40 + 40 + 25) ÷6 = 19dB HL 〈정상〉
우측 귀 골도: (10 + 40 + 40 + 20) ÷6 = 18dB HL 〈정상〉
좌측 귀 기도 차폐: (40 + 110 + 120 + 65) ÷6 = 55dB HL
왼쪽 귀 골도 차폐: (40 + 110 + 120 + 55) ÷6 = 54dB HL

(3) 청력도 해석방법

• 정상청력

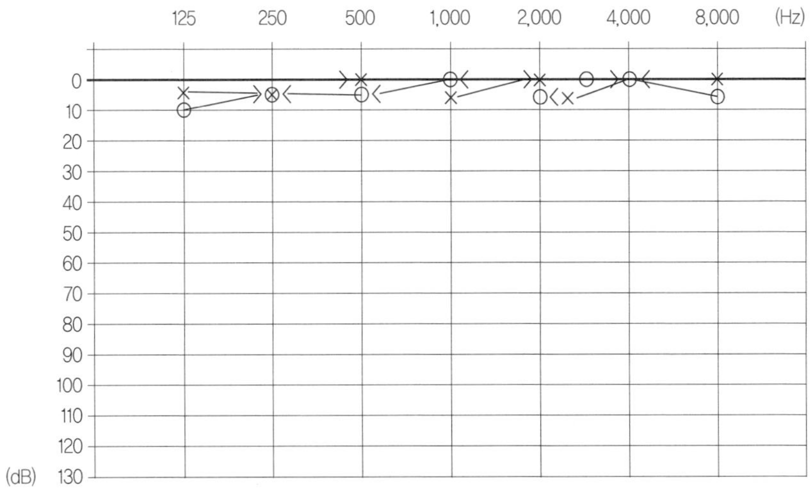

[그림 5-3] 정상청력 예시

좌우 기도역치와 좌우 골도역치가 모두 20dB 이하이기 때문에 정상청력에 해당한다. 일반적으로 기도청력검사에서 역치가 20dB 이하일 경우에는 골도청력검사를 시행할 필요가 없다.

• 전음성 난청

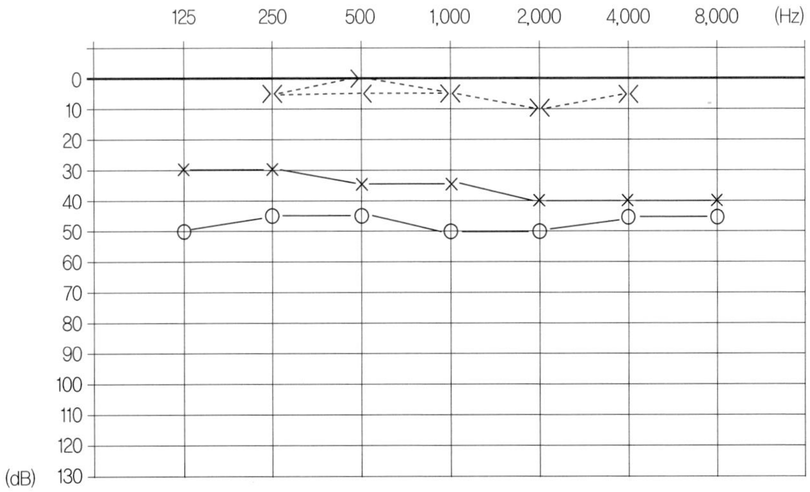

[그림 5-4] 전음성 난청의 청력도 예시

좌우 기도역치는 비정상이지만 좌우 골도역치는 정상 범위에 있기 때문에 전형적인 전음성 난청에 해당한다.

• 감음신경성난청

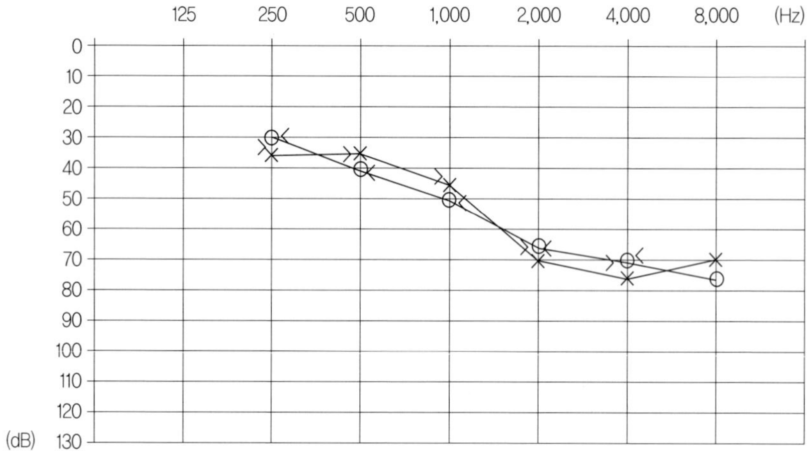

[그림 5-5] 감음신경성난청의 청력도

좌우 기도역치가 비정상이며, 골도역치에서도 손실이 있다. 이때 모든 주파수에서 기도역치와 골도역치의 차이가 없기 때문에 감음신경성 난청에 해당한다. 그리고 고주파수로 갈수록 청력이 약해지는 경사형을 보인다. 이는 노인성 난청에서 주로 나타난다.

• 혼합성 난청

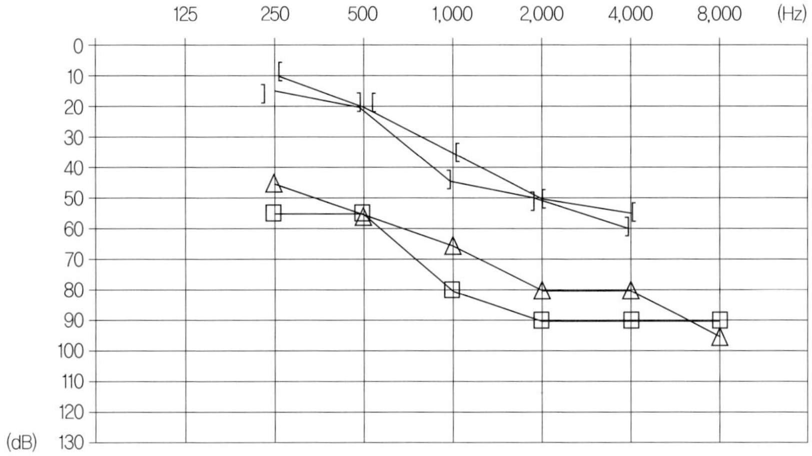

[그림 5-6] 혼합성 난청의 청력도

> 6분법을 기준으로 하였을 때 우측 기도차폐 결과 70dB, 좌측 기도차폐 결과 80dB로 양측 모두 고도난청에 해당한다. 골도검사에서는 우측 40dB, 좌측 45dB로서, 기도와 골도 역치값 사이에는 차이가 있는 것으로 나타났다. 이는 내이의 손상뿐만 아니라 외이/중이에서의 청력손실이 약 30~40dB 로 추정되며, 따라서 혼합성 난청에 해당한다.

• 유전성 난청

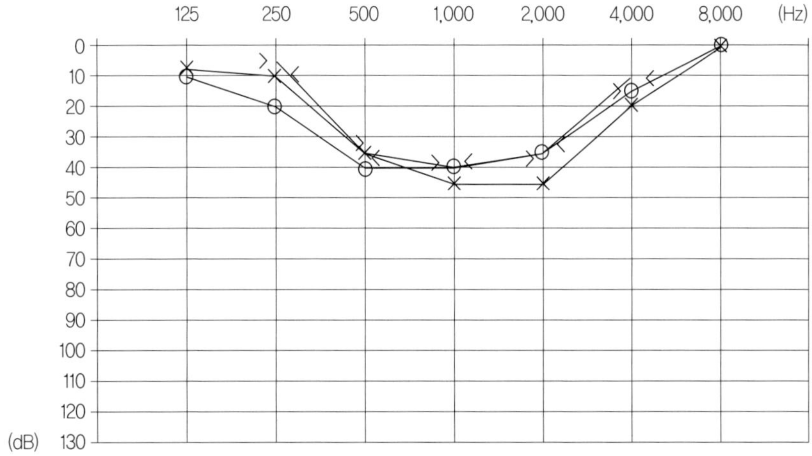

[그림 5-7] 유전성 난청의 청력도

기도역치와 골도역치에서 모두 청력손실을 보이면서 기도와 골도역치 차이가 없으므로 감음신경성 난청에 해당한다. 좌우대칭성이며 곡형으로 이는 유전성 난청에서 자주 관찰된다.

• 소음성 난청

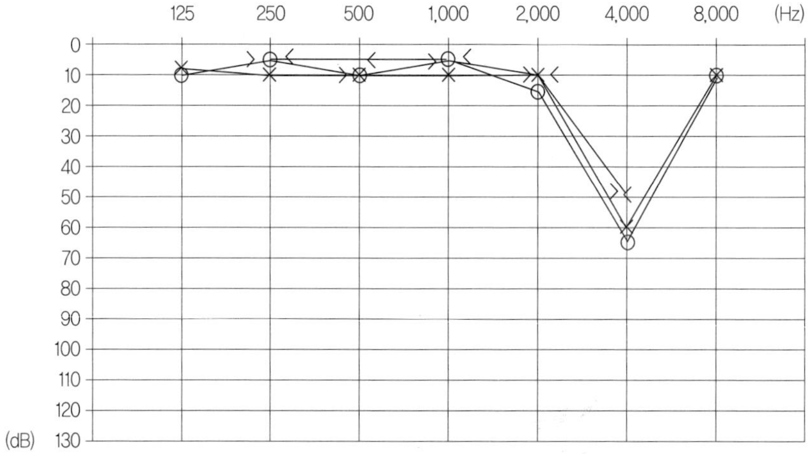

[그림 5-8] 소음성 난청의 청력도 예시

다른 주파수 영역에서는 정상 청력역치를 보이지만 3,000Hz에서 6,000Hz, 특히 4,000Hz 부근에서 급격한 청력손실이 나타난다. 이는 소음성 난청의 전형적인 청력도에 해당한다.

• 농

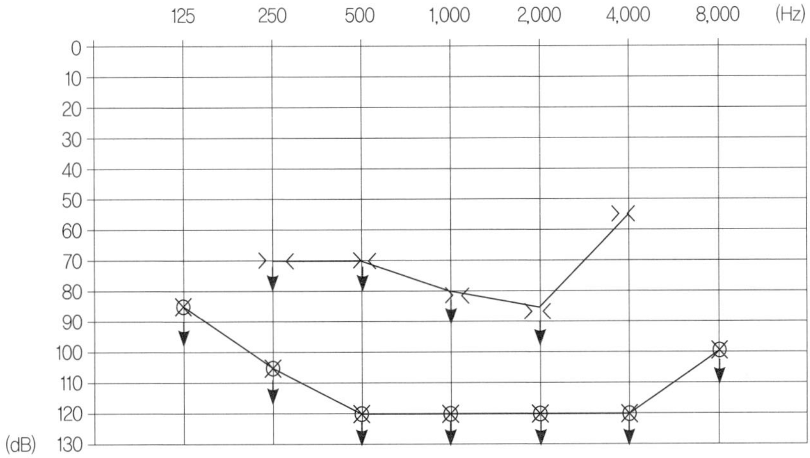

[그림 5-9] 농의 청력도 예시

좌측과 우측의 기도 검사 결과, 대부분 120dB의 최대 강도에서 모두 무반응을 보이고 있으며, 골도검사에서도 최대 검사 강도인 70dB에서 무반응을 보임으로써 청력이 거의 없는 농에 해당한다고 볼 수 있다.

7) 청력손실 패턴에 따른 분류

주파수에 따른 청력손실 패턴에 따라 수평형(flat), 경사형(generally sloping), 역경사형(reverse slopping), 고음급추형(ski slopping), 산형(cooki bite), 곡형(dish) 등으로 구분할 수 있다. 수평형은 모든 주파수대역에서 청력손실이 비슷하게 나타나는 경우이다. 경사형은 고주파수대역으로 갈수록 청력손실이 커지는 경우이며, 역경사형은 반대로 저주파수대역에서 청력손실이 커지는 경우이다. 고음급추형은 2000Hz 정도에서 급격하게 청력손실이 커지는 경우를 말한다. 산형은 마치 산 모양처럼 중주파수대역에서만 청력이 좋고 저주파수와 고주파수대역에서 청력손실이 큰 경우이며, 곡형은 반대로 중주파수 대역에서의 청력손실이 상대적으로 크고 저주파수와 고주파수대역에서는 청력손실이 적은 경우에 해당한다.

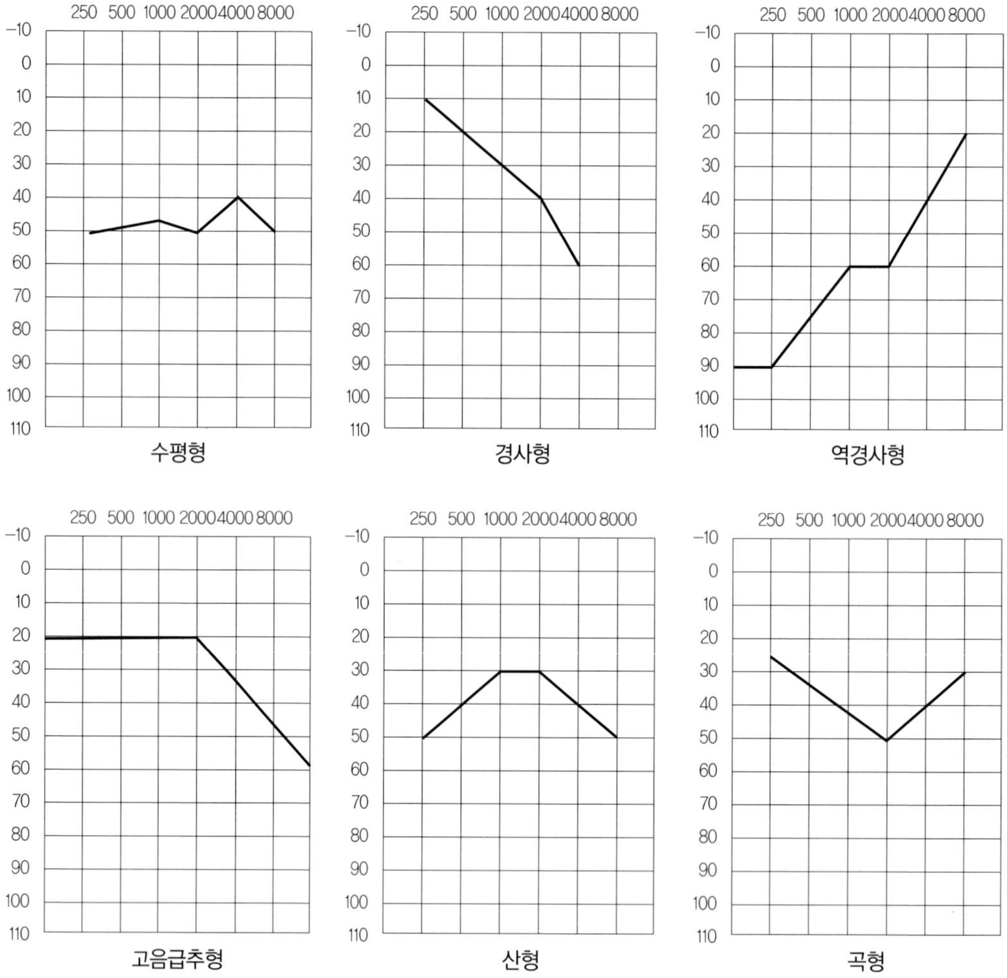

[그림 5-10] 청력손실 패턴에 따른 분류

3. 어음청력검사

어음청력검사란 청각기능을 평가하기 위해 어음자극을 사용하여 어음을 듣는 민감도(회화 어음에 대한 역치)와 명확도(회화 어음에 대한 이해능력)에 대해 평가하는 검사이다. 순음청력검사로 어음에 대한 청취와 이해능력을 추정할 수는 있으나 정확한 정보를 제공해 주지는 못한다. 따라서 회화에서 사용되는 어음에 대한 청취와 이해능력을 보다 정확하게 측정하기 위해서는 자극음으로 어음을 사용하여 검사를 실시해야 한다(대한청각학회, 2013).

1) 어음청력검사기

검사 시 어음은 육성음 또는 청력검사기에 CD 플레이어를 연결하여 제시할 수 있다. 어음청력검사기(speech audiometer)는 다음과 같은 구성요소를 갖는다.

- 어음 녹음자료: 어음청력검사를 위해서는 육성 또는 어음 녹음자료가 있어야 한다. 마이크로폰을 통해 실제 소리를 입력하는 육성자료는 융통성 있게 검사과정에서 수정할 수 있다는 장점이 있으며, 녹음자료는 표준화되어 있으므로 검사 진행이 빠르고 간단하다는 장점을 갖는다. 녹음자료는 1,000Hz 교정음에 맞추어져 있다.
- 음량계기 조절기: 녹음된 어음을 재생하면 VU(Volume Unit) 미터에 레벨이 표시된다. 이때 VU 미터는 방송이나 녹음을 할 때 그 크기를 모니터링하기 위해 사용되는 계기로서 자극의 크기를 일정하게 유지하기 위해 눈금은 계속 0dB이 되어야 한다.[15)]
- 출력 조절: 우측/좌측 헤드셋(이어폰), 우측/좌측 스피커, 골진동자로 소리를 출력한다. 피검자는 헤드셋을 통하여 육성 또는 녹음된 자극음을 강도에 따라 듣게 된다.
- 소음발생기: 어음검사에서는 대부분 백색잡음(white noise)이 사용된다.

2) 어음청력검사 목적

- 보청기나 인공와우와 같은 청각보조장치의 착용효과를 평가한다.
- 후미로성 난청을 감별할 수 있다.
- 일상생활의 의사소통 능력을 평가한다.
- 순음청력검사를 보완하여 종합적인 청각능력을 판단한다.
- 순음청력검사 역치와의 일치 여부를 확인하여 검사 신뢰도를 확인한다.

---

15) 만약 VU 미터가 −3dB이면 신호는 감쇠기 눈금보다 3dB이 작다는 것을 의미한다. 따라서 육성의 경우 VU 미터를 보면서 말의 평균 피크가 0dB이 되도록 조정해야 한다(Gelfand, 2015).

3) 어음역치

어음청력검사는 임상적 기능에 따라 어음탐지역치(Speech Detection Threshold Test: SDT)검사, 어음청취역치(Speech Reception Threshold Test: SRT)검사, 어음명료도(Speech Discrimination: SD)검사로 구분된다.

(1) 어음탐지역치(=어음인식역치)

말소리 신호가 있을 때 50% 정도 들을 수 있는 가장 낮은 레벨을 말한다(김진동 외 역, 2015). 즉, 소리 유무를 알 수 있는 가청수준을 말한다. 임상적으로는 영유아나, 단어를 말하거나 표현하기 어려운 사람, 외국인 또는 어음인지가 매우 나빠서 단어를 거의 알아듣기 어려운 대상에게 유용하다(대한청각학회, 2013).

(2) 어음청취역치

어음청취역치는 어음인지역치(Speech Recognition Threshold: SRT)와 동일하게 사용되는 용어로서[16], 어음청취역치검사란 제시된 이음절 단어를 정확히 50% 확인할 수 있는 가장 작은 강도(dB HL)를 측정하는 검사이다(이정학 외, 2010). 미국표준협회(American National Standard Institute: ANSI)에 따르면 어음청력검사에서 0dB SRT란 정상청력을 가진 사람에게 19dB SPL에서 양양격[17] 단어(spondee word)를 들려주었을 때 50% 들을 수 있는 수준을 말한다(대한청각학회, 2010). 대개 SRT는 SDT에 비해 역치가 8~10dB 가량 높다(대한청각학회, 2013).

(3) 어음명료도 값

어음명료도 값(speech discrimination score)은 역치를 측정하는 것이 아니라 단어를 듣고 정확하게 따라 말하는 단어의 백분율을 말한다. 어음명료도검사는 어음인지도 값(Speech Recognition Score: SRS) 그리고 단어명료도 값(Word Discrimination Score: WDS)으로 혼용되어 사용되고 있다.

---

16) 국제표준기구에서는 어음인지역치의 사용을 권장하고 있다(이정학 외, 2010).

17) 양 음절의 음압, 즉 강세가 동일한 단어를 말한다. 연구자에 따라 강강격 단어로 표현하기도 한다.

4) 어음검사방법

(1) 어음탐지역치검사

피검자에게 친근한 어음을 들려주고, 어음이 들릴 때만 반응하도록 한다. 순음청력검사와의 차이점은 자극음이 순음이 아니라 어음이라는 것이다. 말의 의미를 이해하는 것과는 상관없이 자극음이 있다고 인식되면 반응하도록 한다. 들려주는 어음에서 50% 탐지(감지)할 수 있는 가장 낮은 강도를 역치로 결정한다.

(2) 어음청취역치검사

① 검사어음

검사어음은 일상생활에서 자주 사용되는 쉽고 친근한 낱말로 구성되며, 양양격 단어여야 한다. 표준화된 검사어음표를 사용하며, 한국표준 이음절어표는 〈표 5-4〉와 같다.

〈표 5-4〉 한국표준 이음절어표 예시

학령전기용	거울 안경 전화 풍선 당근 가위 사과 나무 신발 모자
학령기용	날개 창문 동생 약국 호박 자연 거울 토끼 회사 노래
일반용	편지 달걀 시간 육군 신발 땅콩 안개 마음 허리 욕심

출처: 이정학 외(2010).

② 검사방법

- CD 플레이어를 사용할 경우 청력검사기의 모드를 전환하고, 검사기의 볼륨 등을 확인한다.
- 피검자가 검사 단어를 알고 있는지 확인한다.[18)]
- 친숙화 단계에서 검사 강도는 평균순음역치(Puretone Threshold Average: PTA)[19)]보다 30~40dB 큰 소리 또는 쾌적역치(Most Comfortable Level: MCL)에서 제시한다.

18) 피검자가 검사에서 사용되는 단어에 친숙하다는 것이 전제되어야 하며, 연령과 인지능력에 적합한 음절로 검사해야 한다.

19) 주요회화음역에 해당하는 500, 1,000, 2,000Hz의 역치값을 3분법으로 산출한 평균값을 말한다.

- 피검자가 검사방법에 대해 충분히 이해했다고 판단되면 본 검사에 들어간다.
- "아주 작은 소리부터 큰 소리까지 다양한 소리크기에서 단어가 들릴 거예요. 단어가 확실치 않을 때는 유추해서 대답해도 됩니다. 단어가 들릴 때마다 그 단어를 소리 내서 말해 주세요."라고 지시문을 준다.
- PTA 값보다 일반적으로 20~25dB 더 큰 강도의 어음을 들려준다.[20]
- 제시되는 단어 간격은 약 4초로 한다.
- 자극 강도의 조절은 약 5dB 간격으로 점점 올리거나(상승법), 내리거나(하강법) 할 수 있다.

〈표 5-5〉는 주요회화음역대의 평균순음역치가 40dB HL인 전음성 난청자를 대상으로 어음청취역치를 결정하는 과정이다.[21] PTA 값보다 20dB이 더 큰 강도에서 시작하여 하강법을 이용하여 검사를 한 결과 50dB에서 60% 그리고 45dB에서는 40%의 정반응을 보였다. 따라서 50dB HL이 어음청취역치가 되며, PTA와 SRT의 차이가 10dB 미만[22]이므로 검사의 신뢰도가 있다고 볼 수 있다. 일반적으로는 PTA에 10dB를 더한 값이 어음청취역치 값이 된다. 그 차이가 15dB 이상일 경우는 검사자체가 신뢰도가 없거나 위난청을 의심할 수 있다(대한청각학회, 2013).

〈표 5-5〉 어음청취역치검사 예시

자극강도 (dB HL)	이음절어 맞춤(+), 틀림(−)					정반응률(%)
60	동생(+)	사람(+)	과일(+)	토끼(+)	아들(+)	100
55	나무(+)	목욕(+)	달걀(−)	등대(+)	신발(+)	80
50	편지(+)	시간(−)	안개(−)	노래(+)	저녁(+)	60
45	그림(−)	목표(−)	마음(+)	송곳(−)	딸기(+)	40
40	권투(−)	느낌(−)	자연(−)	참새(−)	논밭(+)	30

출처: 이정학 외(2010).

20) 이처럼 피검자가 처음에 단어를 따라할 수 있는 강도에서 점점 강도를 낮추어 가는 방법을 하강법이라 하며, 듣기 어려운 낮은 강도에서부터 점점 강도를 높여 가는 방법을 상승법이라 한다(Gelfand, 2015).

21) 보통 SRT가 위치한 곳을 빠르게 대략적으로 찾기 위해 시작 단계는 PTA를 참조하여 대략적 측정치로 한다.

22) PTA와 SRT와의 차이가 ±6dB 이내일 경우는 신뢰도가 우수, ±12dB 이내일 경우는 보통으로 해석한다(조수진 외, 2008).

(3) 어음명료도검사

어음명료도검사는 가장 듣기 편안한 소리 강도를 주었을 때 검사어음을 얼마나 정확히 이해하는가를 측정한다. 난청은 어음을 듣는 민감도뿐만 아니라 회화어음에서 대한 정확한 이해능력도 떨어지기 때문에 의사소통 정도를 파악하는 데 유용하게 활용된다.

① 검사어음

검사에 사용되는 어음은 일상에서 흔히 사용되는 단음절어(monosyllable)로 이루어져 있다. 일반용은 50개의 단음절어, 학령기와 학령전기는 25개의 단음절어로 구성되어 있다. 〈표 5-6〉은 표준화된 한국표준 단음절어표의 예시이다.

〈표 5-6〉 한국표준 단음절어표 예시

학령전기용	곰 빵 털 새 풀 영 산 떡 초 밤 종 잼 입 코 십 금 밥 꿀 성 칼
학령기용	귀 산 들 용 감 돈 짐 물 입 셈 귤 너 끝 소 해 공 집 코 쌀 멋
일반용	귀 남 해 밀 옷 잔 댁 겁 시 병 소 점 키 앞 무 논 자 글 용 결

출처: 이정학 외(2010).

② 검사방법(이정학 외, 2010)

- CD 플레이어를 사용할 경우 청력검사기의 모드를 전환하고, 검사기의 볼륨 등을 확인한다.
- 피검자에게 검사방법을 설명한다. 단어가 들릴 때마다 소리 내어 따라 말하거나 소리 나는 대로 종이에 쓰도록 한다.[23)]
- 검사방법을 숙지했다고 판단되면 본 검사에 들어간다.
- 청력이 좋은 쪽 귀를 먼저 검사한다.
- SRT보다 30~40dB 더 큰 강도 또는 쾌적역치(MCL)로 어음을 들려준다.
- 제시되는 단어 간격은 약 4초로 한다.
- 10dB 혹은 20dB 간격으로 명료도를 구하고 이 점들을 연결하면 어음명료도 곡선이 된다.

---

23) 학령전기 아동의 경우에는 그림판에서 그림을 짚어 보는 것으로 대체할 수 있다.

• 만약 검사결과 50dB HL/Score 100%라면, 50dB HL에서 들려준 어음의 100%를 정확하게 인지하였다는 것을 의미한다.

③ **검사 해석방법**

피검자가 정확히 들은 검사어음의 수를 백분율로 환산한다. 예를 들어, 50개의 검사어음 가운데 40개를 맞았을 경우 40/50×100을 한다. 어음명료도 곡선은 피검자의 어음 이해능력을 보다 정확하게 보여 준다.

그래프의 횡축은 검사어음의 강도를, 종축은 검사어음의 백분율을 표시한다. [그림 5-11]의 (A)는 어음 강도를 20dB로 하였을 때 전체 검사어음의 50%를 정확히 이해하고, 40dB로 올려 주면 100%에 도달한다는 것을 알 수 있다. (A)는 정상청력을 가진 경우에 해당한다. 반면 (B)는 40dB를 들려주었을 때 50%의 정반응을 보이다가 60dB로 어음 강도를 높여 주면 거의 100%의 명료도를 보이고 있다. 이는 전음성 난청에서 나타나는 명료도 곡선으로 말소리의 강도를 조금 높여 주면 어음 이해력이 높아진다고 볼 수 있다. (C)와 (D)는 감각신경성난청에서 나타난다. 그 가운데 (C)는 와우에 이상이 있는 미로성 난청의 전형적인 곡선으로 소리 강도를 높이더라도 최대명료도(PBmax)가 약 80%를 넘지 못한다. (D)는 후미로성 난청의 전형적인 명료도 곡선으로 말림현상이 매우 뚜렷하게 나타난다. 후미로성 난청은 PBmax가 매우 낮을 뿐만 아니라 말림현상이 뚜렷하게 관찰된다. 어음명료도검사의 가장 큰 임상적 의의는 순음청력검사와 달리 미로성 난청과 후미로성 난청을 구별해 준다는 것이다. 후미로성에

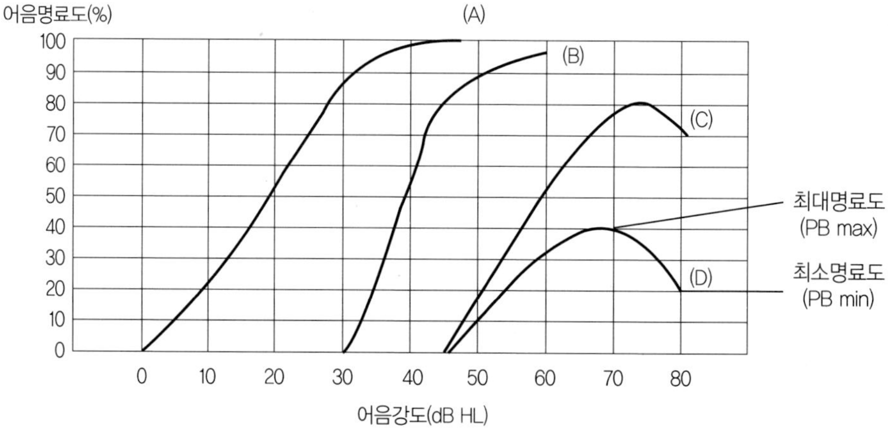

[그림 5-11] 어음명료도 곡선

대한 보다 정확한 진단을 위해서는 ABR 검사를 추가 실시할 수 있다.

④ 말림현상

말림현상(rollover)이란 최대명료도에서 소리 강도를 높이면 오히려 명료도가 낮아지는 현상을 말한다. 최대명료도(PB max)는 강도가 계속해서 상승해도 점수가 더 이상 향상되지 않는 지점을 말한다. 최소명료도(PB min)은 PB max를 얻은 강도보다 더 높은 강도의 지점에서 나타난 가장 낮은 어음명료도점수를 말한다. 말림지수(Rollover Index: RI)가 0.45 이상이면 후미로성 난청을 의심할 수 있다. [그림 5-11]의 (D)의 경우 PB max는 40이며 PB min은 20이므로 RI는 0.5에 해당한다. RI 산출공식은 다음과 같다.

RI = (PBmax − PBmin)/PBmax

4. 차폐

오른쪽 귀에 소리를 들려주면 오른쪽 귀에만 소리가 들리는 것이 아니라 인간의 귀는 음영청취(교차청취, 반대청취, cross-hearing) 현상으로 인하여 반대측 귀에서도 소리를 들을 수 있다. 즉, 자극음은 좌측 귀에 들려주었는데 우측 귀에서 그 소리를 듣고 반응하는 일이 발생할 수 있다. 시력검사에서 한쪽 눈을 제대로 가리지 않으면 검사 결과를 신뢰할 수 없듯이, 청력검사에서도 검사 시 음영청취가 발생하면 잘못된 역치를 얻게 된다. 이것을 방지하기 위해 비검사 귀(Non Test Ear: NTE)에 잡음을 들려주어 검사 귀(Test Ear: TE)의 소리자극에 반응하지 못하도록 하는 것을 차폐라고 한다. 즉, 차폐음을 의도적으로 줌으로써 반대측 귀에 입력되는 자극음을 못 듣게 하는 것이다. 차폐는 순음청력검사와 어음청력검사 모두에서 사용된다.

차폐(masking)란 청력검사 시 한쪽 귀에 들려준 신호음을 두개골의 진동을 통하여 반대 측 귀가 듣고 반응하는 것을 막기 위하여 소음을 들려주는 것을 말한다. 이때의 소음을 차폐음이라 하며 검사하는 귀의 반대 측 귀에 들려준다.

1) 이간감쇠

검사 귀에 들어온 신호음이 비검사 귀에도 들리는 현상을 음영청취라고 한다면, 이간감쇠(양이감쇠, 이간감약, Interaural Attenuation: IA)는 한쪽에서 준 자극음이 반대쪽 귀로 전달될 때 발생하는 소리에너지의 소실현상을 말한다. 소리가 반대편 귀로 전달되는 과정에서 음의 강도가 줄어드는 이간감쇠 현상으로 인해 반대편에서는 일정 부분 소리가 소실된다. 여기서 일정 부분이란, 기도전도의 경우 약 40dB[24], 골도전도의 경우 0dB이다. 즉, 골도에서는 거의 이간감쇠가 발생하지 않는다. 따라서 청력검사 시 양측 귀의 청력 차이가 이간감쇠량[25]을 초과할 경우에만 차폐를 한다.

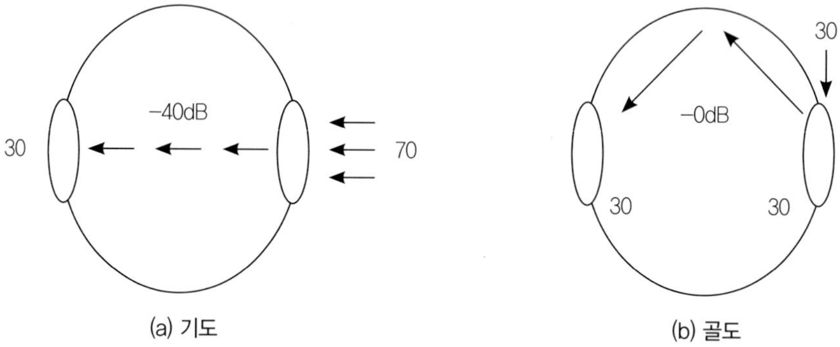

[그림 5-12] 이간감쇠 현상

좀 더 쉽게 설명하자면, 기도와 골도 이간감쇠량은 〈표 5-7〉과 같다.

〈표 5-7〉 이간감쇠량

기도이간감쇠량	
헤드폰에 주어진 입력 소리의 강도(dB)	반대쪽 귀에 교차되어 전달된 소리 강도(dB)
80	40
70	30

24) 헤드폰의 경우이며, 삽입형 이어폰은 이간감쇠 레벨(IA Level) 약 50~60dB이다.

25) 이간감쇠량은 주파수마다 차이가 있는데, 예를 들면 125Hz에서는 35dB의 감쇠량을, 2,000Hz, 4,000Hz, 8,000Hz에서는 50dB의 감쇠량을 갖는다(대한청각학회, 2008).

60	20
50	10
골도이간감쇠량	
헤드폰에 주어진 입력 소리의 강도(dB)	반대쪽 귀에 교차되어 전달된 소리 강도(dB)
60	60
50	50
40	40
30	30

2) 차폐가 필요한 경우

기도전도의 경우 좌우 역치의 차이가 IA보다 적을 경우에는 반대청취가 되지 않기 때문에 차폐가 필요하지 않다. 그러나 골도전도는 양측 IA가 거의 일어나지 않기 때문에 임상에서는 골도검사 시 바로 차폐검사를 실시하는 것이 일반적이다. 따라서 검사 실시 순서에 있어서는 제일 먼저 비차폐 기도검사를 실시하고, 필요시 차폐 골도검사를 한다. 여기서 필요시란 기도역치가 비정상인 것을 말한다. 이러한 경우에는 차폐 골도역치를 확인한 후 차폐 기도검사를 실시한다. 여기서 차폐검사는 좋은 쪽 귀에 차폐음을 준 상태에서 나쁜 쪽 귀(검사 귀)를 재검하는 것으로서 피검자의 실제 역치는 차폐검사에서 얻어진 값이 된다. 만약 청력검사에서 반대청취가 이루어졌다면 차폐검사에서는 나쁜 쪽 귀의 청력역치가 더 나쁘게 나타난다. 차폐검사가 반드시 필요한 경우는 다음과 같다.

- 검사 귀 기도와 비검사 귀의 기도청력 역치의 차이가 40dB 이상인 경우
- 검사 귀 기도와 비검사 귀의 골도청력 역치의 차이가 40dB 이상인 경우
- 골도검사를 할 경우

차폐를 하지 않았을 경우 발생할 수 있는 경우를 살펴보면 다음과 같다.

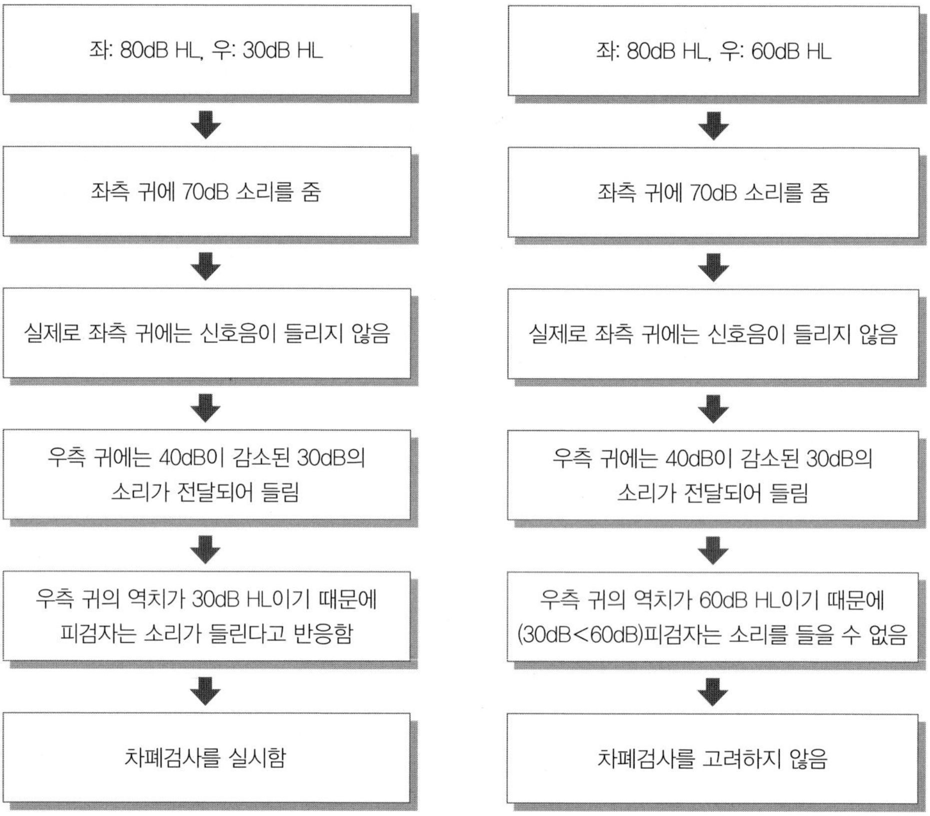

(a) 차폐(○)　　(b) 차폐(×)

[그림 5-13] 차폐검사 실시 여부 예시

3) 차폐음의 종류

차폐음에 사용되는 잡음에는 협대역 잡음(narrow band noise)과 백색잡음(white noise) 등이 있다.

- 협대역 잡음: 협대역잡음은 순음청력검사 시 사용되는데, 검사음의 주파수를 중심으로 위아래의 좁은 범위의 주파수만을 밴드 형태로 포함하는 잡음이다(대한청각학회, 2008). 즉, 특정주파수에서만 에너지가 높은 것이 특징이다. 검사 상황에서 다양한 주파수별로 소리를 제공할 수 있다는 장점이 있다. 차폐하는 소리와 검사음이 서로 비슷한 주파수일 때 쉽게 차폐가 발생된다는 점에서(Brian,

2011), 순음청력검사에는 순음의 주파수와 영역대와 일치하는 협대역잡음이 효과적이다.

- 백색잡음: 백색잡음이란 TV 방송 시작 전 또는 종료 시 영상과 음성이 사라지고 '치~' 하는 잡음과 함께 만들어지는 잡음을 말한다(오세진, 2012). 10~10,000Hz의 전 주파수에 걸쳐 거의 동일한 강도의 에너지를 가진 신호음이다(장현숙, 전슬기, 2013). 따라서 어음청력검사에서는 차폐음으로 넓은 주파수 대역을 갖는 백색잡음이 많이 사용된다.

4) 차폐 강도 조절

차폐음을 주는 목적은 반대쪽 귀에 충분한 크기의 소음을 들려줌으로써 자극음을 듣지 못하도록 하는 데 있다. 이때 차폐음이 너무 작을 경우에는 차폐효과를 얻지 못한다. 이를 '과소차폐'라고 한다. 반대로 소음의 크기가 너무 클 경우에는 과잉차폐 현상이 나타날 수 있다.

수평법을 이용한 차폐음 조절은 다음과 같다(대한청각학회, 2008).

- 좌/우 기도 청력역치를 파악한 후, 잘 들리는 쪽(검사하지 않는) 귀에 차폐음을 들려주고, 검사를 시행한다.
- 잘 들리는 쪽 귀에 차폐음을 들려주고 나쁜 쪽 귀에는 검사음을 들려준다. 이때 차폐음은 좋은 쪽 귀의 기도역치보다 10dB 큰 소리로 한다.
- 잘 들리지 않는 쪽 귀의 역치가 10dB 이상 증가하는 양상을 보일 때까지 올려 준다(최소 차폐값).
- 추가로 5~10dB씩 올려 주면, 어느 순간에는 더 이상 잘 들리지 않는 쪽 귀의 역치 값이 변하지 않는 수준에 도달하게 된다(최대 차폐값).
- 이 수준이 넘어가면 역으로 검사하는 귀에서 교차 청취되는 현상이 발생할 수 있다. 이것을 과잉차폐라고 한다.

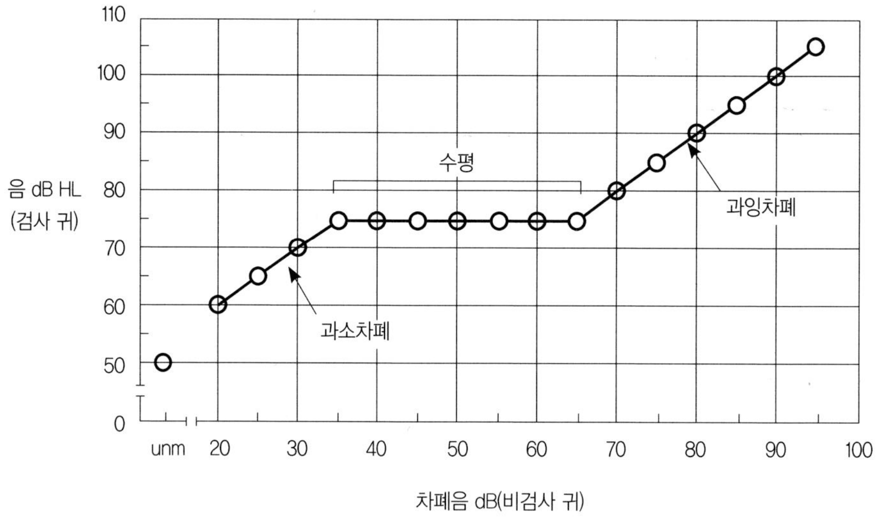

[그림 5-14] 수평법

출처: Gelfand(2015).

수평법은 후드(Hood, 1960)에 의해 기술된 방법이다. 앞의 그림은 다음과 같이 해석된다. 가로축은 비검사 귀(좋은 쪽 귀)에 주는 차폐음의 강도이며, 세로축은 차폐음을 주었을 때의 검사 귀(나쁜 쪽 귀) 역치를 나타낸다. 그림을 예제로 살펴보자면 비차폐 상태에서 검사귀의 역치는 50dB이었으며 차폐음을 20dB 주었을 때 역치가 60dB HL로 이동한다. 차폐음을 30dB 주면 역치는 70dB 그리고 차폐음을 35dB로 상승했을 때 역치는 75dB로 상승한다. 그러나 차폐음 35dB에서부터는 역치 변화가 더 이상 일어나지 않는다. 차폐음을 65dB로 상승하더라도 역치는 그대로 75dB에 머물러 있는데, 이러한 수평의 폭을 효과적 차폐라고 한다. 차폐강도가 70dB, 즉 소음이 지나치게 커지면 검사음을 덮는(covering) 현상이 만들어지고, 이를 과잉차폐라 한다.

임상에서는 수평법을 이용하여 각 주파수별로 차폐음을 찾는 것이 쉽지 않다. 차폐량을 얼마나 사용할 것인지에 대한 적정차폐 강도를 구하는 공식은 학자마다 혹은 임상가마다 조금씩 다르다. 현장에서 약식으로 사용되는 방법 중 하나는 기도청력의 경우 나쁜 쪽 귀의 청력역치에서 25dB을 뺀 강도를 차폐음으로 주고 어음청력검사에서는 나쁜 쪽 귀에서 30dB을 뺀 차폐음을 주기도 한다. 골도검사에서는 정상 또는 감각신경성 난청의 경우에는 +30dB, 전음성난청의 경우에는 +15dB을 검사 귀의 골도역치에서 더 주는 방법을 사용하기도 한다.[26]

5) 차폐를 사용한 청력도 해석

교차청취가 이루어질 경우 역치는 실제보다 좋게 나올 수 있다. 이를 막기 위해 차폐검사를 시행하게 되는데, 검사 순서는 (비차폐)기도검사를 좌/우 실시한 후 골도검사를 시행한다. 만약 좌/우 기도 역치의 차이가 이간감쇠량보다 크거나(≥40dB), 검사 귀의 기도와 반대쪽 골도역치의 차이가 40dB보다 클 경우에는 기도 차폐검사를 실시한다. 여기서 차폐검사는 실질적으로 재검이라고 이해하면 된다. 즉, 차폐 전 검사결과는 잘못된 청력이며, 실제 청력은 차폐를 통해 얻어진 청력이다. [그림 5-15]의 청력도 예시를 보도록 하자.

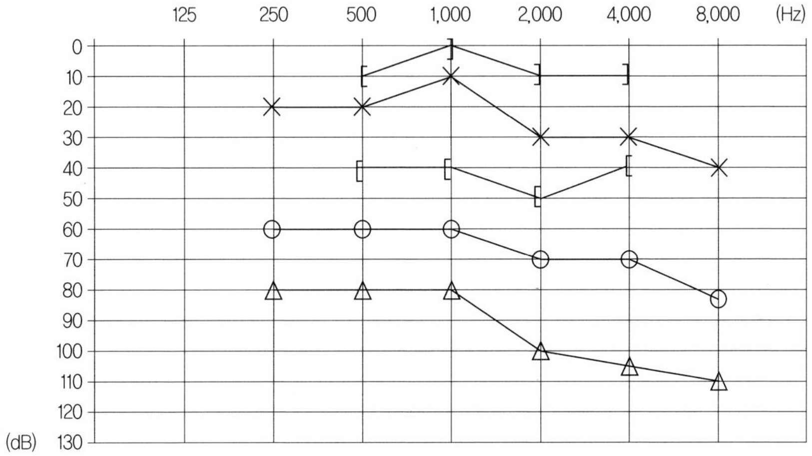

[그림 5-15] 차폐 실시 청력도 (a)

앞의 청력도는 편측성 난청으로 좌측 귀는 정상범위 내의 역치를 보이고 있다. 좌/우 기도역치의 차이가 40dB 이상이기 때문에 차폐가 필요하다고 보고, 우측 귀를 재검하였다. 좌측 귀에 차폐음을 주고 우측 귀를 재검한 결과 실체 역치는 더 높은 것으로 나타나, 비차폐검사 시 반대청취가 이루어졌다는 것을 알 수 있다.

비차폐 우측 귀는 6분법을 기준으로 하였을 때 65dB을 보였으나, 좌측 귀에 차폐음을 주고 우측 귀를 재검한 결과 평균 역치는 90dB HL로서 피검자의 실제 우측 귀의 기도역치는 90dB HL이다. 또 하나의 예시를 보도록 하자.

---

26) 보다 자세한 내용은 〈부록 3〉을 참고해 주길 바란다.

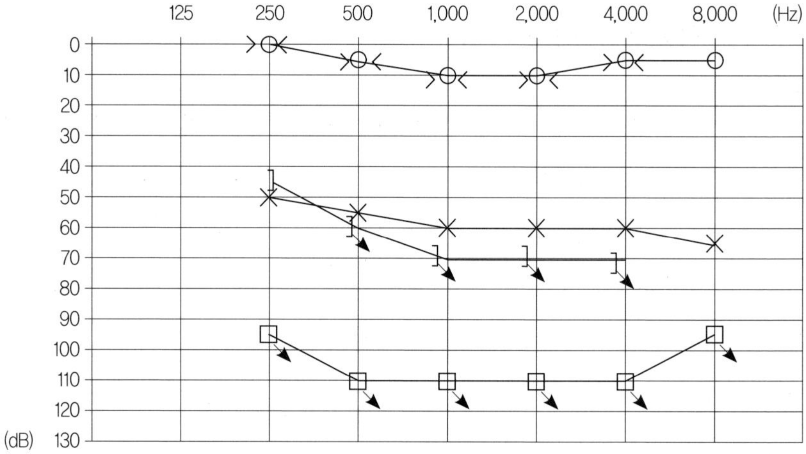

[그림 5-16] 차폐를 사용한 청력도 (b)

[그림 5-16]의 청력도를 보면, 우측 기도청력은 정상 범주인 반면에 좌측 기도청력은 59dB HL로 중등고도 난청을 보이고 있다. 또한 비차폐 시 좌/우 골도청력은 모두 정상범주인 것으로 나타났다. 그러나 차폐 실시 후 좌측 기도는 110dB에서 거의 무반응을 보이고 좌측 골도에서는 최대강도인 70dB에서 거의 무반응을 보이고 있다. 이는 비차폐 검사결과와 달리 좌측 귀가 기도와 골도 모두에서 농에 해당하는 청력을 가지고 있다는 것을 알 수 있다.

〈부록 1〉

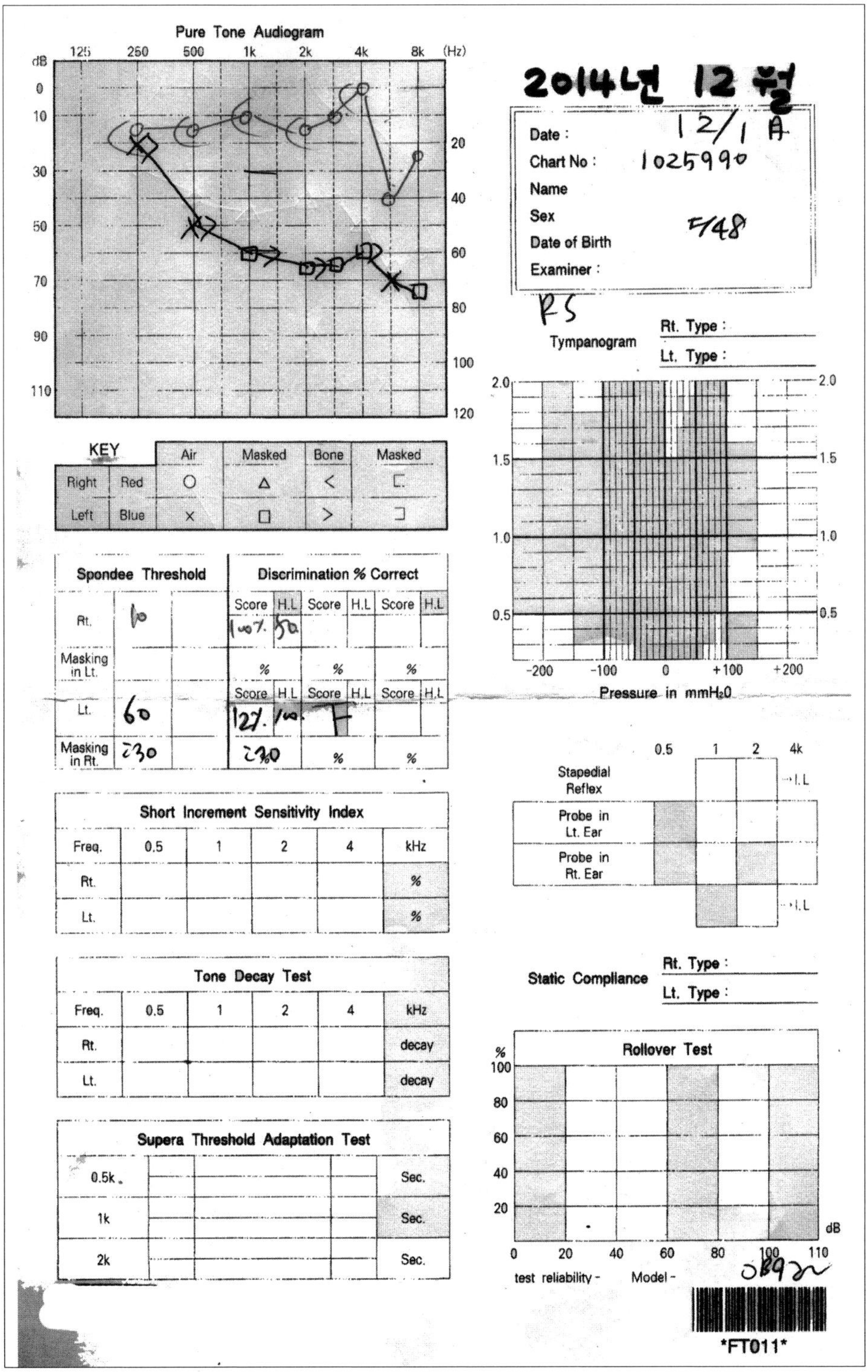
Pure Tone Audiogram
125 250 500 1k 2k 4k 8k (Hz)
dB
2014년 12월
Date : 12/1 月
Chart No : 1025990
Name
Sex
Date of Birth
Examiner :
Tympanogram
Rt. Type :
Lt. Type :
Pressure in mmH₂0
KEY
Air
Masked
Bone
Masked
Right
Red
Left
Blue
Spondee Threshold
Discrimination % Correct
Score
H.L
Rt.
Masking in Lt.
Lt.
Masking in Rt.
Stapedial Reflex
Probe in Lt. Ear
Probe in Rt. Ear
Short Increment Sensitivity Index
Freq.
kHz
Static Compliance
Tone Decay Test
decay
Rollover Test
Supera Threshold Adaptation Test
Sec.
test reliability -
Model -
FT011

청력검사 결과표

〈부록 2〉

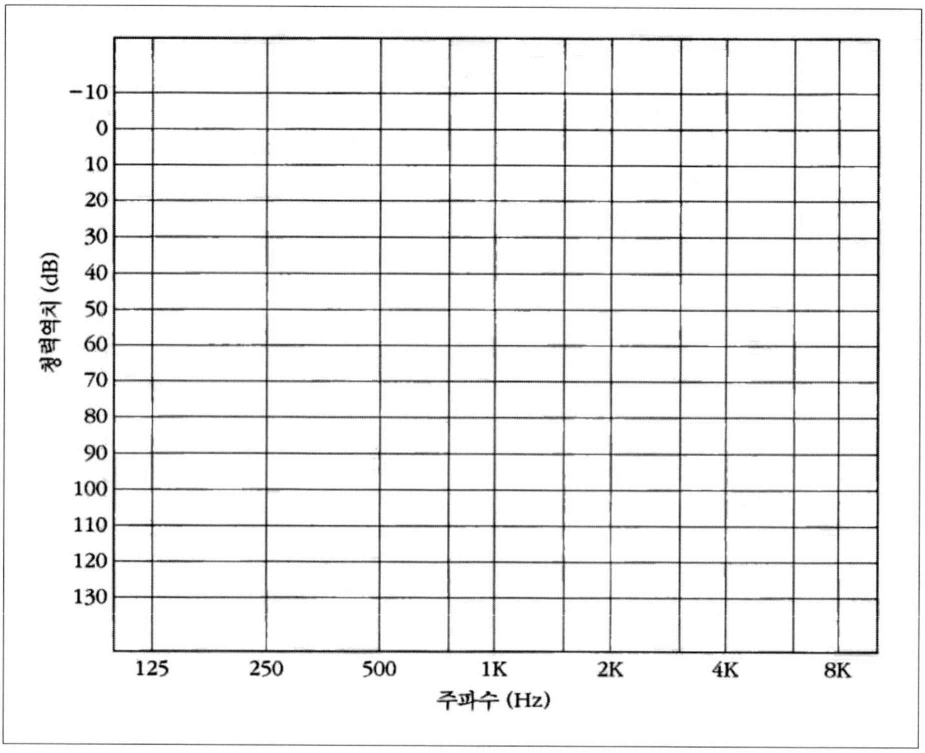
청력역치 (dB)
-10
0
10
20
30
40
50
60
70
80
90
100
110
120
130
125
250
500
1K
2K
4K
8K
주파수 (Hz)

〈부록 3〉

– 순음청력 검사에 관한 지침(한국산업안전보건공단, 2014년 11월) –

1. 목적

이 지침은 「산업안전보건법」(이하 "법"이라 한다) 제43조, 동법 시행규칙(이하 "규칙"이라 한다) 제98조의 제2(건강진단의 종류), 제100조(검사항목 및 실시방법) 제3항 및 제4항 별표 13, 산업안전보건규칙(이하 "안전보건규칙"이라 한다) 제4장(소음 및 진동에 의한 건강장해의 예방), 고용노동부 고시 제2013-19호(근로자건강진단 실시기준)에 따라 소음발생장소에서 업무를 행하는 근로자에 대한 순음청력검사(이하 "청력검사"라 한다) 및 고용노동부 고시 제2011-54호(특수건강진단기관의 정도관리 및 기관평가에 관한 고시) 중 청력정도관리에 필요한 지침을 정함을 목적으로 한다.

2. 적용범위

이 지침은 소음에 대한 특수건강진단을 실시함에 있어 청각검사자가 순음청력 검사를 실시하는 방법에 대하여 적용한다.

3. 용어의 정의

(1) 이 지침에서 사용되는 용어의 정의는 다음과 같다.

(가) "기도전도(이하 "기도"라 한다)"란 음이 공기를 통하여 외이도를 거쳐 내이에 전달되는 과정을 말한다.

(나) "골도전도(이하 "골도"라 한다)"란 음이 두개골을 통해 내이에 전달되는 과정을 말한다.

(다) "청력역치(이하 "역치"라 한다)"란 신호 자극음에 대해 들을 수 있는 가장 작은 음의 강도를 말한다.

(라) "순음청력검사기(Pure-tone audiometer, 이하 "청력검사기"라 한다)"란 보정된 상태의 선별 주파수에서 순음을 신호 자극음으로 제공하는 전기 음향 발생기를 말한다.

(마) "보정된 청력검사기(Calibrated audiometer)"란 청력검사기가 지정하고 있는 주

파수와 강도가 검사기에서 실제로 내보내고 있는 주파수와 강도가 동일하고, 신호를 보내기로 되어 있는 헤드폰에만 검사 신호를 보내며, 외부의 잡음이 없고, 검사에 필요하지 않는 신호는 보내지 않는 검사기를 말한다.

(바) "차폐(Masking)"란 나쁜 쪽 귀를 검사할 때 좋은 쪽 귀가 반응하지 않도록 소음을 주어 차단시키는 것을 말한다.

(사) "양귀 사이의 음감쇠 현상"이란 청력검사 시 검사측 귀에 음자극을 주면 두개골을 통해서 반대측 내이의 달팽이관에서도 듣게 되는데 이러한 전달과정에서 음이 약해지는 현상을 말한다.

(아) "폐쇄 효과(Occlusion effect)"란 골도 청력검사시 반대측 귀를 차폐할 때 헤드폰 때문에 음압이 증가되어 더 잘 듣게 되는 현상을 말한다.

(자) "오디오그램(Audiogram)"이란 주파수별 순음 청력역치 결과를 그림으로 표시한 것을 말한다.

(2) 기타 이 지침에서 사용하는 용어의 정의는 이 지침에서 특별한 규정이 있는 경우를 제외하고는 법, 동법 규칙 및 보건규칙이 정하는 바에 따른다.

4. 청력검사기의 보정 점검방법

4.1 청력검사기

(1) 청력검사기는 수동식, 자기기록식(Bekesy라고 알려져 있음) 및 자동식이 있다. 임상에서의 표준 청력검사방법은 수동식 청력검사기이다.

(2) 청력검사기는 기본적으로 자극음-순음, 어음, 차폐음(Masking noise), FM, 변환기-헤드폰, 골 진동자(Bone oscillator), 스피커 등으로 구성되어 있다. 자극음에 대해서는 주파수, 강도 및 연속 또는 정지된 음을 선택할 수 있으며, 차폐음으로 협대음(Narrow-band), 어음(Speech), 백색잡음(White noise)으로 구성되어 있다.

(3) 청력검사기의 주파수는 적어도 500 Hz에서 8000 Hz까지, 음압은 −10 dB에서 90 dB 이상의 범위에서 검사할 수 있어야 한다.

(4) 헤드폰은 해당 청력검사기에 맞추어 보정되어 있어야 하며, 다른 검사기에는 사용할 수 없다.

4.2 기능 보정 점검

(1) 매일 청력검사기를 사용하기 전에 청력역치 수준이 안정된 사람의 역치 수준을 기준으로 하여 좌우 귀에서 1,000 Hz와 4,000 Hz의 순음에 대한 역치 전이를 관찰하는 기능보정점검을 실시한다.

(2) 검사 대상자의 수준과 기계가 나타내는 수준의 차이가 10 dB 이상일 경우에는 음향 보정 점검을 실시한다.

4.3 음향 보정 점검

(1) 청력검사기의 정기 음향 보정 점검은 연1회 하며 수시 음향 보정점검은 기능 보정값이 10 dB이상의 편차가 있을 때 실시한다.

(2) 청력검사기의 음향 보정은 한국공업규격 KSC-1502나 미국 ANSI S.1.4-1983 Type 2, ANSI S.1.11-1986 Type 1 또는 그 이상의 성능을 가진 소음계로 실시한다.

(3) 청력검사기의 음향 보정 점검으로 출력음압점검과 직선성 검사를 하여야 하며 출력음압의 허용오차는 500~3,000Hz에서 3dB, 4,000Hz에서 4dB, 6,000Hz와 8,000Hz에서 5dB 이내이어야 한다. 직선성 검사시 허용오차는 15dB 이내이어야 한다.

(4) 허용오차를 넘을 경우는 정밀 보정 점검을 실시한다.

4.4 정밀 보정 점검

(1) 정밀 보정은 3년에 1회 정기적으로 실시하며 음향 보정 점검에서 15dB 이상 차이가 발생하는 경우에도 실시한다.

(2) 검사기관에 의뢰하여 음압수준과 직선성 검사, 주파수의 정확성과 검사음의 변조평가, 헤드폰의 잡음과 채널 혼선의 측정 등을 실시한다.

(3) 검사기관에서 발행한 정밀 점검기록은 당해 청력검사기를 폐기할 때까지 보존한다.

4.5 보정 기록

(1) 기능 보정 점검과 음향 보정 점검에 대한 보정 기록은 소정의 기록용지에 작성하고 서명 날인 하여야 하며, 정밀 보정 점검 기록은 검사기관에서 받아 보관한다.

(2) 모든 기록은 당해 청력검사기가 폐기될 때까지 보존한다.

5. 검사실 환경

5.1 최대 허용 소음 수준

(1) 청력검사를 실시하는 장소는 조용하여 심리적으로 안정될 수 있는 곳이어야 한다.

(2) 검사실 환경의 소음 수준은 정확한 청력역치 측정을 위한 검사에 방해가 되지 않을 정도로 낮아야 한다.

(3) 선별청력검사로서 단일 주파수나 몇 개의 주파수를 사용할 경우(출장 검진의 경우에 해당)의 주변 환경의 허용 소음 수준은 〈표 1〉을, 청력역치검사를 500~8,000Hz의 범위에서 측정하는 정밀청력검사를 할 때(원내 청력부스 안에서의 검진의 경우에 해당)의 청력검사실내의 최대 허용 소음 수준은 〈표 2〉를 각각 적용한다.

〈표 1〉 선별청력검사시 주변환경 허용 소음 기준

옥타브밴드 중심 주파수(Hz)	500	1,000	2,000	4,000	8,000
음압수준 Leq (dB re 20 μPa)	40	40	47	57	62

〈표 2〉 정밀청력검사시 청력부스 내 허용 소음 기준

옥타브밴드 중심 주파수(Hz)	125	250	500	1,000	2,000	4,000	8,000
1/1 옥타브밴드 음압수준 LS,max (dB re 20 μPa)	42	33	18	20	27	34	33
1/3 옥타브밴드 음압수준 LS,max (dB re 20 μPa)	51	37	18	23	30	36	33

5.2 소음 측정기

소음수준의 측정에 사용하는 소음 측정기(Sound Level Meter: SLM)는 옥타브 필터 측정력을 갖춘 ANSI S1.4-1983 Type 2, ANSI S1.11-1986 Type 1 또는 그 이상의 성능을 가진 것이어야 한다.

5.3 소음 측정방법

(1) 청력검사실내 소음의 측정은 청력검사를 받을 피검자의 귀 위치에서 실시하여야

하며 측정 시 측정자의 신체가 소음측정에 영향을 주어서는 안된다.

(2) 소음수준 측정은 청력검사 시 소음이 발생할 것으로 예상되는 모든 기기, 예를 들면 공기정화기, 조명, 전원, 청력검사기 등을 모두 가동한 상태에서 실시한다.

5.4 측정주기

청력검사실내 소음의 측정은 출장 건강진단의 경우는 해당일, 내원 건강진단의 경우에는 장소, 환경 및 소음원의 변동이 없는 경우 연1회 이상 측정한다.

5.5 기록의 보존

청력검사 실내의 소음수준을 측정한 결과는 기록하여 보존한다.

6. 청력검사방법

6.1 청력검사방법의 개요

(1) 청력검사기의 다양한 강도와 주파수에서 발생시킨 순음 자극이 헤드폰을 통해 피검자의 귀에 전달되었을 때 피검자는 신호를 감지하면, 손을 들거나 반응 스위치를 눌러서 반응을 표시한다.

(2) 검사자는 양쪽 귀에서, 각 주파수에서 청력역치가 측정될 때까지 정해진 방법에 의하여 순음 강도를 변화시켜 나간다.

6.2 청력검사를 하기 위한 사전 준비

(1) 당일 첫 검사를 하기 전에 10분 이상 청력검사기를 가동시켜 예열한다.

(2) 10분 이상 가동된 청력검사기의 작동상태를 완전하게 점검한다.

(3) 기능 보정 점검을 하고 그 결과를 기록 · 보존한다.

6.3 청력검사를 위한 유의사항

(1) 청력검사는 소음 노출이 중단된 후 14시간 이상 경과한 피검자에 대해서만 실시한다.

(2) 피검자에게 청력검사의 목적과 의의, 그리고 역치에 대해 설명한다.

(3) 검사 도중 일련의 음을 듣게 될 것이라고 알려주며, 음을 들었거나 들었다고 생각

할 때 즉시 반응을 표시하도록 지시한다.

(4) 반응은 단추(Response button)를 누르거나 손을 들도록 한다.

(5) 피검자는 조작 다이얼과 떨어진 위치에 앉게 하고 검사하는 동안 피검자 얼굴을 측면에서 관찰하도록 하고 직접적인 눈의 접촉은 피한다.

(6) 검사전에 귀바퀴(Pinna)에 헤드폰을 정확하게 장착하기 위하여 안경, 머리 핀, 헤어밴드, 클립, 껌 등은 검사 전에 제거하고 헤드폰과 귀바퀴 사이에 머리카락이 끼지 않게 한다.

6.4 기도 청력검사 방법

6.4.1 선별 청력검사

일반건강진단에서 1,000Hz, 특수건강진단에서 2,000Hz, 3,000Hz, 4,000Hz의 특정 주파수에서만 기도 청력검사를 실시하는 것을 제외하고는 정밀 청력검사 방법과 동일하다.

6.4.2 정밀 청력검사

(1) 헤드폰은 음원의 중심부가 외이도 중심축과 직각이 되도록 잘 착용시킨다(적색: 오른쪽 귀, 청색: 왼쪽 귀).

(2) 헤드폰은 검사자가 씌워 주어야 하며 피검자가 되도록 만지지 않도록 한다.

(3) 청력검사는 청력이 더 좋은 쪽부터 시작하며, 어느 쪽이 더 청력이 좋은지 모르는 경우에는 오른쪽 귀부터 실시한다.

(4) 주파수는 1,000 H부터 시작해서 2,000Hz, 3,000Hz, 4,000Hz, 6,000Hz 의 순으로 검사하고 1,000Hz에서 재검사를 한 후 500Hz, 250Hz의 순으로 한다.

(5) 신호의 강도 선정방법에는 상승법, 하강법, 수정상승법이 있으며 이중 수정 상승법을 표준청력검사로 사용한다.

(6) 수정상승법은 30dB HL에서 시작하여, 피검자가 들을 수 있을 때까지 20dB씩 상승시킨다.

(7) 검사자가 보낸 신호에 피검자가 일단 반응한 후에는, 피검자가 음을 들을 수 없어서 반응을 하지 않을 때까지 다시 10dB씩 강도를 줄여 나간다.

(8) 반응이 없는 수준까지 도달되었을 때, 검사신호에 대한 반응이 관찰될 때까지 강도를 다시 5 dB씩 높인다.

(9) 피검자가 신호음에 다시 반응하면, 신호 강도를 10dB씩 줄인다(5dB 증가, 10dB 감소의 규칙을 엄격히 따른다).

(10) 역치가 결정될 때까지 10dB 하강, 5dB 상승 과정을 반복한다.

(11) 역치는 수정상승법의 일련의 과정 중에서 피검자가 동일한 주파수에서 3회의 신호를 보낸 것 중 적어도 2회 이상의 반응을 보이는 가장 낮은 수준으로 정의한다.

(12) 자극지속시간으로 음을 1~2초간 주어야 하나 자극간격은 불규칙적으로 한다.

(13) 1,000Hz에서 행한 재검사 결과가 이전 검사결과와 ±10dB 또는 그 이상 이면, 다시 설명하고 재검사를 실시한다.

(14) 같은 방법으로 다른 귀에 대해 검사한다.

(15) 오디오그램에 가청역치를 기록한다.

(16) 검사자는 피검자의 이름, 검사 날짜를 쓰고 오디오그램에 서명한다.

6.5 골도 청력검사방법

(1) 골 진동자를 유양돌기 부분에 고정시키고 500, 1,000, 2,000, 3,000, 4,000Hz에서 역치를 측정한다.

(2) 골도 검사시에는 어느 부위거나 자극음이 거의 차이 없이 양쪽 귀에 전해지기 때문에 차폐를 한다.

(3) 골 진동자의 고정 부위만 제외하고는 검사방법에 있어서 기도 청력검사 방법과 동일하다.

6.6 차폐(Masking) 방법

6.6.1 기도 청력검사

(1) 기도 청력 검사시 난청이 심한 쪽을 검사할 때 자극음이 반대쪽 귀로 교차 하여 좋은 쪽 귀가 반응하지 않도록 차폐음을 주어 차단한다.

(2) 청력검사 유형에 따른 순음의 주파수별 양귀 사이의 최소 음감쇠 수준은 다음 〈표 3〉과 같다. 임상현장에서 전 주파수에 평균적으로 적용되는 헤드폰의 양귀 사이의 음감쇠 수준은 40dB이다.

〈표 3〉 순음의 주파수별 양귀 사이의 음감쇠 수준

순음 주파수(Hz)	250	500	1,000	2,000	3,000	4,000	6,000	8,000
헤드폰	40	40	40	45	45	50	50	50
골 진동자	0	0	0	0	0	0		

(3) 기도 청력검사시에 검사 측 귀의 기도역치가 반대측 귀의 기도 또는 골도역치에 음감쇠 수준을 더한 역치 값보다 높으면 반대 측 귀를 차폐한다.

(4) 차폐음 수준은 보통 차폐하는 비검사 측 귀의 기도역치보다 10~15dB 높게 시작한다. 최대 차폐음은 검사 측 귀의 골도역치에 양귀 사이의 음감쇠 수준을 더한 값보다 높을 수 없다.

(5) 첫 차폐음 수준에서 검사 측 귀의 기도 자극음에서 반응하면 차폐음을 5~10dB씩 올리고, 반응이 없으면 검사 측 귀의 기도 자극음 강도를 5dB 올린다.

(6) 반대 측 귀를 차폐한 상태에서의 검사 측 귀의 기도역치는 반대 측 귀의 차폐 음 수준을 올릴 때 3번 연속 반응한 검사 측 귀의 자극음의 강도를 말한다.

6.6.2 골도 청력검사

(1) 골도 청력검사시의 골전도에서는 이론적으로 양귀 사이의 음감쇠 현상이 없이 전달되기 때문에 비검사 측 귀를 차폐한다〈표 3〉. 대체적으로 골 진동자로 인한 양귀 사이의 음감쇠 수준은 10dB 이하이다.

(2) 골도 청력검사시 차폐는 기도역치가 골도역치보다 10 dB 이상 차이가 날 때 시행한다.

(3) 폐쇄 효과는 골도검사시 반대 측 귀를 차폐할 때 이어폰 때문에 음압이 증가되어 더 잘 듣게 되는 현상으로 주파수별 증가하는 음압은 다음 〈표 4〉와 같다.

〈표 4〉 주파수별 폐쇄 효과에 의해 증가하는 음압 수준

순음 주파수(Hz)	250	500	1,000	2,000 이상
헤드폰	15	15	10	0

(4) 차폐음 수준은 검사 측 귀의 골도역치에 주파수별 폐쇄 효과에 의해 증가하는 음압 수준(또는 검사 반대 측 귀의 Air-bone gap)과 10~15dB를 더하여 시작한다. 최대 차폐음은 검사측 귀의 골도역치에 음감쇠 수준을 더한 값보 다 높을 수 없다.

(5) 첫 차폐음 수준에서 검사 측 귀의 골도 자극음에서 반응하면 차폐음을 5~10dB 씩 올리고, 반응이 없으면 검사 측 귀의 골도 자극의 강도를 5dB 올린다.

(6) 반대 측 귀를 차폐한 상태에서의 검사 측 귀의 골도역치는 반대 측 귀의 차폐 음 수준을 올릴 때 세 번 연속 반응한 검사 측 귀의 자극음의 강도를 말한다.

6.7 오디오그램 표시방법

(1) 가청역치는 검사 후 오디오그램에 기입한다.

(2) 검사결과를 기록하는 표준방법은 오디오그램 상에 비차폐 기도역치는 오른 쪽 '◯', 왼쪽 '×', 골도역치는 오른쪽 '〈', 왼쪽 '〉'로 표시하며, 각 주파수의 최대 측정 강도에서도 반응을 하지 않는 경우의 역치는 최대 측정강도에서 해당하는 기도 또는 골도 역치 표시 하단에 오른쪽 기도 '◯', 왼쪽 기도 '×', 오른쪽 골도 '〈' 왼쪽 골도 '〉'와 같이 화살표를 한다.

(3) 검사측의 반대측 귀에 차폐음을 주어 검사를 하여야 할 경우의 차폐 기도 역치는 오른쪽 '△', 왼쪽 '□', 골도역치는 오른쪽 '[', 왼쪽 ']'로 표시한다.

(4) 오른쪽 귀의 청력역치는 적색, 왼쪽 귀는 청색으로 표시한다.

종류		반응		무반응	
		우	좌	우	좌
기도	비차폐	◯	×	◯	×
	차폐	△	□	△	□
골도	비차폐	〈	〉	〈	〉
	차폐	[	]	[	]

〈그림 1〉 오디오그램 표시 방법

참고문헌

김규상, 김진숙, 김형종, 방정화, 이경원, 이재희, 이정학, 이호기, 이효정, 임덕환, 장현숙, 조수진, 최철희, 한우재(2014). **청각학개론**. 서울: 학지사.

김수진(2012). (교사와 부모를 위한) **청각장애 아동 교육**. 서울: 학지사.

대한청각학회(2008). **청각검사지침**. 서울: 학지사.

대한청각학회(2010). 제 10회 청력검사 강습회.

대한청각학회(2013). 제 13회 청력검사 강습회.

석동일(2007). **청각학개론**. 대구: 대구대학교 출판부.

오세진(2015). **보청기개론**. 서울: 시그마프레스.

이정학, 조수진, 김진숙, 장현숙, 임덕환, 이경원, 김형종(2010). **어음청각검사: 전문가 지침서**. 서울: 학지사.

이필상, 권순항, 김수진, 김시영, 박미혜, 박선희, 정은희(2015). **청각장애아동교육의 이해**. 서울: 학지사.

장현숙, 전슬기(2013). 성인과 아동의 소음유형 및 신호대잡음비에 따른 단어인지도. **청능재활**, 9(2), 137-147.조수진, 임덕환, 이경원, 한희경, 이정학(2008). 어음인지역치검사를 위한 한국표준 일반용 이 음절어표 개발. **청능재활**, 4(1), 28-36.

조수진, 이정학, 임덕환, 이경원, 한희경(2008). 어음인지역치 검사를 위한 한국표전 일반용 이음절어표 개발. **청능재활**, 4(1), 28-36.

허승덕(2000). **청각학**. 부산: 동아대학교 출판부.

Brian C. J. M. (2011). **청각심리학**(최인용, 최낙진, 성굉모, 송재진 역). 서울: 학지사.

Gelfand, S. A. (2015). (언어치료인과 청각학도를 위한) **청각학개론**(김진동, 박미혜, 신은영, 장선아, 조소현, 최참도, 허명진 역). 서울: 시그마프레스.

Kompis, M. (2016). *Audiologie*. hogrefe.

제 6 장

보청기 및 인공와우

넉넉한 세월이라는 건 없겠지만
오늘 하루 정도는 넉넉해도 좋으리라.

보청기는 청력손실로 인하여 말소리를 잘 듣지 못하거나, 듣는다 할지라도 말을 이해하는 명료도가 떨어져 의사소통에 어려움이 있는 사람들에게 소리를 더 잘 들을 수 있도록 제공되는 일종의 음향기기이다. 청각기관에 손상이 있어서 회복이 불가능한 사람에게 청각을 통한 의사소통이 가능하도록 도와주는 작은 컴퓨터와도 같다. 이 장에서는 보청기의 기본 구조, 보청기의 종류 그리고 보청기를 선정하는 데 있어서 알아야 하는 주요 개념과 관리 등을 중점적으로 살펴보고자 한다. 또한 청력손실이 너무 커서 보청기를 착용하고도 역동범위가 너무 좁아서 이득을 줄 수 없을 정도의 고도난청 또는 농의 경우에는 보청기 외의 다른 청각보조기기가 필요한데, 그중 하나가 바로 인공와우이다. 인공와우는 와우 내부에 전극을 이식하여 직접 청신경을 자극하여 소리를 듣게 하는 방법이다. 따라서 보청기와 더불어 인공와우의 구조와 기능을 비롯한 수술절차 그리고 청각재활 등을 중심으로 살펴보고자 한다.

- 보청기의 기본 구조는 어떠한가?
- 보청기의 종류에는 어떠한 것이 있으며 어떤 특성을 갖는가?
- 보청기 대상자 선정은 어떤 기준으로 이루어지는가?
- 보청기 사용과 관리에 주의해야 할 점은 무엇인가?
- 인공와우의 구조와 기능은 어떠한가?
- 인공와우 이식 수술은 어떤 절차로 이루어지는가?
- 인공와우 아동에 대한 지도 및 유의 사항은 무엇인가?

1. 보청기의 기본 구조

보청기(hearing aid)는 청각장애를 치유하거나 정상으로 만드는 것이 아니다. 보청기는 개인의 역치에 맞추어 필요한 만큼의 입력신호를 증폭(amplification)하여 출력시켜 주는 소리 증폭기이다. 소리의 증폭을 통하여 청력 손실을 보완하고, 청력역치를 낮춰서 보다 쉽게 의사소통을 하도록 돕는 역할을 한다. 보청기는 모두 비슷한 구조로 이루어져 있다. 외부에서 입력되는 소리에너지는 마이크로폰(microphone, 송화기)에서 전기에너지로 전환되며, 증폭기(amplifier)에서는 입력된 소리를 적절하게 증폭시켜 주고, 수화기(receiver)에서는 다시 전기에너지를 음향에너지로 전환시켜 소리를 들려준다. 보청기는 [그림 6-1]과 같은 기본 구조를 갖는다.

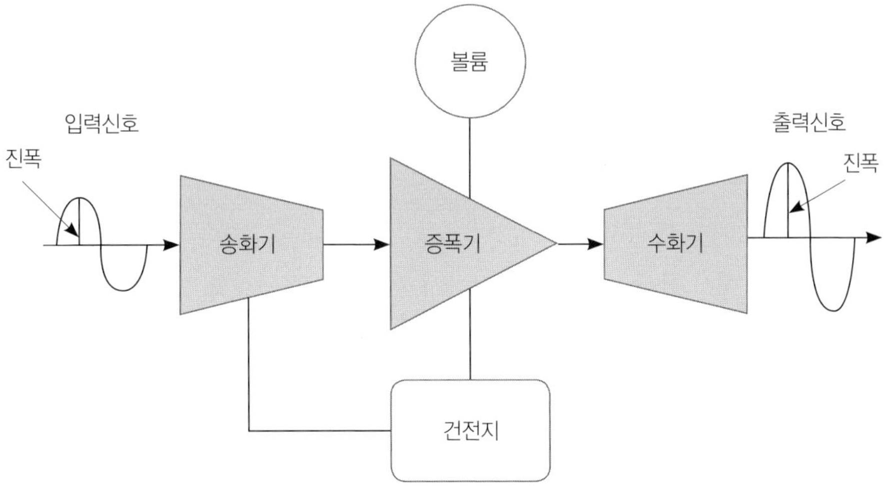

[그림 6-1] 보청기의 기본 구조

1) 마이크로폰(송화기)

마이크로폰은 유입된 음향에너지를 전기에너지로 바꾸는 기능을 한다. 마이크로폰에 음향신호가 들어오면 진동판이 진동을 하고, 진동판의 진동에 의해서 음향신호는 전기신호로 바뀐다. 마이크로폰은 변환방식, 지향 특성, 주파수 반응 특성에 따라 다음과 같이 구분할 수 있다.

(1) 변환방식에 따른 분류

• 다이나믹 마이크로폰

진동판이 음파에 의해 작동이 되면 진동판에 고정된 코일이 진동하여 전자기장의 양을 변화시키고 음압을 전기신호로 바꾼다.

• 콘덴서 마이크로폰

2개의 전극으로 구성되어 있다. 전극의 한쪽을 진동판으로 하고 음압이 변화하면 진동판이 움직이고 따라서 고정된 전극과의 거리가 변화하여 전압이 변화하게 된다. 이러한 전압의 변화가 마이크로폰에서 나오는 전기신호가 된다.

• 일렉트릭트 콘덴서 마이크로폰

별도의 전류 공급 전원 없이 사용하기 위해 2개의 전극 사이에 일렉트릭트를 삽입한 것이다. 현재 보청기용으로는 가장 많이 사용되고 있다.

(2) 지향 특성에 따른 분류

어느 쪽 방향에서 들어오는 소리를 모아서 전기신호로 변환할 것인가에 따라 전방향송화기(무지향성 마이크로폰, omni directional microphone)와 방향송화기(지향성 마이크로폰, directional microphone)로 구분된다(최태호, 2004; 오세진, 2015).

• 전방향송화기

마이크의 방향과 상관없이 모든 방향의 감도(sensitivity)[1)]가 동일하기 때문에 무지향성 송화기라고도 불린다. 음구(acoustic inlet)가 1개로 구성되어 있으며, 원하는 특정 방향에 따른 출력전압의 변화를 주지 않는다. 따라서 여러 방향에서 들어오는 소음이 정면에서 들어오는 말소리와 서로 혼합되어 들어오는 단점을 갖는다.

---

1) 외부로부터 수신되는 신호에 대해 민감하게 반응하는 정도를 말한다.

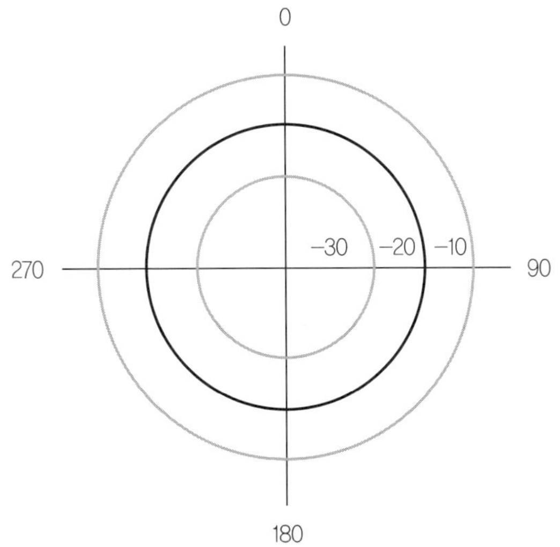

[그림 6-2] 전방향송화기

• 방향송화기

방향송화기는 특정한 방향에서 나는 신호를 의도적으로 제거하는 방식으로 지향성 마이크로폰이라고도 한다. 음구가 두 개 이상인 경우로서 신호대잡음비(Signal-to-Noise Ratio: SNR)를 3~5dB을 향상시킬 수 있다는 장점이 있다(이정학, 이경원, 2005). SNR이 낮다는 것은 잡음이 많다는 것을 의미하며, 청각장애가 있는 사람에게는 어음인지력을 떨어뜨리는 결과를 가져온다. 결국 방향송화기는 전반적으로 어음인지능력이 크게 향상되는 장점을 갖는다. 방향송화기는 어느 방향의 소음을 제거하느냐에 따라 다음과 같이 구분된다.

- 심장형(cardioid, 카디오이드) 마이크로폰: 정면으로부터 좌우에서만 감도가 높고, 후면을 비롯한 다른 각도에서는 신호의 이득이 감소한다.
- 양지향성(bi-directional) 마이크로폰[2]: 정면과 후면에서의 감도는 크고, 측면은 감도가 적은 것이 특징이다.

청취하고자 하는 환경에 따라 무지향성 또는 지향성 마이크로폰을 선택할 수 있다.

2) 양방향의 소리를 흡입할 수 있는 마이크로폰이다.

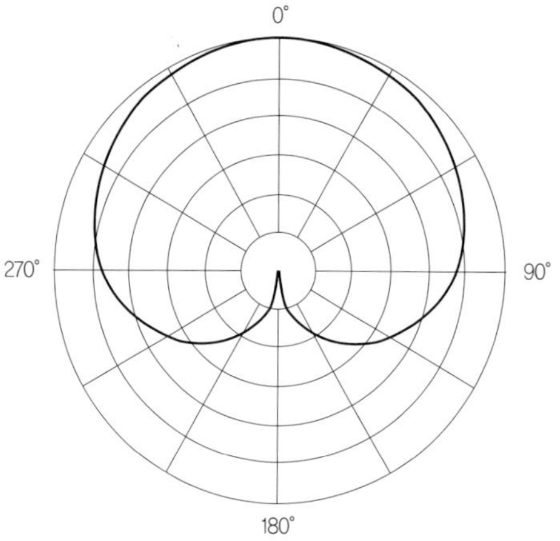

(a) 심장형

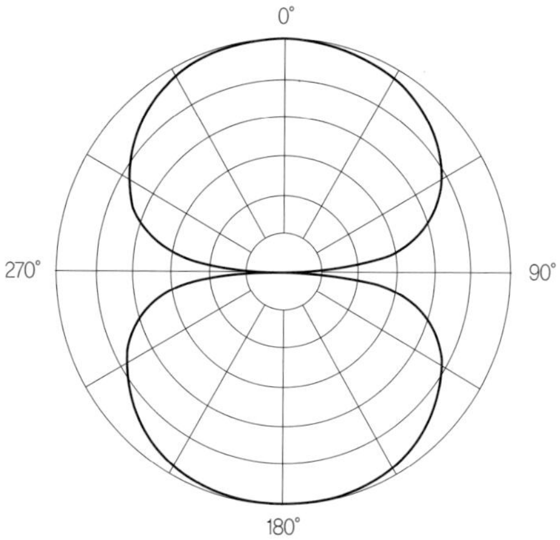

(b) 양지향성

[그림 6-3] 방향송화기 종류

최근에는 디지털 기술을 이용하여 자동으로 조절하는 자동 지향성 마이크로폰이 많이 사용되고 있다(오세진, 2015).

(3) 주파수 반응 특성[3]에 따른 분류

마이크로폰은 청력손실의 형태에 따라 각 주파수별 이득을 적당히 조절해야 하는데, 그 감도 특성을 어떻게 주느냐에 따라 평탄형 마이크로폰과 변형형 마이크로폰으로 구분할 수 있다.

- 평탄형 마이크로폰

모든 주파수 대역에서 음압레벨의 차이가 없다.

- 변형형 마이크로폰

변형형 마이크로폰은 주파수별로 반응 특성을 조정할 수 있다. [그림 6-4]에서 보여 주는 바와 같이, 일반적으로는 500Hz에서 감도를 떨어지게 하고[4] 약 3kHz 주변

3) 모든 주파수에 일정한 입력이 마이크로폰에 주어졌을 때 이에 반응하는 마이크로폰의 감도 특성을 말한다(오세진, 2015).

4) 500Hz 이하는 대부분 어음에 관여하지 않으며 소음 성분이기 때문이다.

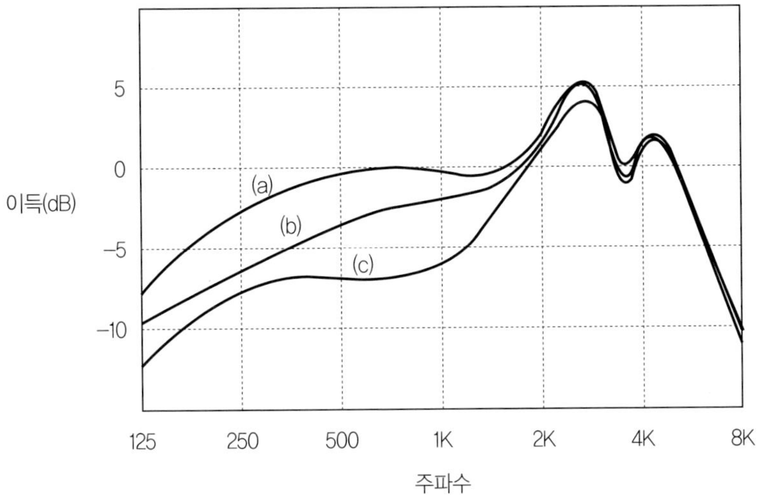

[그림 6-4] 변형형 마이크로폰

주파수 대역에서는 음압레벨을 키워 준다. 그 이유는 일반 성인의 경우 3000Hz 부근에서 외이도 공명 주파수가 만들어지는데, 보청기를 착용하면 외이도의 공간이 좁아져 해당하는 공명 주파수를 잃게 되기 때문에 음향적 이득을 높여 주는 것이다. 특히 고음급추형의 경우 저주파수 대역에서는 청력손실이 적기 때문에 모든 주파수 대역에서 동일한 이득을 줄 경우 저음역대의 소리가 상대적으로 더 크게 들릴 수 있어 저음역 이득을 조절해 주어야 한다. 이 역할은 송화기 내에 있는 진동판의 앞뒤 공기의 양을 조절해 주는 공기통로의 크기에 의해서 결정된다(이정학, 이경원, 2005).

2) 증폭기

증폭기는 송화기에서 보내 준 작은 전기신호를 크게 하여 큰 신호로 바꾸어 주는 기능을 한다. 즉, 음성 확성 장치라 할 수 있다. 가장 중요한 것은 청력검사 결과에 따라 각 주파수별 이득을 조정하는 것이다. 주관적 청력검사를 통해 실질적으로 나타날 수 있는 청력도는 매우 다양하다. 저주파 영역에서 고주파 영역으로 갈수록 점점 더 떨어지는 형태가 있을 수 있고, 반대로 고주파 영역에서 저주파 영역으로 갈수록 청력이 점점 더 떨어지는 형태도 있다. 이럴 경우 모든 주파수 대역에서 일률적으로 동일하게 소리를 증폭시킨다면 변형된 채로 들릴 것이다. 즉, 소리 왜곡, 과대증폭 또는 과소증폭의 현상이 생길 수 있다. 주파수별로 적절한 양을 증폭해 주는 것은 보청기의 가장 핵심 기능이다. 증폭기는 신호처리 방식, 압축 방식, 채널 방식에 따라 다음과 같이 구분할 수 있다.

(1) 신호처리 방식에 따른 분류

• 아날로그 증폭기

마이크로폰에서 출력된 전기신호가 증폭기에서 입력신호의 변환과정 없이 그대로 수화기로 소리를 전달하는 방식을 말한다. 증폭기는 전기회로로 이루어져 있으며, 트리머(trimmer)를 통해서 이득, 주파수 반응 특성 그리고 압축 비율 등을 조절한다. 무엇보다도 아날로그는 외부의 잡음을 제거하는 능력이 없는데, 그 이유는 잡음을 포함한 입력되는 모든 소리를 동일하게 증폭시키기 때문이다.

• 디지털 증폭기

현재 사용되는 보청기는 대부분 디지털 증폭기를 사용한다. 디지털 증폭기는 다음과 같은 원리로 이루어진다. 마이크로폰으로부터 아날로그 신호가 입력되면 내부의 아날로그-디지털 변환기를 거치게 된다. 디지털 증폭기에서 디지털 신호로 바꾸어 주며, 디지털 처리과정이 끝나면 신호는 다시 디지털-아날로그 변환기를 통해 다시 아날로그 신호로 변환된다. 이렇게 변환된 아날로그 신호가 수화기로 보내져서 소리로 재생된다. 디지털 기술을 이용한 보청기는 다음과 같은 장점을 갖는다(오세진, 2015).

-주파수 반응 특성과 압축 비율 조정이 가능하다.
-신호대잡음비 개선이 가능하다.
-음향되울림(acoustic feedback)[5] 발생을 억제한다.

5) 음향되울림은 귓속형이나 귀걸이형 보청기를 착용하였을 때 이들 사이에 생기는 틈새나 환기구를 통하여 보청기와 고막 사이의 잔여 공간에 있는 소리가 밖으로 새어 나오면서 다시 마이크로폰으로 입력되는 피드백 현상을 말한다(오세진, 2015).

-소비전류가 감소되고 건전기 크기가 축소된다.

-고음역에서 이루어지는 말소리를 저음역으로 이동시켜 어음이해도를 높인다.

-보청기와 전화기를 자동으로 연결시킨다.

-청취환경에 따라 증폭이득을 자동 적용한다.

-음향 액세서리, 블루투스, 와이파이 등의 무선통신이 가능하다.

> 아날로그 보청기는 음성신호의 단순한 증폭이 주된 기능이다. 반면에 디지털 기술을 이용할 경우 주파수별 음성신호의 증폭뿐만 아니라 잡음과 피드백 제거를 포함한 복합적인 신호처리가 가능하기 때문에 디지털 보청기가 아날로그 보청기를 빠르게 대체하고 있다(임새민, 박상규, 2012).

(2) 압축방식에 따른 분류

• 선형증폭기

선형증폭기는 모든 강도의 입력음압에 대해 출력음압의 증가 비율이 동일하다. 즉, 이득(gain)을 모두 일정하게 한다. 여기서 이득이란 증폭기로 들어간 입력과 증폭에서 나온 출력 사이의 차이를 말한다(오세진, 2015). 예를 들어, 선형증폭기의 경우 40dB SPL의 신호가 증폭기에서 80dB SPL로 출력되면 이때 이득은 40dB이 된다. 마찬가지로 60dB SPL은 100dB SPL로, 70dB SPL은 110dB SPL로 출력된다. 선형증폭기는 이처럼 모든 입력신호에서 동일한 이득을 주어 출력하는 방식으로 청력손실이 크지 않은 전음성 난청의 경우에는 적당한 방식이다. 전음성 난청은 청력역치가 높은 만큼 불쾌역치도 함께 높아지기 때문에 역동범위가 정상청력과 비교하여 큰 차이가 나지 않기 때문이다.

• 비선형증폭기

비선형증폭기는 입력음압과 출력음압의 증가 비율을 서로 다르게 적용한 방식을 말한다. 작은 소리는 이득을 크게 주고, 큰 소리는 이득을 조금 주기 때문에 역동범위가 좁은 감음신경성 난청의 경우에는 비선형증폭기가 바람직하다. [그림 6-5]에서와 같이 선형증폭시스템(a)의 경우 모든 입력음압에 대해 40dB의 동일한 이득을

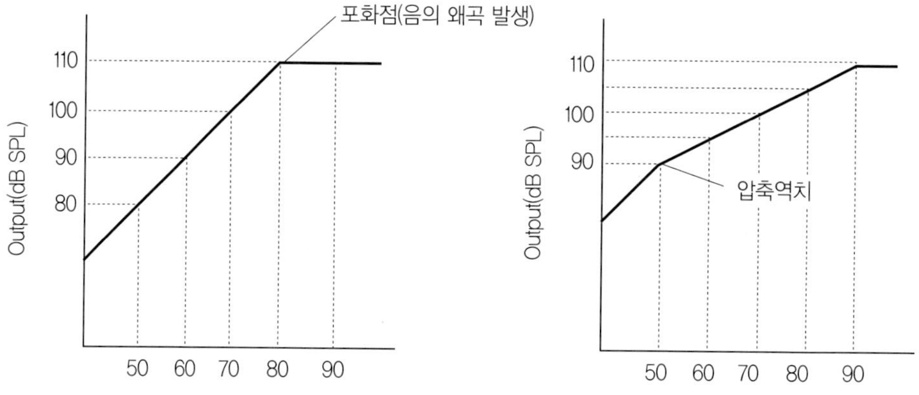

(a) 선형증폭시스템

(b) 비선형증폭시스템

[그림 6-5] 증폭시스템

주어 포화점에 도달하기 전까지의 범위에서 동일한 증가비율을 갖는다. 입력음압이 10dB이 증가하면 출력음압도 10dB이 증가하는 것을 알 수 있다. 이 경우 입력음압이 80dB이 되면 출력음의 정점절단에 의한 왜곡이 발생한다.

비선형증폭시스템(b)은 50dB SPL이 되기 전까지는 일정한 증폭량을 보이다가 그 이상에서는 출력음압의 증가율이 감소하는 특성을 갖는다. 이렇게 입력음압의 증가율과 출력음압의 증가율이 서로 다른 증폭방식을 비선형증폭시스템이라 한다. 50dB SPL 이하의 작은 소리에서는 이득이 40dB이지만 보통 크기의 60dB SPL에서는 35dB, 70dB SPL에서는 30dB, 80dB SPL에서는 25dB 그리고 90dB SPL에서는 20dB로 이득을 차츰 감소시킨다. 입력음압과 출력음압의 증가율이 서로 달라지는, 즉 압축시스템이 작동하기 시작하는 점을 압축역치라 한다. 비선형증폭시스템은 큰 소리가 입력되면 보청기 이득을 감소시키고 작은 소리가 입력되면 큰 이득을 주는 일종의 '자동이득조절식(automatic gain control: AGC) 보청기'라고도 한다.

비선형증폭기의 장점은 음의 왜곡현상을 방지할 수 있다는 것이다. [그림 6-5]의 선형증폭시스템의 경우에는 예를 들면, 최대출력이 110 dB SPL일 경우 80dB SPL 이상에서는 왜곡현상이 발생한다. 그러나 비선형증폭시스템에서는 50dB SPL에서부터 이득을 점차 줄여 주기 때문에 90dB SPL이 되어야 출력음압이 포화점에 도달하게 되고, 따라서 그 이하에서는 음의 왜곡이 발생하지 않는다.

감각신경성난청의 경우 비선형증폭시스템을 적용해야 하는 또 다른 이유는 바로 누가현상[6](보충현상, recruitment)이다. 누가현상은 청력역치는 높지만, 불쾌수준은 정상청각과 비슷하거나 오히려 약간 감소된 상태를 말한다. 즉, 청력역치는 증가하지만 불쾌수준은 증가하지 않는 것이다. 작은 소리는 듣지 못하고, 보통 크기의 소리는 약하거나 매우 작게 들으며, 큰 소리에 대해서는 (정상청각과) 비슷한 크기나 오히려 더 큰 소리로 지각하게 된다. 따라서 감음신경성난청의 경우에는 작은 소리에서는 이득을 많이 주고 큰 소리는 이득을 조금만 주어서 큰 소리를 불편하지 않게 들을 수 있도록 조절해 주어야 한다.

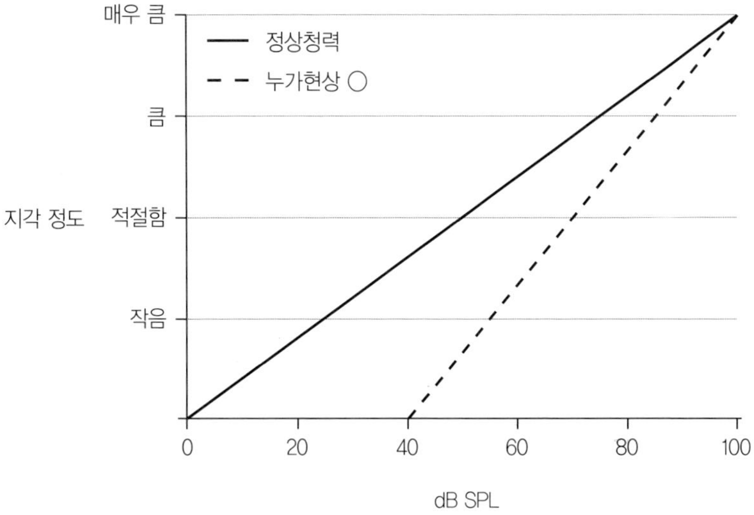

[그림 6-6] 누가현상

출처: Kompis(2016).

[그림 6-6]에서 보여 주는 바와 같이 정상청력의 경우 0dB에서 20dB은 소리가 작다고 느끼고, 약 50dB은 적절한 소리 크기로, 약 70dB을 '크다', 100dB에서 매우 크다고 지각한다. 그러나 누가현상의 경우에는 70dB의 소리 크기를 적절하다고 느끼는 반면에 80dB에서 크다고 느끼고 100dB SPL에서는 정상청력과 마찬가지로 불쾌수준에 도달하게 된다. 이러한 와우의 누가현상으로 인하여 역동 범위가 좁아지면 보청기의 착용효과가 줄어든다.

---

6) 내이의 유모세포의 손상으로 인하여 작은 소리는 잘 듣지 못하지만 작은 소리의 변화에 민감하게 반응하는 것을 말한다.

전음성 난청은 일반적으로 청력손실이 크지 않다. 따라서 소리증폭만으로도 대부분 소리에 대한 이해도가 높아지면서 말의 명료도도 향상될 수 있다. 압축 방식에서도 대부분 선형증폭기 시스템으로도 보청기의 효과를 얻을 수 있다. 그러나 청력손실이 큰 감각신경성 난청의 경우에는 누가현상으로 인하여 이득을 줄 수 있는 폭이 좁다. 따라서 이 경우는 반드시 비선형 증폭기를 사용해야 한다. 만약 선형증폭 시스템을 사용하면 작은 소리에 대해서는 이득이 작아서 잘 듣지 못하게 되며, 큰 소리에 대해서는 정점절단 현상이 발생하여 왜곡이 발생할 수 있기 때문이다.

• 채널방식에 따른 분류

단채널(single channel)이 1,000Hz를 기준으로 저주파수와 고주파수로만 분리된 방식이라면, 다채널(multichannel)은 여러 개의 채널이 모여서 주파수 대역에 따라 이득과 압축 비율 등을 자유롭게 조절하는 방식이다. 채널이란 각각의 압축기로 제어되는 모든 주파수 영역을 말한다. 채널의 숫자가 많을수록 주파수 영역을 더 세분화하여 기능을 조절할 수 있으며, 개인의 청력수준에 따른 이득 조절이 가능하다는 장점을 갖는다. 수평형 전음성 난청은 전 주파수 대역에서 단순히 소리의 크기를 높여 주는 것으로 충분하지만, 주파수 범위에 따라 청력역치 차이가 많은 경우에는 각 채널에 해당하는 주파수 대역 조절이 필요하다.

3) 수화기

수화기는 증폭기에서 나온 전기신호를 음향에너지로 변환시켜 다시 소리로 들려주는 기능을 한다. 증폭기에서 만들어진 전기신호가 코일에 들어오면 코일 주변의 자장을 변화시키고, 이러한 자장의 변화는 진동판을 움직이게 한다. 이 진동판의 움직임으로 전기에너지는 다시 음향신호로 변환된다. 수화기는 일종의 스피커 역할에 해당한다고 보면 된다.

• 폐쇄효과(occlustion effect)

보청기를 착용할 경우 외이도 내의 음압레벨이 높아지면서 소리가 울리는 폐쇄효과가 나타난다. 특히 골전도로 듣게 되는 자신의 목소리의 저음 성분이 상대적으로 더 울리고 증폭되면서 처음 보청기를 착용하였을 때 불편함을 호소하는 경우가 많다. 이럴 경우 외이도가 완전히 막히지 않도록 보청기 외형의 크기를 줄여 주거나, 환기구를 설치하여 폐쇄효과를 감소시킬 수 있다.

• 환기구

환기구는 보청기와 고막 사이의 공간에서 공기압력이 높아지는 것을 억제하기 위해 설치하며 공기압력이 평형을 이루어 착용감이 좋아진다. 환기구는 보청기 외형의 아랫부분에 구멍을 내거나, 보청기 외형을 외이도의 직경보다 다소 작게 만들어 사용할 수 있다. 특히 환기구는 저음의 이득을 줄일 수 있다. 그러나 환기구의 직경이 너무 커지면 음향되울림이 발생할 수 있으니 주의해야 한다.

• 텔레코일(telecoil)

텔레코일을 보청기에 장착하면 전화기에서 나오는 소리를 명료하게 들을 수 있으며, 최근에는 텔레코일을 보청기 내부에 삽입하여 마이크로폰과 텔레코일 기능을 상황에 따라 선택하여 사용할 수 있다. 또는 스위치를 이용하여 'M'은 마이크로폰 사용을, 'T'는 텔레코일을, 'MT'는 두 가지를 동시에 사용하는 방식으로 선택할 수 있다. 보청기에 텔레코일을 장착하면 전화기에서 나오는 말소리를 깨끗하고 정확하게 들을 수 있다(오세진, 2015).

• 음질조절(tone control)장치

고주파수 및 저주파수에서 상대적인 강도를 조절하여 들을 수 있게 한다. 저음역여과기(low pass filter)를 선택하면 고주파수 영역에 비해 저주파수 음역이 강조되어 보다 부드러운 음질을 들을 수 있으며, 반대로 고음역여과기(high pass filter)는 저주파수 음역을 내려 줌으로써 상대적으로 고음역이 강조된다. 일반적으로 저음역의 이득을 감소시키면 소리는 다소 선명하게 들리며, 고음역의 이득을 감소시키면 소리가 부드러워진다.

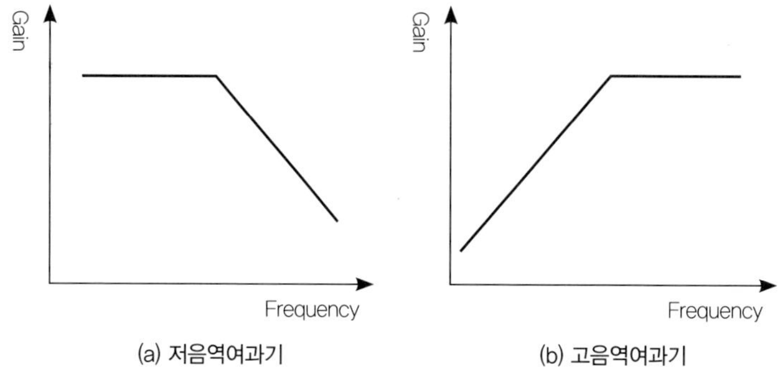

[그림 6-7] 여과기에 의한 주파수별 이득 변화

• 볼륨

보청기에서 출력되는 소리의 크기를 조정하는 장치를 말한다.

• 리모컨

보청기의 여러 가지 기능은 별도의 리모컨으로 조정되기도 한다. 볼륨, 텔레코일, 음량, 마이크로폰의 지향성, 소음 억제, 음색, 전원 스위치 등의 기능이 포함되어 있으며, 보청기의 크기가 너무 작아서 쉽게 조작이 어려운 경우에 효과적이다.

2. 보청기의 종류

소리가 잘 들리지 않을 때 우리는 흔히 귓바퀴에 손을 오므려 듣곤 한다. 이는 소리의 집음효과라 할 수 있는데, 깔대기 모양의 동물의 뼈를 이용한 증폭효과가 여기에 해당한다. 귓속으로 들어오는 소리에너지의 양을 단순히 증가시키는 형태가 기계식 보청기였다면, 소리에너지(음향에너지)를 전기에너지로 바꾼 후 다시 소리에너지로 전환시키는 형태는 전기식 보청기이다. 오늘날 우리가 사용하는 보청기는 모두 전기식 보청기에 해당한다. 전기식 보청기는 1876년 벨(Bell)의 전화기 발명을 기점으로 개발되기 시작하였는데, 탄소 방식과 진공관 방식을 거쳐 대략 1952년부터는 진공관 대신 트랜지스터[7]가 판매되기 시작하였다. 트랜지스터의 발명으로 수화기가 포함

7) 트랜지스터는 진공관에 비해 소비전력이 적고 가벼울 뿐만 아니라 주파수 특성이 좋다는 특성을 갖는다.

된 일체형 보청기가 상용화되었으며, 보청기의 형태는 안경테에서 귀걸이형 그리고 귓속형 보청기로 발전해 나갔다(오세진, 2015). 기술의 발전은 보청기 부품들의 크기 감소와 이득 및 출력 증가를 가져왔으며, 무엇보다도 음향되울림과 신호대잡음비가 크게 향상되었다. 1990년대부터는 보청기에 디지털 기술이 도입되었으며, 최근에는 다양한 무선송수신기술이 구축되었다. 보청기는 외이를 통해 중이 그리고 내이로 전달되는 기도전도 방식, 그리고 골도를 통해 소리가 전달되는 골도전도 방식으로 크게 구분된다. 그러나 골도형 보청기는 착용효과가 기도형에 비해 크지 않기 때문에 특별한 경우를 제외하고는 기도형 보청기를 우선적으로 선택하는 것이 일반적이다(오세진, 2015). 기도전도 방식 보청기는 착용 위치와 크기에 따라 상자형 보청기, 귀걸이형 보청기, 귓속형 보청기로 구분된다.

1) 상자형 보청기

상자형 보청기는 수화기를 귀꽂이(earmold) 형태로 부착하고 상자로 된 본체에는 마이크로폰과 증폭기 그리고 건전지가 함께 들어 있는 형태이다. 마이크로폰과 수화기의 사이가 멀기 때문에 보청기에서 발생하는 음향되울림 현상이 상대적으로 적다는 장점을 갖는다. 또한 높은 이득을 얻을 수 있어서 고도난청을 가진 경우에 효과적이며 분실의 위험이 적고 활동이 잦거나 조작이 어려운 유아에게 적합하다. 그러나 본체를 주머니 또는 목에 걸어서 착용하기 때문에 옷이나 기타 요소들로 인한 소음이 크다는 단점을 갖는다. 이런 소음은 큰 불쾌감을 줄 수 있으며, 보청기를 거부하는 이유가 되기도 한다. 최근에는 거의 사용하지 않는다.

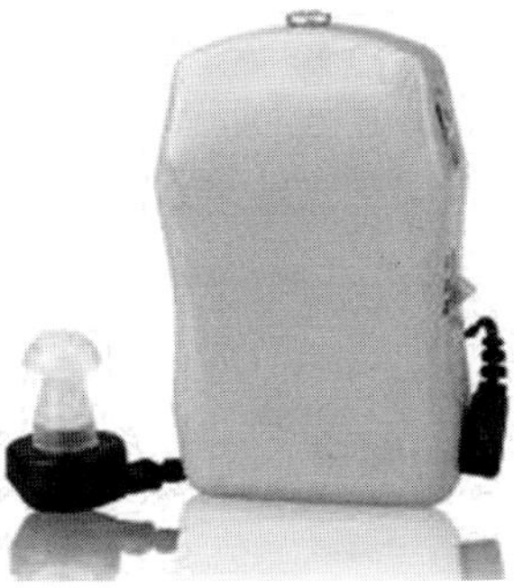

[그림 6-8] 상자형 보청기

2) 귀걸이형(Behind The Ear: BTE) 보청기

귀걸이형 보청기는 마이크로폰과 증폭기, 수화기 그리고 건전지는 모두 이개 뒤에 착용하는 본체에 들어간다. 수화기에서 출력되는 소리는 음도관(tube)을 통해 외이도로 전달된다. 귓속형에 비하여 증폭이 크기 때문에 고도난청의 경우에도 착용이 가능하다는 장점을 갖는다. 귓속형도 마찬가지지만 마이크로폰과 수화기가 가까이 위치할 경우 소리가 다시 마이크로폰으로 입력되는 문제점을 가지고 있다.

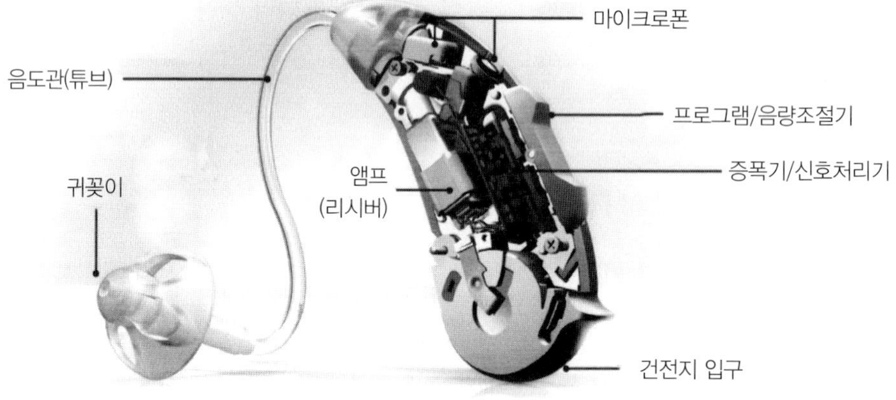

[그림 6-9] 귀걸이형 보청기

> 귀걸이형 보청기는 상대적으로 큰 출력을 낼 수 있기 때문에 주로 고도난청 환자가 사용하며, 소아에서 보청기가 필요한 경우에는 일반적으로 귀걸이형을 추천한다(정혜임, 2016).

3) 귓속형(In The Ear: ITE) 보청기

본체와 귀꽂이가 일체형으로서 외관상으로는 좋지만, 귀걸이형에 비하여 음향되울림 현상이 쉽게 발생할 수 있다. 또한 부품의 크기가 전반적으로 작기 때문에 보청기의 이득이 상대적으로 작다는 제한점을 갖는다. 귓속형은 보청기가 어디에 장착되느냐에 따라 갑개형(full-concha type), 외이도형(half-conbcha type, In The Canal: ITC) 그리고 고막형(Completely In the Canal: CIC)으로 구분된다. 갑개형은 귓속형 보청기 가운데 가장 크기가 크며, 다른 형태에 비해 큰 이득을 줄 수 있다. 외이도형은 이개

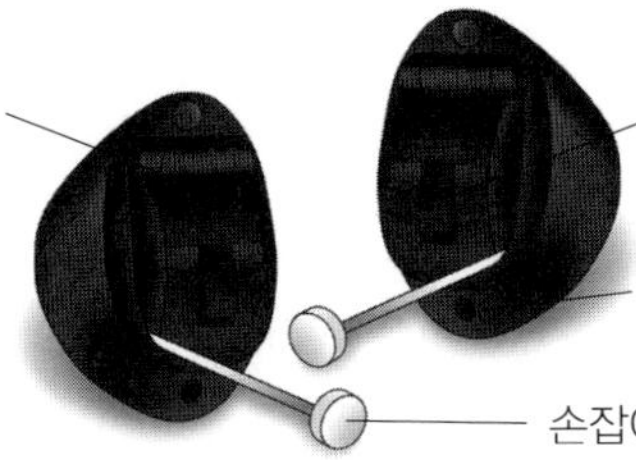

[그림 6-10] 귓속형 보청기

강을 완전히 막지 않은 크기이며, 고막형은 외이도의 깊숙한 위치에 착용하기 때문에 외부에서는 잘 보이지 않는다. 그러나 이득과 출력이 상대적으로 적고 크기가 너무 작아서 조작이 어렵다는 단점이 있다(이필상 외, 2015).

4) 오픈형 보청기

귓속형과 귀걸이형의 장점을 결합한 형태의 보청기이다. 귀걸이형에 비해 본체가 작고 가벼우며, 가늘고 눈에 띄지 않는 튜브로 구성되어 있다. 귓속형에 비해 이득이 높아서 고도난청의 경우에도 착용이 가능하다. 무엇보다도 튜브가 얇기 때문에 눈에 띄지 않으며 머리카락이 귀 뒤를 가리므로 선호도가 높다. 또한 무선 커뮤니케이션 기술이 완벽하게 적용되어 있어 최근 가장 많이 사용되는 형태의 보청기이다.

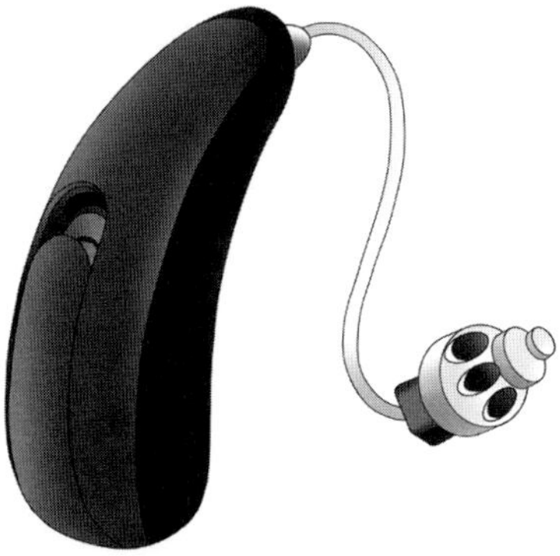

[그림 6-11] 오픈형 보청기

5) 특수보청기

일반 보청기만으로 충분한 청각적 이득을 얻기 어려운 상황이 있다. 예를 들면, 교실이나 식당과 같이 소음이 많은, 즉 경쟁잡음이 많은 곳에서는 말소리의 신호대잡음비가 낮아져서 말소리를 이해하는 데 어려움을 겪는다. 또는 반향이 많은 공간이나 양쪽 귀의 청력 편차가 심할 경우에는 특수보청기의 도움을 받을 수 있다.

(1) FM 보청기

FM 보청기는 라디오 주파수를 이용한 청각보조기기로서, 인공와우나 보청기 또는 블루투스(bluetooth) 등에 결합하여 사용하는 무선 송수신장치이다. 화자는 마이크를 착용하고 말을 하며, 수신자는 보청기나 인공와우에 결합된 수신기를 통해 듣는다. 멀리 있는 화자가 무선용 마이크로폰에 대고 말을 하면, 청자는 수신기를 통해 그 소리를 전파를 이용한 무선방식으로 듣게 되는 것이다. 개인 보청기에 FM 수신기를 연결하여 사용하며, 인공와우와 같은 여러 가지 기기와 연결하여 사용할 수 있다. 이 경우 청자는 화자가 가까이에서 말하는 것처럼 들을 수 있다. 일반 보청기는 조용한 환경에서는 최고의 이득을 주지만 소음이 많은 환경에는 제약이 따른다. 반면에 FM 보청기는 회의석상이나 소음이 많은 교실 상황에서 화자의 말소리만을 증폭해서 들음으로써 신호대잡음비가 높아지는 효과[8]가 있으며, 최근에는 블루투스를 이용한 무선통신 방식도 개발되고 있다. FM 라디오를 듣는 것처럼 주파수에 맞춰 신호가 전송되는 원리로서 공연장이나 행사장에서 FM 시스템을 설치 · 지원할 경우 보다 선명한 음향을 들을 수 있다. 건청인의 경우에는 약 +15dB(주변소음보다 말소리가 15dB이 크면) 신호대잡음비만으로도 말소리를 듣는 데에 큰 문제가 없다. 그러나 난청을 가지고 있을 시에는 +20~30dB의 환경이 요구된다. FM 보청기는 개인 보청기의 기능을 대체할 수는 없으나 상당 부분 보완할 수 있는 청각보조기기로서의 특수 보청기이다. 수업 중 듣기능력이나 집중력 향상에 도움이 되며, 교사가 목소리를 크게 하지 않아도 되므로 수업 진행이 수월하다는 장점이 있다(대한청각학회, 2013).

8) 15~25dB까지 향상시킬 수 있다(오세진, 2015).

FM 송신기	FM 수신기	개인 보청기
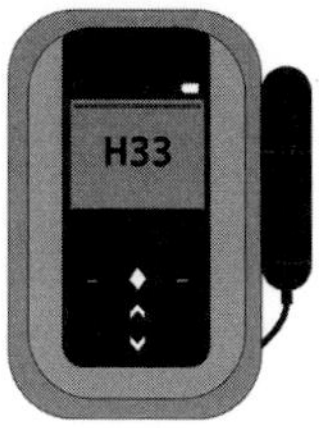		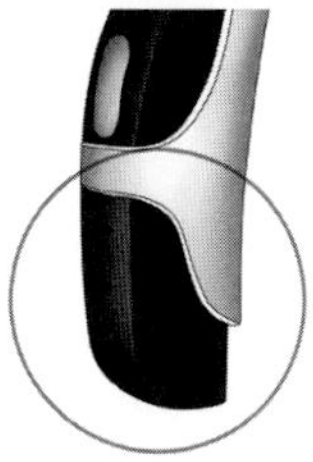

[그림 6-12] FM 보청기

FM 보청기는 FM 송화기와 FM 수신기로 구성된다. 무선송화기를 장착한 화자가 말을 할 때만 청자는 수신기에서 신호를 받아 말을 듣게 되는데, 보완성이 없다는 단점이 있다. 주변에 같은 주파수 대역의 FM 보청기를 착용한 사람은 송신기에서 나오는 말소리를 들을 수 있기 때문이다. 때문에 말을 하지 않을 때는 반드시 송화기의 스위치를 꺼 놓아야 한다. 또한 주변 전기 및 전자기기로 인한 잡음을 완전히 차단할 수 없다는 단점을 갖는다. 개인 보청기와 별도로 구입해야 하고, 가격 면에서도 고가이기 때문에 교육부는 특수교육 지원강화사업의 일환으로 FM 보청기 대여사업을 확대하고 있다. 특수교육지원센터는 보조공학기기 지원 서비스 제공 원칙에 따라 FM 시스템 보청기(FM 보청기 송수신기)를 대여해 줄 수 있다. 그러나 실제로 FM 보청기가 학교 현장에서 성공적으로 사용되기 위해서는 주파수 조정, 외부 기기와의 연결, 소모품 교체 등에 대한 지식과 상태를 점검하는 등의 교사의 협조가 필요하다. 실제 김혜경, 조소현과 조수진(2010)의 보고에 따르면, 중 · 고등학교 재학 중인 청각장애 학생들 가운데 FM 보청기 이용자는 약 10% 미만인 것으로 나타났다. 이는 학교 현장에서의 FM 보청기 활용도가 아직 낮다는 것을 보여 주고 있다.

FM 보청기는 소음환경과 반향 그리고 화자와 청자 간의 거리로 인하여 신호대잡음비가 낮은 환경에서 언어 이해에 어려움이 있을 때 이를 보완할 수 있는 가장 일반적인 청각보조기기이다(송욱, 구호림, 송정환, 2006).

(2) 적외선 보청기

구조와 원리는 FM 보청기와 유사하지만 TV 리모컨처럼 적외선에 해당하는 전자

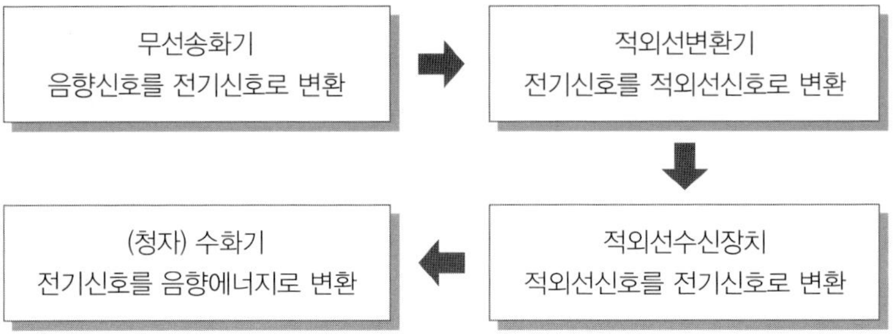

[그림 6-13] 적외선 보청기 방식

기파를 사용한다는 차이가 있다. 무선송화기(wireless microphone), 적외선 변환기(converter), 적외선 수신장치로 구성된다.

적외선 보청기(infrared light)는 수신 거리가 짧고 건물의 벽과 같은 물체에 방해를 받을 수 있으며, 햇빛의 영향을 받기 때문에 야외나 밝은 곳에서는 사용하기 어렵다는 단점을 갖는다. 즉, 실내에서 그리고 태양광선이 차단되는 곳에서만 사용할 수 있다는 것이 단점이며, 장점으로는 전기 및 전자기기의 영향을 받지 않는다는 장점을 갖는다.

(3) 크로스 보청기

편측성 청각장애의 경우 크로스 보청기를 이용하여 소리증폭 효과를 볼 수 있다. 청력이 나쁜 쪽 귀로 소리가 입력이 되면, 그 소리를 좋은 쪽 귀로 보내 주어 좋은 쪽 귀에서 청취할 수 있는 방식의 보청기를 말한다(이필상 외, 2015). 좌우 청력 차가 커서 한쪽만 보청기를 착용할 경우 한쪽이 양호하더라도 잡음이 있을 경우 어음이해력이 크게 떨어지고 방향 분별이 어렵기 때문에 크로스 보청기 착용이 필요하다.

- 단일-크로스(simple CROS)

나쁜 쪽 귀에는 마이크로폰(송화기)을, 좋은 쪽 귀에는 수화기(수화기)를 착용한다. 즉, 나쁜 쪽 귀로 소리가 들어오면 유선 또는 무선 방식을 통해 좋은 쪽 귀로 송신해 주는 구조이다. 이때 한쪽 귀는 농 또는 고도난청이면서 다른 한쪽은 청력이 좋아야 한다. 송화기와 수화기가 따로 있기 때문에 피드백 현상이 감소한다는 장점을 갖는다.

• 바이-크로스(bilateral CROS)

편측성이면서 좋은 쪽 귀 역시 난청의 정도가 심한 경우에 착용한다. 좋은 쪽 귀에 일반보청기를 착용하고 나쁜 쪽 귀로 입력된 소리신호를 좋은 쪽 귀로 보내 준다. 이때 청력이 좋은 쪽 귀에서는 양쪽 귀에서 보낸 소리가 증폭된 후 고막으로 전달된다. 양쪽에서 입력되는 소리가 증폭되기 때문에 방향감각이 좋다는 장점을 갖는다.

〈표 6-1〉 단일-크로스와 바이-크로스 보청기의 장단점

<table>
<tr><th>크로스 보청기 유형</th><th>장점</th><th>단점</th></tr>
<tr><td rowspan="2">단일-크로스 보청기</td><td colspan="2">좋은 귀가 경도 또는 정상 귀/나쁜 귀는 고도난청 또는 농</td></tr>
<tr><td>•나쁜 쪽 귀에서 입력되는 소리신호를 좋은 귀로 전달하여 듣는다.
•송화기와 수화기가 따로 있어서 음향되울림이 감소한다.</td><td>•양 귀에 수화기와 송화기를 따로 착용해야 한다.
•소음이 나쁜 귀로 들어오면 말소리의 이해력이 감소된다.</td></tr>
<tr><td rowspan="2">바이-크로스 보청기</td><td colspan="2">좋은 귀가 중도 또는 고도/나쁜 귀는 고도난청 또는 농</td></tr>
<tr><td>•좋은 귀에 일반보청기를 착용하여 양측으로 소리신호가 입력된다.</td><td>•음향되울림 현상이 발생할 수 있다.</td></tr>
</table>

(4) 주파수 압축 보청기

고도청력손실이 있으면서, 고주파수와 저주파수 대역에 따른 차이가 클 경우 사용된다. 이때 저주파수 영역에 청력이 어느 정도 보존되어 있고 고주파수에서 거의 잔존청력이 없을 경우에 효과적이며 어음이 들어 있는 고음 성분을 저주파수 대역으로 이동시켜 증폭시키는 원리를 이용한다.

(5) 촉각 보청기(tactile aid)

일반 보청기의 증폭효과를 기대할 수 없는 경우에는 음향학적 신호를 청각이 아닌 진동자극이나 전기자극으로 변환시켜 주는 촉각보청기를 사용할 수 있다. 최근에는 인공와우로 대체되는 경향이 있다.

3. 보청기 선정

보청기를 착용하기 전에는 반드시 상담과 청력검사를 받아야 한다. 순음청력검사를 통해 주파수별 역치를 정확히 파악하여야 하며, 필요한 경우에는 객관적 청력검사를 통해 정확한 진단이 이루어져야 한다. 뿐만 아니라 개인의 외적·내적 특성들을 충분히 면담한 후 가장 효과적인 보청기를 선정해야 한다.

1) 보청기 착용 귀의 선정

보청기는 양측 착용을 하는 것이 좋다. 이는 양이효과를 얻기 위한 목적으로서, 양이효과란 두 귀로 소리를 들음으로써 얻는 효과를 말한다(허승덕, 2006). 양측 착용 시 기대되는 장점은 다음과 같다.

- 소리의 방향을 감지하기 쉽다.
- 소리의 크기가 건청인의 경우 약 3dB 증가하는 양이합산 현상이 나타난다.
- 양이진압 현상으로 잡음에 대한 감소현상이 커진다. 신호대잡음비가 향상된다.
- 같은 소리를 두 번 반복해서 청취하는 것과 같은 양이중복이 발생한다.
- 어음명료도를 향상시킨다.

그러나 특별한 이유로 단측 착용이 불가피할 경우에는 〈표 6-2〉와 같은 방법으로 선정한다(Leonhardt, 1999).

〈표 6-2〉 보청기 착용 귀 선택

조건	착용 위치
양쪽 귀의 청력역치가 55dB보다 좋을 때	나쁜 쪽 귀에
양쪽 귀의 청력역치가 55dB보다 나쁠 때	좋은 쪽 귀에
비슷한 역치를 가질 경우	어음인지도가 좋고 역동범위가 넓은 귀에
양측 청력의 차이가 없을 경우	오른쪽 귀에

2) 보청기 유형의 선정

보청기 유형을 선정하는 데는 다음과 같은 점을 우선 고려하여야 한다(한국청각언어장애교육학회, 2012; Kiessling, Kolmeider, & Biller, 1996; Leonhardt, 1999).

첫째, 사용자의 연령이다. 영아는 언어습득에 밀접한 영향을 미치므로 난청진단과 함께 곧바로 귀걸이형 보청기나 인공와우를 고려한다. 아동은 반드시 양이착용을 하여 양쪽 귀에 동일한 자극을 받을 수 있도록 하며, 청년기에는 사회활동이나 심미적 요인을 고려하는 것이 좋다. 노년기에는 보청기 보관 및 관리 그리고 운동성 등을 참고하여 선택하여야 한다. 예를 들면, 보청기를 스스로 삽입하거나 뺄 수 있는 능력이 있는지를 확인해야 한다. 고막형이 외이도형에 비하여 미관상 좋다 하더라도, 보청기 끝에 달려 있는 손잡이 이용이 불편하다면 외이도형이나 갑개형을 고려하는 것이 좋다.

둘째, 사용자의 청력 정도와 유형이다. 일반적으로 많은 이득이 필요한 경우에는 귀걸이형이나 오픈형 보청기를 착용하는 것이 좋다. 보청기의 출력이 개인의 청력역치에 충분하여야 하며, 사회활동이 많은 경우에는 다채널 고급형 사양을 선택하는 것이 좋다. 역동범위가 좁은 경우에는 귓속형 보청기가 부적합하다.

셋째, 보청기를 사용하는 사회적 환경이나 경제력이다. 최근 보청기는 견고함과 슬림한 사이즈, 증가된 압축범위, 간편하고 손쉬운 프로그래밍, 고도난청자들을 위한 강력한 출력, 자연스러운 음질 및 저주파수 모음의 음질 보존 등 매우 다양하고 풍부한 기능이 제공되고 있다. 이러한 기능들을 선택할 때에는 가격과 자신의 사회적 환경 등을 고려해야 한다.

4. 보청기 평가 및 관리

1) 보청기 평가

보청기 평가는 주관적 평가와 객관적 평가로 나눌 수 있다.

(1) 주관적 평가

주관적 평가는 숙련된 전문가가 실시하며, 심리음향학적 평가와 기능이득검사가 있다.

• 심리음향학적 평가

심리음향학적 검사는 보청기의 소리를 전문가가 직접 들어서 평가한다. 이때 청음기(stethoscope)를 사용할 수도 있다. 청음기[9]를 보청기에 연결하면 보청기에서 나오는 소리를 들을 수 있으며, 이때 다음과 같은 항목을 점검한다.

–보청기에서 이상한 소리가 섞여 나오는가?
–출력되는 소리에 왜곡이 일어나는가?
–자꾸 소리가 끊기는 현상이 발생하는가?
–내부 잡음이 발생하는가[10]?
–음향되울림 현상이 발생하는가?

• 기능이득검사

기능이득검사(functional gain)는 음장검사로 이루어진다. 음장검사는 헤드폰을 쓰지 않고 방음실에서 스피커를 통해 자극음을 제시하여 검사하는 것을 말한다. 스피커와 피검자 거리는 약 1m를 유지하며 검사하는 스피커가 1개일 경우에는 환자로부터 0°, 2개일 경우에는 45° 위치에 놓는다. 소리를 들려주고 보청기 착용 전과 착용 후의 청력역치를 통해 이득 정도를 알 수 있다(대한청각학회, 2013).

(2) 객관적 평가

객관적 평가는 특수장비를 사용하여 객관적 지표를 통해 보청기의 성능을 평가하는 방법이다.

9) 내과에서 사용하는 청진기와 같은 원리이다.
10) 마이크로폰의 음구를 막았는데도 동일한 소리가 계속 들리면 내부 잡음이 있다고 볼 수 있다.

• 커플러이득검사

커플러이득(Coupler Gain: CG)검사는 보청기 미착용 상태에서 실시한다. 보청기 성능 분석을 위한 객관적 검사로는 2cc 커플러가 주로 사용된다. 귓속형 또는 귀걸이형 보청기 등 대부분의 보청기는 2cc 커플러와 결합하여 사용 가능하며, 새끼손가락 한 마디 크기 정도라고 생각하면 된다. 보청기를 커플러에 연결하면 보청기 성능분석기의 화면을 통해 보청기의 최대출력, 이득, 주파수 범위 그리고 내부 잡음 등이 측정된다.

[그림 6-14] 2cc 커플러

• 실이삽입이득검사(real ear insertion gain)

실이삽입이득은 청력검사를 토대로 제작된 보청기의 소리가 실제 귀에서 어느 정도의 실이음압레벨(real ear SPL: RESPL)로 출력되는지를 알아볼 수 있다. 각각 사람의 귀 구조가 다르기 때문에 컴퓨터 데이터에 근거하여 보청기가 제작되었다 하더라도 일정 부분 성능 검증이 필요하다. 이를 위하여 얇은 실리콘 재질의 탐침송화기(Probe tube)를 고막 가까이에 삽입한 후 개인 보청기를 착용한다. 기계에서 녹음된 소리가 원하는 음압레벨에 도달하는지를 보면서, 필요한 경우에는 주파수별로 조정할 수 있다(방은주, 조수진, 조소현, 2007).

의사소통이 원활하지 못한 영유아의 경우에는 주관적 청력검사보다는 객관적 청력검사에 의존하여 보청기를 제작하는 경우가 많다. 객관적 청력검사는 주파수별 청력역치를 구하는 데에는 적합하지 않기 때문에 보청기 제작 후 이득의 재조정과정은 필수적이라 할 수 있다. ABR 검사에서 NR(무반응)과 같은 청력역치를 보였음에도 놀이청력검사에서는 서로 다른 역치를 나타내는 경우도 있다는 것으로 보아 객관적 청력검사 결과만으로 보청기의 증폭량을 결정짓는 것은 바람직하지 않다. 그런 맥락에서 보청기 제작 후 보청기 평가과정은 매우 중요하다.

2) 보청기 관리

(1) 보청기 적응

보청기를 처음 착용하면 말소리의 증폭뿐만 아니라 주변의 소리 특히 소음에 대한 불편함을 호소하는 경우가 많다. 따라서 보청기 착용시간을 조금씩 늘려가는 것이 좋다. 보청기는 적응기가 필요하다. 첫날에는 하루 세 차례 한 시간씩 착용하고 다음 날에는 30분씩 늘려 사용하되 약 2주 정도 계획을 잡고 서서히 적응해 나가는 것이 좋다. 처음 1주일 동안은 실내에서만 착용하다가 2주 정도부터는 실외에서 하루 종일 착용하면서 적응하는 것을 권장한다. 착용 후 두통이 있거나 울림이 심하면 잠시 쉬었다 착용할 수도 있다. 적응단계별로는 조용한 환경에서 점차 시끄러운 환경으로 옮기는 것이 좋으며 일반적인 보청기 적응기간은 4~8주 정도로 본다(대한청각학회, 2013).

(2) 건전지 교체

보청기는 건전지로 작동하기 때문에 정기적인 건전지 교체가 중요하다. 특히 장애아동의 경우에는 스스로 건전지 교체 필요성을 지각하기 어렵기 때문에 보호자가 잘 관찰할 필요가 있다. 건전지 교체 시기를 놓치면 소리가 약해지거나 정상적으로 들리지 않는다. 또한 소리에 왜곡, 잡음 또는 음향되울림 현상이 발생하며 자꾸 소리가 끊기는 현상이 나타난다(오세진, 2015). 건전지의 수명을 오래 유지하기 위해서는 건전지에 붙어 있는 스티커는 미리 뜯지 않으며, 습기가 차지 않도록 잠잘 때는 건전지 입구를 열어 습기 제거 통에 넣어 두는 것이 좋다.

(3) 보청기 관리

보청기를 오랫동안 효율적으로 사용하기 위해서는 다음과 같은 지속적인 주의와 점검이 필요하다.

- 착용하지 않을 때는 보관함에 넣어 둔다.
- 착용하지 않을 때는 건전지를 빼 놓는 것이 좋다.
- 착용하지 않을 때는 건전지를 넣는 입구를 열어 두어 습기가 차지 않도록 한다.
- 물에 닿지 않도록 한다.
- 부드러운 헝겊으로 닦아 준다.
- 샤워, 목욕, 수영할 때는 착용하지 않는다.
- 물에 닿았을 때에는 자연 상태로 건조시키거나 헤어 드라이기를 사용한다.
- 착용하지 않을 경우에는 직사광선이 닿지 않는 곳에 둔다.
- 정전기가 발생하지 않도록 주의한다.

5. 인공와우

인공와우(cochler implant)는 고도난청을 가진 사람에게 소리를 잘 듣게 해 주기 위해 수술적 과정을 통해 와우에 전극을 삽입하여 청신경을 직접적으로 자극하는 방식의 인공이식 방법 중 하나이다.[11] 미국 식품의약품안전청(FDA)에서 처음 인공와우 수술을 허가한 것은 1984년이었으며, 우리나라에서 인공와우 수술이 처음 이루어진 것은 1988년이다. 당시 뉴클리어스(Nucleus) 22채널 인공와우가 사용되었으며, 2005년부터는 인공와우 수술에 필요한 비용의 대부분이 건강보험의 지원을 받게 되면서 인공와우 수술을 받는 사람들의 숫자는 계속 늘어나고 있는 추세이다. 인공와우를 착용한 학생 가운데 많은 경우는 착용하지 않은 반대 측 귀에 보청기를 착용하여 양이청취 효과를 높이는 경우도 많다(김혜경, 조소현, 조수진, 2010).

11) 그 밖에도 인공이식에는 인공중이 이식, 두개골에 진동자를 심는 인공골도 이식, 뇌간 하부 교뇌 영역에 있는 청신경에 전극을 부착하는 인공뇌간 이식 등이 있다(허승덕, 최아현, 강명구, 2006).

1) 구조와 기능

인공와우는 몸 외부에 장착되는 외부기기와 수술하여 몸 안에 장착되는 내부기기로 구분된다. 인공와우의 구조는 제조회사마다 조금씩 차이가 있는데, 예를 들면 헤드셋과 마이크가 분리되는 경우도 있고, 하나로 붙어 있는 경우도 있다. 그러나 기본 구조는 동일하다. 내부기기와 연결해 주는 헤드셋(마이크 기능, 코일, 자석)과 어음처리기는 외부기기에 해당하며, 수신기와 전극은 내부기기에 해당한다. 대략적인 기능은 〈표 6-3〉과 같다.

〈표 6-3〉 인공와우 구성

구성	명칭	기능
외부기기	마이크	주변의 소리를 감지하여 어음처리기로 보낸다.
	어음처리기	입력된 소리를 프로그램에 따라 전기신호로 변환시킨다.
	헤드셋 (코일과 자석)	측두골에 위치한 헤드셋은 자석과의 접촉을 통해 내부기기와 연결되어 있다.
내부기기	수신기	수신기에 전달된 신호는 달팽이관 내에 삽입된 전극으로 전달된다.
	전극	신호에 알맞은 전극이 청신경을 자극한다.

(1) 외부기기

• 마이크(송화기, microphone)

인공와우의 마이크는 귀 뒤쪽에 있으며, 코일을 통해 어음처리기와 연결되어 있다. 귀걸이형은 마이크가 어음처리기와 일체형으로 되어 있는 경우도 있다. 성능이 좋은 마이크는 방향성 마이크로 소음이나 잡음을 제거해 준다.

• 어음처리기(어음합성기, speech processor)

어음처리기는 마이크에서 감지된 소리를 분석하고 소리의 다양한 양상을 대표하는 부호(코드)로 변환시킨다(김진동 외 역, 2015). 어음처리기는 박스형과 보청기의 귀걸이형 형태가 있는데 각각 장단점이 있다(국립특수교육원, 2007; 한국청각언어장애교육학회, 2012)(〈표 6-4〉 참조).

어린 아동의 경우에는 박스형이 바람직하다. 인공와우용 가방을 등에 착용하게 되면 아동의 손에 잘 닿지 않아서 잘못 조작할 위험이 적고, 활동하면서 잃어버리거나 떨어뜨려서 손상될 위험이 적기 때문이다. 반면 귀걸이형은 가볍고 크기가 작아서 편리하다는 장점을 갖는다. 어음처리기에는 1개 이상의 맵(MAP)이 저장되어 있으며, 여기에는 개인에게 가장 적합한 어음처리 방식들을 선택할 수 있는 정보가 들어 있다.

〈표 6-4〉 인공와우 박스형과 귀걸이형의 장단점

구분	박스형	귀걸이형
장점	• 충격이나 분실의 위험이 적다.	• 심미적으로 덜 부담스럽다.
	• 3~4개의 프로그램을 넣을 수 있다.	
단점	• (소형 디지털카메라) 크기가 커서 거부감을 갖기 쉽다.	• 습기나 충격 등으로부터 쉽게 손상될 수 있다.
		• 2~3개의 프로그램을 넣을 수 있다.

• 헤드셋

어음처리기에서 처리한 통신정보를 체내에 이식된 내부 안테나로 전달해 주는 기능을 하며, 전달 코일과 고정용 자석 등으로 구성되어 있다. 전체를 헤드셋으로 통칭하여 사용하기도 한다. 헤드셋은 머리의 측두골에 부착하며 자석이 부착되어 있어 내부 수신기와 연결된다.

(2) 내부기기

• 수신기

수신기(receiver)[12)]는 외부로부터 전달된 신호를 모아 주는 기능을 한다. 아동의 체내에 삽입하게 되는 내부 수신기는 제조회사에 따라 실리콘과 세라믹으로 제조된다. 각각의 장단점은 〈표 6-5〉와 같다(국립특수교육원, 2007).

12) 수용-자극기(receiver stimulator)라고 불리기도 한다.

〈표 6-5〉 수신기 종류

구분	실리콘(Nucleus사)	세라믹(Clarion, Med El사)
장점	• 재료가 얇고 부드러워 두개골에 장착이 쉽다.	• 충격으로부터 내부기기를 보다 잘 보호해 줄 수 있다.
		• 신호를 좀 더 효율적으로 전달해 줄 수 있다.
단점	• 충격에 약하다.	• 두께가 두꺼워 수술 시 두개골 절개가 조금 더 필요하다.

• 전극

전극(electrode)은 인공와우 수술 시 와우 모양을 따라 삽입되는데, 최근에는 단채널을 사용하지 않고 대부분 16~24개의 다채널전극을 사용한다. 여기서 채널(channel)이란 정보를 전달하는 한 쌍의 활성전극(active electrode)과 기준전극(indifferent electrode)을 말하며, 이 2개의 전극 사이에는 전류가 생성된다. 24개 채널인 인공와우라 함은 이러한 쌍으로 결합된 전극이 24개로 구성되어 소리를 전달한다는 것을 말한다. 전극의 배열 방식은 제조회사에 따라 직선으로 배열하기도 하고 앞부분이 휘어진 모양으로 정렬되기도 한다.

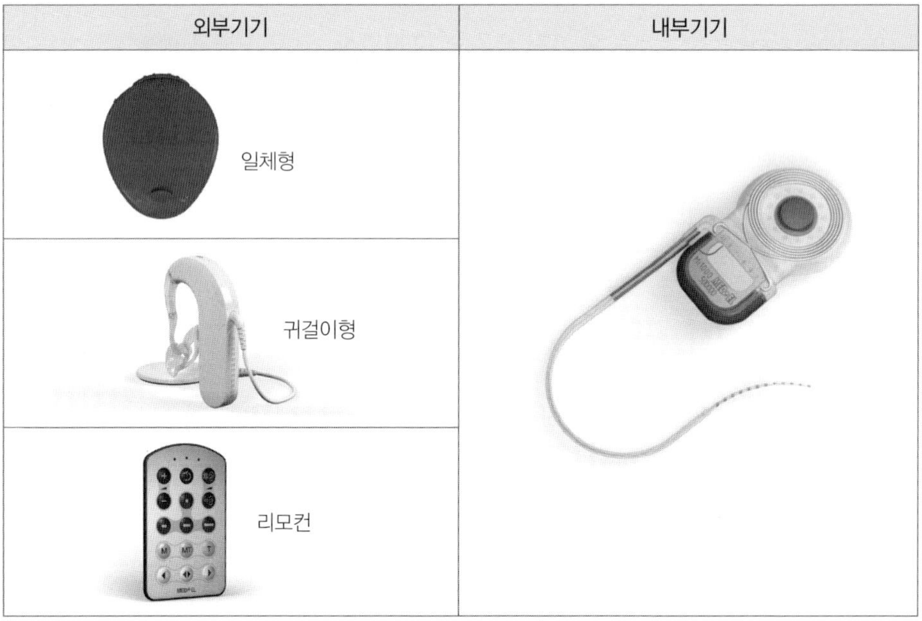

[그림 6-15] 인공와우[13]

13) 위 그림은 최근 시판되고 있는 메델코리사의 인공와우이다.

-소리를 듣는 과정-

- 마이크(송화기)를 통해 소리에너지가 들어온다.
- 마이크는 소리를 감지하여 어음처리기로 보낸다.
- 어음처리기는 들어온 소리를 전기신호로 부호화한다.
- 변환된 소리는 외부 안테나(헤드셋)를 통해 두개골 내에 삽입된 수신기로 신호가 전달된다.
- 수신기는 신호에 알맞은 전극으로 신호를 내보낸다.
- 전극은 청신경을 자극하여 뇌로 신호를 전달한다.
- 뇌에서는 전기신호를 소리로 인지한다.

2) 수술절차

(1) 적격성 심사

인공와우수술을 받기 전에 의사, 청능사 그리고 언어치료사 등으로 구성된 인공와우 팀에서는 대상자가 인공와우 수술에 적합한지를 평가해야 한다. 이때 고려해야 할 사항은 다음과 같다.

- 청신경이 건재해야 한다.
- 보청기로 일정한 이득을 얻을 수 없을 정도로 청력손실이 커야 한다.
- 단어 인지능력이 약 30% 이하로 어음능력에 충분히 문제가 있어야 한다.
- 의학적 · 방사선학적 평가[14]를 통해 건강상의 문제가 없는지 확인해야 한다.
- 인지적 장애 여부를 확인해야 한다.[15]
- 연령과 청각장애 지속기간 등을 고려해야 한다.[16]

14) 측두골 고해상 컴퓨터 단층촬영(HRCT)와 자기공명영상법(MRI)을 시행한다.
15) 인지장애를 가지고 있는 경우에는 인공와우의 충분한 효과를 기대하기 어렵다.
16) 인공와우의 예후는 어릴수록 그리고 농 기간이 길지 않을수록 좋다.

(2) 청각학적 평가

이식 적합성을 판단하기 위한 청각학적 평가로는 주관적 청력검사와 객관적 청력검사가 이루어지는데, 대표적인 검사는 다음과 같다.

- 순음청력검사[17]: 90년대 초반까지는 농인 경우를 이식 대상자로 보았으나, 점차 70~90dB HL로 대상범위를 넓혀 나가고 있다. 그러나 2세 미만은 농 이상을 대상으로 한다.
- 어음청력검사[18]: 성인의 경우에는 어음이해도가 50% 이하일 때 대상자로 보고 있으나, 최종결정 단계에서는 청력손실의 정도와 난청기간 등의 다른 요소들을 종합하여 고려한다.
- 임피던스검사: 전음성 난청의 동반 여부를 알기 위해 실시한다.
- 이음향방사: 영유아의 경우에는 주관적 청력검사가 불가능하므로, 실제 유모세포가 기능을 하고 있는지를 확인하기 위해 반드시 실시한다.
- ABR[19]: 약 90dB nHL 이상의 역치일 경우 대상자로 고려할 수 있으나, 파형이 최대자극 강도에서도 나타나지 않을 경우에는 청신경 이상을 확인해 보아야 한다.

(3) 수술방법

- 귀의 뒷부분인 유양돌기 부분에 드릴로 구멍을 만든다.
- 구멍을 통해 와우가 보이면 고실계(scala tympani)에 전극을 삽입하고, 수신기를 고정시킨다. 이때 인공와우는 유모세포를 자극하는 것이 아니고 나선신경절을 직접 전기적으로 자극한다.
- 텔레메트리(telemetry)[20] 방법을 사용하여 작동을 확인한다.
- 절개 부분을 봉합한다.

---

17) 보청기를 이미 착용하고 있는 경우에는 보청기를 착용한 상태에서의 순음청력검사와 어음청력검사가 필수적이다.

18) 수술 후 재활평가의 기초자료로 활용된다.

19) 영유아의 경우에는 순음 및 어음청력검사가 불가능하므로 ABR 검사를 통해 청력역치를 얻는 방법을 사용한다.

20) 외부에서 기기의 전극 반응을 확인할 수 있는 방법이다.

(4) 인공와우 세부 급여기준(보건복지부 고시 제2017-15호)

100% 전액 본인 부담이었던 인공와우는 2005년부터 일부 본인 부담 항목으로 급여가 전환되었다. 그 내용은 다음과 같다.

보건복지부 고시 제2017-15호 「요양급여의 적용기준 및 방법」에 관한 세부사항

인공와우 (Artificial Ear Cochlear Implant)의 급여기준	1. 인공와우는 다음의 경우에 인정함. - 다 음 - 가. 적응증 1) 2세 미만인 경우 양측 심도(90dB) 이상의 난청환자로서 최소한 3개월 이상 보청기 착용에도 청능발달의 진전이 없을 경우 단, 뇌막염의 합병증 등 시급히 시행하지 않으면 수술시기를 놓치게 될 경우에는 예외적으로 시행할 수 있음. 2) 2세 이상 19세 미만인 경우 양측 고도(70dB) 이상의 난청환자로서 최소한 3개월 이상 보청기 착용 및 집중교육에도 어음 변별력과 언어능력의 진전이 없을 경우 단, 수술 후 의사소통 수단으로 인공와우를 사용하지 못할 것으로 예상되는 경우는 제외함. 3) 19세 이상인 경우 양측 고도(70dB) 이상의 난청환자로서 보청기를 착용한 상태에서 문장언어평가가 50% 이하의 경우 단, 수술 후 의사소통 수단으로 인공와우를 사용하지 못할 것으로 예상되는 경우는 제외함. 4) 아래의 대상자 중 양이청(Binaural Hearing)이 반드시 필요한 경우 상기 1), 2), 3) 각 해당 연령별 조건에 만족 시 반대측 또는 양측 인공와우를 인정함. 가) 요양급여적용일(2005.5.15.) 이전 편측 인공와우 이식자 나) 19세 미만의 편측 인공와우 이식자 다) 19세 미만의 양측 동시 이식 대상자 다만, 상기 가), 나)의 경우 순음청력검사 및 문장언어평가 결과는 인공와우를 착용하지 않은 상태에서 실시한 결과를 적용함. 나. 인정개수 1) 인공와우는 1set[내부기기(Implant), 외부기기(Implant를 제외한 구성품) 구분]에 한하여 요양급여대상으로 하되, 분실, 파손된 경우 등으로 교환 시 외부기기(Implant를 제외한 구성품) 1개를 추가 인정함. 2) 상기 '가.4)'의 19세 미만에서 양측 인공와우 시술이 필요한 경우는 2set[내부기기(Implant), 외부기기(Implant를 제외한 구성품)]를 인정하되, 이후 외부기기는 추가 인정하지 않음. 다. 시설 · 장비 및 인력기준(현행과 같음) 2. 상기 1항의 급여대상 이외 적응증 및 인정개수를 초과하여 사용한 치료재료 비용은「요양급여비용의 100분의 100 미만의 범위에서 본인부담률을 달리 적용하는 항목 및 부담률의 결정 등에 관한 기준」에 따라 본인부담률을 80%로 적용함.

3) 매핑

인공와우 수술 후 약 4주부터 외부기기를 착용할 수 있다. 이전까지를 오프 스위치(off-switch)라고 하고, 외부기기를 착용하는 시기를 온 스위치(on-switch)라고 한다. 온 스위치는 기기를 켜는 순간이며, 이로서 내부기기와 외부기기가 서로 연결되는 것이다. 청능사는 언어합성기에 프로그래밍을 하는 과정, 즉 매핑을 하게 된다. 궁극적인 목적은 이식된 전극이 편하고 적절한 음 자극을 할 수 있도록 하는 것이며, 이를 위해 여러 가지 변수를 조절하고 이들 정보를 언어합성기에 저장하게 된다(유은정 외, 2010). 삽입된 각각의 전극을 활성화하여 자극역치와 쾌적역치를 결정한다. 자극역치는 자극에 대해 반응하는 가장 낮은 전기자극으로서 T-레벨이라고 하며, 쾌적역치는 소리자극에 대해 가장 적절한 크기의 레벨로서 C-레벨이라고 한다.[21] T-레벨과 C-레벨의 차이가 역동범위가 된다. 처음에는 좁은 역동범위를 보이다가 시간이 지날수록 점점 역동범위는 넓어진다. 매핑에 어려움이 있는 아동의 경우에는 전기뇌간유발반응검사를 통해 작동 여부를 확인하고, 행동관찰을 통해 역치를 추정하는 방법을 사용한다(박상희, 2003). 일반적으로 첫 매핑을 하기까지는 4~6주가 걸리며, 인공와우 수술 후 재활은 차후 언어발달에 매우 중요하다(박상희 외, 2003).

- 자극역치(threshold levels): 반응을 일으키는 가장 작은 자극치를 말한다.
- 쾌적역치(comfortable levels): 불쾌할 정도로 크게 느껴지지 않는 최고의 자극치를 말한다.
- 역동범위: 작은 소리에서 큰 소리까지 소리가 변화할 수 있는 정도의 범위를 말한다. 즉, 쾌적역치에서 자극역치 사이의 범위를 말한다.

T-레벨과 C-레벨이 모두 결정되면 하나의 맵(map)으로 산출되어 어음처리기에 저장된다. 만들어진 맵은 각각의 전극에 대한 자세한 전류 정보가 기록되어 있으므로 다른 사람이 사용할 수 없으며, 소리자극에 대한 수용능력이 변화할 때마다 교체해 주어야 한다. 이러한 과정을 매핑(mapping)이라고 한다. 즉, 매핑이란 아동이 인공와

21) 제조사의 소리자극 전달전략에 따라 조금씩 설정방법이 달라서, 메델코리아사의 인공와우는 C-레벨 대신 M(most comfortable) 레벨로 기록하기도 한다. M-레벨과 C-레벨은 상위범주, T-레벨은 하위범주로 이해하면 된다.

우를 사용하는 동안 최대한의 음향 정보와 알아들을 수 있는 형태의 말소리를 제공하기 위하여 정기 점검이 필수적으로 요구되는 과정이다(김수진, 김리석, 이규식, 1999). 수술 후 3개월까지는 1~2주에 한 번 정도 병원을 방문하여 역치변화를 관찰해야 한다(유은정 외, 2010). 각각의 전극에 프로그래밍하는 매핑과정은 인공와우 이식 수술 후 청능 및 언어재활의 예후를 결정짓는 가장 중요한 과정이라 할 수 있다(Adunka & Kiefer, 2005). 다음은 인공와우 이식 수술 후 발생한 문제점을 보여 주는 사례이다.

첫 번째 사례는 인공와우 이식수술을 받은 11세 여아로 농아원에 거주하고 있었다. 지속적인 매핑으로 전 주파수에서 40dB의 청각역치를 보였으며 주 2회 언어치료를 꾸준히 받던 중, 개인적인 사정으로 3년 동안 치료가 중단되었다. 다시 인공와우를 착용시키려고 하였으나, 아동은 소리에 매우 놀라거나 시끄럽다고 호소하였다. 다시 매핑을 시행한 결과 T/C 레벨은 처음 수술 직후 매핑과 비슷하게 좁은 역동범위를 보였다. 결국 3개월간의 지속적인 매핑으로 과거의 역동범위와 유사하게 C-레벨을 높일 수 있었다. 그러나 여전히 작은 소리에 민감하게 반응하지 못하고 이득 검사에서 55dB 수준을 보여 어음처리기의 마이크를 교체해야 하였다.

두 번째 사례는 정전기로 인하여 프로그램이 지워진 사례이다. 뉴클리어스(Nucleus) 24M 인공와우 이식수술을 시행 받은 4세 여아는 주로 2번 프로그램을 계속 사용하였다. 그러나 유치원 귀가 후 어음처리기를 살펴보니, 3번으로 프로그램이 바뀌어 있었다. 다시 2번으로 재설정하려 했으나 2번 프로그램이 지워져 있는 상태로서 외부환경에 의하여 문제가 발생하여 어음처리기의 프로그램이 훼손된 것으로 보였다. 결국 어음처리기 전체를 리셋(reset)한 후 프로그램을 다시 입력하여 문제를 해결할 수 있었다(문형아, 2007). 프로그램 확인은 컴퓨터로 연결하여 할 수 있으며 최근에는 무선 와이파이로도 조절 가능하다.

세 번째 사례는 인공와우 전극 고장으로 국내의 경우 2.1%(9/430) 정도로 보고되고 있다. 이 경우에는 재수술을 통해 전극을 교환해야 한다. 만약 이식자의 청각적 수행력이 낮아지거나 전기자극에 대한 역치와 쾌적 강도가 자주 변하면 전극 고장을 의심할 수 있다(허승덕 외, 2007).

> 매핑은 어음처리기에 프로그램하는 과정으로서 말소리가 왜곡되지 않고 편안하게 들리도록 T-레벨과 C-레벨을 찾아서 조절해 주는 과정을 말한다.

4) 인공와우 착용 아동을 위한 지도

최근 인공와우 수술을 받는 아동의 숫자가 늘어남에 따라 교사는 인공와우에 대한 지식뿐만 아니라 어떻게 지원하고 지도해야 하는지에 대한 이해가 필요하다.

(1) 교육 지원

인공와우 이식 아동의 경우에는 착용 연령이 3세 이전인 경우가 3세 이후보다 예후가 좋으며(김유경, 박미혜, 석동일, 2005), 착용기간과 생활연령이 올라갈수록 음성언어 산출능력도 함께 향상되는 경향을 보인다(허명진, 2015). 인공와우 이식 후 아동의 언어발달은 일반적으로 매우 효과적이라고 알려져 있으나, 동일한 연령의 건청아동 수준을 기대하기는 어렵다. 말에 대한 주의집중, 말 이해능력, 말 표현능력 및 조음능력 등 언어발달뿐만 아니라 또래와의 상호작용과 정서적 안정도 전반적으로 향상되는 것은 사실이나 실제 학교 현장에서 교사가 경험하는 인공와우 아동은 다음과 같은 영역에서 건청아동에 비해 뒤떨어진다고 보고되고 있다(국립특수교육원, 2007).

- 일상생활이나 수업시간에 다른 사람의 말에 집중하는 능력
- 질문이나 수업내용에 관한 질문을 듣고 이해하는 능력
- 정확한 조음능력
- 자신의 감정이나 의사를 말로 표현하는 능력
- 교사나 또래와의 언어적 의사소통 능력
- 토론이나 발표에 참여하는 능력

이는 인공와우 수술 전과 비교하였을 때는 여러 측면에서 향상되었다고 할지라도 학교생활에서는 여전히 교사의 특별한 지원이 필요하다는 것을 말해 주고 있다. 통합교실 수업 상황에서 할 수 있는 교사 지원은 다음과 같다.

- 아동의 자리 배치를 고려한다. 인공와우를 착용한 아동은 소음으로부터 먼 곳이 좋으며, 뒷자리보다는 교사의 입 모양을 잘 볼 수 있는 앞자리에 앉히는 것이 좋다.

- 소음을 통제한다. 외부의 소음이 클 경우에는 창문을 닫거나, 교실 내에서도 지나친 소음은 통제해 준다.
- 교실에서는 FM 시스템을 함께 사용하여 교사의 말을 더 잘 들을 수 있도록 할 수 있다.
- 아동이 쉽게 이해할 수 있도록 문장을 간단히 재구성해 주거나 반복해서 말해 준다.
- 독화를 돕기 위해 입 모양을 보여 주거나 시각적 단서 및 자료를 제시해 준다.
- 일상적인 활동에는 지장이 없으나 과격한 체육활동에 참여할 시에는 헬멧을 착용하거나 수술 부위에 충격을 받지 않도록 한다.
- 건전지가 없거나 헤드셋이 떨어지는 경우가 있을 수 있으니 아동이 평소와 다른 태도를 보일 경우 반드시 확인해 본다.
- 정전기에 노출될 경우 어음처리기의 맵(map)이 변조될 수 있으니 플라스틱으로 된 기구들은 피하는 것이 좋다. 플라스틱 제품보다는 목재 장난감을 제공해 주며, 정전기가 불가피할 경우에는 외부기기를 빼놓도록 한다.
- 바닥에서의 활동이 많은 유아의 경우에는 정전기가 많이 발생하는 카펫은 피하는 것이 좋으며, 경우에 따라서는 정전기용 스프레이 등을 뿌리는 것이 좋다.

(2) 사후 관리

병원 측에서는 인공와우 착용방법과 기기 조작 등에 대한 설명을 충분히 해 주어야 하며, 부모는 다음과 같은 관리방법을 숙지하고 있어야 한다.

- 아침에 일어날 때는 기기의 전원을 켰는지 확인하고, 볼륨[22]과 민감도[23]를 조절해 준다.
- 박스형일 경우에는 활동 중에 옷 속에서 조절기가 감길 수 있으므로 테이프 등을 감아 두거나 잠금 기능을 사용할 수도 있다.
- 대부분의 제품은 건전지 소모를 LED 액정에 표시되도록 되어 있다. 표시 내용을

22) 보청기 볼륨 조절과 유사하여 0~10레벨 정도까지 조절이 가능하다(국립특수교육원, 2007).

23) 멀리 또는 가까이에서의 소리를 받아들이는 마이크 능력 조절을 말한다. 민감도를 낮게 조절하면 주변 가까운 소리만을 더 감지하게 되고, 높게 조절하면 넓은 범위의 소리를 감지할 수 있다(국립특수교육원, 2007).

수시로 확인한다.

- 건전지를 교체할 경우에는 전원을 끄고 도어를 연 다음 새것으로 교체하는데, +극과 −극 방향을 반드시 확인한다. 그런 다음 전원을 다시 켠다.
- 건전지 수명은 어음처리기의 프로그램 유형, 착용시간, 볼륨 크기에 따라 다르다. 귀걸이형이 박스형보다 건전지 소모량이 많으며, 충전식 건전지는 평균 12~15시간, 일회용인 알카라인 건전지는 24시간 정도 사용 가능하다.
- 가급적 여분의 건전지를 소지해 두는 것이 좋다.
- FM 보청기나 텔레코일(telecoil)[24]을 사용할 경우에는 모드 설정 버튼을 'T'로 조절하여 사용한다.
- 이식한 부위에 충격이나 강한 자극을 받지 않도록 주의한다.
- 어음처리기를 떨어뜨리거나 충격을 받지 않도록 해야 한다. 특히 귀걸이형은 분실의 위험이 있으므로 주의해야 한다.
- 물에 닿지 않도록 하며, 습기를 조심해야 한다. 물놀이를 하는 등의 활동에서는 외부기기를 빼야 한다.
- 습기는 인공와우 외부기기, 특히 마이크에 손상을 줄 수 있으므로 인공와우용 습기 제거 통을 사용할 수 있다.
- 정전기에 주의해야 한다.
- MRI 촬영 등을 할 경우에는 반드시 인공와우를 착용하고 있다는 사실을 알리고 외부기기의 자석을 제거하거나 특별한 방법으로 촬영하는 등의 의사 지시를 따르도록 한다.
- 비행기를 탈 경우에는 인공와우 착용자라는 시술 확인 카드를 지참한다.
- 인공와우의 마이크는 습기에 노출될 경우 고장이 날 수 있으니 정기 점검이 필요하다.
- 인공와우의 코일은 오래 사용하거나 기타 요인으로 손상될 수 있으니 정기 점검이 필요하다.

---

24) 보청기 내에 설치해 놓은 코일로서, 텔레코일로 소리를 듣게 되면 마이크로폰을 통하지 않고 바로 코일로 소리를 감지하게 된다(장순석, 권유정, 이제형, 2005).

참고문헌

국립특수교육원(2007). 인공와우아동을 위한 교과서 지침서 개발 연구.

김수진, 김리석, 이규식(1999). **언어청각장애연구**, 4, 1-21.

김유경, 박미혜, 석동일(2005). 인공와우 이식 아동의 조음발달에 관한 연구. **특수교육저널**, 6(2), 67-83.

김혜경, 조소현, 조수진(2010). 청각장애 학생들의 청각보조기기 사용 및 상담활동에 대한 연구. **한국청각언어재활학회**, 6(1), 76-85.

대한청각학회(2013). 제 14회 청력검사보청기강습회.

문령아(2007). 인공와우 이식수술 후 사후관리 및 문제점 해결. **청능재활**, 3, 167-169.

박상희, 석동일, 정옥란, 이상흔(2003) 인공와우이식아동에게 off-switch 상태에서 실시한 다감각 청각재활 프로그램이 매칭에 미치는 결과. **언어청각장애연구**, 8(3), 228-252.

방은주, 조수진, 조소현(2007). 실이대 다이얼차의 검사-재검사 신뢰도에 관한 연구. **청능재활**, 3(1), 85-87.

송욱, 구호림, 송정환(2006). 청각장애아의 거리에 따른 청력 역치 비교: 보청기 및 FM 시스템 적합 결과비교. **청능재활**, 2(2), 169-173.

오세진(2015). **보청기개론**. 서울: 시그마프레스.

유은정, 백무진, 안성우, 최상배, 최영숙, 서중현, 이광렬, 서유경(2010). **청각장애아동의 이해와 교과교육**. 서울: 학지사.

이정학, 이경원(2005). **보청기평가**. 서울: 학지사.

이필상, 권순황, 김수진, 김시영, 박미혜, 박선희, 정은희(2015). **청각장애아동교육의 이해**. 서울: 학지사.

임새민, 박상규(2012). 디지털 보청기를 위한 저전력, 저잡음, 전치증폭기설계. **전자공학회논문지**, 49(12), 219-225.

장순석, 권유정, 이제형(2005). 보청기 텔레코일의 전자계 잡음 소거를 위한 회로 설계. **대한전자공학회 학술대회 논문집**, 457-460.

정혜임(2016). 보청기 최적 적합을 위한 실이측정 및 어음 성능 평가 비교 연구. 성균관대학교 석사학위 청구논문.

최태호(2004). DSP를 이용한 마이크로폰의 음향특성 측정시스템의 구현. 제주대학교 대학원 석사학위 논문.

한국청각언어장애교육학회(2012). **청각장애아동교육**. 경기: 양서원.

허명진(2015). 인공와우 이식자의 조음산출에 미치는 배경변인. **언어치료연구**, 24(1), 103-111.

허승덕, 강명구, 방영덕, 이현직, 최아현(2007). 인공와우 이식 후 전극상태평가. **언어청각장애연구**, 12(3), 532-543.

허승덕, 최아현, 강명구(2006). **재활청각학**. 서울: 시그마프레스.

Adunka, O., & Kiefer, J.(2005). Wie funtioniert der Sprachprozessor von Cochlea-Implantaten?. *Laryngo-Rhino-Otol, 84*, 841-850.

Kiessling, J. Kolmeier, B., & Biller, G.(1996). *Versorgung und Rehabilitation mit Hoergeraeten*. Georg Thieme Verlag.

Leonhardt, A.(1999). *Einführung in die Hörgeschädigtenpädagogik*. Reinhardt.

제 7 장

중추청각처리장애

"첫눈 오는 날 만나자."라는 달콤한 약속이
지켜지지 않는 이유는
이것이 첫눈인지 저것이 첫눈인지
모르기 때문이다.
지켜지지 않은 수많은 약속들은
그래서일 것이다.
미처 알지 못해서…….

중추청각처리장애는 말 그대로 중추에서 청각정보를 처리하는 데 생긴 문제이다. 말초청각기관은 정상이지만 청각적인 정보를 처리하는 기능에는 어려움을 가지고 있다. '듣는다' 는 것은 물리학적인 소리의 개념 또는 생리학적으로 뇌에 입력되는 'hearing' 을 초월한다. 우리가 흔히 말하는 "잘 들어 봐."라는 말 속에는 "집중해 봐."라는 의미가 함축되어 있다. 음향학적인 정보를 받아들이는 것은 지각의 과정이며, 그 정보 안에는 소리의 음도, 강도, 패턴, 시간, 방향, 운율 등의 다양한 요소가 포함되어 있다. 이 장에서는 중추청각처리장애의 개념과 특성 그리고 지도방법 등을 중심으로 살펴보고자 한다.

- 중추청각처리장애란 무엇인가?
- 중추청각처리장애를 가지고 있는 아동의 특성은 어떠한가?
- 중추청각처리장애를 가지고 있는 아동의 지도방법은 무엇인가?

1. 중추청각처리장애

중추청각처리장애(Central Auditory Processing Disorder: CAPD)란 말초청각기관[1]은 정상이지만 중추청각신경계(Central Auditory Nervous system: CANS)에 문제가 있는 경우를 말한다. 중추청각신경계는 와우핵에서 시작하여 청각피질까지 이루어지는 과정으로 와우핵, 하구, 내슬상체 등이 대표적인 중추청각경로에 해당한다.

1) 중추청각경로

와우 안에는 청각수용기가 있으며, 청각신경을 통해 와우에서 양측 와우핵(와우신경핵)으로 청각정보가 전달된다. 와우핵은 다시 전복측 와우핵(anterior ventral cochlear nucleus), 후복측 와우핵(posterior ventra cochlear nucleus), 배측 와우핵(dorsal cochlear nucleus)으로 구성된다. 와우핵에 있는 세포들은 좌우 양쪽 뇌간(brain stem)의 상올리브핵(superior olivaris nucleus)으로 축삭들을 투사한다. 일부는 동 측 상올리브핵(20%)으로, 일부는 반대 측 상올리브핵(80%)으로 전달된다. 좌우 상올리브핵으로 분리되기 때문에 양이청취로 표상되는 첫 경로가 된다. 올리브핵 뉴런들의 축삭은 외측융대를 통해 위로 올라가서 중뇌의 하구(inferior colliculus)에서 신경연결을 이룬다. 모든 외측융대 신경섬유는 하구의 중추세포와 연결되어 있으며, 소리방향정위 등의 부가 정보를 제공한다. 하구에 있는 뉴런들은 청각정보들을 시상(thalamus)[2]에 있는 내측슬상체(medial geniculate nucleus)로 축삭을 뻗어 보내며, 이 뉴런들은 이어서 측두엽 대뇌피질에 있는 청각피질(auditory cortex)에 도달한다. 도달된 정보는 일차청각피질(primary auditory cortex)과 이차청각피질(secondary auditory cortex)에서 처리된다. 이를 도식화하면 [그림 7-1]과 같다.

---

1) 외이에서부터 와우 그리고 청신경을 포함하여 칭한다.

2) 눈, 귀, 피부에서 들어오는 감각경로는 모두 시상을 거쳐 대뇌피질로 들어간다.

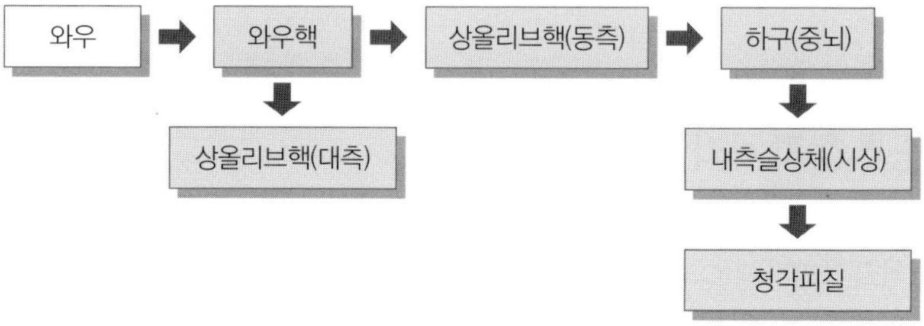

[그림 7-1] 중추청각경로

1차 청각피질은 브로드만(Brodman)[3] 지도상으로 41번에 해당한다. 1차 청각피질 아래에는 2차 청각피질에 해당하는 42번이 놓여 있다. 1차 청각피질의 많은 출력은 인접 영역에 위치한 이차청각피질 영역으로 전도된다. 2차 청각피질은 청각정보처리의 마지막 단계로서 베르니케(Wernicke) 영역(22번)과 각회(angular gyrus)[4]가 해당한다. 각회는 연합영역으로 모든 시각 · 청각 · 촉각 등의 감각정보가 통합되어 높은 수준의 정보처리를 가능하게 한다. 1차 청각피질에서는 단일 톤이나 환경 소리 등에 대한 단순한 소리자극에 대한 감각기능을 담당한다면, 42번은 말소리나 환경음에 대한 민감도에 관여한다(Rosenkötter, 2003).

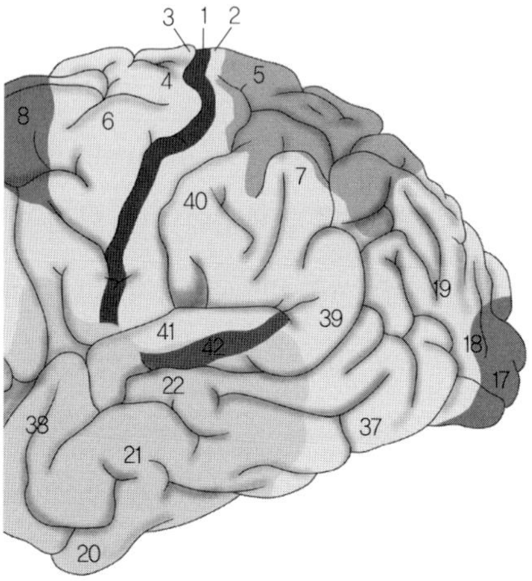

[그림 7-2] 청각피질

3) 대뇌피질에는 각각의 구조와 기능이 마치 조각보처럼 일정 영역으로 구성되어 있다는 것을 보여 주는 것으로서 브로드만 영역 지도라고 불린다.

4) 각회는 두정엽과 측두엽의 윗부분에 위치하며 언어와 관련된 역할을 하며 브로드만 영역 중 39번에 해당한다.

또한 베르니케 영역은 측두엽에 위치하고 있으며, 청각피질로부터 전달된 언어정보를 해석하는 기능을 한다. 즉, 소리를 듣는 데에는 문제가 없으나 상대방이 하는 말의 의미를 듣고 이해하는 데 결함을 보이게 된다. 청각피질의 손상은 컴퓨터의 하드웨어와도 같아서 모든 데이터를 정상적으로 처리하는 데 문제를 갖게 된다. 청각피질에 외과적 손상을 입은 원숭이도 심각한 청각장애를 일으켰으며, 소리의 연속성을 변별하거나 공간에서 소리 위치를 탐지하는 데 큰 장애를 보이는 것으로 나타났다(조신웅 역, 2001).

신경계의 병리에 따른 각 처리과정의 문제는 〈표 7-1〉과 같다.

〈표 7-1〉 청각중추 손상부위와 기능

부위	문제
와우핵	동측 듣기와 대측 듣기의 문제, 방향정위 및 양이 통합의 어려움
상올리브핵	음원 확인 및 변별의 어려움
외측융대	배경소음에서 듣기, 음원 확인의 어려움
하구/내측슬상체	청각주의집중, 청각처리 속도 조절, 청각정보 훑기(screen)의 어려움
헤셸회(1차 청각피질)	소리패턴 지각 및 처리의 어려움
베르니케 영역	말소리 지각의 어려움

출처: Richard(2001); Bhatnagar & Korabic(2006), 김유경(2006)에서 재인용된 것을 재구성함.

그러나 각각의 청각중추신경계에서 이루어지는 정보처리 기능은 말초청각기관과 달리 명확하게 구분하기는 어렵다. 왜냐하면 뇌는 매우 복잡한 구조를 가지고 있을 뿐만 아니라 기능적으로도 매우 밀접하게 상호작용하기 때문이다. 무엇보다도 인간의 뇌는 신경세포가 복잡하게 결합되어 상호작용하기 때문에 그 메커니즘을 절편을 쪼개듯이 설명하기는 매우 어렵다.

2) 중추청각처리장애의 정의

중추청각처리장애(이하 CAPD)라는 용어는 1996년 미국언어청각협회(American Speech and Hearing Association: ASHA)에서 처음 사용하였으며, 청각처리장애(Auditory Processing Disorder: APD)로 불리기도 한다(Ptok et al., 2000). CAPD와 APD

는 혼용되어 사용되고 있으나 개념상으로는 다음과 같은 차이점을 갖는다. APD는 입력된 청각정보의 지각적인 정보처리, 즉 청각정보처리에 어려움이 있는 장애이다(김유경 외, 2008). 반면에 CAPD는 중추청각신경계가 신경생물학적 활동으로 청각정보를 처리하는 과정에서의 어려움이 있는 것을 말한다. 결국 용어상에서 중추(central)를 포함시키느냐 혹은 포함시키지 않느냐의 문제일 뿐 APD 자체가 중추청각신경계의 활동을 전제로 한다는 점에서 CAPD와 APD를 원칙적으로 구분하기는 쉽지 않다. ASHA에서 내리는 CAPD 정의는 다음과 같다.

> 중추청각처리장애란 음의 방향정위(sound localization), 편재화(lateralization), 청각변별(auditory discrimination), 청각패턴 인식(auditory pattern recognition), 시간적 통합(integration), 시간 간격 감지(gap detection), 청각 순서화(temporal ordering), 시간적 차폐(temporal masking)와 같은 청각의 시간적 처리, 경쟁 음향자극에서의 청각수행력, 불명료한 음향자극에 대한 청각수행력 가운데 한 가지 이상에서 문제가 있는 경우를 말한다(ASHA, 2005).

ASHA의 정의에 따르면, CAPD는 대표적으로 다음 여섯 가지 영역에서 문제를 보인다. 첫째, 소리가 어느 방향에서 나는지 알기 어렵다. 둘째, 소리를 변별하기 어렵다. 셋째, 소리의 리듬이나 높이 등을 인식하는 것이 어렵다. 넷째, 소리 정보의 시간적 측면을 파악하는 것이 어렵다. 다섯째, 양쪽 귀에 각각 다른 소리자극을 주었을 때 동시에 듣는 것이 어렵다. 여섯째, 불충분한 청각정보를 통합하여 듣는 것이 어렵다. CAPD의 특성에는 청각신호를 처리하고 지각하고 활용하는 과정이 모두 포함되며, 그런 맥락에서 일부 연구들은 '청각처리 및 청지각 장애'라고 통칭하여 사용하기도 한다.[5] 청각처리장애와 청지각장애가 분명히 다른 개념을 가지고 있음에도 청각처리와 청지각이 함께 묶여 사용되는 것은 단순한 음향학적 신호와 달리 말소리에 있어서는 그 둘의 관계가 매우 밀접하게 연결되어 있기 때문이다. 무엇보다도 CAPD의 특성 가운데 많은 부분은 청지각적 요소를 포함하고 있다. 청지각은 중추청각정보처리의 결

5) 그러나 이 책에서는 국내에서 더 일반적으로 사용되는 '중추청각처리'라는 용어를 사용하되, 내용상으로는 청지각장애를 포함하고 있음을 밝힌다.

과라는 점에서 CAPD와 청지각장애를 실제 일상에서 표면적으로 나타난 특성만 가지고 구별하기는 매우 어렵다. 〈표 7-2〉에서 알 수 있듯이, 청각처리와 청지각장애는 불가분의 관계이며, 실제로 뇌종양과 같은 순수한 청각경로의 질환을 가지고 있는 경우에도 청각적 자극을 지각하는 데에 문제를 보인다는 점에서 CAPD와 청각처리장애 및 청지각장애의 구분은 매우 어렵다.

〈표 7-2〉 청각처리와 청지각

청각처리	청지각
• 방향정위	• 청각적 정보 확인
• 소리변별	• 청각적 정보 분석
• 양이 합산	• 청각적 정보의 통합
• 시간격차 해소	• 청각적 정보의 보완
• 다이나믹	• 청각적 주의집중
• 청각적 패턴 인식	• 청각적 정보의 단기기억
• 청각적 변별	• 청각적 정보의 서열화

출처: Nickisch, Heber, & Burger-Gartner(2001).

> 말초청각장애는 외이에서부터 청신경까지의 경로에서 병변이 발생하여 소리를 감지하고 전달하는 데에 문제를 보이는 반면에, 중추청각처리장애는 뇌간에서 청각피질까지의 중추청각계의 병변으로 인하여 청각정보를 지각하고 분석하며 종합하는 처리과정에서 어려움을 보이는 장애이다.

3) 출현율 및 원인

(1) 출현율

CAPD의 출현율은 문헌마다 다르게 보고되고 있다. CAPD는 전 생애에 걸쳐 나타날 수 있다. 학령기 아동의 경우 2~5%가 CAPD를 가지고 있다는 연구결과부터(Bamiou et al., 2001; Chermak, Nysuej, 2007: 윤민호, 장현숙, 2014에서 재인용), 성인의 경우에는 10~20% 그리고 아동에게서는 2~3%(Zorowka, 2001) 또는 7~11%까지 나타난다는 결과까지(Zöllner, 1999) CAPD의 출현율을 단정 지을 수는 없다. 그러나 학습장애나 언어장애를 가지고 있는 아동의 60~70%가 청지각의 결함을 갖고 있다고 볼 때, CAPD 출현율은 그보다 더 높을 것으로 추정할 수 있다(Eggert, 1992). 성별에 있어서는 남자가 여자보다 2배 정도 출현율이 높은 것으로 보고되고 있다(Bamiou et al., 2001; Chermak & Musiek, 1997).

(2) 원인

발생 원인은 말초청각기관의 손상처럼 명확하게 증명된 바는 없다. 추정컨대, 유전적 요인이나 가계력이 영향을 미칠 것이라는 가정 외에도 많은 요인이 함께 영향을 미치는 것으로 보고 있다(Rosenkötter, 2003).

- 유전적 요인 및 가계력
- 심리사회적 요인
- 출산 시 또는 출생 후 산소결핍이나 혈액순환장애
- 출산 전 산모의 니코틴, 알코올, 약물 또는 마약 복용
- 조산
- 임신 중 영양실조와 혈압
- 청각경로의 손상
- 유아기 동안의 재발성 중이염

2. 중추청각처리 기능 및 행동 특성

소리가 뇌로 전달되는 속도는 컴퓨터가 정보를 처리하는 속도와는 비교도 할 수 없을 만큼 빠르다. 더욱 놀라운 것은 마치 바람처럼 순간적으로 입력되는 소리를 받아들이고 전기신호로 전환하고 그것이 무엇인지를 인식하기까지의 초스피드 과정에서 우리는 소리의 위치, 높이, 강도, 운율 그리고 내용까지를 모두 파악해 낸다는 사실이다.

1) 중추청각처리 기능

(1) 음의 방향정위 및 편재화(sound localization and sound lateralization)

정위(定位, localization)란 음원이나 음상에 대해 청취자가 음원의 방향이나 거리를 정하는 것을 말한다. 따라서 방향정위는 소리가 들리면 그 소리가 어느 방향에서 나는지, 머리를 중심으로 수평적[6] · 수직적[7] 거리를 가늠할 수 있는 기능이다. 음의 방향정위에 어려움을 갖는 사람의 경우에는 자기 이름을 어디(방향)에서 부르는지를 모른다거나, 길을 건널 때 들리는 자동차의 경적소리가 어느 방향인지를 파악하지 못해 당황하기도 한다. 소리가 나는 방향을 재빠르게 인식하는 능력은 언어수용력에도 영향을 미친다. 방향정위의 결함은 특히 시끄러운 소음 상황에서 말을 이해하는 데에 문제를 보인다. 편재화는 헤드셋이나 이어폰을 통해 양측 귀에 들어온 소리의 좌우측을 판별하는 능력을 말한다.

(2) 청각적 변별(auditory discrimination)

귀에 입력되는 청각적 자극 간의 차이를 변별하는 능력을 말한다. 청각적 변별에 문제가 있을 경우에는 비슷하게 들리는 소리나 음소들을 구별하는 데에 어려움을 갖는다. 초분절적 측면에서는 단어의 강세, 억양, 장단 등의 차이를 변별하는 것을 말하며, 분절적 측면에서는 말소리를 변별해 내는 것을 말한다(Lauer, 2001). 예를 들면 /ba/와 /pa/의 차이를 아는 것인데, 이때 말소리의 변별자질[8]이 적을수록 청각적 변별도 어려워진다.

(3) 청각패턴 인식(auditory pattern recognition)

청각패턴 인식은 두 가지 기능을 포함한다. 첫째, 연속적으로 들리는 일정한 톤이나 리듬을 인식하는 것이다. 리듬을 인식하고 활용하는 것은 언어발달에서 중요한 의미를 갖는다. 언어의 운율과 리듬적 요소를 인식하는 것은 단어인식, 단어형성 그리

6) 소리가 좌우 어디에서 나는지를 판단한다.

7) 소리가 위에서 나는지 아래에서 나는지를 파악한다.

8) 음소를 구성하는 속성을 분석한 것으로서, 예를 들면 /ㅂ/와 /ㅁ/는 '공명성'이라는 변별자질을 갖는다. /ㅂ/는 [-공명성], /ㅁ/는 [+공명성]으로 표시한다. /ㅃ/와 /ㅅ/는 /ㅂ/와 /ㅁ/을 비교하였을 때보다 더 많은 변별자질을 갖는다.

고 문법규칙을 배우는 데에 전제조건이 되기 때문이다(Penner, 2002). 둘째, 소리의 높낮이, 즉 주파수 패턴에 대한 인식이다. 주파수 패턴 인식에 문제가 있을 경우에는, 예를 들면 '고-고-저' 또는 '저-고-고' 등의 조합된 패턴을 들려주면서 패턴을 구어로 명명하는 과제에서 어려움을 보인다.

(4) 시간적 처리(temporal processing)

시간적 처리는 청각정보에 대한 시간적인 처리능력을 말한다. 여기에는 다음과 같은 측면이 포함된다.

• (시간적) 통합(integration): 서로 다른 음향자극이 양쪽 귀에 동시에 들린다면 우리 귀는 2개의 다른 음향신호를 각각 하나의 신호로 처리한다. 예를 들면, 우측 귀에는 숫자 8을, 좌측 귀에는 숫자 5를 동시에 들려주었을 때 정상적인 경우라면 동시에 들을 수 있어야 한다. 그러나 양쪽 귀의 정보처리 속도가 다를 경우에는 동시적으로 처리하는 데에 문제가 생길 수 있다.

• 시간간격 감지(gab detection): 음이 끊어지는 것을 탐지하는 능력이다. 중추청각기능에 문제가 있거나 배경소음이 있는 경우에 시간간격역치[9]는 증가한다.

• 청각 순서화(temporal ordering): 입력된 청각정보의 순서를 정확하게 기억하는 것을 말한다. 예를 들면, 2개의 서로 다른 클릭음을 들려주고 어느 쪽 귀에서 먼저 소리를 들었는지 물었을 때 시간상으로 그 순서를 아는 것을 말한다. 그러나 양귀에 들려주는 자극음의 시간 간격이 최소 15~60ms(밀리초, milisecond) 정도가 되어야만 소리가 들린 귀가 우측인지 좌측인지를 구분할 수 있다.

• 차폐(masking): 일상생활에서는 하나의 음원만 존재하는 경우는 거의 드물다. 차폐란 원칙적으로 여러 개의 음원이 있을 경우 듣고자 하는 음을 듣기 어렵게 만드는 방해음을 말한다. 시간적 차폐는 차폐가 동시에 발생된 것인지, 신호자극 이전에 발

9) Gap Detection Threshold(GDT)로서 자극음이 끊겼다는 것을 알기 위해 필요한 가장 짧은 시간 간격을 말한다.

생된 것인지 혹은 이후에 발생된 것인지를 구분할 수 있는 것을 말한다. 시간적 차폐가 되지 않을 경우에는 여러 사람이 말하는 장소에서 특정 대화 상대자의 말을 이해하는 데에 어려움을 보인다.

(5) 경쟁 음향자극에서의 낮은 수행력(decrement with competing acoustic signals)

필요한 정보가 주변의 소음으로 인해 들리게 않는 것을 메스킹 효과(masking effect)라고 한다. 그것을 피하기 위해 우리는 소음이 있는 곳에서는 더 크게 말을 하게 되는데, 일반적으로 듣고자 하는 음향신호보다 소음이 5dB 작으면 말을 이해하는 데에는 큰 이상이 없다. 다른 한편으로는 칵테일 파티 효과(cocktail party effect) 현상이 나타난다. 시끄러운 소음 속에서도 내가 원하는 의미 있는 정보를 얻고자 주의를 집중할 때에는 자극신호 외에 동시에 들리는 다른 방해 소리는 무시하게 된다. 그래서 주변이 매우 시끄러움에도 자기가 듣고자 하는 어떤 소리에 집중하면 그 소리를 들을 수 있는 것이다. 이 영역에서 문제가 있는 경우에는 순음청력검사나 방해요인이 없는 어음청력검사에서는 별 특이점을 보이지 않으나 소음 속에서 청각적 정보를 받아들이는 데에 어려움을 갖는다.

(6) 불명료한 음향자극에서의 낮은 수행력(decrements with degraded acoustic signals)

우리가 일상에서 듣는 소리는 항상 명확한 것은 아니다. 대부분의 말소리는 일부가 약해지기도 하고, 변조되기도 하고, 다른 소리가 들어가거나 음의 끊김 현상으로 인해 불명료한 상태로 들리기도 한다. 이러한 불명료한 음향자극에서 정보를 잘 받아들이기 위해서는 다음과 같은 능력이 요구된다.

〈표 7-3〉 불명료한 음향자극 수행요건

청각적 분석(auditory analysis)	음절, 단어, 문장 그리고 텍스트 등에서 각각의 언어적 요소를 인식하는 능력
청각적 기억(auditory memory)	소리나 단어 등을 기억하는 능력
청각적 주의집중(auditory attention)	일반적인 소리자극에 대해 귀를 기울이는 능력
청각적 합성(auditory synthesis)	각각의 음소들을 하나의 단어로 연결하는 능력
청각적 종결(auditory closure)	일부분을 듣지 못했을 때 전체 단어나 메시지를 이해하거나 완전하지 않은 음의 조합을 의미 있는 단어로 보완하여 이해하는 능력

2) 행동 특성

CAPD는 원칙적으로 말초청각신경, 언어발달, 인지 혹은 그 밖의 다른 요인을 일차적 원인으로 가지고 있지 않음에도 청각처리 과정과 청지각에서 문제를 보이는 경우를 말한다. 그러나 역설적이게도, 청각장애, 언어발달장애, 인지장애 혹은 주의집중장애를 가지고 있는 경우 CAPD의 특성을 동반할 수 있다. CAPD는 하나의 질환이라기보다는 기능적 측면에서의 결함이라는 점에서 독립적으로 나타날 수도 있고 다른 장애와 함께 복합적으로 나타날 수도 있다. 대표적으로 나타나는 행동특성으로는 청지각의 문제, 주의력결핍, 읽기 · 쓰기와 같은 낮은 학업수행 능력 등을 들 수 있다.

(1) 청지각의 문제

지각이란 시각, 청각, 후각, 통각 등의 감각기관을 통해 수용된 물리적이고 화학적

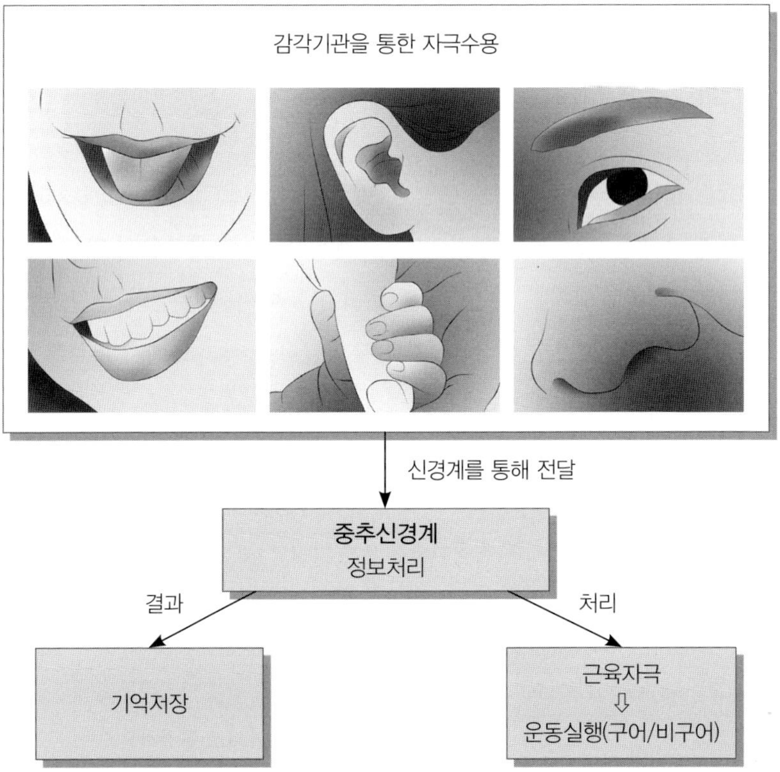

[그림 7-3] 지각

출처: Lupberger(2015)에서 재구성함.

인 자극신호를 인식하고 처리하는 것을 말한다. 청지각(auditory perception)이란 귀를 통해 받아들인 정보가 무엇인지를 아는 것이다. 즉, 소리에 대한 정신적 자각이다. 청지각은 '듣다'의 의미가 아니라 귀에 들린 것이 무엇인지를 파악하고 중추신경계를 통해 처리되는 과정을 말한다. 시지각을 예로 들어 설명하면, 우리가 정육면체의 보라색 상자를 보았을 때 이에 대한 색깔, 형태 그리고 깊이에 관한 시각적 감각정보가 독립적으로 처리된 후 이들 정보가 결합되었을 때 비로소 정육면체의 보라색 상자로 인지하게 되는 것과도 같다(한광희 외, 2000). 이와 마찬가지로 청지각과정은 중추청각경로를 통해서 처리된 소리의 음도, 강도, 변화, 음색, 위치 등에 관한 모든 정보를 종합하여 인식하는 하나의 정보처리 과정이다. 그런 맥락에서 청지각의 문제는 CAPD의 대표적인 행동특성 중 하나이다.

(2) 주의력결핍

주의력결핍장애를 가지고 있는 아동은 부모나 교사가 지시하는 말에 잘 집중하지 않는 경향을 보인다. 컴퓨터 게임을 하거나 시각적 과제수행에는 큰 문제없이 오랫동안 몰두하지만 청각정보처리에서는 주의집중의 시간이 현저하게 짧다. 상대방의 말을 흘려듣는 것처럼 행동하거나 대화를 할 때에도 아주 잠깐 동안만 집중이 가능하다. 그럴 경우 다음 네 가지 가능성을 생각하게 된다. 첫째, 청력에 문제가 있는가? 둘째, 일부러 그러는 것인가? 셋째, 집중력이 부족한가? 넷째, 청각처리에 문제가 있는가?

주의력결핍과 CAPD를 함께 가지고 있는 아동들은 다음과 같은 특성[10)]을 보인다.

- 대화에서 톤의 변화를 인식하거나 구별하는 데에 문제를 보인다. 예를 들면, "어제 늦게까지 과제했어.(↓)"와 "어제 늦게까지 과제했어?(↑)"와 같은 일상적인 대화 상황에서 평서문과 의문문의 차이를 청각적으로 다르게 인식하는 데에 혼란을 갖는다. 미세한 운율 변화를 감지하는 능력이 떨어져 노래나 리듬을 배우는 데에도 어려움을 갖는다. 스스로 말을 할 때도 모노톤(monoton)으로 말하는 경향이 있다.

---

10) 이 특성들은 비단 주의력결핍 장애를 가진 아동뿐만 아니라 학습장애, ADHD 등으로 청지각의 문제를 가지고 있는 모든 아동에게 해당한다.

- 청각과민 현상을 보인다. 특정 주파수나 혹은 소리 크기에 대한 민감도가 높다. 일반적으로 사람들이 느끼는 소음 정도를 더 민감하게 받아들여 보통 사람에게는 특별히 시끄럽지 않은 소리에 참을 수 없다고 불평하거나, 소음이 있는 장소에서 말하는 것을 매우 꺼리는 경향이 많다. 일상적인 주변 소리나 음악 소리에 대해서도 매우 민감한 반응을 보인다.
- 비슷한 음소를 변별하지 못한다. 예를 들면, '토끼'와 '도끼'의 차이를 청각적으로 구별하지 못하여 말을 이해하는 데에도 혼란을 가져올 뿐만 아니라 단어를 산출하는 데에도 문제를 보인다. 비슷한 음소를 바꾸어 발음하는 경우가 많은데, 예를 들면 /라면/을 /나면/으로 발음하거나 /도서관/을 /도-ㅅ-관/으로 모음을 생략하여 말하기도 한다.
- 청각적 자극을 처리하는 데에 시간이 걸린다. 상대방의 말의 속도가 빨라지면 말을 이해하는 능력이 현저하게 떨어져서 부모나 교사의 지시를 잘 따르지 않는 것처럼 느껴질 때가 많다.
- 소리가 나는 방향을 잘 구분하지 못한다. 여러 사람이 한꺼번에 말을 하거나 특히 야외에서는 어디에서 말하는지를 잘 알지 못하여 두리번거리는 행동을 한다.
- 양쪽 귀에 동시에 서로 다른 소리가 들리면 이해하는 데에 어려움을 갖는다. 예를 들면, 다른 곳에서 동시에 말을 하는 상황에서는 한쪽 귀에서 들리는 소리만 듣는 현상을 보인다.
- 주변에 배경소음이 발생하면 들어야 할 소리에 집중하지 못한다. 조용한 곳에서 이야기할 때는 두드러지지 않지만, 옆에 TV가 켜져 있거나 다른 사람이 옆에서 이야기를 하는 상황에서는 말을 이해하는 능력이 현저하게 떨어진다.
- 말소리가 조금 불분명해지거나 끊기면 대화 메시지를 이해하지 못한다. 마치 전화통화를 하다가 잠깐 음질이 나빠지는 경우에 하나도 이해하지 못하는 반응과도 같다. 상대방 말의 메시지를 잘 파악하지 못하는 느낌을 준다.
- 방금 전에 상대방이 한 말을 잘 기억하지 못해서 재차 확인하는 경우가 많다. "뭐라고?" "응?" 등 상대방의 말에 집중하지 않는 느낌을 자주 준다. 지시나 요구하는 문장이 길어지면 내용을 잘 기억하지 못한다.

(3) 낮은 학업수행 능력

학습장애를 가지고 있는 아동들 가운데는 CAPD가 의심되는 경우가 많다.[11] 마찬가지로 CAPD 아동의 많은 경우에 읽기 · 쓰기에 문제를 보이거나 비슷한 철자를 혼돈하여 사용하는 경우가 많다고 보고되고 있어서, 무엇이 원인이고 무엇이 결과인가를 단언하기는 어렵다. 다음 세 가지 경우를 보도록 하자.[12]

- 학업성적이 지속적으로 부진하여 검사를 의뢰한 8세 숙현이는 CAPD 선별검사에서 낮은 점수를 받았다. CAPD가 낮은 학업성취의 주원인이라고 판단하여 치료를 받기로 하였으나, 여의치 않은 상황으로 인하여 3개월간 치료가 지연되었다. 이후 중재를 시작하려고 하였을 때, 숙현이의 성적은 향상되어 있었다. 부모님은 좋은 과외 교사를 만난 덕분이라고 하였다.
- 미향이는 수줍음이 많고 사람들과의 대화에 잘 참여하지 않는 9세 여아이다. 어렸을 때는 말더듬 증상이 잠깐 있었으나 곧 그 증상은 사라졌다. 학교에 입학하여서는 매우 소극적인 수업 태도를 보였다. CAPD 선별검사에서 낮은 점수를 보였고, 바로 치료에 들어갔다. 치료 이후 미향이는 수업에 적극적으로 참여하기 시작했으며, 대화할 때도 집중하는 태도를 보이고 어휘력이나 운율적으로도 훨씬 듣기 좋아졌다.
- 현재 학습장애 특수학교에 다니고 있는 12세 병식이는 지시문을 이해하는 데에 문제를 보이며 읽기와 쓰기에 특히 어려움을 보였다. 공부하는 데에 전혀 흥미를 보이지 않았으며, CAPD 선별검사에서는 매우 낮은 점수를 보였다. 4개월간의 중재가 끝나고 사후검사 결과, 청각적 기억력을 제외한 대부분의 영역에서 유의미한 향상을 보였다. 그러나 부모는 치료에 매우 불만족스러워하였는데, 그 이유는 학업성취 부분에서는 전혀 나아진 바가 없었기 때문이다.

이러한 사례에서 알 수 있듯이, CAPD는 모든 아동에게 낮은 학업성취 능력의 유일한 원인이 될 수 없으며, 또한 CAPD의 중재효과가 곧바로 학업성취 능력의 향상을

---

11) 읽기 · 쓰기장애 아동 중 청각처리에 문제를 보이는 경우는 33%, 시각처리와 함께 문제를 보이는 경우 19%, 시각처리만이 7%, 즉 약 52%의 아동이 청지각에 결함을 가지고 있다(Donczik, 1998)

12) Klettcotta(2003)에서 요약 · 정리하였다.

의미하지는 않는다.

3. 진단

중추청각처리는 언어, 인지, 학습, 기억, 주의집중 등의 상위처리 과정과 매우 밀접하게 연관되어 있으므로(윤민호, 장현숙, 2014), 나타나는 행동특성에서도 중첩되는 부분이 많다. 따라서 진단과정에서 다른 장애와 구분하는 것이 무엇보다도 중요하다 할 수 있다. 특히 말초청각기관의 결함이 철저히 배제되어야 한다. CAPD의 진단은 대부분 주관적 평가에 의존하고 있으며(김유경 외, 2008), 국내에서 많이 사용되고 있는 CAPD 선별검사로는 피셔 청각행동 체크리스트(Fischer's Auditory Problems Checklist: FAPD)와 청각행동척도(Scale of Auditory Behaviors: SAB)가 있다.

1) 선별검사[13)]

(1) 피셔 청각행동 체크리스트

5~11세 아동을 대상으로 하며 총 25개의 문항으로 구성되어 있다. 부모나 교사가 아동의 행동을 관찰하여 보고하는 간접검사의 형태이며, 예/아니요의 2점 척도로 계산된다. 환산점수가 총 100점 만점에서 72점 이하일 경우 CAPD 위험군으로 분류된다.

〈표 7-4〉 피셔 청각행동 체크리스트

문항	영역
1. 청력 손실을 경험해 본 적이 있다.	청력손실
2. 귀에 염증(중이염, 외이도염 등)을 앓았던 경험이 있다.	이과병변
3. 지시하는 동안 50% 이상 듣기에 집중하기 어렵다.	주의집중
4. 지시를 주의깊게 집중하여 듣지 않아 자주 반복해서 말해 줄 필요가 있다.	주의집중, 반복
5. 듣지 못했다는 표현으로 "응?" 또는 "뭐라고?" 등을 하루에 적어도 5번 이상 한다.	반복

13) 윤민호와 장현숙(2014)의 자료에 근거한다.

6. 몇 초 이상 지속되는 소리자극에 집중할 수 없다.	주의집중
7. 주의집중 시간이 짧다(0~2분, 2~5분, 5~15분, 15~30분).	주의집중 기간
8. 집중하지 못하거나 멍하니 있다.	주의집중
9. 주변 소음이 있는 상황에서 쉽게 산만해진다.	배경 소음
10. 음소학습(자음, 모음)이 어렵다.	학습/학업수행력
11. 말소리를 구별하기 어려워한 적이 있다.	변별
12. 몇 분 전에 들은 것을 잊어버린다.	단기기억
13. 매일 일어나는 일상적인 일들을 기억하지 못한다.	기억
14. 지난 주, 지난 달 혹은 작년에 들었던 것을 기억하는 데 어려움이 있다.	장기기억
15. 들었던 것을 순서에 맞게 기억해 내는 데 어려움이 있다.	연속기억
16. 청각적인 지시를 따르는 데 어려움을 보인 적이 있다.	지시 따르기
17. 말한 것을 자주 잘못 이해한다.	이해
18. 나이/학년 수준에 맞는 단어나 언어 표현들을 이해하지 못한다.	말-언어문제
19. 청각경로를 통해서 배우기가 쉽지 않다.	학습/학업문제
20. 언어문제(쓰기, 문법, 어휘, 발음)를 가지고 있다.	말-언어문제
21. 조음(발음)에 문제가 있다.	말-언어문제
22. 들은 것과 본 것을 항상 연결시키지 못한다.	청-시각통합
23. 학습 동기부여가 부족하다.	동기유발
24. 구어자극에 느리거나 지연된 반응을 보인다.	느린 반응
25. 1개 이상의 교과목에서 평균 이하의 수행을 보인다.	학습/학업수행력

(2) 청각행동척도

8~11세 아동을 대상으로 하며 총 12개의 문항으로 구성되어 있다. 마찬가지로 간접검사 형태이며, 5점 척도의 총 60점 만점으로 평가된다. 교사나 학부모가 총 12개 문항에 대해 아동이 각 문항에서 어느 정도의 어려움을 보이는지를 평가하는데, 이때 '항상 그렇다'는 1점, '자주 그렇다'는 2점, '때때로 그렇다'는 3점, '가끔 그렇다'는 4점 그리고 '전혀 그렇지 않다'는 5점으로 한다. 검사결과 −1.5SD[14]부터 CAPD 위험군으로 분류된다.

14) 서머(Summer, 2003)는 −1.5SD를 30점으로 정하고 있으나, 윤민호와 장현숙(2014)의 연구에서는 43점이 −2SD로 나타났다.

〈표 7–5〉 청각행동척도

문항	영역
1. 시끄러운 환경에서 듣거나 이해하기 어렵다.	배경 소음
2. 빠르거나 웅얼거리는 말소리를 잘못 이해한다.	(열약한 말소리) 이해
3. 말로 하는 지시를 따르기 어렵다.	지시 따르기
4. 말소리를 구별하거나 정확히 알아듣기 어렵다.	변별
5. 청각정보에 일관되지 않은 반응을 보인다.	이해, 청각정보에 대한 반응
6. 듣고 이해하는 능력이 부족하다.	이해
7. 반복해서 말해 주기를 요구한다.	반복
8. 쉽게 산만해진다.	주의집중
9. 학습 또는 학업에 어려움을 보인다.	학습/학업수행력
10. 주의집중 시간이 짧다.	주의집중 시간
11. 집중하지 않고 멍하니 있다.	주의집중
12. 정리정돈하기 어렵다.	정리정돈

(3) 키스(Keith, 2000)의 중추청각처리장애의 진단기준

아동의 경우 특히 CAPD와 주의력결핍/행동과다장애, 학습장애, 의사소통장애 등을 감별하기 어려운 경우가 많으며, 키스에 따르면 다음 열한 가지 증상 중 적어도 네 가지를 만족하고 증상이 6개월 이상 지속되는 경우 진단내릴 수 있다.

- 정상청력에도 불구하고 말초성 난청이 있는 듯이 행동한다.
- 언어 소리를 구별하는 능력이 소실된 것처럼 청각 구별에 어려움이 있다.
- 말소리를 기억하고 처리하는 데 어려움이 있다.
- 주변 소음 속에서 언어를 이해하는 데 어려움이 있다.
- 청각 정보를 기억할 수 없거나 다양한 지시를 따를 수 없는 등 청각 기억에 어려움이 있다.
- 언어 평가와 정신교육 평가를 통해 청각의존 영역의 약화가 나타난다.
- 혼란스럽거나 피곤한 상황에서 청각 정보에 대한 주의력 감소가 보이는 청취능력의 약화가 보인다.
- 청각 정보에 부적절한 반응을 보이거나 모순된 청각 인식을 보인다.
- 표현언어와 수용언어 사이에 모순을 보이는 언어장애가 있다.
- 친하지 않은 사람과의 대화에서 빠른 언어를 이해하는 데 어려움이 있다.
- 언어구사에서 목소리가 좋지 않고 음정이나 박자의 인식에 어려움이 있다.

출처: Keith(2000); 정종우, 안중호(2005)에서 재인용.

2) 주관적 중추청각처리검사[15)]

중추청각처리 능력을 전반적으로 측정하기 위해서는 뇌간에서 대뇌청각피질과 대뇌 간 연결섬유에 이르기까지 중추청각신경계의 전반을 측정할 수 있는 다양한 평가가 필요하다. 여기에서는 자주 사용되는 대표적인 검사 영역을 예로 살펴보고자 한다.

(1) 주파수 패턴(frequency pattern) 검사

주파수 패턴 검사는 서로 다른 주파수를 가진 2개의 청각자극이 연속적으로 빠르게 제시될 때 그것을 순서화하고 서열화하는 능력을 평가하는 검사이다(장현숙, 이지연, 유수연, 2008). 시간적 처리능력의 하나로서 노인의 경우에 많은 어려움을 보인다. 주파수 패턴 검사의 예시는 다음과 같다. 저주파수와 고주파수로 이루어진 150ms[16)] 길이의 순음을 연속적으로 들려준 후 그 자극의 패턴에 대해 구어나 혹은 허밍으로 소리의 높고 낮음을 말하도록 한다. 검사항목은 'H(고)H(고)L(저)' 'H(고)L(저)H(고)' 등 무작위로 반복되어 있으며, 각 귀에 30개 검사항목을 50dB SL로 제시하고 그에 대해 정확히 반응한 정반응을 백분율로 계산하여 점수화한다(장현숙 외, 2012).

(2) 이분숫자청취검사(dichotic digit)

이분청취(dichotic listening)란 양측 귀에 동시에 제공되는 서로 다른 음향학적 자극을 통합하거나 분리하는 능력을 말한다(전아름, 장현숙, 2009). 즉, 이분청취검사는 양쪽 귀로 제시되는 서로 다른 소리를 듣게 하는 것으로서, 양이분리와 양이통합의 하위 검사로 구분할 수 있다.

- 양이분리: 동시에 양쪽 귀로 서로 다른 소리가 제시되었을 때 반대 쪽 귀에 제시되는 경쟁 신호를 무시하고 한쪽에 제시되는 신호에만 집중하는 능력
- 양이통합: 동시에 양쪽 귀로 제시되는 서로 다른 소리를 모두 알아듣는 능력

15) 객관적 중추청각장애 진단에는 ABR, (대측)등골근반사검사, 대뇌피질 청각유발전위검사 등이 있다.
16) 150ms(밀리세컨드)를 변환하면 0.15초(sec) 길이를 말한다.

양이통합검사는 양측 귀에 각각 들어오는 정보를 하나의 전체적인 정보로 통합하는 능력을 평가하는 검사이다. 양측 귀에 동시에 제시되는 단어를 듣고 따라 말하도록 하며, 정확히 반응한 정반응을 백분율로 계산하여 점수화한다(장현숙 외, 2012). 이때 양쪽 귀에는 같은 강도로 자극이 전달되어야 한다. 이분청취검사는 음소나 숫자, 단어 혹은 문장 등을 사용할 수 있는데, 숫자는 언어적인 특성에 덜 의존적이기 때문에 임상에서 많이 사용된다.

이분숫자청취검사는 양쪽 귀에 1부터 9까지의 서로 다른 숫자가 동시에 혹은 연속해서 제시되며, 제시되는 숫자를 듣고 모두 따라 말하도록 한 후 정확히 반응한 정반응을 백분율로 계산하여 점수화한다(장현숙 외, 2012).

이분청취에 대한 연구결과에 따르면, 동측보다 대측 청각경로가 더 강하고 많은 연결경로를 가지고 있기 때문에 청각자극의 전달은 대측에서 더 많은 양의 정보가 처리된다(김유경 외, 2008; 석동일, 2007).

(3) 소음 속 어음검사(speech in noise test)

복잡한 소음 속에서 중요한 정보를 추출해 내는 능력을 알아본다. 헤드셋을 착용한 상태에서 소음과 단어를 함께 들려주고 들은 단어를 말해 보도록 한다(Lupberger, 2015). 소음 속에서 들리는 단어를 듣고 따라 말하는 검사로서 +5dB 신호대잡음비(어음자극 50dB HL, 소음 45dB HL)에서 정확히 반응한 정반응을 백분율로 계산하여 점수화한다(장현숙 외, 2012).

(4) 청각적 주의력

음향학적 자극에 대해 장시간 집중할 수 있는 능력을 본다. 현재 이를 평가할 수 있는 표준화된 검사도구는 없기 때문에 관찰이나 회상을 통해 파악한다.

(5) 청각적 기억력

청각자극에 대해 단기간 기억하고 순서대로 인출해 내는 능력을 본다. 예를 들면, 다음과 같은 방법들이 활용된다.

- 의미 없는 단어의 음소들을 따라 말한다(코-토-피-투).

- 단어들을 따라 말한다.
- 문장들을 따라 말한다.
- 숫자들을 따라 말한다.
- 리듬을 모방한다.
- 시나 자료(text)를 듣고 다시 이야기한다.

(6) 방향 듣기

검사는 아동의 눈을 가린 상태에서 다양한 소리를 주고, 이때 아동이 공간에서 나는 소리의 방향을 아는 능력을 본다. 이는 비형식적으로 이루어진다.

(7) 청각적 변별

소리, 음의 높낮이, 리듬 혹은 비슷한 음향자극에 대한 차이를 아는지를 본다. 예를 들면, 하나의 악기에서 나는 소리의 차이(높고-낮음)를 구별할 수 있는지, 2개의 단어(나비-노비)나 음소(카-타)를 제시하고 같은지 다른지를 말해 보도록 한다.

(8) 청각적 배열

복잡한 말소리를 개별적으로 쪼개거나 혹은 하나로 모을 수 있는 능력이 있는지를 본다.

- 청각적 분석: 단어를 구성하는 음소를 찾아내고 확인하고 그 위치를 아는 능력을 말한다. 예를 들면, "토마토는 무슨 음으로 시작하지?"라고 물었을 때 답을 할 수 있어야 한다.
- 청각적 합성: 단어를 구성하고 있는 각각의 음소에서 음절로, 각각의 음절을 단어로 만들 수 있는 능력이 있는지를 본다.
- 청각적 종결: 불완전한 청각적 자극을 들려주었을 때 완전한 정보로 완성할 수 있는 능력을 본다. 특정 음소가 빠진 단어를 듣고도 하나의 단어로 말할 수 있는지를 본다.

(9) 소음 민감도

소음에 대한 민감도는 주 양육자나 주 관찰자로부터의 보고에 의존하여 평가할 수 있다. 또는 헤드셋을 착용하게 한 후 다양한 강도를 주면서 민감도를 측정할 수 있다.

4. 중재방법

1) 교사

CAPD를 가지고 있는 학생들을 지도하는 과정에서 교사는 다음과 같은 점에 주의를 기울여야 한다.

- 교실 안을 조용하게 유지하고 학생들과 교사도 작은 소리로 말하는 태도를 갖는다.
- 교실은 주변 소음에서 차단될 수 있어야 하며, 교실이 크지 않은 것이 좋다.
- 내부 소음을 감소시킨다.
- 아동과 말을 할 때는 가까이 다가가서 또렷한 발음(과장되지 않은)으로 말한다.
- 아동의 이름을 부를 때는 반드시 눈을 맞추거나 가볍게 몸을 만져서 신호를 준다.
- 앞쪽으로 자리를 배치하되 중간보다는 모서리 쪽에 앉히는 것이 좋다. 그러나 창가나 문 옆은 피해야 한다.
- 소음에 예민하거나 조용한 시간이 필요할 경우에는 때때로 소음차단 귀마개를 사용하도록 한다.
- 교사의 말에만 집중하지 않아도 되도록 시각자료를 부가적으로 활용하도록 한다.
- 학생이 정말로 맞게 이해했는지 수시로 확인한다.
- 한 명이 말하고 다른 한 명이 듣는다는 원칙을 지킨다.
- 말을 할 때는 천천히 하고, 긴 문장은 피하고 가급적 짧은 문장으로 말해 준다.
- 즉시 집중을 요구하거나 받아쓰도록 하는 것은 피하는 것이 좋다.
- 녹음을 해서 수업 내용을 다시 확인하도록 하는 것도 좋다.

- 과제 수준이 너무 높을 경우에는 쉬운 과제로 바꿔 준 후, 그것을 수행하고 나면 다시 원 과제를 제시한다.
- 난청을 동반한 경우에는 마이크로폰으로 교사가 말을 하고, 무선으로 학생에게 전달되는 FM 보청기도 도움을 줄 수 있다.

2) 부모

부모는 다음과 같은 점에 주의를 기울여야 한다.

- 아동이 말할 때는 집중하고, 이해하지 못했다고 생각되면 단순화시켜서 다시 말해 준다.
- 하루에 몇 분이라도 의식적으로 아동과 완전히 집중하여 말하는 시간을 갖도록 한다.
- 아무런 문제가 없는 것처럼 행동하는 것보다는 다르다는 것을 인정하고 적극적으로 지원할 수 있는 방법을 모색한다.
- 날마다 아동과 함께 보내는 시간을 정한다. 이때 다른 사람, 미디어, 세탁기 등 모든 방해물이 없는 곳일수록 효과가 좋다.
- 아동의 시각적 또는 청각적 주의집중을 끄는 것이 가장 먼저 이루어져야 한다.
- 처음에는 짧은 연습시간으로 시작하여 점차 늘려 가는 것이 좋다.
- 조용하고 분명한 발음으로 말한다.
- 지시할 때는 짧고 간단하게 말한다. 특히 과제를 제시할 때는 단계별로 쪼개서 말해 주는 것이 좋다.
- 가끔 난청을 가지고 있는 것처럼 행동할 수 있으나, 의도적인 것이 아니니 다시 한 번 천천히 말해 주면서 아동에게 시간을 준다.
- 아동이 이해했는지를 수시로 확인하되, 압박하는 느낌을 갖지 않도록 주의한다.
- 아동이 잘 이해하지 못했을 경우에는 다른 단어를 사용하거나 문장을 재구성하여 다시 말해 준다.
- 말을 듣고 그것을 처리하는 데 다른 아동보다 조금 더 시간이 필요하다는 것을 잊지 않는다.

- 아동이 다른 방에 있을 때에는 부르거나 무엇을 물어보지 않는다.
- 숙제를 하거나 놀이를 할 때 아동이 방해받지 않는 조용한 공간을 만들어 준다.
- 화가 나거나 감정적인 상태에서 말할 때 아동은 이해하는 데에 더 어려움을 겪을 수 있으므로, 짧고 명확한 문장으로 말한 후 다시 천천히 자세히 설명해 주는 것이 좋다.
- 주변 환경의 소음 정도를 확인하고 배경소음을 제거하거나 줄이는 것이 필요하다.
- 계속 음악을 틀어 놓는 것은 피하는 것이 좋다.
- 이름을 부르고 잠시 시간 간격을 둔 후 중요한 이야기를 시작하는 것이 좋다.
- 말의 강도와 속도, 말의 길이, 단어의 친숙도 등을 늘 고려해야 한다.

3) 중재프로그램

중재기법은 크게 상향식(bottom-up)과 하향식(top-down)으로 구분할 수 있다. 상향식 방법은 자극의 특별한 음향학적 고유 특성을 지각하는 것에서부터 출발한다. 청각신호의 주파수, 강도, 음율, 방향 등의 각각의 요소들을 찾아내는 데 중점을 두고 가장 낮은 수준에서부터 점차 고차원적인 단계로 밟아 올라간다. 반대로 하향식은 동기, 지식, 기대 등과 같은 상위기능을 통해 청각적 정보처리가 영향을 받는다는 것에서부터 출발한다. 하향식은 상위언어 능력과 초인지 전략을 향상시키는 것에 중점을 둔다.

(1) 청각통합훈련(Auditory Integration Training: AIT)

AIT는 1960년대 프랑스의 이비인후과 의사인 토머티스(Tomatis)와 베라드(Berard)가 청각과민, 말소리 변별에 어려움을 갖는 언어장애, 자폐 그리고 다양한 심리질환을 가지고 있는 환자들을 위해 개발한 치료법이다. 토머티스는 '듣기훈련'에, 베라드는 '소리치료'에 중점을 두었다. 즉, 토머티스는 AIT를 통해 높은 주파수와 낮은 주파수를 모두 잘 듣게 되는 것을 핵심 요소로 보았으며, 베라드는 AIT를 통해 아동이 가지고 있던 특별한 청각과민과 청각왜곡 현상이 감소된다는 측면을 강조하였다. 훗날 그들은 이러한 견해의 차이로 결별하여 각자의 치료방식을 고수하고 있으나, AIT는 원칙적으로 오디오키네트론(Audiokinetron)이라는 특수 전자장치를 이용한다. 헤드셋을 착용하고 오디오키네트론을 CD 플레이어에 연결한 후 변조된 음악이나 말소리를 들려준다. 여기에는 다음과 같은 원칙들이 있다.

- 변조: 예를 들면, 저음과 고음의 변화가 1,000Hz 위아래로 폭넓게 조절되는 음악을 불규칙적인 시간 간격(0.25~2초)으로 들려준다. 이러한 변조과정을 통해 외이, 중이, 내이 그리고 뇌의 청각세포들을 골고루 자극해 소리민감도를 감소시키고 여러 가지 이상 행동을 개선할 수 있다(Betison, 1996: 권명옥, 2002에서 재인용). 이때 주파수의 변화가 불규칙적으로 전환되기 때문에 청자가 각성 상태에서 어느 정도 긴장감을 유지하여야 한다. 소리의 강도나 주기 등은 개인별 특성에 따라 다를 수 있다. 경우에 따라서는 개인이 과민하게 반응하는 주파수를 걸러낼 수도 있다.
- 음상정위: 서로 다른 강도의 음악을 느린 속도로 한쪽 귀에서 다른 쪽 귀로 번갈아가며 들려준다. 이로서 양쪽 귀로 소리를 듣는 능력을 향상시킬 수 있으며 말소리에 대한 주의집중력과 말소리에 대한 변별력 향상에도 효과적이다.
- 강도 조절: 큰 소리와 작은 소리가 빠른 속도로 교체하도록 들려준다. 큰 소리에 매우 민감하게 반응하는 사람도 빠른 속도로 지나가면 고통을 느끼지 않을 수 있으며, 점차 소리에 대한 과민현상이 줄어들게 된다. 이때 소리 강도는 85dB을 초과하지 않도록 하며, 약한 강도에서부터 소리를 듣는 훈련은 소리에 대한 인내력을 키울 수 있다.

(2) 청지각 훈련

들리는 소리가 무엇인지를 아는 것은 소리를 지각한다는 의미이다. 소리가 잘 안 들린다는 것은 말초청각기관의 이상으로 인한 청력손실을 뜻하며, 소리는 들리는데 무슨 소리인지 잘 모르겠다고 하는 것은 중추청각신경계의 이상으로 인한 청지각의 문제이다. 청지각 훈련은 15~20분씩 날마다 실시하는 것이 효과적이다.

- 청각적 자극에 주의집중하기

동화책을 읽어 주기 전에, 책을 읽고 나서 선생님이 질문을 할 것이라는 것을 사전에 이야기해 주어야 한다. 동화책을 다 읽고 나서 질문을 할 때는 간단한 문장으로 말해 주어야 하며, 무엇보다도 동화책은 아동의 연령과 흥미 등을 고려하여 선정해야 한다.

-생쥐네 꽃밭-

정아는 사탕을 너무 많이 먹어서 이가 썩었습니다.
그래서 어제 엄마와 함께 치과에 다녀왔습니다.
의사 선생님은 정아에게 사탕을 많이 먹지 말라고 말씀하셨습니다.
치과에 다녀온 후로 정아는 이를 더 열심히 닦았습니다.

정아는 어디에 갔나요?
정아는 왜 이가 썩었나요?
정아는 치과에 언제 갔나요?
정아는 치과에 왜 갔나요?
의사 선생님은 정아에게 뭐라고 하셨나요?
이가 썩지 않게 하려면 어떻게 해야 하나요?

출처: 윤미선 외(2004).

• 말소리 지각하기

말소리를 변별하는 과제는 수준별로 구성하되, 낮은 단계에서부터 고급 단계로 난이도를 높이는 것이 좋다.

- 교사가 2개의 비슷한 단어, 예를 들면 '배두' '대두'를 들려주고 같은지 다른지를 말하도록 한다.
- 첫 번째 단어를 들려준 후 약 5초 간격을 두고 두 번째 단어를 들려준 다음 같은지 다른지를 말하도록 한다.
- 교사가 들려주는 여러 개의 단어를 듣고 (교사가) 제시한 특정 말소리가 들어 있는 단어를 찾도록 한다.
- 교사가 들려주는 여러 개의 단어를 듣고 (교사가) 제시한 특정 말소리의 위치를

찾아낸다.

–교사가 들려주는 단어를 듣고 이웃 음소를 말하도록 한다. 예를 들면, '몸살'의 /사/ 앞에 오는 음소는 /ㅁ/이, 뒤에 오는 음소는 /ㄹ/이 된다.

• 말소리 분리 및 합성하기

–교사가 들려주는 단어를 듣고 아동은 그 단어의 음절 수를 그림 밑에 쓴다.

–교사가 들려주는 단어를 듣고 아동은 단어를 구성하고 있는 2개의 그림을 찾아 동그라미를 친다(예: 책가방, 사과나무).

–교사가 말하는 단어를 듣고 알파벳 그림 카드를 찾아 순서대로 나열한다. 예를 들면, '가을'은 'ㄱ' 'ㅏ' 'ㅇ' 'ㅡ' 'ㄹ'이 되고, '보라'는 'ㅂ' 'ㅗ' 'ㄹ' 'ㅏ'가 된다. 반대로 알파벳 그림 카드를 가지고 교사가 말하는 단어를 만들어 볼 수도 있다.

• 말소리의 종결하기

–단어나 문장에서 일부 음절을 약하게 또는 불분명하게 들려준 후 말을 완성하도록 한다. 과제는 아동의 수준에 따라 단어에서 문장 수준으로 조정할 수 있다. 필요에 따라서는 아동이 교사의 입모양을 보고 도움을 받을 수 있도록 하며, 점차 시각적 단서를 없애도록 한다. 예시는 다음과 같다.

단어수준	문장수준
토 – (끼)	어( ) 놀이터( ) 갔습니다.
비행 – (기)	비( ) 오면 우산( ) 써요.
슈퍼 – (마켓)	나( ) 생일선( )로 자전( )를 가지( ) 싶어요.

참고문헌

권명옥(2002). 청각통합훈련이 자폐성 아동의 언어, 사회성 및 인지발달에 미치는 효과. 대구대학교 박사학위 청구논문.

김유경(2008). 청각처리장애 위험군 아동이 언어적 청각처리 특징에 관한 연구. 대구대학교 박사학위논문.

김유경, 최양규, 박현, 석동일(2008). 정상 성인의 이분숫자청취의 특징. **특수교육저널: 이론과 실천, 9**(2), 45-60.

김종현(2001). 변별자질을 이용한 조음장애 치료방볍에 대한 고찰. **아동연구, 10**, 48-65.

석동일(2007). 청각정보처리장애에 대한 신경언어적 고찰. **언어치료연구, 16**(2), 1-27.

윤미선, 한효섭, 김현정, 양수진, 황성혜, 최선주, 박주현(2004). **언어발달을 위한 재미있는 듣기 연습**. 서울: 군자출판사.

윤민호, 장현숙(2014). 중추청각처리장애 선별도구로서의 Fisher's 청각행동문제 체크리스트(FAPC)와 청각행동특성척도(SAB)의 비교 연구. **재활복지, 18**(4), 257-277.

장현숙, 이지연, 유수연(2008). 노화가 주파수 패턴 인지에 미치는 영향. **청능재활, 4**, 11-15.

장현숙, 정은조, 김유경, 김은주(2012). **뇌졸중 환자의 중추청각처리능력 사례연구, 8**(2), 238-248.

전아름, 장현숙(2009). 자극의 복잡성, 주의집중방식 및 연령에 따른 이분숫자 청취능력 비교. **특수교육저널: 이론과 실천, 10**(4), 377-395.

정종우, 안중호(2005). 중추청각처리장애. *Korean J Otolaryngol, 48*, 696-700.

한광희, 임중우, 김민숙, 이일병, 변혜란, 김진우, 김상문, 이승종, 이익환, 이민행, 임춘성, 박 창규, 나동렬(2000). **인지과학**. 서울: 학지사.

Bamiou, D-E, Musiek, L., & Luxon, L. M.(2001). Audiology and clinical presentation of auditory processing disorders a review. *Archives of Disease in Childhood, 85*, 361-365.

Chermak, G. D. & Musiek, F. E. (1997). *Central auditory processing disorders: New perspectives*. San Diego: Singular Publishing Group.

Donczik, J.(1998). *Lese-Rechtschreibschwäche (LRS)-Ein Überblick über Ursachen, Diagnosik und Therapie*. Päd 4.

Eggert, D. (1992). Diagnostisches Inventar auditiver Alltagshandlungen. Verlag modernes lernen, Dortmund,

Lauer, N. (2001). Zentral-auditive Verarbeitungsstörungen im Kindesalter. Thieme-Verlag, Stuttgart.

Lupberger, N. (2015). *Auditive Verarbeitungs-und Wahrnehmungsstörung im Kindesalter, 4. Auflage*. Schulz-Kirchner Verlag.

Nicisch, A., Heber, D., & Burger-Gartner, J.(2001). *Auditive Verarbeitungs-und Wahrnehmungsstörungen bei Schulkindern*. Verlag modernes lernen-Dortmund.

Penner, Z. (2002). Pläditer für eine präventive Frühintervention bei Kindern mit Sprachentwicklungsstörungen. Kohlhammer-Verlag, Stuttgart.

Pinel, J. P. J., & Edwards, M. (2001). **신비한 인간 뇌 해부도 입문: 뇌 구조 해부도 착색**(조신웅 역). 서울: 학지사.

Ptok, M., Berger, R. et al. (2000). Auditive Verarbeitungs- und Wahrnehmungsstörungen. *HNO, 48*, 357-360.

Rosenkötter, H. (2003). Auditive Wahrnehmungsstörungen. Klett-Cotta.

Summer, S. A. (2003). Factor structure, correlations, and mean data on Form A of Beta III version of Multiple Auditory Processing Assessment (MAPA). Master's thesis, Idaho State University, Pocatello.

Zöllner, I. (1999). Ergebnisse zur Differenzierungsprobe nach Breuer und weuffen. Epidemiologie. Landesgesundheitsamt Baden-Württemberg.

Zorowka, P. G .(2001). Hörgeräteversorung bei Kindern. Monatschr. *Kinderheikd., 149*, 883-889.

제 8 장

청각장애 아동의 언어 및 심리적 · 학업적 특성

길을 잃고 나서야 생각한다.
사람들에게도
누군가 지나간 자리에 남는
냄새 같은 게 있다는 것을,
얼마나 많은 인연들의 길과 냄새를
흐려 놓았던지, 나의 발길은
아직도 길 위에서 서성거리고 있다.

나희덕의 「길 위에서」 중에서

청각장애 아동은 일차적으로 듣기에 문제를 가지고 있지만, 듣지 못해서 발생되는 이차적 문제는 언어발달과 인지, 심리, 정서 및 행동 그리고 학업까지 매우 다양하다. 청각장애의 경우 말을 할 수 있는 발성기관을 가지고 있음에도 불구하고 언어습득과 정상적인 언어발달에 결함을 갖는다. 물론 청각장애 아동이 갖는 언어적 특성은 청력손실 정도, 청력손실 시기 및 난청의 기간 등에 따라 차이가 있지만, 청력손실은 말소리를 인식하는 능력, 즉 어음청취 능력의 감소를 가져옴으로써 대부분의 아동은 말소리 이해뿐만 아니라 산출에도 어려움을 갖는다. 이 장에서는 일반적인 언어발달 과정과 청각장애 아동의 언어적 특성을 음운론, 의미론, 구문론 그리고 화용론으로 구분하여 그 특성을 살펴보고자 한다. 또한 청각장애 아동의 심리적 특성과 학업적 특성을 고찰하여 청각장애 아동에 대한 이해의 폭을 넓히고자 한다. 그러나 이러한 특성들은 청각장애 아동의 독특한 특성이라기보다는 낮은 언어능력과 제한된 경험에서 비롯되는 하나의 위험요인이라는 것을 전제로 한다.

- 일반 아동의 언어발달 과정은 어떻게 이루어지는가?
- 청각장애 아동의 음성언어 발달에서 나타나는 특성에는 무엇이 있는가?
- 청각장애 아동의 심리적 특성은 어떠한가?
- 청각장애 아동의 학업적 특성은 어떠한가?

1. 언어발달

청각장애 아동은 언어 전반에 다양한 결함을 보이며 의사소통에도 어려움을 보인다. 언어는 일반적으로 음성언어와 문자언어로 구분되며, 음성언어에는 말하기와 듣기가 해당한다. 여기서는 음성언어를 중심으로 음운론적, 의미론적, 구문론적, 화용론적영역으로 구분하여 살펴보고자 한다.

1) 음운론적 발달

음운론은 언어의 음성적 요소를 다룬다. 음운론은 20세기에 음성학으로부터 독립된 학문이다. 음운론과 음성학의 가장 큰 차이점은, 음성학은 말소리가 어떻게 산출되는가에 초점이 맞추어져 있다면 음운론은 각각의 말소리를 산출하는 규칙을 주 연구 대상으로 한다는 것이다. 그러나 실제로 그 둘의 관계는 음성을 포함하고 있다는 점에서 서로 독립적으로 존재할 수는 없다.

(1) 울음

영아는 태어나면서부터 울음이라는 형태로 소리를 낸다. 숨을 내쉼으로써 일어나는 반사 반응으로서의 울음은 점차 분화된 울음소리를 만들어 내기 시작한다. 신생아기에 내는 울음소리는 자신의 상태를 표현하는 수단이 되는데, 주로 톤과 강도의 변화로 신호를 보낸다. 아주 큰 소리로 높게 외치듯이 우는 울음은 고집을 부리는 울음소리라고 보며, 반대로 놀라서 우는 울음은 경련하듯이 숨 가쁘게 흐느끼는 경향을 보인다. 일반적으로 단조롭고 일정한 음조를 보이며 내는 울음소리는 지루함을 표현하는 경향이 많다(조동욱, 김봉현, 이세환, 2007). 영아 초기 울음의 음도는 대략 400~450Hz이며 피아노 건반으로 보면 [그림 8-1]에 해당한다.

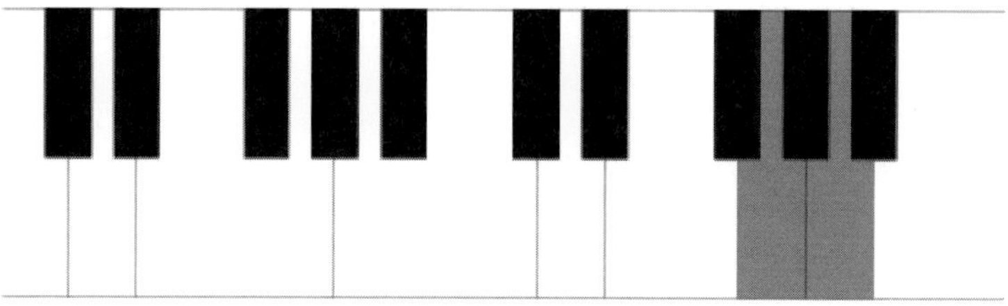

[그림 8-1] 영아 울음의 음도

(2) 쿠잉

울음소리만 가지고 자신의 의도를 표현하던 영아는 약 2개월이 지나면서부터 목젖 소리라고 하는 쿠잉(cooing) 소리를 내기 시작한다. 쿠잉 단계에서는 주로 후두와 연구개 부분에서 만들어지는 소리가 주로 산출된다. 이미 이때부터 영아는 부모와 눈을 맞추고 미소를 짓거나 소리 내어 웃는 등 적극적인 상호작용을 시작한다. 6개월 정도가 되면 영아가 만들어 내는 산출 소리는 훨씬 다양해지고, 무엇보다도 자신의 의도에 따라 소리를 만든다는 느낌을 갖게 한다.

(3) 옹알이

대체로 5~6개월이 되면 음성의 높낮이와 길이, 강도 그리고 운율의 변화가 눈에 띄게 달라지며, 자음과 모음이 결합된 소리가 만들어진다. 이때를 옹알이(babbling) 단계라고 한다. 옹알이 현상은 크게 두 가지 가설로 구분된다.

• 불연속성 가설

야콥슨(Jakobson) 등을 중심으로 한 불연속성 가설에 따르면, 옹알이 단계와 초기 언어 단계 사이에는 특별한 관련이 없다. 그들은 이른바 그 사이에는 침묵기(silent period)가 있다고 보았으며, 이를 도식화하면 [그림 8-2]와 같다.

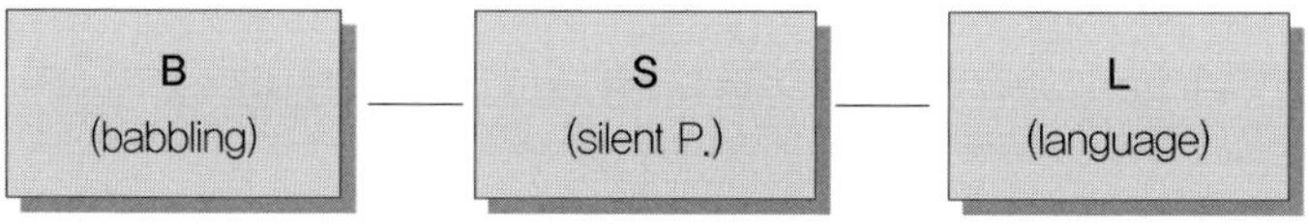

[그림 8-2] 불연속성 가설

• 연속성 가설

연속성 가설에 따르면, B단계와 L단계는 서로 연결되어 있다. 옹알이 단계에서는 이미 보편적이고 규칙적인 음운현상이 관찰되는데, 예를 들면 유성음이 무성음보다 압도적으로 많거나 폐쇄음과 비음이 다른 음소에 비해 상대적으로 많이 출현한다(이기석, 2012). 특히 [m] [d] [b]와 같이 발성기관 앞쪽에서 만들어 내는 소리들이 많이 관찰되며 대부분 모음과 결합하여, 예를 들면 [ma:] [na:] [da:] 등과 같은 소리 등을 만들어 낸다. 이는 모든 언어권에서 동일하게 적용된다. 흥미로운 것은 모음과 자음의 출현 순서가 반드시 선형적이지 않다는 것이다. 연속성 가설에 따르면, /A–B–C/ /D–E–F/와 같이 하나의 음소가 습득된 후 다음의 음소가 발달하는 것이 아니라 일종의 가변성이 만들어진다. 예를 들면, 특정 모음의 경우에는 옹알이 시기에 나타나고 생후 12개월 정도에 생성되었다가 잠시 소실 현상을 보이고 4세 전후로 다시 출현하는 현상을 볼 수 있다. 또는 초기 단계에서는 연구개음이 치조음보다 더 많이 산출되다가 약 생후 6개월을 기점으로 순서가 바뀌는 현상을 보이기도 한다. 이는 옹알이 단계와 초기 언어 단계 사이는 침묵기가 아니라 지속적으로 발달하고 있음을 보여 주는 것이라 할 수 있다(이기석, 2012).

(4) 첫 낱말 시기

유아는 12개월 전후로 첫 낱말을 말하기 시작한다. 이때부터 음운 규칙을 습득하게 되는데, 그 발달과정은 어느 정도의 예측성을 갖는다. 여기서 예측성이란 음소 습득에는 일정한 순서가 있으며 오류음도 어느 정도의 규칙성이 있다는 것을 의미한다. 초기 음운발달에서 나타나는 특성은 다음과 같다.

- 조음 위치에 따른 분류로 보았을 때 [p] [b] [m]와 같은 양순음이 먼저 습득된다. 반면에 [g] [k] [h]와 같이 조음점이 뒤쪽에 있는 자음은 더 늦게 습득된다.
- 조음방법에 따른 분류로 보았을 때 [p] [t]와 같은 파열음이 먼저 산출되고 [s] 계열의 마찰음과 [z] 계열의 파찰음은 늦게 습득된다.
- 모음은 자음보다 먼저 습득된다. 특히 생후 12개월까지는 모음 산출이 지배적으로 나타난다.
- [r]과 같은 유음과 [h] 등의 성문음은 늦게 출현한다.

〈표 8-1〉 국어의 자음 분류표

자음방법 \ 자음위치		양순	치조	경구개	연구개	성문(후두)
폐쇄음		ㅂ, ㅍ, ㅃ	ㄷ, ㅌ, ㄸ		ㄱ, ㅋ, ㄲ	
파찰음				ㅈ, ㅊ, ㅉ		
비음		ㅁ	ㄴ	ㄴ	ㅇ	
마찰음			ㅅ, ㅆ	ㅅ, ㅆ		
유음	설측음		ㄹ(l)	ㄹ(l)		
	설전음		ㄹ(r)			ㅎ

〈표 8-1〉에서 보여 주는 바와 같이 자음을 발성하는 데에 있어서 조음기관이 어디에 접촉하느냐에 따라 양순음, 치조음, 경구개음, 연구개음 그리고 성문음으로 구분된다. 자음방법에 따라서는 폐쇄음(파열음), 파찰음, 비음 등으로 구분되는데, 한국어의 경우 /ㄱ/ /ㄷ/ /ㅂ/ /ㅈ/은 〈표 8-2〉와 같은 변별자질을 갖는다.

〈표 8-2〉 변별자질

평음(보통소리)	유기음[1](거센소리, 격음)	무기음(긴장음, 경음, 된소리)
ㄱ	ㅋ	ㄲ
ㄷ	ㅌ	ㄸ
ㅂ	ㅍ	ㅃ
ㅈ	ㅊ	ㅉ

유기음은 [p^h], 무기음은 [p'] 등으로 표기되며, 한국어를 사용하는 유아는 유기음과 무기음을 별도의 음소로서 습득한다. 반대로 유성음과 무성음은 대부분 동일 음소로 지각한다. 예를 들면, 한국어 '바보'는 음성기호로 표시하면 [pabo], 즉 초성 /ㅂ/는 무성음이고 두 번째 /ㅂ/는 유성음이다. 그러나 우리는 거의 그 차이를 알지 못한다. 반면에 영어권 아이들은 유성음과 무성음 그리고 [r]과 [l]의 음소를 명확히 구별하는 등 유아는 모국어에서 사용되는 개별 언어에 따라 조음방식을 습득하는 경향을 보인다(정동빈, 1993).

과연 유아는 어떻게 이러한 음운규칙을 습득하게 되는가? 음운발달 과정을 설명

1) [h]와 같은 기식이 따라 나오는 소리(기식음)를 말한다.

하는 대표적인 이론은 다음과 같다(윤미선, 심현섭, 2003; 정철주, 김선희, 2001; 하길종, 2001).

〈표 8-3〉 음운발달이론

이론	설명
구조주의이론 (Structuralist Theory)	야콥슨(Jakobson)이 제창하였으며, 모음은 /a/－/i/－/u/－/e/－/o/ 순으로 습득하며, 자음은 /p/－/m/－/t/－/k/ 순으로 습득한다. 음운발달은 보편적이며 발달 순서에 따라 진행된다.
행동주의이론 (Behaviorist Theory)	주변 양육자의 발성을 모방하고 그로부터 강화를 받으면서 점차 어른들의 말소리에 가까워진다.
지각편의주의이론 (Ease of Perception Theory)	다른 음소에 비해 청각적으로 더 잘 구별되는 말소리를 더 먼저 습득한다.
자연음운이론 (Natural Phonology Theory)	음운발달은 생득적이고 보편적인 과정에 의해 이루어진다. 성인의 음운체계를 인지하고 그를 따라가려고 하는 경향을 갖는다.
운율이론 (Prosodic Theory)	언어습득 초기 단계에서는 분절음으로 소리를 듣는 것이 아니라 낱말로 지각한다. 아동은 단순히 성인의 말을 모방하는 것이 아니라 독립적인 고유의 음운 시스템으로 지각하고 시도한다.
인지이론 (Cognitive Theory)	초기 말 산출과정에서는 자신의 음소 레퍼토리(repertory) 밖에 있는 소리들을 피하거나 특히 긴 낱말을 산출할 때는 독특한 축약 기제를 사용하는 등 아동은 능동적 역할을 한다.
생물학적 이론 (Biological Theory)	신경운동 조절의 복합성에 초점을 두고, 인간이 가지고 태어난 인지능력과 특정한 운동기능에 따라 음운이 습득된다.

이와 같이 음운습득 능력은 인간이 생득적으로 가지고 태어난다고 보는 관점과 언어적 경험에 의해 습득된다는 관점으로 구분할 수 있다. 그 어떠한 이론이 옳다고 단언할 수는 없으나 최소한 해당 언어에 충분히 노출이 되어야 하며, 청각적 요소나 인지적 요소 등이 서로 밀접한 상호관계 속에서 이루어진다는 것은 자명한 일이다.

2) 의미론적 발달

의미론적 발달이란 아동이 어휘를 습득해 나가는 과정이다. 의미론의 주성분은 단어이며, '단어를 안다.'는 것은 단어가 가지고 있는 의미를 안다는 것을 말한다. 소쉬

르(Saussure)[2]에 따르면 언어는 형식과 내용으로 이루어져 있으며, 의미론은 언어 기호의 내용인 의미를 대상으로 한다.

대부분의 아동은 12개월 전후로 첫 단어를 산출하며, 생후 18개월 정도가 되면 약 50개 단어를 사용할 수 있다. 이때부터 어휘폭발기가 시작되어 빠른 속도로 단어들을 습득해 나가기 시작한다. 초기 단계에서는 하나의 자립형태소로 만들어진 단일어가 사용되다가 점차 2개의 형태소가 결합된 합성어나 파생어가 출현하게 된다. '엄마' '과자' 등은 자유롭게 독립적으로 사용될 수 있는 자립형태소이면서 단일어이다. 반면에 합성어나 파생어는 복합어로서 2개의 어휘형태소가 결합하여 새로운 단어를 이루는 것을 말한다. 예를 들면, '책가방' '밤낮' 등은 2개의 어휘 형태소가 결합된 합성어이며, '치솟다' '멍청이'와 같이 어근과 접사가 결합되는 형태는 파생어에 해당한다.

초기 단계에서는 맥락에 의존하여 의미를 파악하는 경향이 강하며 표현언어보다 수용언어가 더 먼저 습득된다. 수용언어란 말의 의미를 이해하는 것으로서, 예를 들면 친숙한 사물의 명칭을 말하면 그것을 지적하거나 지시를 시행할 수 있는 것을 말한다. 반면에 표현언어는 단어를 모방하는 것에서부터 말하고 싶은 대상물을 부분적으로 말하거나 질문에 대답하는 등의 행위를 말한다. 약 18개월 전후로 하여 단어의 결합이 나타나는데, 이때 단어의 결합이란 '엄마'라는 단어를 말할 수 있는 아이가 '엄마 까까' '엄마 쉬' '엄마 뿡뿡'과 같이 두 단어를 결합하여 표현하는 것을 말한다. 이때 만들어지는 단어의 결합과정에서는 맥락에 따른 의미관계 형성이 나타난다. 예를 들어, "지유 귤"이라고 말할 때, '소유자 + X'일 수도 있고 지유가 귤을 먹고 싶다는 의미로 볼 수도 있다. 그러나 이런 단순한 단어 결합 안에도 일정한 어순 배열의 규칙이 관찰된다.

어휘폭발기에 접어들면 유아는 하루에 4~10개의 새로운 단어를 말하기 시작한다(강옥경, 김명순 역, 2005). 또한 이 단계에서는 '까까' '어부바' '맴매' '응가' 등의 유아어(幼兒語) 사용이 특징적으로 나타난다. 그 밖에도 다음과 같은 특성이 나타난다.

- '엄마' '아빠' '이모' '할머니(함니)' 등의 친족어의 빈도가 높다.

2) 구조주의 언어학의 창시자이며, 그는 랑그(Langue)와 파롤(Parole)의 개념을 제시하였다. 랑그가 언어의 사회적이고 체계적인 '머릿속에 기억되어 있는 추상적인 언어의 모습'이라면, 파롤은 실제 개인이 사용하는 구체적인 언어를 의미한다.

[그림 8-3] 언어의 형식과 내용

- '맘마' '물' '까까' 등의 음식 관련 어휘의 빈도가 높다.
- 유아가 자주 접하는 사물, 예를 들면 '빵빵이' '아가(baby)' 등의 어휘 사용 빈도가 높다.
- 동사보다 명사가 주로 나타난다.[3]
- 약 22개월을 전후로 하여 점차 '있다' '없다' '좋다' '싫다' 등의 서술어 사용이 증가한다.
- 시간 표현 어휘는 현재형을 가장 먼저 습득하고, 과거형 그리고 미래형 순으로 나타난다(이필영, 전은진, 안정호, 2009; 하길종, 2001).
- 초기 어휘발달 과정에서는 과잉확대(과잉확장)[4]와 과잉축소(과소확장)[5] 현상이 나타난다. 이는 어휘 식별이 명확하지 않기 때문에 생기는 현상이다.

〈표 8-4〉 어휘발달이론

이론	설명
분절 능력	유아는 연속적인 말의 흐름에서 단어를 찾아내고 그 단어의 경계를 알 수 있다. 예를 들면, 엄마가 "우리이쁜이맘마줄까?"라고 말했을 때, '맘마'라는 단어를 배우기 위해서는 말을 분절할 수 있어야 한다. 그렇기 때문에 성인은 말을 할 때 적은 어휘 수, 짧은 문장, 강세나 억양 등을 잘 활용해서 말해야 한다. 이러한 성인의 아동지향적 말은 유아가 단어를 분절하는 단서로 활용된다.

3) 12~16개월의 유아가 산출하는 명사는 총 어휘 빈도의 80%를 차지할 정도로 지배적이다(전은진, 2011).
4) 과잉확대(overextension)란 단어가 의미하는 것보다 더 넓은 의미로 단어를 사용하는 것으로, 예를 들면 '누나'라는 단어를 자주 접하는 아동이 자기보다 큰(또래) 여자 사람에게 모두 누나라고 부르는 경우이다.
5) 과잉축소(undertension)란 매우 제한된 맥락 안에서만 단어를 사용하는 경우로서, 예를 들면 자신이 가지고 노는 장난감 자동차만 '자동차'라고 부르는 경우이다.

연결능력	• 일견단어학습(fast mapping): 유아는 새로운 단어를 들으면 상황 속에서 그것이 무엇을 가리키는지를 신속하게 파악할 수 있다. • 온전한 대상 가정(whole-object assumption): 유아는 단어가 사물 전체를 지시한다고 가정한다. 예를 들면, '토끼'라는 단어를 처음 들은 유아는 토끼의 일부분이나 색, 움직임 등을 의미하기보다는 대상 전체를 가리키는 것으로 추리하게 되는 것이다. • 분류학적 가정(taxonomic assumption): 단어가 같은 종류의 사물들을 지시한다고 가정한다. 예를 들면, '공(ball)'이라는 단어를 한 번 배운 유아는 축구공이나 골프공을 보고 '공'이라는 단어를 쓰지만, 다른 범주의 대상에게는 사용하지 않는다. • 상호배타성 가정(mutual exclusivity assumption): 유아는 새로운 단어를 학습할 때 하나의 단어에 대해서는 하나의 의미만을 부여한다는 것을 안다. 어떤 새로운 사물과 단어를 가르친 후 가상의 무의미 단어를 학습시키면, 유아는 그 단어를 새로운 대상물에 적용한다.

어휘발달 과정은 〈표 8-4〉와 같은 이론들로 설명할 수 있다(이현진, 1995; 이현진, 1997; 장유경, 1997).

초기 어휘발달 과정에서 성인과의 상호작용은 매우 중요하다. 성인은 대화를 할 때 현재 아동이 보고 있는 사물의 명칭을 직접적으로 이야기해 줌으로써 아동이 단어 의미를 보다 맥락적으로 쉽게 이해할 수 있게 도와준다. 또한 성인의 아동 지향적인 말[6]의 형태는 아동이 보다 쉽게 어휘를 습득할 수 있도록 한다. 이는 아동이 가지고 있는 생득적인 어휘습득의 능력뿐만 아니라 환경과의 접촉이 큰 영향을 미친다는 것을 말해 준다.

3) 구문론적 발달

구문론이란 낱말의 배열에 의하여 구, 절, 문장을 형성하는 체계 또는 규칙을 말한다. 이때 구(句)란 2개 이상의 단어가 모여서 하나의 문법단위를 만든 것이다. 그러나 주어와 서술어의 관계를 갖지는 못한다. 반면에 절(節)은 문장 속에 들어 있으며 주어

6) 성인이 유아와 대화할 때 나타나는 무의식적인 말의 형태로서 평상시보다 목소리 톤이 높고 크고 천천히 말하며 정확한 발음과 과장된 억양, 유아어 사용 등이 특징이다.

와 서술어의 관계를 갖는다. 문장은 의미상 완결된 내용을 갖추거나 문장이 끝났음을 나타내는 표지가 있는 것을 말한다. "어디?" 등과 같이 주어와 서술어 등의 요소를 갖추지 않는 표현이 문장이 될 수도 있다(이봉원, 2015).

〈표 8-5〉 문법단위

문법단위	예문
어절	/이/ /모든/ /것은/ /너의/ /관심으로부터/ /출발하였다/. (대부분 띄어쓰기와 일치한다.)
구	/노란 후리지아 꽃(이)/ 마음에 든다.
절	내가 배운 것은 다시 일어서는 것이다.
문장	단지 꺾여 있어서 그 끝이 보이지 않을 뿐이야.

구문론적 발달은 18개월 전후에 시작되는 두 단어 조합 시기부터 관찰할 수 있다. 그러나 2개의 단어를 조합하는 단계가 문법규칙이 습득되었다고 보기는 어렵다. 오히려 이 단계는 2개의 단어를 병렬적으로 연결한 형태에 가깝다. 문장의 형태는 24~36개월에 들어서면서 비로소 나타나기 시작한다. 그러나 이때는 조사가 생략된 전보식 문장 형태를 보인다. 3~4세가 되면 조사 사용이 현저하게 활발해지며, 4세 무렵의 아동은 익숙한 동사의 사동형을 표현할 수 있게 된다. 예를 들면, '입다'의 동사에서 '입히다' "엄마 벗겨 줘" 등의 표현이 나타난다. 마찬가지로 '박다'의 동사에서 '박히다' 또는 '부르다'에서 '불리다'등의 피동형 표현이 가능해진다.

문장은 단문에서 복문으로 발달하는데, 이를 문장의 확대라 할 수 있다. 복문은 겹문장이라고도 하며, 주어와 서술어의 관계가 두 번 이상 나타나는 문장을 말한다. 여기에는 내포문과 접속문이 있다. 내포문이란 하나의 문장 안에 다른 문장을 문장성분으로 포함시키는 것을 말하며, 접속문이란 문장을 연속해서 연결하는 것을 말한다. 예를 들면 〈표 8-6〉과 같다.

〈표 8-6〉 문장형식

문장형식	예문
단문	• 꽃이 예쁘다. • 올해는 남이섬으로 친구들이랑 여행을 가기로 했어.

복문	내포문	• 사람들이 너를 기억하기는 쉽지 않아. • 나는 이미 그 사람이 착한 사람이라는 것을 알았다. • 그 사람은 자신이 바보 온달이라고 말했다.
	접속문	• 교양을 좋아하는 여자와 최신식을 좋아하는 남자를 조심하라. • 잠시 지칠 때에는 눈을 감든지 커피를 한 잔 마시거나 해.

5~6세가 되면 내포문의 사용이 활발해지고 아동은 무한한 수의 새로운 문장을 규칙에 맞게 산출하게 된다. 이처럼 언어의 규칙을 습득하고 어순에 맞게 문장을 형성하는 과정은 촘스키(Chomsky)의 생득주의이론을 완전히 벗어나서 설명하기는 어렵다. 촘스키는 언어능력(linguistic competence)과 언어수행(linguistic performance)을 다음과 같이 구분한다.

〈표 8-7〉 언어능력과 언어수행

언어능력	언어수행
태어날 때부터 가지고 있는 무의식적인 언어에 대한 지식이다.	실제로 개인이 말하는 언어행위이다.

여기서 언어능력은 어느 한 특정한 언어습득이 아니라 세계의 어느 나라 말이나 공통으로 모두 익힐 수 있는 능력을 말한다(임경순, 1973). 언어능력과 언어수행은 항상 일치하는 것은 아니어서, 어떤 경우에는 능력은 있으나 제대로 수행하지 못하기도 한다. 또한 촘스키는 변형생성이론을 주장하였는데, 변형문법은 '표층구조'와 '심층구조'를 바탕으로 하며(〈표 8-8〉 참조), 이 둘의 관계는 '변형'이라는 조작에 의해 결합된다(권동현, 1997).

〈표 8-8〉 심층구조와 표층구조

심층구조	표층구조
• 아직 구체적인 문장이 아닌, 추상적인 구조이다. 예) You wash you. 오빠는 오빠의 옷을 입는다.	• 모국어에서 사용되는 문법이 적용된 문장의 구조이다. 예) You wash yourself. 오빠는 자기 옷을 입는다.

문법적인 구조가 다름에도 동일한 의미를 갖는 문장에는 하나의 변형규칙이 있으며, 유아는 문장구성 성분의 일부를 생략하거나 대치하면서 다양한 표층구조를 가진 문장을 생성해 낸다. 촘스키는 그 자체를 문법이라고 본다. 이와 같은 것이 가능한 이유는 인간에게는 선천적 혹은 생득적인 인지구조가 있기 때문이다. 촘스키에 따르면, 우리 인간은 보편적으로 특별한 언어적 하드웨어를 가지고 있으며, 우리가 사용하는 실제적인 문법은 이러한 하드웨어의 점진적인 발달의 결과이다(문장수, 2013). 즉, 아동이 전보식 문장을 사용하다가 점차 완전한 문법적인 문장을 형성하는 과정은 모두 선천적으로 타고난 능력이라고 보는 것이다.

4) 화용론적 발달

화용론은 실제 의사소통의 상황적 맥락에서 사용되는 말의 기능을 다룬다. 즉, 목적과 문맥에 맞게 언어를 사용하는 행위에 초점이 맞추어져 있다. 무엇보다도 자신의 의도를 효과적으로 전달하고, 이것을 파트너 지향적인 형태로 바꿀 수 있는 능력이 화용론적 능력이라고 할 때, 화용론적 발달을 위해서는 다음과 같은 기술이 필요하다(고은, 2015; 이창덕, 1994).

- 순서 교대: 한 명이 대화를 시작하면 기다렸다가 자기 순서가 오면 말을 한다. 이때 상대방의 말이 끝났음을 알아차리거나 자신의 말이 시작된다는 신호를 주는 등의 기술이 요구된다.
- 주제 유지: 일관성 있게 주제를 끌어가는 규칙이다. 청자에게 반드시 대답을 요구하지 않는 문장이라 할지라도 청자는 화자가 말한 맥락 안에서 벗어나지 않는 범위에서 대화를 이어갈 수 있다.
- 피드백: 화자의 눈을 맞추거나 고개를 끄덕이거나 적절한 추임새 등을 통해 상대방의 말을 경청하고 있다는 것을 보여 준다.
- 자기 수정: 맥락에서 벗어나는 음운상의 오류나 어휘 또는 높임법 등이 잘못 사용되었을 경우 자신의 말을 적절하게 조절하는 기술이 필요하다. 또는 대화의 양과 질을 대화 상황에 따라 조절하는 것도 중요하다.
- 함축: 발화의 명제적 내용과는 직접 관련이 없는 암시적인 의미를 말하거나 그

러한 내용을 이해하는 기술이다. 예를 들면, "오늘 제가 전화해도 될까요?"라고 물었을 때, "휴대폰 해지했어요."라고 대답하는 말 속에는 실제 언어 형식의 의미와는 전혀 다른 의미가 전달되고 있다. 이렇듯 함축은 형식 의미와는 다른 실제 전달 의미이다. "친구가 되자고 했다. 그래서 나는 기뻤다."와 "친구가 되자고 했다. 그러나 나는 기뻤다."는 전혀 다른 함축적 의미를 가지고 있다.

- 직시어: 대표적인 직시어로는 지시대명사, 인칭대명사, 시간부사, 장소부사 등이 해당한다. "그 사람이 그때 그 사람이야."라고 말할 때 '그 사람'과 '그때'를 고려하지 않고는 그 내용을 파악할 수 없다. 직시어 사용은 화자와 청자관계가 고려되어야 하는데, 보통 유아의 경우에는 직시어 남용 화법이 많다.
- 전제: 화용론적 전제는 담화에서 매우 중요하다. 화자와 청자와의 관계, 상황적 맥락과 장면 등의 언어 외적 조건들이 전제되어야 한다. 예를 들면, "저거 사 줘!"라는 명령 발화가 무리 없이 사용되기 위해서는 다음과 같은 전제 조건들이 충족되어야 한다.
  - 이런 요청을 할 수 있는 적절한 관계인가?
  - 청자가 사 줄 수 있는 상황에 있는가?
  - '저것'을 청자에게 더 자세히 설명하지 않아도 알 수 있는가?
  - 화자에게 필요한 것인가?

2. 청각장애 아동의 언어발달

청각장애 아동의 대부분은 언어발달지체와 언어발달상의 장애를 동반한다. 그러나 청각장애 아동의 언어발달 과정 자체는 건청아동의 언어발달 순서와 패턴에서 크게 벗어나지 않는다. 청각장애 아동의 언어발달 지체 이유는 다음과 같다. 첫째, 자신이 내는 소리를 자신이 듣지 못하여 적절한 청각적 피드백을 받을 수 없다. 둘째, 성인으로부터 적절한 언어적 강화를 받을 수 없다. 셋째, 성인의 언어 모델을 경험할 수 없다. 물론 앞서 언급한 바와 같이 언어발달은 매우 다양한 요인들로부터 영향을 받는다(이필상 외, 2015).

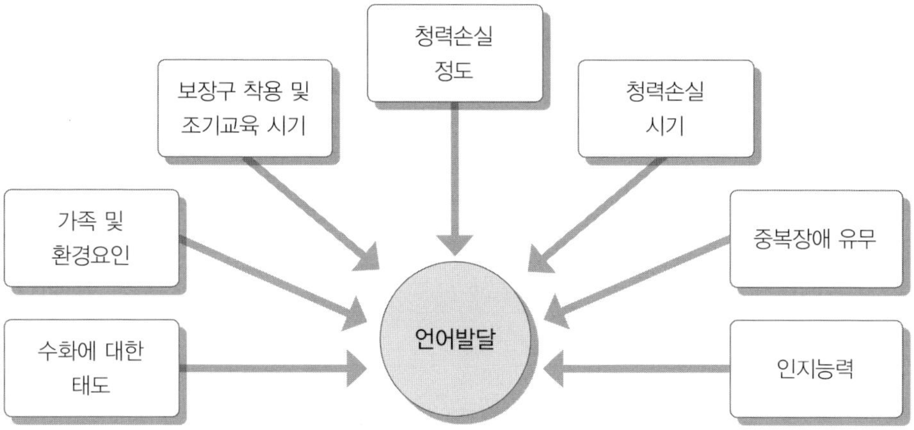

[그림 8-4] 청각장애 아동의 언어발달 요인

1) 음운론적 발달 특성

설령 모든 인간이 태어날 때부터 언어습득에 대한 모든 준비를 가지고 태어난다 할지라도 신생아는 모국어를 들으면서 비로소 음운체계를 습득한다. 전 세계의 모든 유아가 음소습득 시기가 비슷하며 일정한 규칙성을 가지고 있다고는 하지만, 소리를 전혀 혹은 매우 불충분하게 경험한 경우에는 적절한 음운습득을 기대하기 어렵다. 자신의 모국어에 충분히 노출될 때 유아는 비로소 해당 언어의 운율적 특성들을 지각하고 기억하며 소리를 산출할 수 있기 때문이다. 태어나면서부터 청력손실을 가지고 태어난 아동은 주변 사람들의 말을 듣고 그가 사용하는 언어의 음운을 익히는 데에 문제를 보이게 된다. 청각장애 아동은 초기 음운발달 단계에서 다음과 같은 특성을 보인다(Benedicte de Boysson-Bardies, 2005; 윤미선, 심현섭, 2003; 이규식 외, 2006).

- 전혀 소리를 듣지 못하는 농아동도 쿠잉 단계와 초기 옹알이 단계에서는 말소리를 산출한다.
- 생후 6개월 전후에 나타나는 옹알이 단계에서 점차적으로 나타나는 음소확장(phonetic expansion)과 음소축소(phonetic contraction) 현상이 뚜렷하게 나타나지 않는다.

> 음소확장이란 옹알이 단계에서 처음에는 제한된 소리를 내다가 점차 인간이 내는 거의 모든 소리를 산출하는 현상이며, 음소축소란 모국어에 없는 음소는 소멸하고 모국어에 있는 음소만 남게 되는 현상을 말한다(한유미 외, 2010).

- 건청아동의 경우에는 옹알이 단계에서 자음과 모음을 결합하여 여러 가지 소리를 만들어 반복하는 반면, 청각장애 아동은 똑같은 소리를 반복하는 경향을 보인다.
- 자기소리 모방이 끝나고 타인의 말소리를 모방하는 단계에서는 양적 · 질적 차이를 크게 보이기 시작한다.
- 건청아동은 성인의 말소리를 의식적으로 모방하고 이와 비슷한 소리를 지속적으로 만들어 내는 반면, 청각장애 아동은 오히려 정체된 경향을 보인다.
- 청각장애 아동은 분절적 요소뿐만 아니라 초분절적 요소에서도 오류를 보인다. 여기서 분절적 요소란 자음 · 모음과 같은 음소를 말하며, 초분절적 요소는 말의 억양, 장단, 속도, 쉼, 강세 등을 말한다. 예를 들면, 청각장애 아동의 말은 비(非)운율적이거나 단조롭고(monoton) 음도가 높거나 음성의 높낮이가 불규칙적이다. 음도 이탈이 잦다.
- 일반 조음음운장애 아동은 대부분 자음에서만 오류를 보이는 반면, 청각장애 아동은 모음과 자음 모두에서 오류를 보인다. 따라서 전체적인 말의 명료도[7)]가 낮다. 고도청력 손실을 가진 경우 말의 명료도는 20% 정도에 그치는 것으로 보고되고 있다.
- 모음의 중성화(neutralization) 현상이 나타난다. 이는 일종의 모음 변형으로, 예를 들면 전설모음 [i]를 발음할 때 중성음인 [a]를 섞어서 발음하는 것을 말한다.
- [b] [d] [g]와 같이 성대의 진동으로 만들어지는 유성음과 [p] [t] [k]와 같은 무성음을 혼돈하여 발성하는 경우가 많다. 그러나 한국어 사용자에게는 그 차이가 분명하게 인지되지 않기 때문에 대부분 동일한 음소로 지각된다. 반면에 /ㅍ/ /ㅌ/ /ㅋ/와 같은 파열음에서의 유기음과 /ㅃ/ /ㄸ/ /ㄲ/의 무기음은 의미의 차이를 가져오므로 한국어 사용자에게 매우 중요하다. 청각장애 아동은 예를 들면 '토

7) 말의 명료도란 보통의 청자들이 어떤 사람의 말을 듣고 이해하는 정도를 말한다(고은, 2015).

끼'를 [도기]로 발음하는 등의 경우가 많다.

- 청각장애 아동은 모음보다는 자음에서 더 오류가 많은데, 특히 마찰음과 파찰음 산출에서 오류가 잦다.
- 조음에서의 정확도가 낮을 뿐만 아니라 단어에서 초성이나 종성을 생략하는 경우가 많다. 예를 들면, '했습니다'를 [해읍니다]로 발음하는 식이다.
- 청각장애 아동의 경우 혀를 지나치게 인두쪽으로 당겨서 발음하는 경향이 있다. 이는 맹관공명 현상[8]과 모음 정확도를 떨어뜨리는 결과를 가져온다.
- 고도청력 손실을 가진 경우에는 타인의 말소리뿐만 아니라 자신의 말소리 지각이 어렵기 때문에 목소리가 크고 거칠다.
- 발화의 지속시간이 짧다.

2) 의미론적 발달 특성

일반적으로 생후 12개월 전후로 첫 단어를 말하고, 이후 점차 어휘의 수는 기하급수적으로 증가한다. 그러나 청각장애 아동은 몸짓(gesture)에 의존하는 경우가 많다. 몸짓은 건청아동의 경우에도 하나의 발달과정 중 하나로서, 몸짓은 크게 지시적 몸짓과 표상적 몸짓으로 구분할 수 있다. 지시적 몸짓은 대개 9개월 전후에 나타나며, 손을 뻗기, 가리키기, 보여 주기 등이 해당한다. 지시적 몸짓은 유아들이 어휘를 습득하기 전 초기 의사소통을 위해 사용한다고 볼 수 있다. 반면에 표상적 몸짓은 첫 단어를 말하기 시작하는 시기를 전후로 하여 출현하는 것으로서, 상징적 의미가 담겨 있는 몸짓을 말한다. 예를 들면, 이를 닦는다거나 잠자기 또는 전화하기 등의 몸짓으로서 유아는 초기 단계에서 몸짓과 단어를 함께 조합하여 정보를 전달한다. 그러나 청각장애 아동은 몸짓으로만 의사소통을 하는 시기가 오래 지속되며, 사용 빈도 또한 높다. 청각장애 아동은 초기 어휘발달 단계에서 다음과 같은 특성을 보인다(이상희, 2006).

- 발달패턴은 동일하지만, 발달속도는 지체된다. 첫 어휘를 습득하는 시기가 늦을 뿐만 아니라 새로운 어휘를 받아들이는 속도도 느리다. 그러나 명사를 중심으로

---

8) 인두강에 공명 에너지가 집중되어 과도한 공명을 일으키는 현상을 말한다(김은연, 2010).

어휘가 발달하고, 동사와 형용사 그리고 문법형태소가 순차적으로 출현하는 등의 어휘발달 양상은 건청아동과 동일하다.

- 어휘력은 생활연령이 증가함에 따라 점차 향상된다. 건청아동에 비하여 어휘력이 빈약하고 제한적이기는 하나 경험이 늘어날수록 어휘력도 꾸준히 증가한다.
- 일상생활과 관련이 적은 어휘의 경우에는 습득이 힘들다.
- 명사보다 동사를 습득하는 것이 더 어렵다.
- 다의어에 대한 이해가 어렵다.
- 문맥에 적절하지 않은 어휘를 사용한다.
- 구체적인 단어보다 추상적인 어휘를 습득하는 데 어려움을 보인다. 여기서 구체적인 단어란 객관적인 검증이 가능한 보편적 의미를 가지고 있는 단어를 말한다. 예를 들면, '토끼' '물' '학교' 등의 단어가 해당하며, 추상적 단어란 암시적 의미를 가지고 있어서 개인마다 다르게 받아들여질 수 있는 것을 말한다. 예를 들면, '민주주의' '원인' '정체성' 등과 같은 단어이다.

3) 구문론적 발달

청각장애 아동의 구문능력은 건청아동에 비하여 많은 지체를 보인다. 그러나 연령이 증가함에 따라 조사 사용이 증가하고 문장의 형태 또한 복잡해지는 등의 발달패턴은 건청아동과 동일하다. 그러나 청각장애 아동에게는 공통적으로 나타나는 정형화된 문법 표현과 부적절한 어순의 오류 등이 관찰된다. 이는 청각장애 아동—여기서는 수화를 사용한다는 전제하에—의 경우 청각장애인의 말이라 할 수 있는 수화의 영향이 크다. 한국수화를 사용하는 농인들이 한국어를 공부할 때, 그를 모국어로서의 국어 학습자로 볼 것인지, 제2언어를 받아들이는 한국어 학습자로 볼 것인지에 대한 논란이 야기되는 부분이다(서광진, 2013). 대표적으로 나타나는 구문론적 특징은 다음과 같다(서광진, 2013; 서영란, 2010; 손일수, 이규식, 1989; 유경, 정은희, 2006).

- 문법을 습득하는 데에 어려움을 갖는다.[9)]

9) 건청아동의 경우에는 8세 무렵이 되면 성인 문법의 95%를 습득한다.

- 특정 단어만이 반복되어 나타나는 짧은 문장 형식을 사용한다.
- 내용어 사용이 많으며 기능어는 제한적이다.
- 명사와 동사만을 사용한 단문 산출이 많다.
- 문법 구조에 대한 지식의 부족으로 정형화된 문법 구조를 과다하게 사용하는 경향이 있다.
- 복문 산출 시 적절한 연결 어미를 찾는 데 어려움을 보인다.
- 연결어미 사용에 있어서는 ~고(나열), ~여서(인과)가 주로 사용된다.
- 조사 생략이 많다.
- 조사 대치 등의 문법형태소의 오류가 많이 나타난다. 예를 들면, "나는 친구와 이야기하다."를 "나는 친구를 이야기하다." 등의 오류이다.
- 시제 사용에 어려움을 갖는다.
- 낱말의 순서가 잘못된 문장을 사용한다.
- '무슨' '무엇' '어느' 등의 관형사 사용에 혼돈이 잦다.

앞서 언급한 바와 같이, 청각장애 아동의 구문 오류는 수화 사용과 밀접한 관계가 있다. 수화에서는 '무슨' '무엇' '어느'에 해당하는 표현이 오른손 검지를 세워 흔드는 동작 하나에 불과하기 때문에, 국어에서의 적절한 관형사 사용이 어렵다. 또한 어순에서도 수화는 예를 들면 "계절/ 무엇/ 좋다?" "무엇/ 계절/ 좋다?" "계절/ 좋다/ 무엇?"이 모두 가능하기 때문에 음성언어에서는 혼돈되는 현상이 자주 나타난다. 시제에 있어서도 '먹다' '-었다' '-ㄹ 것이다' 등의 문법표지 사용에 어려움을 보인다(서광진, 2013).

4) 화용론적 발달

대화가 잘 이루어지기 위해서는 일차적으로 잘 들을 수 있어야 한다. 그러나 청각장애 아동은 듣고 말하는 데 한계가 있기 때문에 효율적인 대화를 유지하는 것은 쉽지 않다. 상대방의 말이 정확하게 들리지 않는다거나 자기가 말하려고 하는 바를 뚜렷한 '말'의 형태로 만들지 못함으로써 대화의 질이 떨어질 수 있다. 특히 고도난청 아동의 경우에는 어머니와 영아 사이의 초기 상호작용에서부터 문제를 보인다. 신생아는 일찍부터 어머니의 목소리를 듣는 것을 선호하며 소리자극에 대해 전형적인 몸짓으로 반응한다.

생후 3개월 정도가 되면 '순서교대(turn-taking)' 행위가 나타나는데, 이는 성인과 아기가 서로 번갈아 가면서 모음 발성을 교환하는 것이다. 마치 대화를 하는 것과 같은 이 현상은 나중에 언어를 통한 의사소통을 교환하는 데에 중요한 요소가 된다. 순서교대란 말 차례 갖기로서 모든 대화에 보편적으로 나타난다. 즉, 대화의 질서에 해당한다(이창덕, 1998). 발달 초기 단계에서는 말의 중첩이 있을 수 있으나 점차 유아는 대화 규칙으로서 자신의 말할 순서를 기다릴 줄 알게 된다. 그러나 청각장애 아동의 경우에는 청각손실로 인하여 타인이 대화를 개시하는 말소리에 민감하게 반응하기 어렵다. 또한 여러 명의 대화자가 있을 때 한 사람에게 집중하면 다른 사람의 말을 잘 듣지 못하여 말이 중첩될 수 있다. 이러한 이유로 청각장애 아동은 순서교대에 어려움을 보인다(임동권, 이성규, 정희영, 2015).

담화에서 또 하나의 중요한 요소는 인접쌍(adjacency pair)이다. 이는 2명의 화자가 대화를 할 경우 두 발화가 하나의 유형화된 쌍을 구성한다는 것으로서 화용능력에서 매우 중요하다. 예를 들면, 질문은 대답을 전제로 하며, 요청은 승낙과 거부로 쌍을 이룬다. 2명의 상이한 화자가 대화를 유지하기 위해서는 상호 연관성이 바탕이 되어야 하며, 이러한 주제 유지 능력에 문제를 보일 경우 대화단절 현상을 경험할 수 있다. 청각장애 아동은 선행 발화와 의미적으로 연결되지 않는 말을 하거나, 질문을 무시하는 등의 태도를 보일 수 있다. 이는 실질적으로 상대방의 말을 정확히 이해하지 못했거나, 대화 흐름에 대한 정보수집에 실패했기 때문이다. 상대방에게 다시 말해 달라고 요구하는 것을 스스로 불편해하기 때문에 자신이 하고 싶은 말을 전달하는 데에만 치중하게 되는 것이다.

특히 대화가 길어질수록 청각장애 아동은 상대방의 말을 주의 깊게 듣고 상대방의 생각이나 관점을 이해하는 데 어려움을 보인다. 자발적으로 대화를 시작하거나 요청화법 구사 등과 같은 세련된 대화기술 능력은 부족하지만 비언어적 표현을 통한 자신의 메시지를 전달하는 능력은 건청아동과 크게 다르지 않다는 점에서 의사소통 상대자는 몸짓과 구어 사용을 적절하게 사용하는 것이 필요하다.

3. 심리적 특성

미국의 사회사업가 헬렌 켈러는 들리지 않는 것은 사람과의 단절이라고 하였다. 듣지 못한다는 것은 단지 어떤 소리를 듣지 못하는 것 이상을 의미하며, 인간 존재와 삶에 지대한 영향을 미친다고 할 수 있다. 태어나면서부터 혹은 살아가다가 어느 순간 청력을 잃어버린다는 것은 그러한 의미에서 심리정서적 발달과도 밀접한 관계를 가질 수 있다고 유추할 수 있다.

1) 아들러의 열등감 이론

아들러(Adler, 1870~1937)는 개인심리학의 체계를 세운 오스트리아 출신 심리학자이다. 그는 신프로이트 학파로서 프로이트(Freud)의 생물학적이고 결정론적인 관점을 반대하고 인간은 자신이 처한 환경을 벗어날 수 있는 내적인 힘이 있다고 주장하였다. 그는 열등감(inferiority feeling)이라고 하는 용어를 도입하면서 사람은 누구나 신체적이나 심리적으로 열등감을 느끼며 그 열등감을 극복하기 위해 노력한다고 주장하였다. '열등감'은 인간을 성숙하게 발전시킬 수 있는 힘이며, 개인이 현실을 어떻게 지각하고 어떤 가치와 신념을 갖느냐에 따라 인간의 성격이 형성된다고 보았다. 신체적 결함에서 오는 열등감 또는 사회적 열등감을 극복하기 위해 연습이나 훈련을 한다면 오히려 자극이 되어 보상을 받게 된다는 점에서 열등감은 더 나은 자신을 만들기 위한 동기유발 요인이 될 수 있다. 그의 개인 심리학의 대표적 관점은 다음과 같다(류종훈, 2011).

첫째, 인간은 통일되고 자아 일치된 성격구조와 생활양식을 가지고 있기 때문에 인간을 전체적인 관점에서 보아야 한다.

둘째, 인간은 역동적으로 완성을 추구하며 개인의 중요한 인생 목표에 따라 전진한다.

셋째, 개인은 창조적인 힘을 가지고 있으며, 스스로 자기의 삶을 결정할 수 있다.

넷째, 인간은 협동적이며 상호작용하는 사회관계를 맺을 수 있는 선천적인 능력을 가지고 태어난다.

다섯째, 자신을 어떻게 인식하는가에 따라 행동이 결정된다.

여섯째, 인간의 행동은 즉각적인 상황과 생활양식을 통한 장기적 목표가 전 생애에 영향을 미친다.

일곱째, 인간이 중심적으로 추구하는 것은 완성, 완전, 우월, 자기현실화, 자기실현, 유능성 및 극복이다.

결국 '듣지 못한다는 것'은 하나의 신체적인 열등 상태임에는 분명하지만 개인이 가지고 있는 각각의 특성이나 생활양식 등에 따라 충분히 긍정적인 퍼스낼리티(personality)를 만들어 갈 수 있다.

2) 매슬로의 욕구이론

매슬로(Maslow, 1908~1970)에 따르면, 건강한 성격을 형성하기 위해서는 본능적인 욕구충족이 먼저 이루어져야 한다. 기본적인 욕구충족은 인간을 성장하게 하고 인간 자신을 실현시키고 성숙하게 하는 원동력이 된다. 그는 기본적인 생리욕구부터 자아실현의 높은 욕구까지를 하나의 위계로서 설명하고 있는데, 총 5개의 단계로 구성되어 있다(〈표 8-9〉 참조).

〈표 8-9〉 매슬로의 욕구단계

단계	설명
신체생리적인 욕구	생명유지를 위한 기본적인 욕구를 얻고자 함
안전과 안정에 대한 욕구	신체적이나 감정적인 위험으로부터 자신이 보호되고 안전하고자 함
소속감과 사랑에 대한 욕구	사회적 욕구로서 하나의 집단 속의 구성원으로서 친교, 교제, 결혼 등을 원함
존경의 욕구	자기존중의 욕구로서 사람들로부터 존경받고 인정받고자 함
자아실현의 욕구	지속적인 자아발전과 창조적인 생활을 영위하고자 함

이러한 욕구들은 하위 차원에서 상위 차원으로 이동하며, 이들은 모두 서로 연관되어 복합적으로 작용한다. 이를 충족시킨 사람은 자아존중감이 높지만, 그렇지 못한 사람은 낮은 자아존중감과 심리적으로 건강하지 못하다고 본다. 만약 낮은 수준의 욕

구가 충족되었다 하더라도 이차적 욕구를 충족할 수 있는 기회를 얻지 못한다면 인간은 좌절감과 불안감을 느끼게 되는 것이다. 매슬로는 욕구가 충족되지 못했을 때 결핍동기(deficiency motivation)가 만들어지는데, 예를 들면 우리가 음식을 오랫동안 먹지 못했다면 우리 체내에는 어떤 결핍이 생긴다는 것이다. 그 경우 신체적으로나 심리적으로 고통과 불만을 초래하고 이는 성장과 발달을 축소시키거나 저해하는 요인이 된다(장선철, 2014). 청각장애 아동의 심리적 특성으로 간주되는 '자기중심적' '의존적' '충동성' '고집성' 등과 같은 부정적인 문제의 원인은 성장을 위한 욕구충족이 잘 이루어지지 않은 데에서 찾을 수 있다.

이를 일반적인 청각장애 아동의 성장 배경과 관련지어 보자. 장애를 가지고 있는 아동은 생리적이고 안전에 대한 욕구가 결핍되기 쉽다. 특히 청각장애 아동의 경우에는 소리를 듣지 못함으로 인하여 끊임없이 위험에 노출될 수 있으며, 평형능력에도 문제를 보인다. 안전과 방어에 집착하기 때문에 독립적으로 외부 세계와 접촉하는 데에도 제약을 받게 된다. 사회적 욕구의 측면에서는 정체성의 혼란과 소속감에 부재 등의 문제와 직면하게 된다. 특히 청인 부모를 둔 아동은 자신이 청각장애인이라기보다는 가족들과 같은 청인이라는 인식을 갖다가 어느 순간에 정체성에 대한 혼란을 경험하게 된다. 청각장애인이라는 사실을 숨기고 싶은 심리는 사람들과의 적극적인 관계 형성에도 부정적인 영향을 미친다(박동진, 2015). 결핍욕구의 충족은 내적 요인의 영향뿐만 아니라 외적, 즉 환경의 도움을 필요로 한다. 따라서 인성이 건강한 아동으로 성장시키기 위해서는 다음 조건들이 확인되어야 한다(엄상현, 2016).

첫째, 아동이 결핍을 느끼고 있는 생리적 문제는 없는가?
둘째, 위협을 느끼는 불안 요소는 없는가?
셋째, 적절한 교우관계를 맺고 유지하고 있는가?
넷째, 주변의 친구, 부모, 형제, 교사들로부터 자신이 충분히 존중과 사랑을 받고 있다고 느끼는가?

3) 에릭슨의 심리사회적 이론

에릭슨(Erikson, 1902~1994)은 인간발달을 8단계로 구분하고, 각 단계별로 극복해야 하는 심리사회적 발달과업이 있다고 보았다. 8단계의 발달과업을 성공적으로 해결해야만 긍정적인 성격이 형성되며 확고한 자아정체감이 발달된다고 보았다. 만약 발달단계에 따른 과업을 이루지 못하면 정신적 결함을 갖게 된다는 점에서 아동이 그 시기에 필요한 발달과업을 이룰 수 있도록 지원해 주는 것이 무엇보다도 중요하다.

1단계는 영아가 세상에 대한 신뢰를 형성하게 되는 단계이다. 주양육자(어머니)에 대한 믿음이 바탕이 되며 신체적 욕구와 심리적 욕구가 잘 충족될 때 영아는 세상을 믿을 만하다고 생각한다. 아이는 울다가도 엄마가 안아 주거나 엄마 얼굴을 보면 울음을 그치기도 하지만, 엄마 목소리만으로도 편안함을 느낀다. 청각장애를 가지고 있는 영아의 경우에는 쿠잉이나 옹알이 단계에서 나타나는 엄마와의 상호작용이 불충분하고, 목소리를 통한 안정감을 경험할 수 없기 때문에 이 단계에서는 보다 세심한 부모의 보살핌이 필요하다. 그러나 장애를 가진 자녀의 부모들은 심리적으로 충격과 죄의식을 갖기 때문에 상호작용에서 안정성과 따뜻함을 유지하는 데 어려움을 갖는다. 따라서 부모와의 신뢰감과 애착관계 형성이 잘 되지 않을 경우 불신감을 갖게 된다.

2단계는 무엇을 하고자 하는 호기심과 의지가 생기는 시기이다. 새로운 것을 탐색하고 자유롭게 경험해 나가는 과정에서 유아는 자율감을 획득한다. 배변훈련과 관련된 통제뿐만 아니라 신체 전반에 대한 통제능력은 이 단계에서 매우 중요하다. 청각장애 아동의 부모는 스스로 위축되고 심리적 어려움을 느낄 수 있기 때문에 자녀에게도 거부나 과잉보호가 나타날 수 있다. 그럴 경우 자율성 대신 회의감과 수치심이 형

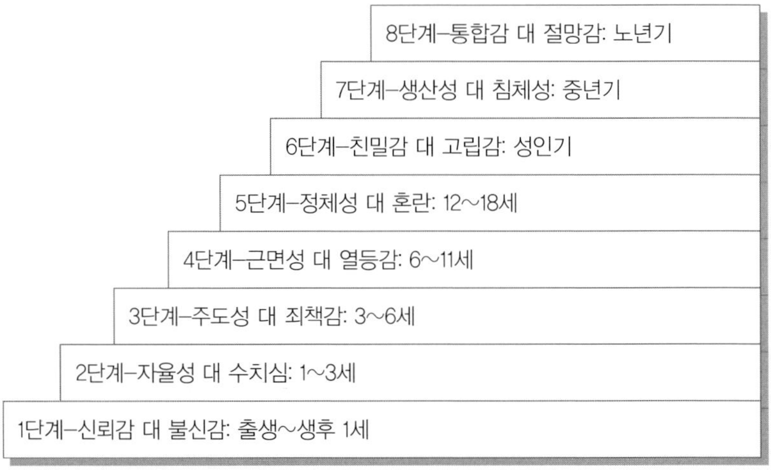

[그림 8-5] 에릭슨의 심리사회적 발달

성된다.

3단계는 스스로 하고자 하는 욕구가 강한 시기이다. 유아의 활동이 왕성해지고 호기심이 많으며 자기 마음대로 하려고 하는 것처럼 보인다. 이 시기는 주도성의 단계로서 급격한 언어발달과 다양한 놀이활동을 통해 모든 것을 시도해 보는 때이다. 그러나 청각장애 아동은 말로서 자신의 욕구를 표현할 기회와 능력을 잃게 되고, 따라서 행동으로 욕구를 분출해 내는 경향이 있다. 이 단계의 가장 중요한 과업은 주도성인데, 부모가 그 행위에 대해 윽박지르거나 처벌하면 자신이 잘못했다는 죄책감을 갖게 된다. 청각장애 유아는—부모가 건청인이라는 전제하에—이미 부모와의 의사소통에 어려움을 보이게 되고, 구어적 소통이 원활하지 않음에 따라 부모는 자세히 설명하기보다는 제지하거나 지시하는 양육태도를 보이기 쉽다.

4단계는 초등학교 시기로서 매우 역동적이고 활동적인 시기이다. 성공에 대한 욕구, 예를 들면 학교에서 공부를 잘해서 칭찬이나 인정을 받고자 하는 욕구가 만들어진다. 이 시기는 근면성을 결정하는 매우 중요한 시기로서, 낮은 학업성취 수준은 근면성 대신 열등감을 갖게 한다. 청각장애 아동은 학교에 입학하면서 자신이 말하기, 듣기뿐만 아니라 읽고 쓰기에서도 또래에 비해 뒤떨어진다는 것을 경험하게 된다. 열심히 해도 극복되지 않는 한계를 느끼게 되고, 교사로부터 인정받지 못하게 됨에 따라 아동은 부정적인 자아감과 열등감을 갖게 된다.

5단계는 '나는 누구인가?'에 대한 질문과 대면하는 시기이다. 청년기는 정체감 형성에 결정적 시기로서, 급격한 신체변화와 함께 성(性)정체성뿐만 아니라 내가 무엇을 잘할 수 있는 사람이며 앞으로 어떻게 살 것인지에 대한 질문을 끊임없이 던지는 시기이다. 이때 청각장애를 가지고 있는 청소년은 자신의 장애에 직면하게 되는데, 보청기나 인공와우를 착용한 경우에는 신체적 자존감이 낮아진다. 또한 건청인과 청각장애인 사이에서 정체성 혼미를 경험하게 됨으로써 부정적인 성격이 형성될 수 있다.

6단계는 성인기가 시작되는 단계로, 이 시기에는 친밀감에 대한 욕구가 강해진다. 주변 사람들과 친밀한 관계를 형성하면서 어느 한 집단 또는 조직에 소속되고자 한다. 친밀감을 형성하지 못하면 지나치게 자기중심적이고 고립감에 빠져들게 되는데, 청각장애인은 의사소통의 결함으로 인하여 누군가와 지속적이고 친밀한 유대관계를 맺는 것이 쉽지 않다. 특히 농문화에 대해 거부감을 가지고 있었던 경우라면 대인관계에서 고립감에 빠지기 쉽다.

7단계에서는 생산성에 대한 욕구가 충족되어야 한다. 이 시기에는 결혼을 하고 자녀를 낳아 기르면서 부모역할에 대한 만족도를 얻고자 한다. 다음 세대를 위해 자신이 어떤 역할을 하는가에 대해 의미를 찾고자 하지만, 그 욕구가 충족되지 못하면 반대로 침체성에 빠지게 된다. 중년기에 기대되는 삶의 안정성이 확보되지 않은 청각장애인의 경우에는 불만이 많고 비판적이며 냉소적인 성격을 갖기 쉽다.

8단계는 심리사회적 발달의 마지막 단계로서 노년기에 해당한다. 이 단계의 발달과업은 자아통합이다. 노년기의 삶은 '지혜'를 얻음과 동시에 인생에 대한 '무력감'을 함께 느낀다. 죽음에 대한 준비를 하면서 자신의 지난 삶을 돌아보게 되는데, 이때 '만족스럽다'라고 한다면 그것은 자아통합이며, '무의미하다'라고 한다면 그것은 절망감이다. 자아통합의 욕구가 충족되기 위해서는 노후의 경제적 안정과 주변 사람들과 사회적 관계를 유지하는 것이 중요하다.

> 청각장애 아동의 정서적 발달은 자신의 내적 요인뿐만 아니라 가정환경 등의 외적 요인에 영향을 받는다. 가정과 학교, 또래집단에서의 수용 특히 부모와의 상호작용은 정서발달에 중요한 역할을 하는 요인이 된다. 그러나 부모와의 의사소통이 잘 되지 않고, 학교에서는 학업능력이 부족하거나 또래 친구들과 유대관계를 유지하는 것이 쉽지 않기 때문에 청각장애 아동은 심리적 불안감을 갖기 쉽다. 건청인들 사이에서 느끼는 의사소통의 단절, 고립감 등의 심리적 요인은 정서적 발달에 부정적인 영향으로 작용할 수 있다.

4) 농정체성

청각장애 학생들은 약 10%를 제외하고는 건청부모 밑에서 자라며, 부모가 선호하는 의사소통 양식으로 언어발달을 하고, 부모가 원하는 학교로 진학을 한다. 건청부모들은 설령 자녀가 귀가 잘 들리지 않는다 하더라고 조기교육을 충실히 시켜 조금 어눌하더라도 건청인들과 구어로 소통을 하고 건청인들의 문화 속에서 적응해 나가기를 바란다. 통합교육도 마찬가지로 부모의 일방적인 선택인 경우가 많다. 스스로가 수화로 대화를 할 수 없는 부모들의 경우에는 자녀가 수화를 배우는 것에 대해서도 거부감을 가질 수 있으며, 이럴 경우 자녀와 의사소통도 원활하지 않게 된다. 따라서 청각장애 학생의 경우에는 부모와 자녀의 상호작용이 원활하지 않거나, 정서적으로 불안정한 경우가 많다.

청각장애 학생에게 중요한 것은 '정체성'이다. 우리는 모두 살아가면서 정체성의 혼란을 경험한다. 정체성이란 '나는 ◯◯ 사람이다.'는, 다시 말하면 개인이 가지고 있는 스스로에 대한 자의식과 독특성을 말한다. 만약 문방구에서 너무 가지고 싶었던 지우개를 훔친 다섯 살짜리 아이에게 주인은 "이 도둑놈!"이라고 했고, 부모는 "넌 나쁜 애야!"라고 비난을 했다면, 아동의 머릿속에는 자신이 매우 부정적인 '남의 물건이나 훔치는 나쁜 성향'을 가진 사람으로 남게 될 것이다.

'나는 농인이다.'라는 농정체성이 중요한 것은 '나는 한국 사람이다.'라는 것과 다르지 않다. 다문화가정 아동의 경우, 한국에서 태어났고 한국 이름을 가지고 있으며 한국말을 하고 살아가는데 사람들이 "너는 어느 나라 사람이야?"라고 물을 때 정체성 혼란을 경험한다. 피부색이 다르다는 것 때문에 자신이 온전히 한국 사람이 되지 못한다는 사실을 깨닫게 되면, 자신의 피부색을 혐오하거나 외국 어머니 또는 아버지를 거부하는 경우도 생긴다.

청각장애의 경우에도 건청문화와 농문화 사이에서 정체성의 혼란을 경험하게 된다. 그들에게 농정체성이 중요한 이유는 인간은 에릭슨이 주장한 소속감에 대한 욕구를 가지고 있기 때문이다. 대부분의 청각장애 학생은 입학 전에는 느끼지 못하다가 특수학교에 진학하면서 비로소 농인으로서의 정체성을 갖게 된다. 그러나 일반학교에 재학하는 아동의 경우에는 많은 경우 오랫동안 정체성 혼란을 겪게 된다. 건청문화 속에 있다가 청소년 후기 또는 성인 초기에 농문화를 인정하는 경우도 있다. 건청인 가족과 건청인 친구들 속에서 어느 순간에 자신의 장애와 직면하면서 아동은 농정체성에 대한 혼란을 겪게 되는 것이다. 청각장애 학생의 농정체성에 영향을 미치는 요인은 매우 다양하다. 아동의 청력시기가 빠를수록 농정체성을 확립하기 쉬우며, 부모가 농인인 경우 그리고 농학교에서 교육을 받은 경우가 통합교육을 받은 아동에 비하여 정체성이 높다고 알려져 있다. 농문화는 농인들에 대한 긍정적 개념과 가치를 높이고 정당화하여 농인들의 생존 능력을 배양하는 데 크게 기여할 수 있다는 점에서 (정진영, 2002), 교사는 농정체성과 농문화 수용에 긍정적이어야 한다.

4. 학업적 특성

미국유소아청력연합회(Joint Committee on Infant Hearing: JCIH, 2000)에 따르면 고도 이상의 청력손실은 약 30개월즈음 발견되며, 경도 및 중등도 청력손실은 학령기가 될 때까지도 발견하지 못하는 경우가 많다(김수진, 2012에서 재인용). 진단시기가 늦어짐에 따라 언어습득의 매우 중요한 시기를 놓치고 학업 측면에서도 매우 불리한 영향을 미칠 것이라는 것을 유추할 수 있다. 물론 청각장애 아동의 학업적 특성은 청력손실 정도, 진단시기 및 조기중재 등의 다양한 요인의 영향을 받는다. 그럼에도 청력손실이 학업에 미치는 영향이 매우 크다는 것은 자명한 일이다.

1) 지각

지각(perception)이란 감각기관을 통해 들어오는 정보를 인식하는 것을 말한다. 여기서 감각(sensation)이란 시각, 후각, 미각, 청각, 촉각으로, 인간은 5개의 감각기관을 가지고 있다. 인간은 태어나면서부터 어느 정도는 감각발달이 이루어진 상태로 태어나기 때문에 신생아는 감각기관을 통해 정보를 수집할 수 있다. 반면에 지각은 수집된 정보를 해석하는 것을 말한다. 지각은 감각기관의 경로를 통해 이루어지며 둘은 하나의 연속적인 처리과정으로 진행된다고 볼 수 있다. 예를 들면, 소리가 나는 쪽으로 고개를 돌리는 것은 청각(감각)이 발달하는 과정이라 한다면, 들리는 소리가 전화벨 소리라는 것을 아는 것은 지각과정이다. 지각발달은 감각기관의 발달을 전제로 하기 때문에 청력손실을 가진 아동은 청지각 결함을 동반하게 된다. 특히 들리는 소리가 무엇인지를 아는 것, 즉 지각하기 위해서는 이전 경험을 바탕으로 개념이 형성되는 것을 전제로 한다. 말소리에 대한 청지각의 증진은 언어의 음운, 의미, 구문 등에서의 증진을 의미하며, 말소리에 대한 심리음향학적 자질을 인식하는 것을 의미한다(허명진, 최성규, 이상흔, 2006). 또한 청지각은 꾸준한 훈련과 교육을 통해서 어느 정도 향상시킬 수 있다.

2) 기억

기억은 크게 감각기억, 단기기억 그리고 장기기억의 세 유형으로 구분된다. 감각기억은 외부의 정보가 눈이나 귀 등과 같은 감각기관을 통하여 잠깐 동안 머무는 단계의 기억[10)]이다. 주의를 좀 더 기울인 정보만이 단기기억으로 넘어갈 수 있다. 단기기억은 작동기억(작업기억, working memory)이라고 불리며, 감각기억보다는 정보를 좀 더 오래 가지고 있을 수 있으나 정보의 용량은 매우 제한적이다. 반면에 장기기억은 거대한 도서관과 같이 용량의 제한 없이 많은 정보를 저장할 수 있다(오세진 외, 2001). 우리의 머릿속에 '기억'이라고 떠오르는 수많은 기억은 모두 장기기억의 보관함에 보관되어 있는 것이라고 보면 된다.

청각장애 아동은 감각기억에 있어서 대부분의 정보를 시각적으로 받아들이기 때문에 정보 유지의 시간이 상대적으로 짧다. 단기기억에서의 차이는 여러 가지 관점에서 설명할 수 있다.

첫째, 단기기억의 용량은 부호화와 관련이 있다. 시각부호는 4개까지 저장할 수 있으며, 음운부호는 7개까지 저장 가능하다(김승국 외, 1994). 따라서 이런 부호화의 차이는 단기기억의 수행능력에서 차이를 가져올 수 있다.

둘째, 청각장애 아동은 형태(figur)와 같은 비의미적 자극 단서에서는 건청아동과 큰 차이를 보이지 않은 반면, 숫자와 같은 의미자극 과제에서의 기억능력은 열악한 것으로 나타났다. 이는 언어를 포함한 지식 부족에서 그 원인을 찾을 수 있다(유은정 외, 2010).

셋째, 청각장애 아동은 저장과 정보처리의 기능이 비효율적으로 사용된다(소지희, 2009).

넷째, 의사소통 수단에 따라 단기기억(작업기억) 능력에 차이를 보인다. 농인, 구화를 사용하는 청각장애인 그리고 건청인의 작업기억을 비교하였을 때 구어를 사용하지 않은 혹은 구어 사용이 매우 열악한 청각장애인의 작업기억 용량은 매우 작은 것으로 나타났다. 이는 수화라는 시각언어 사용과 일차 언어의 부호화과정에서 비롯되는 것이라 할 수 있다(이종민, 김영욱, 2003). 파울(Paul)은 구어가 잘 발달할수록 작업

10) 시감각 정보는 약 12초 정도 유지되지만 청감각 정보는 45초 유지된다.

기억이 우수하며, 이는 구어를 사용하는 청각장애인의 경우는 과제를 음운부호화하여 수행하지만, 수화를 사용하거나 구어 사용이 잘 되지 않은 경우에는 음운부호화가 정교하지 못하여 비효율적으로 과제를 수행한다고 하였다(허일, 2012에서 재인용). 이는 의사소통 형식에 따라 작업기억 능력에 차이가 있다는 것을 보여 주는 결과이다. 또한 작업기억과 지능은 밀접한 관계가 있으며 지능이 높을수록 작업기억 과제를 더 잘 수행하는 것으로 보인다(소지희, 2009). 언어능력이 향상될수록 작업기억 과제 수행력도 향상된다는 허일(2012)의 연구결과는 언어와 작업기억 간의 상관관계를 보여 주는 것이라 할 수 있다.

3) 인지

인지란 지식, 의식, 사고, 시각적 및 청각적 지각, 문제해결, 개념화, 분류, 주의, 기억, 지각, 지능, 학습 등의 모든 정신적인 과정을 포괄하는 개념이다. 즉, 우리 삶의 거의 모든 측면에 영향을 미치는 복잡한 과정인 것이다. 인지 안에 포함된 각각의 요소들은 서로 밀접한 관계 속에 있으며 서로가 하나의 매개체로 작용한다. 청각장애가 인지적인 문제를 동반하게 하는가에 관점은 두 가지이다. 하나는 건청아동과 차이가 없다는 관점이며, 또 하나는 두 집단 간에는 인지적 차이가 존재한다는 관점이다. 그러나 인지능력의 결함 유무보다는 과제 제시 방법에 따라 청각장애 아동의 인지능력은 차이가 있으며 비언어적 과제에서는 두 집단 간에 차이가 없다는 것에 더 주목할 필요가 있다. 결론적으로 보면, 전반적인 지능검사에서 청각장애를 가지고 있는 집단이 더 낮은 점수를 보였다고 할지라도, 지능검사 문항이 일반 건청인을 대상으로 제작되었다는 점과 농문화의 특성이 고려되지 않았다는 점 그리고 검사방법의 수정 등이 이루어지지 않았다는 점들을 볼 때 청각장애 아동의 인지능력이 평균적으로 더 열악하다고 단언할 수는 없다.

4) 교과 영역[11)]

청력손실은 학업수행 능력에 큰 영향을 미친다. 듣기와 말하기의 결함은 학령기에 접어들면 읽기와 쓰기 지체로 이어진다. 어떠한 의사소통 양식을 사용하건 간에 청각장애 아동의 학업능력은 상당히 지체되는 것으로 보고되고 있으며, 특히 문자언어 습득의 어려움은 다른 교과학습에 치명적인 영향을 준다. 이러한 지체현상은 학년 증가에 따라 더 심해지는 경향이 있다. 기초학습 능력이 부족하기 때문에 학년이 올라갈수록 성취도 격차는 더욱 커지기 때문이다. 일반학생과 장애학생의 학업성취도를 비교 연구한 최종근 등(2005)의 연구에 따르면, 장애학생들의 기초학습 학습부진 비율은 매우 높은 것으로 나타났다. 그 결과는 〈표 8-10〉과 같다. 시각장애는 맹과 저시력 학생을, 청각장애는 농과 난청을 합산하여 계산한 평균치(%)이다.

〈표 8-10〉 기초학습 부진학생 비율 (%)

전체	소검사	일반학생	장애학생(전체)	시각장애	청각장애	지체부자유
국어	읽기	3.1	47.2	28.6	74.6	27.9
	쓰기	1.2	43.8	23.8	69.5	27.9
수학	수학	3.7	37.5	38.1	33.9	41.9
영어	영어	5.6	53.5	31.0	76.3	44.2

〈표 8-10〉에서 보여 주는 바와 같이, 기초수학을 제외한 다른 모든 교과에서 청각장애 학생의 기초학습 부진비율이 가장 높다. 여기에서 제시하지는 않았지만 농과 난청 학생들의 비교에서는, 농 학생들의 학습부진 비율이 조금 더 높은 것으로 나타났다. 흥미로운 것은 청각장애 학생들의 경우 다른 장애영역과 달리 국어과 교과에서의 학업성취 수준이 매우 낮다는 것이다.

청각장애 학교의 경우 약 82%의 학생들은 토털 커뮤니케이션에 의존하여 국어 수업을 듣고 있으며, 청각장애 학교 교사는 직접 학습자료를 제작하는 등의 방법으로 수업을 진행하고 있다(이상희, 박미혜, 2011). 일반학급에서 통합수업을 받는 학생들은

11) 청각장애 아동의 학업적 특성은 박경란(2009)의 연구에서 재인용된 연구자들의 결과를 바탕으로 하고 있음을 밝힌다.

보조기기를 착용한 상태에서 대부분 구어에 의존하여 수업을 받는다.

앞서 언급한 바와 같이, 청각장애 아동들의 학업성취 능력은 학년이 증가함에 따라 조금씩 향상되는 양상을 보이지만 건청아동들과의 격차는 더욱 커진다. 청각장애 아동의 문해능력은 초등학교 4학년을 넘지 못한다는 보고들로 보아 청각장애 학생들은 언어습득의 지체와 어휘력 부족, 추상적인 사고력 부족 등으로 교과수업에 많은 어려움을 겪고 있다는 것을 알 수 있다.

5) 청각장애 아동의 읽기 특성 및 지도

(1) 읽기의 정의

읽기는 해독하기로서의 읽기와 이해하기의 측면에서의 읽기가 있다. 단순히 활자를 보고 글자나 소리 또는 단어로 인식하는 것이 '해독하기'라면, 그것을 이해하고 의미 있는 정보를 추출하는 사고과정은 '이해하기'로서의 읽기이다. 해독하기는 문자언어를 정확하게 지각하고 확인한 후 이에 대응되는 음성언어로 바꾸어 주는 문자의 음성화 과정을 뜻한다. 반면 이해과정으로서의 읽기는 쓰여 있는 글로부터 의미를 구성하는, 즉 독자의 능동적인 의미 구성을 강조한다(김순복, 정길남, 1996).

(2) 읽기발달의 변인

읽기에 영향을 주는 요인은 외적 요인과 내적 요인으로 나누어 볼 수 있다. 외적 요인은 가정의 문해환경과 부모의 사회경제적 지위 및 교육수준 등을 들 수 있다. 특히 가정 내 문해환경은 초등학교 읽기 성취도를 예측해 주는 중요한 요인으로 간주된다. 내적 요인으로는 아동의 인지능력, 음운인식 능력, 듣기이해력, 작업기억, 단어재인, 언어능력, 선험적 지식, 어휘력 및 동기부여 등 매우 다양한 요인이 영향을 미친다. 읽기는 지각과 인지 그리고 초인지 지식 간의 상호작용이 포함된 복잡한 행위이다. 무엇보다도 문자 학습은 음성언어를 기반으로 한다는 점에서 청각장애 아동에게는 도달하기 어려운 영역임에는 분명하다. 청각장애 아동이 읽기에 어려움을 보이는 이유는 다음과 같다.

첫째, 낮은 어휘력이다. 어휘력과 읽기 이해력은 매우 밀접한 관계를 갖는다.

둘째, 음운론적 능력의 결함이다. 소리를 듣고 음운을 구성하는 음운부호화(음운기억)가 잘 이루어지기 위해서는 음성언어 습득이 전제가 된다. 그러나 청각장애 아동은 음성언어 습득이 제대로 되지 않아 시각적 부호화에 의존하게 된다.

셋째, 구문론적 능력의 결함이다. 단어를 알고 있다고 하더라도 문법 지식이 없으면 문장을 이해하는 데 문제를 보인다.

넷째, 읽기 전략의 실패이다. 글을 읽을 때 그 과정이나 전략을 스스로 조절하는 능력이 숙달되지 못할 경우 읽기 성취수준은 낮다.

청각장애 아동들의 읽기 오류는 통사규칙이 많이 요구되는 문장, 추상적 어휘능력을 요구하는 문장, 다의어가 사용되는 문장, 피동문과 비유어 그리고 지시대명사가 내제된 문장 그리고 단문보다는 복문으로 구성된 문장에서 관찰된다. 특히 실제 생활에서 경험되지 않는 내용 그리고 배경지식이 없는 텍스트를 이해하는 데 어려움을 보인다.

(3) 읽기지도 방법

앞서 언급한 바와 같이 청각장애 아동은 국어과의 지체가 뚜렷하게 나타난다. 건청아동들은 음성자극에 노출되어 자연스럽게 모국어를 습득하는 반면에, 청각장애 아동들은 국어과 수업에 의존하여 언어를 습득하는 경우가 많다. 특히 읽기는 자연적으로 습득되기보다는 학습되어야 하는 능력으로서 단순히 문자획득만으로 성취되는 것이 아니다. 읽기지도에 있어서 해독(decoding)과 이해(독해, interpretation) 가운데 무엇을 목적으로 하느냐에 따라 지도방법은 달라질 수 있다. 자 · 모음 결합원리를 우선적으로 깨우치게 하는 발음중심접근법은 '해독'에 초점이 맞추어져 있다.

- 자음과 모음을 겹쳐 글자 만들기
  - 자음카드와 모음카드를 이용하여 자음과 모음이 합해져 글자가 된다는 것을 알려 준다.
  - 'ㄱ'의 낱자를 보면서 "그"라고 소리를 낸다.
  - 'ㅏ'의 낱자를 보면서 "아"라고 소리를 낸다.
  - '2개의 낱자를 천천히 붙여서 "가"라고 소리를 낸다.
  - 낱자 '나' 또는 '다'도 이런 방법으로 해본다.

ㄱ	ㅏ	가
ㄴ	ㅏ	나

이러한 방법은 읽기지도에 있어서 상향식 방법에 해당한다. 문자해독이 되면 자연스럽게 의미 파악이 된다고 보고 개별음을 정확히 읽을 줄 아는 데 초점을 두고 있다. 개별음의 학습이 이루어지면 낱말로 확대하여 다음과 같은 활동을 할 수 있다.

-'ㄱ'과 'ㄷ'으로 시작되는 사물의 그림을 〈보기〉에서 찾아서 그림판 위에 붙여 봅시다.

ㄱ	ㄴ	ㄷ
		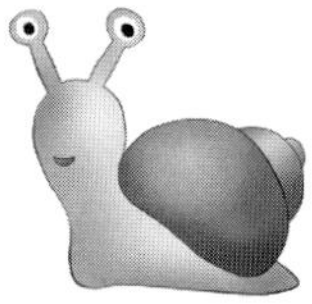
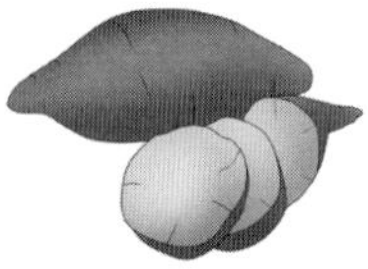		

사물의 이름을 알고 있다는 것이 전제가 되면 글자를 구성해 보는 활동을 할 수 있다.

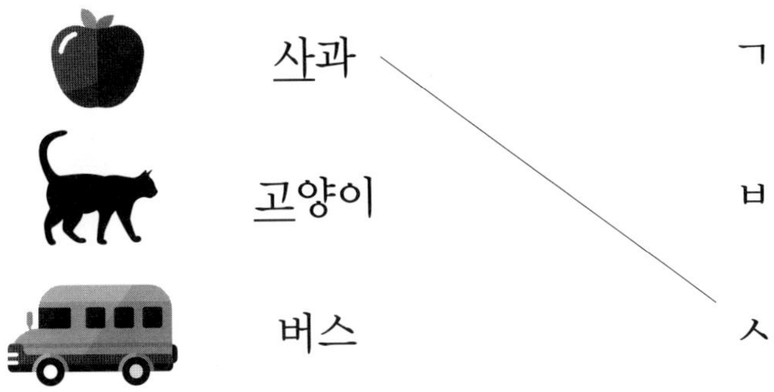

해독이 이처럼 문자를 기호로 인식하고 그 형태와 소리를 짝지어 주는 데 중점을 둔다면 독해는 글에 어떤 의미를 담아 전하고 있는지를 정확하게 아는 것이다. 앞서 언급한 바와 같이 청각장애아동은 특히 독해에 어려움을 보인다.

다양한 요인이 독해에 영향을 미치지만, 청각장애 아동의 읽기 지도에서 가장 중요한 것은 어휘력이다. 청각장애 학생은 또래에 비해 어휘력이 낮으며, 어휘력 부족은 낮은 읽기수준, 부진한 학업성취로 이어진다. 어휘력은 매우 기본적이고 중핵적인 학습과제이며 모든 교과의 도구로 이용되는 기초능력에 해당하기 때문에 어휘는 별도 지도하는 것이 필요하다. 어휘력 증진은 독해력을 결정짓는 가장 중요한 요소로서 대표적인 지도방법으로는 정의적 어휘지도, 문맥 유추 어휘지도, 의미망 어휘지도 등의 방법이 있다.

• 정의적 어휘지도

정의적 어휘지도는 단어의 정의를 먼저 읽힌 다음 교사가 그 뜻을 설명해 주고 그것을 읽어 보게 하는 방법이다. 예를 들면, '우량'이라는 단어는 '내린 비의 양'의 의미와 '뛰어나게 좋은 것'이라는 의미가 있다는 것을 설명한다. 그런 다음 그 단어들을 읽어 보게 하고 교사가 어휘를 정의를 물었을 때 학생이 바르게 대답하는 것을 목표로 한다(정진영, 2002). 정의적 어휘 제시방법의 몇 가지 예는 다음과 같다(이수현, 2008).

–다른 말로 설명하지 않고 직접 해당 물건을 가리키거나 간단한 그림을 보여 주거나 간단한 행동을 함으로써 의미를 설명한다.
–전형적인 예로 의미를 설명한다. 예를 들면, '동물'이라는 단어를 설명하는 경우 '개, 고양이, 코끼리는 모두 동물이다.'와 같은 문장을 사용한다.
–학생들이 이미 알고 있는 개념을 이용하여 새로 배울 어려운 단어의 의미를 설명한다. 예를 들어, '미장원'이라는 단어를 설명하기 위해 '머리 자르는 곳'과 같이 쉬운 단어를 이용하여 설명한다.

• 문맥 유추 어휘 지도

문맥 유추 어휘 지도는 교사가 어휘의 뜻을 직접적으로 설명하지 않는 것을 원칙으로 한다. 지문에 있는 글을 주면 학생은 그 지문을 읽고 단어의 뜻을 알 수 있는 단서를 찾아내서 스스로 문장 의미를 파악하는 방법이다. 그 예시는 다음과 같다(정진영, 2002).

–우리는 우량도서를 많이 읽어야 한다. 우량도서를 통해서 삶의 질을 …….
–어제는 비가 많이 내렸다. 우량이 100mm였다. 엄청난 양이다.

어휘는 실제 하나의 의미만 가지고 있는 것이 아니라 문맥 속에서 여러 가지로 해석이 가능하기 때문에 문맥상의 단서를 이용하여 모르는 새로운 단어의 의미를 유추하는 것이 바람직하다고 보는 지도방법이다.

• 의미망 어휘지도

의미망 어휘지도는 '의미지도 그리기'라고도 한다. 의미지도란 낱말들 간의 관계를 학생들이 알도록 하는 일종의 도표로서 의미지도 그리기는 개인이 가진 지식을 시각적으로 드러내 보이는 것으로 단어와 단어 간의 개념적 관계를 도식화해서 나타내 보인 것이다. 학생들의 선험적 지식을 기반으로 해서 그것을 활성화시키는 교수책략 중 하나이다(이흔형, 1998). 의미망 어휘 지도는 개별 단어의 의미만을 가르치기보다는 선험적 지식과 배경적 지식의 활성화를 중시한다. 종이 중간에 목표어휘(주제)를 적고 그 주위에 동그라미를 친 다음 관련된 단어들을 생각나는 대로 적어 나가면서 어휘의 의미를 학습하는 방법이다. 예시는 [그림 8–6]과 같다.

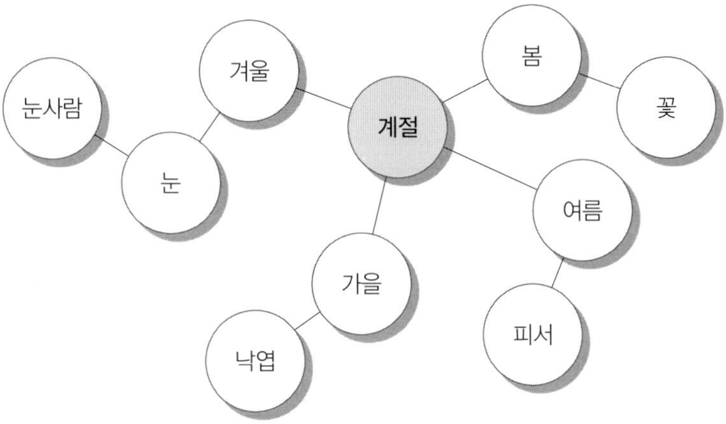

[그림 8-6] 의미지도 그리기(예시)

청각장애 아동의 경우 읽기자료는 어휘에 대한 개념 파악이 어렵다는 점을 감안하여 아동의 수준에 맞게 재구성되어야 한다. 다음은 청각장애 아동의 특성과 학생들의 흥미를 반영하여 개발된 5학년 국어과 보조 교과서의 예이다.

– 낱말의 뜻과 쓰임을 알아 봅시다.

• 장차[장차]: 앞으로 • 노년[노:년]: 늙은 때 • 틈틈이[틈틈이]: 틈이 날 때마다 • 짐작[짐작]: 사정이나 형편 같은 것을 어림잡아 헤아리는 것

– 위의 낱말 가운데에서 알맞은 낱말을 골라 (　　)에 써 봅시다.

• 내 (　　　　)으로는 고양이가 생선을 물어간 것 같다.	• 어머니께서는 일하시는 (　　) 뜨개질을 하신다.

6) 청각장애 아동의 쓰기 특성 및 지도

(1) 정의

쓰기는 자신의 생각과 감정 또는 경험을 문자언어라는 매체를 통해 표현하는 행위이다. 단순히 글자 모양을 흉내 내는 것에서부터 단순 낱말 조합 그리고 문자언어로 표현된 글(text)을 매개로 한 쓰기까지, 쓰기의 범주는 매우 넓다. 또한 쓰기 영역은 글씨 쓰기(handwriting), 철자(spelling) 그리고 작문(compostion)으로 구분된다. 그러나 일반적으로 '쓰기능력'을 말할 때의 쓰기란 필자가 자신의 생각이나 정서를 바탕으로 새로운 의미를 구성하여 자유롭게 문자언어로 표현하는 것을 말한다.

(2) 쓰기발달의 변인

학령기 아동에게 쓰기는 반드시 습득해야만 하는 학문적 기술이다. 쓰기는 성공적인 학업을 위해 매우 중요한 요소이며, 초등학교 저학년에서는 쓰기 영역 가운데 글씨 쓰기와 철자가 중점적으로 발달한다. 글씨 쓰기 단계에서는 명료도와 속도 등이 평가 요소가 되며, 시지각과 소운동 협응 등이 영향을 미친다.

〈표 8-11〉 글씨 쓰기 명료도 판별기준

○인 경우 (1점)	X인 경우 (0점)
• 자 · 모의 형태를 바르게 나타냄 • 자 · 모를 누구나 알아볼 수 있음 • 선과 획이 보조선에서 2.5mm 이상 벗어나지 않게 씀 • 직선이나 곡선을 보조선의 선보다 1/4 이상 길게 쓰지 않음 • 직선이나 곡선을 보조선의 선보다 1/4 이상 짧게 쓰지 않음 • 연속되는 선의 일부가 끊어지지 않고 선의 만나는 점이 닿아 있음	• 자 · 모의 형태를 전혀 나타내지 못함 • 자 · 모라고 알아보기 어려움 • 선, 획이 보조선에서 2.5mm이상 벗어나게 씀 • 직선이나 곡선을 보조선의 선보다 1/4 이상 길게 씀 • 직선이나 곡선을 보조선의 선보다 1/4 이상 짧게 씀 • 연속되는 선의 일부가 끊어져 불연속 선이 되었거나 두 선의 만나는 점이 닿아 있지 않음

출처: 김원진 외(2011).

철자 쓰기는 '철자-대응되는 소리' 간의 관계를 익혀 들리는 단어를 정확하게 분절로 나누고 각 분절을 정확하게 쓰는 것을 말한다. 받아쓰기는 저학년 단계의 쓰기영

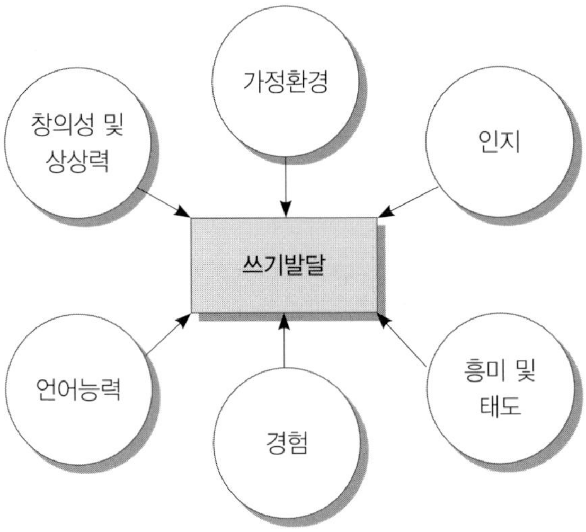

[그림 8-7] 쓰기발달 요인

역에서 가장 활발하게 이루어지는 학습활동 중 하나로서, 청각장애를 가지고 있는 아동들은 맞춤법 오류를 많이 보인다. 실제로 맞춤법 오류를 많이 보이는 아동은 고학년이 되어 작문쓰기 단계에서도 여전히 어려움을 보이거나 낮은 성취 수준을 보이기도 한다.

고학년에 접어들면서 쓰기는 작문의 성격을 갖게 된다. 체험이나 상상 또는 자신이 느끼는 바를 논리적인 문장으로 나타내는 창의적 글쓰기나 문학적 글쓰기를 하게 되는 것이다. 이 단계에서의 쓰기발달에 영향을 미치는 요인들은 [그림 8-7]과 같다. 부모의 경제적 수준, 문해환경과 같은 가정환경과 개인적 자질, 경험 그리고 인지능력 등은 쓰기발달의 중요한 변인이라 할 수 있다.

청각장애 아동의 쓰기발달은 건청아동과 비교하여 지체되어 있으며, 문장 구성에서도 양적 · 질적 차이를 보인다. 다음은 수화를 사용하는 청각장애 아동에게서 관찰되는 쓰기 특성의 예이다.

〈표 8-12〉 쓰기오류 특성

오류 문장	특성
세수하고 밥을 먹고 청소하였다.	시간경과에 초점을 맞추어 '-고'를 반복 사용함
왜냐하면 시간이 바빠서 화가 났다.	중요한 내용을 먼저 서술함

선생님과 개구쟁이 많이 한 것이 생각난다.	잘못 명사화함
그림을 하고 집에 갔다.	수화식 표현이 잘못 사용됨
목욕탕에서 때를 마치고 집에 갔다.	

출처: 최성규(2003)에서 재구성.

청각장애 아동은 쓰기에서 다음과 같은 특성을 자주 보인다.

- 영어의 정형화된 구문표현, 즉 '주어+동사+목적어'를 주로 산출한다.
- 부적절한 어순을 사용한다.
- 문법형태소(조사)의 생략 및 오류가 많다.
- 어휘가 한정되어 있으며, 동일한 어휘를 반복하여 사용한다.
- 짧고 단순한 문장을 사용한다.
- 맥락에 맞지 않는 문장들을 사용한다.
- 단문 사용이 많다.
- '그리고'와 '-어서'와 같은 특정 접속사를 지나치게 많이 사용한다.
- 문장 표현이 미숙하며 표현이 단조롭다.
- 문장표현이 구체적이며 추상성이 떨어진다.
- 결속표지(choesive marker) 사용률이 낮다. 여기서 결속표지란 문장들 간에 서로 연관성을 갖기 위하여 표지[12]로 엮어 주는 장치를 말한다.

(3) 쓰기 지도방법

쓰기 영역에 따라 쓰기 지도방법이 다르다. 글씨 쓰기 영역에서는 올바른 자세와 바른 글자 모델 제시 등이 중점이 되고, 철자 영역에서는 오류 분석과 충분한 연습 등이 필요하다. 청각장애 아동이 작문 영역에서 주로 오류를 보이는 조사 사용의 생략, 능동/피동오류 지도의 예시는 다음과 같다(최용주 외, 2010).

12) 접속사나 대명사 등을 사용하여 앞 문장과 뒷 문장의 의미를 연결해 주는 단서이다.

• 조사 사용의 생략

다음 그림을 보고 ________안에 빠진 말을 넣어 보세요.

벽___ 못__ 박았어요.
그런데 벽___ 못___ 박히지 않았어요.
그래서 가족사진___ 벽___ 걸 수 없었어요.
할 수 없이 벽___ 걸려 있던 달력___ 떼어 냈어요.

• 피동문 만들기

제시하는 낱말을 다음 그림에서 찾아 돋보기로 그려 주세요. 그리고 각각 문장을 만들어 보세요.

제시 낱말 : 벌
→ 벌이 친구를 ____________________

제시 낱말 : 친구
→ 친구가 벌한테 ____________________

• 구문연습

(A)

보기	바꾸기 연습
목을 돌려요.	목을 돌리기
팔을 흔들어요.	
고함을 질러요.	

(B)

보기	바꾸기 연습
깨지 않아요	깨지 않게
먹을 수 있어요	
놀 수 있어요	

(C)

보기	바꾸기 연습
보았어요	보았지만
다물었어요	
듣고 있었어요	

• 문장성분 알기

문장성분을 잘 이해하고 어순배열에 맞추어 글을 쓰는 법을 지도하기 위한 기본 지도는 다음과 같이 이루어질 수 있다.

–문장성분을 생각하며 〈보기〉에서 알맞은 말을 골라 주어와 서술어로 된 문장을 완성하여 봅시다.

〈보기〉 학생이다, 하늘을, 하늘이, 잔다, 춘다, 물을

우리는 ______________

아기가 ______________

– 주어, 목적어, 서술어로 이루어진 문장을 완성하여 봅시다.

새가 ______________ ______________

나비가 ______________ 춘다.

청각장애 아동의 쓰기에서는 수화의 언어적 특성이 나타나는데, 예를 들면 문법형태소를 생략하거나 내용어를 연결하는 나열구조 사용이 잦으며 수화식 서술어를 사용하는 경향이 관찰된다. 그러한 맥락에서 청각장애 아동의 언어발달 특성과 의사소통 양식을 고려한 쓰기 지도방법의 모색이 시급하다.

청각장애 아동의 문해교육은 의도적이고 계획적인 교육이 전제되어야 한다. 쓰기는 음성학적 인식을 전제로 하며 쓰기와 읽기의 오류가 유사하다는 점에서 청각장애 아동의 쓰기 지도는 다음과 같은 특별한 지원전략이 필요하다.

첫째, 철자오류 분석을 통해 아동이 잘못된 음운법칙을 사용하고 있는지 등을 우선 점검한다.

둘째, 개념이 명확한 단어들을 핵심단어로 하여 다양한 문장을 만들어 보는 훈련을 한다.

셋째, 피드백이 적용되는 인터넷 기반 애플리케이션 등을 활용한다.

넷째, 수어에 기초한 어휘 이해와 구체적인 어휘 설명을 부가적으로 해 준다. 발음, 어휘, 맞춤법, 고유어 이해 활동 등을 별도로 지도한다.

다섯째, 문장형식의 오류는 음성언어의 문법 지식의 부재에서 비롯되므로 별도의 문법 지도를 한다.

참고문헌

가은하(2011). 쓰기발달의 양상과 특성연구. 한국교원대학교 대학원 박사논문.

강창욱(2014). 청각장애 국어과 교육과정 개정 방향 탐색. **특수교육저널: 이론과 실천, 15**(4), 291-314.

고은(2015). **의사소통장애아교육**. 서울: 학지사.

국립특수교육원(2016). **양육길라잡이**. 충남: 국립특수교육원.

권동현(1997). 변형생성문법에 대해서. **한일문제연구, 5**, 223-232.

김수진(2012). **(교사와 부모를 위한) 청각장애 아동 교육**. 서울: 학지사.

김순복, 정길남(1996). 읽기지도 요소에 관한 연구. **초등국어교육, 6**, 69-96.

김승국, 김영욱, 황도순, 정인호(1998). **청각장애아동교육**. 서울: 교육과학사.

김원진, 왕군철, 김두리, 허진아, 최유정, 장문영(2011). 학령전기 아동의 글씨 쓰기에 영향을 미치는 요인에 관한 연구. **대한감각통합치료학회지, 9**(1), 21-31.

김유경, 박미혜, 석동일(2005). 인공와우 이식 아동의 조음 발달에 관한 연구. **특수교육 저널:**

이론과 실천, 6(2), 67-83.

김은연(2010). 선천성 심도 청각장애 성인의 공명 문제 평가: 연인두 기능 검사에 기초하여. 연세대학교 대학원 박사학위논문.

류종훈(2011). 아들러의 심리학적 입장으로 본 성공한 인물평가: 헬렌켈러와 마리 바르테, 서진규의 성공 사례연구. 국제교육정보연구, 1, 215-232.

문장수(2013). 언어 능력, 생득적인 것인가 구성적인 것인가?. 대한철학회논문집, 126, 79-108.

박경란(2009). 청각장애아동의 문식성 특성과 지도방법에 대한 고찰. 특수교육저널: 이론과 실천, 10(1), 113-135.

박동진(2015). 일상생활에서 청각장애인은 어떠한 사회적응을 요구받는가? 특수교육재활과 학연구, 54(4), 1-30.

서광진(2013). 한국어 학습자로서의 농인과 외국인의 한국어 오류 분석. 이중언어학, 52, 221-242.

서영란(2010). 발화분석을 통한 취학 전 청각장애아동의 문법발달에 대한 종단연구. 특수교육저널: 이론과 실천, 11(3), 103-127.

소지희(2009). 작업기억과 지능의 관계에 있어서 청각장애의 조절효과. 전북대학교 석사논문.

손일수, 이규식(1989). 일기에 나타난 청각장애학생의 문장분석. 난청과 언어장애, 12(1), 49-65.

엄상현(2016). 매슬로의 동기이론이 한국 인성교육에 주는 시사점 분석. 한국사상과 문화, 83, 358-383.

오세진(1999). 인간행동과 심리학. 서울: 학지사.

유경, 정은희(2006). 청각장애 아동과 건청 아동의 접속표지 사용 특성. 언어치료연구, 15(3), 195-212.

유은정, 백무진, 안성우, 최상배, 최영숙, 서중현, 이광렬, 서유경, 백무진, 안성우, 최상배, 최영숙, 서중현, 이광렬, 서유경(2010). 청각장애아동의 이해와 교과교육. 서울: 학지사.

윤미선, 심현섭(2003). 와우이식 아동의 음운발달에 관한 문헌 고찰. 특수교육, 2(1), 115-129.

이규식, 석동일, 국미경, 강창욱, 이상희, 박상희, 윤미선, 신혜정, 박희정, 박미혜(2006). 청각장애아동 언어지도와 치료방법. 대구: 대구대학교 출판부.

이기석(2012). 유아의 음운발달과정에서 나타나는 연속성의 문제. 언어학연구, 24, 191-216.

이봉원(2015). 언어치료사를 위한 한국어 문법. 서울: 학지사.

이상희(2006). 청각장애아동의 어휘발달에 관한 연구의 동향. 청각장애아동의 어휘발달에 관한 연구의 동향, 17, 151−168.

이상희, 박미혜(2011). 청각장애학생을 위한 국어과 지도의 실태 분석, 특수아동교육연구, 13(2), 175−191.

이수현(2008). 전문계 고등학생들을 위한 어휘지도 방법에 대한 연구. 부경대학교 교육대학원 석사학위논문.

이종민, 김영욱(2003). 수화사용 청각장애인의 작업기억특성. *Communication Sciences and Disorders*, 209-229.

이창덕(1994). 화용론과 국어교육. **한국초등국어교육**, 10, 167-197.

이창덕(1998). 국어교육과 대화분석: 대화분석 이론과 연구 방법의 국어 교육 적용 모색. 국어교육과 대화분석. **한국초등국어교육**, 14, 39-64.

이필상, 권순항, 김수진, 김시영, 박미혜, 박선희, 정은희(2015). **청각장애아동교육의 이해**. 서울: 학지사.

이필영, 전은진, 안정호(2009). 영아의 시제, 상 형태 습득에 관한 연구. **한국어학**, 44, 295-326.

이현진(1995). 단어의미 습득에서의 존재론적 범주와 통사적 단서의 역할. **한국심리학회지**, 8(1), 95−106.

이현진(1997). 아동의 단어 의미 습득. **새국어생활**, 7(1), 103-123.

이흔형(1998). 독해에 관한 상호작용 이론과 의미지도 그리기를 통한 어휘 학습. **부산여자전문대학 논문집**, 20, 179-194.

임동권, 이성규, 정희영(2015). 청각장애아동의 또래집단 의사표현이 언어발달에 미치는 영향. **유아교육 · 보육복지연구**, 19(2), 126-144.

임경순(1973). 변형 생성 문법의 이모 저모. **용봉인문논총**, 2, 75-119.

장선철(2014). 건강한 성격에 대한 Maslow와 유교의 접근. **교육종합연구**, 12(4), 105-121.

장유경(1997). 한국 유아의 초기 어휘 획득에서 제약성의 역할(I). **인간발달연구**, 4(1), 76-87.

전은진(2011). 유아의 어휘력 검사를 위한 발달 지표 연구. **우리말교육현장연구**, 59(2), 95-123.

정동빈(1993). **언어습득론**. 경기: 한신문화사.

정진영(2002). 문맥유추 어휘지도 방법이 중등부 청각장애 학생의 어휘력 및 독해력 향상에 미치는 효과. **특수교육 사례연구**, 3, 49-54.

정철주, 김선희(2001). 국어학: 정상아동의 음운발달과 음운론적 해석. **한국어문연구**, 13, 21-52.

조동욱, 김봉현, 이세환(2007). 음성처리: 소아 심장질환 진단을 위한 울음소리 및 얼굴 색상 분석. **정보처리학회논문지**, 14(7), 503-512.

최성규, 윤은희(2001). 청각장애아동과 가청아동의 조작형태 특성에 기초한 인지발달 비교연구. **특수교육저널: 이론과 실체**, 2(4), 147-163.

최성규(2003). 청각장애학생의 교수−학습전략. **국립특수교육원 직무연수**, 99-115.

최용주, 정미란, 황민아(2010). **학령기아동의 언어치료 프로그램**. 서울: 학지사.

최종근, 김동일, 김은주(2005). 장애학생을 위한 검사조정과 학업성취수준 분석. **특수교육연구**, 12(1), 163-184.

하길종(2001). **언어습득과 발달**. 서울: 국학자료원.

한유미, 김혜선, 권희경, 양연숙(2010). **영유아 언어교육의 이해**. 서울: 학지사.

허명진(2015). 인공와우 이식자의 조음산출에 미치는 배경변인. **언어치료연구, 24**(1), 103-111.
허명진, 최성규, 이상흔(2006). 선천성 청각장애아동의 청지각 발달에 미칠 수 있는 요인 고찰. **특수아동교육연구, 8**(4), 55-74.
허일(2012). 청각장애아동의 작업기억 특성과 언어발달. 대구대학교 박사학위논문.

Benedicte de Boysson-Bardies(2005). **영아 언어의 이해**(강옥경, 김명순 역). 서울: 학지사.

제 9 장

구화지도

인생이 어찌 다 좋은 날만 있겠는가.
꽃길은 꽃처럼
바람길은 바람처럼
가는 수밖에.
하늘을 우러러 온통 부끄러움이
천지라 하더라도
다 그런 것만은 아니리라.

구화교육이란 청각장애 아동이 자신의 잔존청력을 활용하고, 말하는 사람의 입술의 움직임과 표정 등을 통하여 말을 이해하며, 발화훈련을 통해 음성언어를 학습하는 방법이다. 구화교육을 위한 체계적인 언어훈련은 건청인과의 정보교류뿐만 아니라 청각장애 아동의 정상적인 국어능력을 발달시키는 데 있어서 매우 중요하다. 물론 청각장애를 다문화적 관점에서 본다면, 그들이 사용하는 수화는 마땅히 그들의 고유한 언어이다. 그러나 사회환경으로부터 요구되는 구어 사용능력은 삶에서 부정할 수 없는 중요한 의미를 갖는다. 특히 보청기나 인공와우를 착용한 아동은 성공적인 구어 사용이 무엇보다도 중요하며, 따라서 듣기 지도와 말하기 지도에 많은 노력을 기울이고 있다. 이 장에서는 구화교육의 언어교육 방법으로 청능훈련과 독화 지도 그리고 말 · 언어 지도로 나누어 살펴보고자 한다.

- 청능훈련이란 무엇이며, 평가 및 중재는 어떠한 방법으로 이루어지는가?
- 독화란 무엇이며, 독화 지도는 어떻게 이루어지는가?
- 말 · 언어 지도는 어떠한 방법으로 이루어지는가?

1. 청능훈련

청능훈련(auditory training)의 궁극적인 목적은 지속적인 훈련을 통해 잔존청력을 극대화하여 구어를 통한 의사소통을 하는 데 있다. 말을 지각하고 말을 인지하는 능력은 청능훈련을 통해 발달되며, 이로써 청각적 민감도가 향상된다. 청능훈련의 효과는 청력손실 정도와 훈련을 받기 시작한 시기 그리고 훈련기간 등에 영향을 받는다. 무엇보다도 청능훈련은 조기에 지속적으로 실시하는 것이 중요하다.

1) 청능훈련의 정의

이타드(Itard) 박사가 1802년 청각장애인들에게 벨소리를 들려주고 들릴 때마다 손뼉을 치도록 하는 훈련이 청능훈련의 시초라고 볼 수도 있으나, 실질적인 청능훈련에 대한 논의를 불러일으킨 사람은 우르반치추(Urbanschitsch)이다. 그는 1888년 악기음과 말소리 등을 중심으로 한 청능훈련 프로그램을 만들어 실시하였으며, 그의 영향을 받은 벨(Bell)은 클라크(Clark) 농학교에 청능훈련을 도입하였다. 또한 골드스타인(Goldstein)은 우르반치추의 지도를 받은 후 미국의 청능훈련을 주도하였다. 청능훈련은 다음과 같이 정의된다.

- 청각장애 아동이나 성인이 말을 지각할 때 청각단서를 충분히 이용하도록 가르치는 것이다(Carhart, 1960).
- 청각장애인이 청지각 능력을 습득할 수 있도록 특별한 청각적 의사소통 조건을 만드는 과정이다. 그리고 이때 감지, 변별, 확인, 이해의 단계를 거친다(Erber, 1982).
- 연습들을 통해 환경음이 무엇인지를 알고 말소리의 지각능력을 향상시키는 것을 목적으로 하는 훈련이다(Löwe, 1991).
- 청취 가능한 모든 음향적 단서를 활용하는 방법이다(국립특수교육원, 2016).

청능훈련은 관점에 따라 강조되는 부분은 다르나, 요약하면 다음과 같이 정의할 수 있다.

> 청능훈련이란 청각장애를 가지고 있는 농 · 난청 아동 또는 성인에게 남아 있는 잔존청력을 최대한 활용해 음향이나 말소리를 듣는 청각적인 수용력을 발달시키는 것을 말한다. 여기서 청각적 수용력이란 소리를 듣고 의미를 알고, 말을 듣고 이해하는 능력을 말한다.

2) 청능훈련의 목적

일반적인 청능훈련의 목적은 원활한 의사소통 촉진을 위해 훈련을 통해서 잔존청력을 최대한 활용하는 것이다. 허진스(Hudgins, 1954)는 청능훈련의 목적을 다음에 두었다. 첫째, 청각적 어음 지각의 개발이다. 둘째, 말할 때보다 명료하고 자연스럽고 리듬감 있게 말하는 것이다. 셋째, 의사소통 기술을 향상시켜 일반 교과프로그램의 성취를 촉진하는 것이다. 또 왓슨(Watson, 1961)이 정의한 청능훈련의 목적은 다음과 같다. 첫째, 다른 사람의 구어를 보다 잘 이해하고, 둘째, 언어습득을 촉진하고 정상 언어 수준으로 확대하면서, 셋째, 목소리의 질, 리듬, 조음의 측면에서 개선된 말하기를 통해, 넷째, 일반교과, 특히 기초교과의 성취를 촉진시키며, 마지막으로 다른 사람 및 대중 사회와 언어적 접촉과 연결을 통해 사회적 · 정서적 적응을 개선하기 위해서 실시하는 것이다(이춘호, 2014에서 재인용). 따라서 청능훈련은 청각장애 아동의 구어 지도에서 가장 필수적인 교육과정 중 하나이다.

-청능훈련의 구체적인 목표-

- 어음변별 능력을 향상시킨다.
- 보다 명료하고 자연스러운 말을 사용한다.
- 다른 사람의 말을 보다 더 잘 이해할 수 있다.
- 언어습득과 정상적인 언어발달을 돕는다.
- 보청기나 인공와우의 착용효과를 높인다.
- 학교생활 적응력을 높이고 교과목 성취수준을 향상시킨다.

3) 청능훈련의 계획원리

보청기나 인공와우를 착용하였더라도 대부분의 청각장애 아동은 청능훈련을 받아야 한다. 왜냐하면 건청아동의 경우에는 특별히 듣기훈련을 받지 않아도 청지각능력이나 듣기기술이 발달하지만, 청각적 자극 경험이 부족하거나 전혀 없는 청각장애 아동은 보조기기의 기술적 지원만으로는 듣기기술이 습득되지 못하기 때문이다. 청능훈련 단계는 위계적이고 연속적으로 이루어진다. 청능훈련 설계 시 고려해야 할 요소는 다음과 같다. 첫째, 듣기기술 발달의 적용이다. 둘째, 청능훈련 난이도의 적절한 고려이다. 셋째, 전문교사와 같이 하는 형식적(formal) 훈련과 일반 환경에서 자연스럽게 하는 비형식적인 훈련방법에 대한 적용이다. 넷째, 분석적(analysis)이고 종합(synthesis)적인 훈련방법에 따른 지속적인 자극 제시이다. 특히 청능훈련의 결과를 지속적으로 평가해서 청각장애 아동 개인의 발달수준에 맞게 청능훈련 내용을 수정하고 재조정하는 과정이 계속적으로 이루어져야 한다(이춘호, 2014).

(1) 듣기기술의 단계(auditory skill level)

청능훈련을 계획하는 데 있어서 아동의 듣기수준은 매우 중요하다. 일반적으로 듣기기술은 〈표 9-1〉과 같이 4단계로 구분된다.

〈표 9-1〉 듣기기술의 4단계

단계	내용
탐지(감지, awareness)	소리가 있고 없음에 반응하는 능력이다.
변별(discrimination)	2개 또는 그 이상의 소리자극에 대해 유사점과 차이점을 지각하는 능력이다.
확인(identification)	들리는 소리가 무엇인지를 안다.
이해(comprehension)	언어의 의미를 이해하는 능력이다.

이 네 가지 단계는 연속적이면서 중복되는 성격을 가지고 있다. 예를 들면, 소리의 변별이 가능하기 위해서는 탐지기술이 선행되어야 하며, 이해 단계에서 오류를 보일 때는 그 이전 단계인 확인기술이 확실하게 습득되지 않았을 가능성이 많다.

(2) 과제의 난이도

청능훈련에서 사용되는 자극이나 과제는 쉬운 자극에서 어려운 과제로 난이도를 조절해 나가야 한다. 난이도 조절은 아동이 80% 이상 정반응을 보였을 때 올리고, 50% 미만일 경우에는 난이도를 감소시킨다(민병란, 2007). 난이도는 크게 환경요소, 자극요소, 상황적 맥락 그리고 활동형식 등을 조작하여 결정한다(〈표 9-2〉 참조).

청능훈련을 실시하는 과정에서 난이도 조절은 매우 중요하다. 일반적으로 저 난이도에서 고 난이도로 구성하는 것이 원칙이나, 경우에 따라서는 병행하여 실시할 수 있다.

〈표 9-2〉 난이도 조절

변인	저 난이도	고 난이도
환경요소	배경소음이 없음 화자와의 거리가 가까움 closed-set	배경소음이 있음 거리를 멀게 함 open-set
자극요소	단어나 짧은 구 반복하여 제시 말의 길이가 짧고 단순한 말 말의 속도를 천천히 초분절적 요소를 많이 사용[1] 친숙한 음성 통합적인 방법[2] 자극의 유사성이 적음	완전한 문장 한 번만 제시 말이 길고 내용이 복잡한 말 말의 속도를 빠르게 초분절적 요소를 적게 사용 친숙하지 않은 음성 분석적인 방법[3] 자극의 유사성이 큼
상황적 맥락	폐쇄형 과제[4] 맥락에 의해 예측 가능	개방형 과제[5] 예측하기 어려움
활동 형식	수업을 통한 구조화 교사와 일대일 또는 소집단 형식적 활동(formal)	자연스러운 의사소통 상황 일상생활을 활용 비형식적 활동(informal)[6]

출처: 이필상 외(2015); 민병란(2007)에서 재구성.

1) 말의 억양, 강도, 리듬 등에 변화를 많이 주면서 자극음을 제시한다.
2) 어떤 말소리의 전체적인 패턴으로 말의 의미를 인식하도록 한다. 통합적 방법과 분석적 방법은 분명하게 양분되기보다는 절충되어 사용되기도 한다.
3) 특정 음소나 음절 같은 신호의 일부에 주의를 기울여 말의 의미를 인식하도록 한다.
4) 자극의 수가 정해져 있고 보기가 주어진다.
5) 상황과 문맥적 단서가 최소화되어 있으며 자유롭게 대답한다.
6) 구조화되지 않은 학교나 유치원에서 다른 활동 중에 자연스럽게 이루어진다.

(3) 형식적/비형식적 방법

청능훈련의 형식적 훈련방법은 정해진 치료시간에 교사나 치료사에 의해 이루어지는 것을 말한다. 체계적인 순서와 방식으로 진행된다. 반면에 비형식적 훈련은 청각장애 아동과 접촉이 가장 많은 어머니가 가정에서 지도할 수도 있으며, 일상생활과 놀이장면을 청능훈련에 활용하는 방법이다. 어린 유아의 경우에는 비형식적인 방법으로 접근하는 것이 효과적이지만, 쉽게 산만해지는 위험성도 존재한다. 따라서 가장 이상적인 청능훈련은 형식적 방법과 비형식적 방법이 함께 진행되는 것이다.

(4) 자극제시 방법

청능훈련을 계획할 때에는 어떤 자극을 어떤 방법으로 제시할 것인가를 생각해야 한다. 자극 단위는 환경음과 말소리가 있으며, 말소리는 음소, 단어, 문장, 이야기 단위로 구분된다. 자극제시에 있어서 시각적 단서 없이 청각적 단서만 줄 수도 있고 혹은 시각적 단서만 주거나 혹은 청각과 시각적 단서를 모두 다 동원하여 실시할 수 있다. 어음 분별력이 좋은 경우는 청각적 단서만을 제공하는 방식을 사용하고, 그렇지 않은 경우에는 2개 이상의 다감각을 활용한다. 놀이나 음악을 통한 청능훈련을 계획할 수도 있으며, 시각적 요소와 청각적 요소가 결합된 컴퓨터를 활용한 청능훈련 프로그램도 효과적으로 활용될 수 있다.

초기 청능훈련을 설계할 때에는 다음과 같은 점을 고려한다.

첫째, 보청기나 인공와우가 최적화되어 있는지를 확인한다.

둘째, 주변 소음을 최소화하고 가급적 반향이 적은 곳에서 실시한다.

셋째, 아동의 가까이에서 조금 느린 속도로 조용히 말하는 것이 좋다.

넷째, 아동의 반응에 늘 적극적으로 피드백을 해 준다.

다섯째, 문맥적 단서를 충분히 활용하여 지도한다.

여섯째, 그림이나 사진 등을 함께 제시해 주면서 쉽게 이해할 수 있는 단서를 주어 좌절감을 느끼지 않도록 한다.

일곱째, 프로그램 실시 전에는 진단평가를 실시하여 현재 아동의 청능수준을 정확하게 안다.

여덟째, 청능훈련은 청각장애가 진단됨과 동시에 연령과 상관없이 바로 시작한다.

아홉째, 듣기활동을 촉진할 수 있는 환경을 구성하기 위하여 부모 상담을 한다.

4) 청능평가

효과적인 청능훈련을 위해서는 청각장애 아동의 청능 및 말지각 발달수준을 파악하는 것이 중요하다. 그 발달단계를 기초로 하여 청능훈련의 장단기 목표와 계획을 수립할 수 있기 때문이다.

(1) 말지각검사[7]

청능 및 말지각 평가도구로서 국내에서는 2010년 국립특수교육원에서 말지각검사(KNISE-DASP)가 개발되었다. 건청아동과 청각장애 아동 만 3세부터 모두에게 적용할 수 있으며 검사를 통해 말지각[8] 발달 정도를 알 수 있다. 검사 문항들은 발달단계에 따라 위계적으로 구성되어 있으며, 청능계획과 개별화계획을 수립하는 데 사용된다. 검사는 총 8개의 하위검사로 구성되어 있으며, 그 세부 내용은 〈표 9-3〉과 같다.

〈표 9-3〉 KNISE-DASP 구성

번호	하위검사	자극단위	자극방법
1	링(Ling) 6개음 검사	음소	폐쇄
2	자음 · 모음검사		폐쇄/개방
3	단어패턴인지검사	단어	폐쇄
4	단어인지검사		폐쇄
5	문장인지검사	문장	폐쇄/개방
6	문장이해검사		폐쇄/개방
7	문장기억 · 순서화검사		폐쇄
8	이야기이해검사	이야기	개방

자극방법에 있어서 폐쇄형이란 그림판이나 구체적 실물과 같은 보기가 주어지는 것을 말하고, 개방형은 선택 범위가 제공되지 않아서 아동이 자유롭게 대답할 수 있는 것이다. 예를 들면, 폐쇄형 질문은 "하늘을 나는 게 뭐야?" 또는 "생일축하하고 먹는 것은 뭐야?"로 질문하면서 [그림 9-1]과 같은 그림판을 함께 제시해 준다.

7) 이 내용은 국립특수교육원(2016) 자료에 근거하여 요약 · 정리하였다.
8) 말지각이란 청자가 말소리 자극을 감지, 변별, 확인, 이해하는 일련의 과정을 말한다.

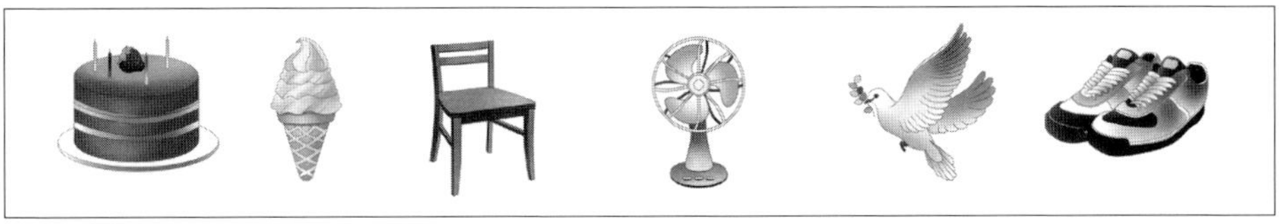

[그림 9-1]

반면에 개방형은 "이름이 뭐야?" 또는 "오늘 뭐 타고 왔어?" 등의 질문을 보기 없이 제시한다. 8개의 하위검사별 예시문항은 〈표 9-4〉와 같다.

〈표 9-4〉 KNISE-DASP 하위검사별 문항 예시

하위검사	문항(예시)
링(Ling) 6개음검사	/쉬/ 음을 들려주며 해당하는 그림카드를 고르도록 한다.
자음 · 모음검사	선생님 말을 잘 듣고 소리를 글자판에서 골라 보세요. 예) 조(ㅈ+ㅗ), 라(ㄹ+ㅏ)
단어패턴인지검사	선생님이 말하는 단어를 그림판에서 찾아보세요. 이때 그림판의 단어들은 음절수가 다른 단어들로 구성되어 있다.
단어인지검사	• 일음절 단어(강, 눈, 달…)를 들려주고 그림카드를 고르도록 한다. • 이음절 단어(거울, 눈썹, 돼지…)를 들려주고 그림카드를 고르도록 한다.
문장인지검사	선생님이 말하는 문장을 따라 말해 보세요. • 곰이 모자 써. • 사슴이 풍선을 만져요.
문장이해검사	• 아프면 가는 곳이 어디야? • 오늘 날씨는 어때?
문장기억 · 순서화검사	〈준비물〉 공, 나비, 물고기, 상자 1개 • 물고기와 나비를 넣으세요. • 공을 넣고 물고기를 흔드세요. • 나비와 공을 넣고 물고기를 흔드세요.
이야기이해검사	• 오늘 오후에 학교 앞에서 친구와 만나기로 했다. 그런데 엄마가 심부름을 시켜서 (……) 예) 왜 약속시간을 늦추었나요?

- 링 6개음검사: 6개음검사는 /아/ /이/ /우/ /음/ /쉬/ /스/로 구성된 음소를 1~2m 거리에서 무작위로 들려주고 탐지, 변별, 확인 반응을 하도록 한다.
- 자음 · 모음검사: 자음과 모음의 변별 및 확인능력을 측정한다. 일정 대화수준

강도로 자음 또는 모음을 제시하면 아동이 따라 말하거나 글자판에서 해당 음소를 가리킨다.

- 단어패턴인지검사: 음절 수, 소리의 크기, 소리의 길이, 폐쇄형 과제에서의 단어인지 능력 등에 대한 변별 및 확인능력을 알아보는 데 목적이 있다. 보기에서 사용되는 단어의 음절수는 서로 다르게 구성되어 있다. 예를 들면 [그림 9-2]와 같다.

	옷	수박	미끄럼틀	무반응
옷				
수박				
미끄럼틀				
점수				

총점=(   )/P×100

[그림 9-2] 단어패턴인지검사(예시)

- 단어인지검사: 1음절과 2음절 단어인지 능력에 대한 정보를 알아보는 검사로서 동일한 음절 수로 구성된 단어 그림카드를 보여 주고 해당 단어를 고르도록 한다.
- 문장인지검사: 듣기 가장 편안한 강도에서 문장을 들려주면 아동은 들은 대로 따라 말하도록 한다.
- 문장이해검사: 듣기에 가장 적절한 강도로 문장을 제시하였을 때 정확히 이해하는 정도를 측정한다.
- 문장기억·순서화검사: 문장기억이란 시간 경과에 따른 청각적 신호의 구성요소를 유지하는 능력을 말하며, 순서화는 특별한 순서에 맞게 청각적 정보를 기억하는 기술을 말한다. 여기서는 제시하는 문장을 듣고 지시에 따라 테이블 위에 배열된 구체물 등을 직접 조작하여 반응을 보이도록 한다. 이야기이해검사는 이야기를 들려주고 들려준 이야기에 대해 질문한 후 답하도록 한다. 문장길이와 구조 및 이야기 내용을 위계적으로 나열하여 구성되어 있으며, 이야기이해검사는 만 6세(초등1학년)부터 사용할 수 있다.

(2) 링의 6개음검사

앞에서 언급한 링의 6개음검사는 청능평가 도구로서 독립적으로 사용된다. 말소리를 가지고 검사하며 피험자의 구어 반응을 요구한다는 점에서 주관적 어음청력검사의 하나로 분류된다. 특히 보청기나 인공와우 착용 후 아동이 어음을 잘 듣고 있는지를 간편하게 알 수 있으며, 교육현장에서 교사가 직접 아동의 청능수준에 대한 정보를 얻을 수 있다.

• 바나나 스피치(banana speech)[9)]

링의 6개음검사를 이해하기 위해서는 '바나나 스피치'의 성격을 먼저 알아야 한다. 말소리는 250~8,000Hz의 범위 안에 놓이며, 말소리에 들어 있는 각각의 음소를 오디오그램(audiogram)에 표시하면 바나나 모양이 되기 때문에 '바나나 스피치'라고 불린다. 순음청력검사에서도 250~8,000Hz를 검사하는 이유는 바로 말소리가 분포되어 있는 주파수 대역이기 때문이다. [그림 9-3]은 바나나 스피치에서 나타나는 음소의 분포이다.

바나나 스피치는 각각의 말소리가 가지고 있는 크기와 주파수 범위를 보여 주는 하나의 분포도이다. 우리는 바나나 스피치를 통해 다음과 같은 정보를 알 수 있다.

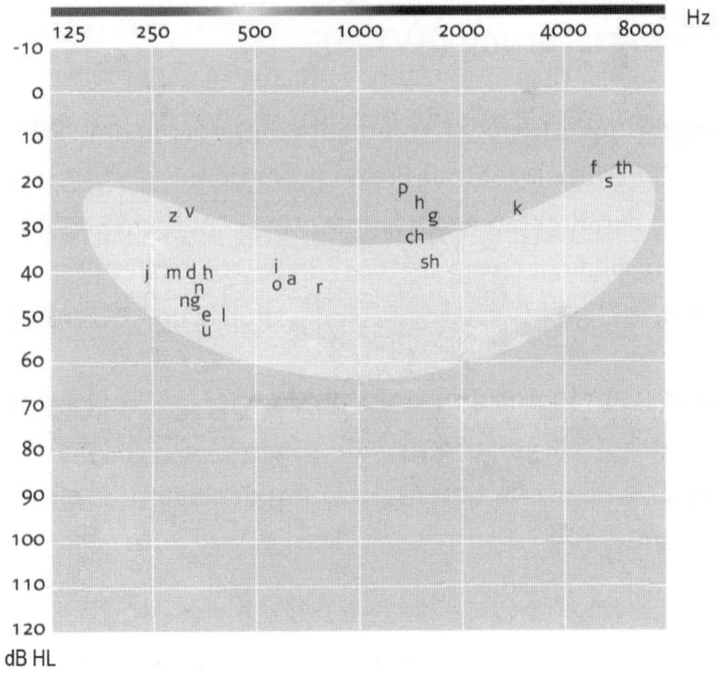

[그림 9-3] 바나나 스피치

9) 각 주파수 내의 어음정보는 연구자마다 조금씩 다르다. 따라서 정확한 주파수 정보보다는 대략적인 특성으로 이해하여야 한다. 본 그림은 Truckenbrodt와 Leonhardt(2016) 자료에 근거한다.

−모든 말소리는 250~8,000Hz에 놓여 있다.
−250Hz에는 초분절적 요소(강세, 억양, 속도, 어조)와 /ㅁ/ /ㄴ/와 같은 비음 등이 분포되어 있다.
−대부분의 모음은 1000Hz 이하 주파수 대역에 위치하며 강도에 있어서도 자음과 비교하여 비교적 큰 특성을 가지고 있다.
−대부분의 자음은 1,000Hz 이상의 고주파수 대역에 분포되어 있다.

바나나 스피치는 청각장애 아동의 청능수준과 어음능력을 예측하는 단서가 될 수 있다. 바나나 스피치에 위치해 있는 주파수 대역에서 청력손실이 큰 경우에는 해당하는 어음을 식별하는 데 어려움을 보인다. 예를 들면, 평균청력역치는 정상에 가까우나 4,000Hz와 8,000Hz에서 40dB 이상의 청력손실을 가지고 있을 경우에는 /s/와 같은 마찰음을 잘 들을 수 없다. 그럴 경우 "서울에 사는 심 서방은 너무 심술궂어."라는 문장을 들려주면 "뭐가 너무 어쩐다고 하긴 하는데 무슨 말인지 잘 모르겠다."고 반응한다. 반면에 "너하고 나하고만 오늘 바다에 가자."라는 문장에 대해서는 상대적으로 큰 어려움 없이 이해할 수 있다. 반면에 500Hz 이하에서 심한 난청을 보인다면 반대되는 상황이 만들어질 것이다. 예를 들면, 500Hz 이하의 저주파수 대역에서 50dB 이상의 청력손실을 가지고 있다고 가정한다면, /ㅂ/ /ㄷ/ /ㅁ/ /ㄴ/ 등의 음소를 듣지 못하여 '바나나'가 [아아아]로 들리게 된다. 특히 언어발달기에 있는 영유아의 경우에는 40dB HL 정도의 청력손실이라 할지라도 성인과 달리 언어 사용에 지장을 초래한다.

일반적으로는 모음을 식별하는 것이 자음보다 쉽다. 왜냐하면 저주파수 대역은 에너지가 높기 때문에 소리가 잘 전달되기 때문이다. 만약 청력형이 수평형이면서 40dB HL이라면 모음을 듣는 데에는 문제가 없고, 일부 자음에서만 소리를 잘 듣지 못한다. 특히 음소 /ㅅ/는 고주파수 대역에 분포되어 있으며 가장 낮은 강도에 위치하고 있어서 경도의 청력손실도 식별이 어렵다. 이는 청각장애 아동에게 가장 오류가 많은 음소가 /ㅅ/ 계열 음소라는 것과 무관하지 않다.

만약 순음청력검사 결과 특정 주파수의 청력역치가 스피치 바나나 영역 바깥에 있을 경우에는 그에 해당하는 음소를 듣는 데 문제를 보인다. 마찬가지로 보청기나 인공와우를 착용한 후에도 특정 말소리를 듣지 못한다면 해당 주파수 대역에서의 이득이 충분하지 못하다는 것을 말한다. [그림 9−4]의 청력도는 보청기 착용 전과 착용 후

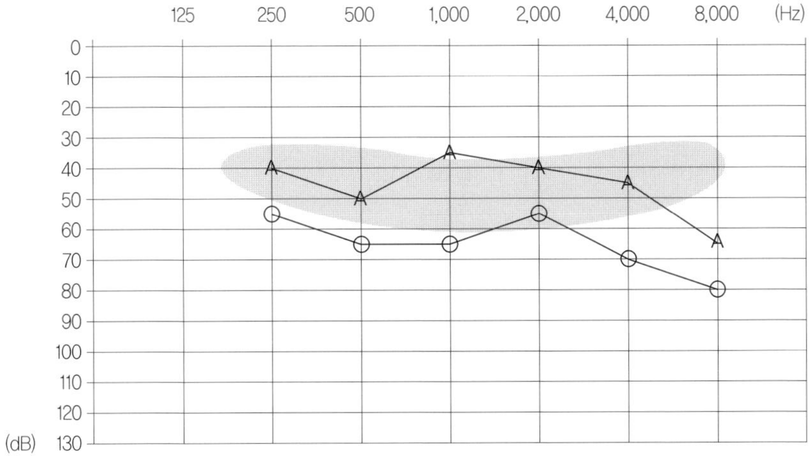

[그림 9-4] 보청기 착용 후 청력도

의 청력역치를 보여 주고 있다. 착용 전은 주파수 대역의 역치가 대부분 바나나 스피치 밖에 위치하고 있기 때문에 대부분의 자음은 식별할 수 없다. 따라서 보청기에서 각 주파수별 이득을 다음과 같이 조정했다는 것을 알 수 있다. 250Hz와 500Hz에서는 15dB을, 1,000Hz에서는 30dB을, 2,000Hz에서는 15dB을, 4,000Hz에서는 25dB을, 8,000Hz에서는 15dB의 이득을 주었다. 그 결과 /ㅅ/음을 제외한 모든 말소리는 식별할 수 있다는 것을 예측할 수 있다.

• 링의 6개음검사

링의 6개음검사는 바나나 스피치에 근거하여 모든 말소리를 검사하는 대신 6개의 말소리만을 가지고 주파수 대역의 청취능력을 알 수 있는 검사다. 5개음에서 사용되는 음은 /ee/ /oo/ /ah/ /sh/ /ss/ 이며, 6개음검사를 할 경우에는 /m/이 추가된다. 많은 어음 가운데 6개의 음이 검사 어음인 이유는 250~8,000Hz에 있는 대표적인 말소리라고 분류되기 때문이다. 약 1.8m 거리에서 대화할 때 나타나는 대략적인 강도에 따른 주파수 대역을 청력도에 표기한 것으로서, 30~60dB의 영역을 CLEAR(Conversational Level Elements in the Acoustic Range)라고 부른다.

링의 6개음검사는 저주파수, 중주파수 그리고 고주파수 범위에 대한 정보를 제공하며, 자극음의 제시 거리와 강도수준을 달리하여 아동의 탐지와 확인 반응을 평가할 수 있다(국립특수교육원, 2010). 말소리를 들려주고 말소리에 대한 해당 그림을 찾거나 혹은 따라 말하도록 함으로써 어음지각 능력을 알 수 있다. 해당 말소리가 들렸을 경우 박수를 치는 등의 반응은 탐지 여부를 알 수 있는 방법이 된다. 검사방법은 다음과 같다.

- 6개음이 들어 있는 그림카드를 보여 준다.
- 입을 가린 상태에서 특정음을 들려주고 해당 카드를 고르도록 한다.
- 이때 아동은 그림을 통해 음소를 연상한다.

〈표 9-5〉 링의 6개음검사

 /a/	 /i/	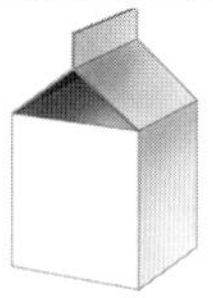 /u/
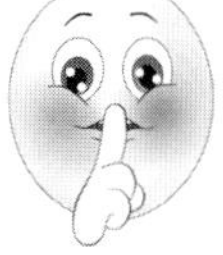 /sh/	 /s/	 /m/

5) 전통적 청능훈련 프로그램

청능훈련의 궁극적인 목적은 앞서 언급한 바와 같이 잔존청력 활용을 통해 말(speech)을 잘 지각하고 잘 이해함으로써 구어를 통한 의사소통 능력을 향상시키는 데 있다. 청능훈련의 효과는 잔존청력, 인공와우 수술 시기, 청능훈련을 받기 시작한 연령, 중복장애 여부 그리고 청각구어 사용 경험 유무 등 여러 변인의 영향을 받는다. 여기서 전통적 청능훈련 프로그램이란 음에 대한 탐지와 변별 등의 위계적 단계로 이루어지고, 환경음이나 말소리 듣기와 단어 중심의 훈련 프로그램을 말한다.

(1) 전통적 청능훈련 프로그램

전통적 청능훈련 프로그램은 기본적으로 듣기기술 4단계를 중심으로 아동 전반적인 발달을 고려하여 이루어진다. 〈표 9-6〉은 탐지, 변별, 확인 그리고 이해 단계를 중심으로 한 프로그램의 세부 내용이다.

〈표 9-6〉 청능훈련 프로그램

단계	내용
감지(탐지)	• 특정한 소리가 들리면 구슬(블럭)을 바구니에 넣는다. • 특정한 소리가 나면 자리에서 일어나 뛴다. • 소리가 들렸을 때 자연스럽게 음원을 찾는다.
변별	• 개 짖는 소리와 고양이 울음소리를 들려주고 같은지 다른지 말해 보도록 한다. • 여러 개의 환경음(악기)을 듣고 서로 다른 소리가 들렸을 때 반응한다.
확인	• 고양이 소리를 듣고 여러 개의 그림 가운데 고양이 그림을 찾아보도록 한다. • 음절 수가 다른 2개의 단어를 듣고 해당하는 단어를 찾아보도록 한다. • 음절 수가 같은 2개의 단어를 듣고 해당하는 단어를 찾아보도록 한다.
이해	• "문을 닫으세요."라고 말하면 아동이 문을 닫는다. • "빨간색 크레파스를 주세요."라고 말하면 여러 가지 색 중에서 빨간색을 고른다. • 이야기를 들려주고 질문을 하면 대답한다. • '토끼'라는 단어로 문장을 만들어 보도록 한다.

탐지 단계는 인식훈련이라고 불리기도 한다. 음에 익숙해지고 가능한 많은 음을 인식하게 해 주는 것이 중요하다. 2세 정도가 되면 아동은 조건화된 놀이에 반응한다. 따라서 탐지단계에서는 조건화된 놀이활동을 통해 아동이 소리에 반응하는 것을 학습할 수 있다. 아동 스스로 소리에 주의를 기울이고 반응할 수 있어야 하며 소리 유무에 대한 반응이 목표가 된다.

변별 단계에서는 소리를 듣고 같은지 다른지를, 즉 차이점을 지각하는 능력을 키워준다. 탐지가 가능한 소리를 대상으로 하며, 아동에게 친숙하고 좋아하는 자극을 제시하는 것이 효과적이다. 처음에는 환경음으로 훈련으로 하고 점차 말소리를 사용하는 것이 좋다. 가급적이면 음원을 직접 보여 주면서 활동하고 소리의 차이가 큰 대상부터 점차 유사한 소리로 난이도를 조절한다.

확인단계에서는 자신이 들은 소리가 무엇인지를 아는 것에 목적을 둔다. 소리를 들려준 다음 소리와 연결된 사물의 그림이나 행동을 선택하는 활동을 하거나 소리를 모방하도록 한다. 아동에게 익숙한 단어와 사물을 이용하는 것이 효과적이며, 초분절적 지각훈련을 먼저 실시하고 자음과 모음 등의 분절적 지각의 순으로 학습하도록 하는 것이 좋다.

이해단계에서는 질문에 대답하거나 지시를 따르는 등 대화 속에서 말의 의미를 이해하는 데 초점을 둔다. 즉, 대답하기, 질문하기, 지시 따르기 등의 훈련이 이루어지는데, 처음에는 이해를 돕기 위해 생활용어와 같이 자주 사용되는 말들로 훈련하는 것이 좋다. 만약 이해단계에서 어려움을 보일 경우에는 단어 확인단계를 점검할 필요가 있다. 단어를 제시하여 먼저 전체 내용에 대한 단서를 주는 것도 좋다. 초기에는 맥락적 단서를 제공해 주고 점차 단서를 줄여 준다.

(2) SKI-HI(Home Intervention Treatment Program)

SKI-HI 프로그램은 유타 주립대학교(Utah State University)에서 개발되었으며, 청각장애 아동에 대한 초기 중재 프로그램이면서 청각장애 자녀의 부모에 대한 지원과 지도 프로그램이다. 출생부터 5세에 해당하는 청각장애 아동과 부모와의 효과적인 상호작용 촉진을 목적으로 전문가가 제공하는 가정 중재 프로그램이면서 비형식적 방법에 해당한다. 주 양육자인 어머니와의 적극적인 의사소통적 상호작용은 언어발달과 전반적인 발달을 돕는다는 가장 기본적인 가정에서 출발하며, 전문가는 아동의 구어발달을 촉진하는 데 필요한 기본적인 청각기술을 부모에게 제공한다. 이때 부모는 상호작용 촉진자의 역할을 하며 아동에게 통제적이거나 지시적이지 않아야 한다. SKI-HI는 아동의 발달단계에 맞춘 청각자극 훈련 프로그램으로, 총 4단계, 11개 기술, 20개 하위 주제로 구성되어 있다(채정희, 2005).

〈표 9-7〉 SKI-HI 프로그램

단계	내용
1단계	소리에 주의집중하기, 기초 발성하기
2단계	주변의 소리와 말소리의 차이 알기, 음원 찾기, 조절하여 발성하기
3단계	음원의 거리와 위치 바꿔 듣기, 모음과 자음 발성하기
4단계	환경음의 변별과 이해하기, 음성의 변별과 이해하기, 말의 변별과 이해하기, 말 모방과 말하기

일반적인 청능 프로그램과 SKI-HI의 가장 큰 차이점은 프로그램에 부모를 개입하였다는 것이다. 부모참여 프로그램은 여러 가지 효과를 기대할 수 있다. 가정환경을 긍정적으로 구성할 수 있으며, 교사와 부모가 협력자가 되어 교육의 일관성을 유지할 수 있다. 무엇보다도 부모와 자녀 간의 효과적인 상호작용을 촉진한다. 〈표 9-8〉은 SKI-HI에서 제시하는 효과적 의사소통 전략이다.

〈표 9-8〉 부모와 아동이 효과적으로 의사소통하기 위한 방법

아동의 초기 의사소통 신호를 알아차리고 상호작용적으로 반응하기	• 초기 의사소통 중요성에 대한 이해 및 의사소통 방법을 이해하기 • 아동의 초기 소통의 확인하기 • 아동의 초기 소통에 반응하기 • 상호작용으로 주고받기 • 아동의 울음에 적절하게 반응하기 • 초기 상호작용에서 미소와 웃음을 촉진하기 • 아동에게 선택권 주기 • 의사소통을 위한 일상적인 상황을 이용하기
가정에서의 일상적인 의사소통을 최대한 활용하기	• 산만한 소음의 최소화하기 • 아동 수준에 맞추기 • 시선을 맞추고 아동과 직접 대화하기 • 편안하고 촉진적인 의사소통 환경 제공하기 • 날마다 아동과 자주 의사소통하기
초기 상호작용에서 부모와 아동간의 의사소통을 최대한 활용하기	• 아동과 의사소통하는 방법을 이해하기 • 주고받기의 순서교대하기 • 의사소통 상황에서 발성을 독려하기 • 의사소통 상황에서 접촉과 제스처를 사용하기 • 의사소통 상황에서 얼굴표정과 억양을 이용하기 • 의미 있는 듣기로 아동과 상호작용하기

출처: Watkins & Clark(1993), 오혜정(2008)에서 재인용.

이와 같이 SKI-HI 프로그램은 청각장애의 가족 중심 중재이면서, 부모와의 상호작용을 중시하고, 그 결과 의사소통 기술이 향상된다는 데 초점을 맞추고 있다.

〈표 9-9〉는 SKI-HI 청능훈련 프로그램의 예시이다.

〈표 9-9〉 SKI-HI 청능훈련 프로그램의 예시

소리를 내는 물건과 사건에 대한 인식	
부모의 목적	부모는 말과 환경음을 연합한 의미 있는 소리를 아동에게 제공한다.
아동의 목적	아동은 말과 환경음의 출처가 어떠한 것인지를 인식한다.
과제	• 이전에 아동의 주의를 끌기 위하여 사용했던 소리와 활동들을 검토한다. • 아동이 음원을 인식하고 그 소리가 자신과 관련이 있다는 확신을 가질 수 있도록 반복한다.
자료	자연적으로 발생할 수 있는 환경음과 목소리

활동	• 자주 방문하는 사람으로 하여금 노크를 하고 잠시 기다리는 동작을 반복하게 하고 부모는 아동을 문 쪽으로 데려가 듣도록 한다. • 다양한 종류의 장난감이 서로 다른 소리를 낸다는 것을 아동이 발견할 수 있도록 한다. • 아동이 장난감을 두드리거나 누르면 소리가 나도록 유도하고, 부모는 아동과 함께 놀면서 입으로 소리를 내어 아동이 음성자극을 받도록 한다. • 아동이 딸랑이를 흔드는 것과 같은 행동을 부모가 모방하면서, 놀이 시에 발생하는 발성을 모방한다. • 말과 행동을 연합한다. 예를 들어, 구를 때는 '구른다'라고 말하며, 아동을 위로 들어 올릴 때는 '위로'라고 말한다. • 사촌이나 친척들을 아동과 함께 놀게 함으로써 아동이 다양한 사람의 목소리에 익숙해지도록 한다.

출처: Watkins & Clark(1993), 채정희(2005)에서 재인용.

6) 컴퓨터를 활용한 청능훈련

최근에는 컴퓨터 애니메이션 등을 활용한 언어치료나 청지각훈련 등이 많이 활용되고 있다. 청능훈련 멀티미디어 시스템은 CAI(computer-assisted instruction) 개념을 바탕으로 하여 학습자 능력에 맞는 속도와 내용으로 청능훈련을 실시한다. 학습자의 청력손실 정도에 따라 훈련 단계가 구성된다. 예를 들면, 음의 지각-음의 변별-말의 지각으로 구성되거나(유재권, 이경미, 2011), 음의 지각-음의 변별-말(단어)의 변별-말(문장)의 변별기능으로 청능훈련 내용을 분류하기도 한다(박화진, 2011). 즉, 듣기기술의 4단계를 토대로 하되 청능훈련 프로그램은 아동의 연령과 청력수준 등이 고려된다. 이는 비형식적 방법으로 교사나 교재 없이 이루어진다. 개방적이며, 일상에서 장소에 구애를 받지 않고, 다원적 콘텐츠를 갖는다. 무엇보다도 컴퓨터를 활용한 학습은 자기 주도적이라는 장점을 갖는다.

(1) 기능성 게임을 활용한 청능훈련

청능훈련은 기능성 게임을 활용할 수 있다. 우선, 기능성 게임이란 순수한 즐거움뿐만이 아니라 '의도된 유의미한 목적 실현'을 목표로 개발된 컴퓨터, 스마트기기 및 기타 전자장비 등을 이용한 게임이라고 정의할 수 있다. 즉, 일반적인 게임은 재미가 목적인 반면, 기능성 게임은 게임의 재미를 이용하여 특정 목적을 달성하는 데 그 목적이 있다(이춘호, 2014). 기존의 전통적 청능훈련은 연령이 낮은 아동의 경우에는 훈련이 지루할 수 있으며, 반드시 교사나 치료사의 지도하에서 이루어진다는 단점을 가지고 있다. 반면, 게임을 활용한 청능훈련은 리듬감 있는 시각효과와 역동적 애니메이션으로 청각장애 아동의 참여를 유도할 수 있다. 여기에는 '적극성' '지속성' '성취감'의 세 가지 요소가 고려된다.

첫 번째, '적극성(initiative)'은 청각장애 아동에게 훈련에 적극적인 참여를 유도하기 위해 쉽고 친근한 스토리 중심의 서사 구조로 게임의 배경 스토리를 구성하는 것이다. 두 번째 요소인 '지속성(continuity)'은 게임의 다양한 경쟁요소를 적용하여 청각장애 아동이 지속적으로 훈련할 수 있게 한다. 세 번째는 '성취감(fulfillment)'으로서 청능훈련 기능성 게임에서 미션의 완수와 청각장애 아동이 동화될 수 있는 캐릭터와 게임 배경, 애니메이션의 특징을 연구하여 높일 수 있다. 또한 게임 속의 가상 캐릭터와의 경쟁에서 승리로 훈련의 만족감을 함양할 수 있도록 게임을 설계하고 개발한다(이춘호, 2014).

게임을 활용한 청능훈련은 다음과 같은 장점이 있다.

첫째, 게임의 재미와 상호작용을 활용함으로써 청능훈련 활동에 대하여 보다 높은 관심과 흥미를 유발할 수 있다. 따라서 아동의 적극적이고 능동적인 훈련 참여를 유도할 수 있다.

둘째, 효과적인 청능훈련을 위해서는 지속적인 청능훈련을 가능하게 하는 물리적 환경요소가 중요하다. 기능성 게임은 온라인을 기반으로 개발하여 시간적·공간적 한계를 극복하고, 여기에 게임의 흥미요소를 적용하여 청능훈련을 지속적으로 할 수 있는 훈련환경을 마련한다.

셋째, 음악, 놀이, 미술 등 기존의 청능훈련 방식과는 달리 청각장애 아동이 직접 컴퓨터 게임을 조작하고 참여를 유도한다. 자발적이고 적극적인 참여는 청각장애 아동이 쉽게 훈련에 몰입하게 하고, 이를 통해 학습에 대한 부정적인 시각을 감소시킬 수 있다.

넷째, 청각장애 아동에게 높은 성취감을 줄 수 있다. 즉, 청각장애 아동은 청능훈련 기능성 게임과정에서 경쟁, 랭킹 등 게임의 다양한 보상 시스템을 통해 자기 성취감을 높일 수 있다. 또한 청각장애 아동은 교육에 대한 다양한 수업 내용과 관련된 자료 수집을 함께 함으로써 학습에 대한 긍정적인 의식을 가질 수 있다.

[그림 9-5] 청능훈련 기능성 게임 진행 화면

출처: 이춘호(2014).

(2) 웹 기반 청능훈련

웹 기반 학습은 기존의 학습방식을 인터넷을 이용한 학습방식으로 변형 · 발전시킨 것이다. 웹 기반 청능훈련이란 치료실에서 실시하던 청능훈련을 인터넷을 통해 학습자 스스로 실시하는 것으로서(신혜란, 2008), 웹을 이용하면 학습자의 요구에 맞게 수시로 교육자료를 수정 · 보완할 수 있으며, 피드백이 제공되는 장점이 있다. 마찬가지로 아동의 자발적인 참여를 유도할 수 있으며, 교육의 효과 또한 높일 수 있다. 언제 어디서나 누구든지 사용할 수 있으며, 시간적 · 공간적 제약에 구애받지 않는다. [그림 9-6]은 웹 기반 청능훈련의 예시다.

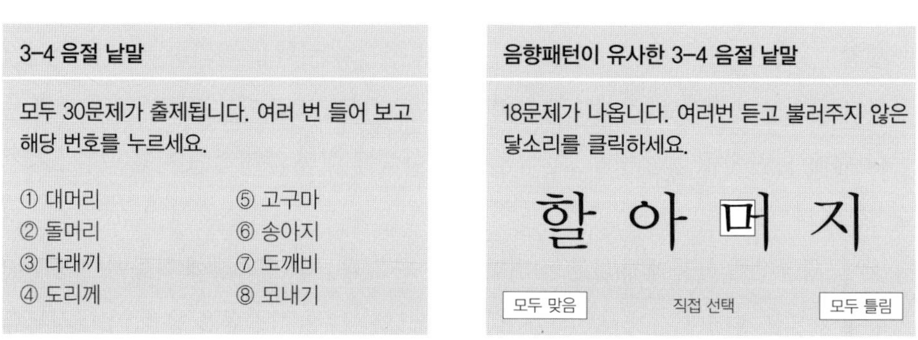

[그림 9-6] 낱말듣기평가

출처: 신혜란(2008).

7) 청능훈련 사례[10)]

이경검사 결과, 두 귀 모두 정상이었으며, 고막운동성검사에서는 오른쪽 귀는 As형, 왼쪽 귀는 Ad형으로 나타났다. 순음청력검사 결과는 다음과 같다.

〈표 9-10〉 순음청력검사 결과

	250	500	1000	2000	4000	8000	(Hz)
우측	85	95	95	95	95	95	(dB HL)
좌측	55	65	75	90	95	95	(dB HL)

음장(sound field)에서 스피커를 통해 협대역소음(narrow band noise)을 제시하여 검사한 결과는 다음과 같다.

〈표 9-11〉 초기 음장검사 결과

	250	500	1000	2000	4000	8000	(Hz)
우측(CI)	50	35	30	20	40	55	(dB HL)
좌측(HA)	50	35	35	25	40	45	(dB HL)

CI = Cochler implant
HA = Hearing aid

프로그램 실시 전 링 6개음검사 결과, closed set의 AO(audio only) 상황에서 /m/음을 제외한 모든 음이 탐지 가능하였으며 /a/음은 확인 가능하였다. AV(audio and visual) 상황에서는 모든 음을 탐지하였으며 /a/음과 /i/음은 확인 가능하였다. 10주간의 청능훈련 프로그램 실시 결과, AO 상황에서 모든 음을 100% 탐지하였으며, 같은 강도에서 /u/ /m/ /sh/ /s/는 100% 확인 가능하였다. 청능훈련 프로그램 실시 이후 인공와우와 보청기를 착용한 상태에서의 역치는 크게 변화하지 않았다. 앞의 사례는 인공와우 이식 성인을 대상으로 한 청능훈련 결과로서, 인공와우 이식자의 경우에도 듣기능력은 자연스럽게 습득되는 것이 아니라 청각적 구어자극을 계속적으로 제공해 주어야 한다는 것을 보여 주고 있다. 보청기 및 인공와우와 같은 증폭기기의 최적 조

10) 홍하나(2013) 논문결과에서 일부 발췌한 것이다.

건을 위해 청능훈련은 매우 중요하다.

2. 독화 지도

청력손실로 인하여 청각적 경로로 정보를 전혀 받아들이지 못하거나 혹은 충분히 알아들을 수 없는 경우 독화를 이용하여 말의 의미를 파악할 수 있다. 독화 지도는 잔존청력을 활용하고 대화 상황 및 맥락, 화자의 입모양 및 얼굴표정 등을 종합적으로 이해하여 자신의 의사를 표현할 수 있도록 하는 데 그 목적이 있다.

1) 독화의 정의

청력손실이 높은 아동은 청각이 아닌 시각을 주된 수용감각으로 사용한다. 독화는 말의 시각적인 수용이다. 즉, 화자가 말한 내용을 시각적으로 이해한다. 입술의 움직임뿐만 아니라 독화과제와 유관한 표정, 손짓, 몸짓 등과 같은 비음성 단서를 모두 포함한다는 점에서 독화(speechreading)는 독순(lipreading)의 개념보다 포괄적이다. 니트치에(Nitschie)는 독화를 '말하는 사람의 입모양을 주시하여 그 사람이 전하고자 하는 생각을 이해하는 기술'이라고 정의하였으며, 제퍼스(Jeffers)와 발리(Barley)는 '입으로 표현된 상징을 보고 지각하고 해석하는 총체적인 과정'이라고 하였다(김종현, 2004에서 재인용). 이 두 가지 정의에서 우리는 독화가 단지 사물을 보는 것이 아니라 지각하고 해석하는 과정이라는 것을 알 수 있다. 건청인은 청각을 통해 음성자극을 받아들이지만 청각장애인은 시각으로 자극을 받아들인다는 점에서 독화는 시각적 의사소통 양식으로 분류된다. 독화와 동일한 용어로 '말읽기'로 불리기도 한다.[11] 음성언어의 시각정보는 음소에 따라 변별이 매우 어렵거나 중복되는 경우가 있어서 청각에 의한 음성언어 수용보다 상대적으로 정확도가 떨어진다. 일부 학자들은 청각장애 아동의 독화 지도는 청취력 발달을 저해한다는 이유로 부정적 견해를 피력하기도 하였으나 독화 지도가 음성언어 수용을 향상시키는 데 기여한다는 점은 부정할 수 없다(고은 외, 2012).

11) 우리나라 특수교육 교육과정에서는 '독화'를 우리말로 풀어 '말읽기'라는 용어를 사용한다.

독화란 상대방의 입모양이나 움직임을 시각적으로 받아들이고 해석하여 음성언어를 이해하는 기술이다.

2) 독화 관련 변인

상대방의 말을 이해하는 데에는 비단 청각경로만 있는 것이 아니다. 상대방의 표정이나 몸짓 등은 말을 이해하는 데 매우 중요한 단서로 작용한다. 건청인도 고속버스나 전철에서 화면만 제시되는 VTR을 볼 때에는 독화를 통해 그 내용을 파악한다. 물론 청각장애가 있는 경우에는 독화에 대한 의존도가 훨씬 더 높다는 것은 자명하다. 난청이 심하지 않은 경우에는 청각적 단서와 함께 사용되기도 하지만, 고도난청의 경우에는 독화가 정보를 받아들이는 유일한 감각정보가 된다. 독화를 잘하기 위한, 즉 독화 관련 변인에는 다음의 여러 가지 요인이 있다.

(1) 독화자변인

• 시각능력

시각능력이 우수하다는 것은 비단 시력이 좋다는 것만을 의미하지 않는다. 오히려 시지각, 지각의 속도, 주변 시력과 같은 하위요소가 더 중요하다. 예리하고 신속하게 초점을 집중시키고, 작고 섬세한 것을 놓치지 않으며, 오랫동안 그 초점을 유지할 수 있어야 한다. 또한 우수한 기억력으로 세부사항에 주의를 기울이는 능력이 필요하다. 시지각이란 시각정보를 처리하는 능력으로서, 눈으로 보는 능력뿐만 아니라 시각자극을 두뇌에서 해석하는 것을 말한다. 지각의 속도는 독화를 하는 데 매우 중요한 요소로서 잘 보되, 신속하게 보아야 한다. 순간 놓치면 상대방이 전하고자 하는 메시지도 잃게 된다. 마찬가지로 시각적 주의집중은 관찰력과도 같으며, 소리를 변별하는 데 특히 영향을 미친다. 주변 시력은 입뿐만 아니라 얼굴이나 주변으로부터 정보를 얻는 능력으로서 독화를 하는 데 매우 중요한 기초적 기능에 해당한다.

• 지적 능력

독화는 조음기관의 움직임을 하나하나 독립적으로 수용하는 것이 아니라 전체적인 형태로 인식하고 해석한다. 수용된 일부의 정보를 가지고 의미를 가진 전체로 연합하는 과정은 고도의 지적 능력을 필요로 한다. 지적 능력은 종합능력으로 대표되는데, 종합능력이란 낱낱의 부분들을 의미 있게 연결하여 전체적으로 의미를 구성하는 능력이다. 종합능력이 성공적인 독화의 전제조건이 되는 이유는 하나하나의 입모양을 단순히 결합시킨다고 말을 완전히 이해할 수 있는 것이 아니기 때문이다. 추측과 사고를 통해 누락된 요소를 보충하고 종결하고 추리해 내야만 말을 이해할 수 있다. 시각적으로 받아들인 요소들은 실제로 상당 부분 지각되지 않는 경우가 많기 때문에 연상을 통해서 추리해 나가야 한다. 이러한 과정을 종합능력이라 하며, 종합능력은 지각종결과 개념종결로 구성된다.

지각종결(perceptual closure)이란 받아들인 시각정보에 추측한 내용을 보충하여 이해하는 것을 말한다. 개념종결(conceptual closure)은 지각된 내용을 조직하고 분류하며 빠진 단어를 채워 넣어 가면서 전달된 내용을 전체적으로 받아들이는 것을 말한다. 지각종결과 개념종결은 거의 동시에 이루어지는데, 지각종결은 형식과 형태를 연상하는 능력에 가깝고, 개념종결은 낱말과 사물을 연상하는 능력과 더 밀접하다(김종현, 2004). 예를 들면 다음과 같다. 다음의 독화자는 교정청력이 60dB HL로서 전형적인 감음신경성 난청을 가지고 있다는 것을 전제로 한다.

화자: 새삼스럽게 선물을 주고 그래?
→ (청각적 정보) 애암으러게 어무을 우오 ×래?
→ (시각정보) 애암으럽게 전물을 우고 흐래?
→ (지각종결) 애암으럽게–새삼스럽게, 전물–선물, 우고–수고, 흐래–그래
→ (개념종결) 새삼스럽게 선물을 주고 그래?

이와 같이 받아들인 시각정보를 기억하고, 주의를 집중하고, 경우에 따라서는 귀납적 추리능력[12]으로 말의 흐름과 맥락 그리고 추상적 내용을 파악하는 능력은 지적 능력과

12) 작은 구성요소에서 결론을 끌어오는 방법이다.

밀접한 관계에 있다. 그러나 독화능력이 지적 능력과 반드시 상관관계를 가지고 있다는 것을 의미하는 것은 아니다. 여기서의 지적 능력이란 최소한의 지능을 의미한다.

• 유연성

유연성(flexibility)이란 처음에 내린 판단으로는 의미가 통하지 않거나 내용이 적절하지 못한 경우에 잠정적인 종결을 수정하는 능력을 말한다. 독화에서 구형(口形)은 많은 경우 비슷하거나 혹은 시각적으로 지각할 수 없기 때문에 독화자는 재빨리 자신이 받아들인 정보를 상황에 따라 수정해 주어야 한다. 예를 들면, "난 개가 좋아." "난 해가 좋아." 그리고 "난 애가 좋아."는 구형만으로 구분하기 어렵기 때문에 다음 문장 또는 상황에 맞추어 자신이 받아들인 정보가 부정확하거나 적절하지 못하다고 생각되었을 때는 수정이 이루어져야 한다.

• 언어이해력

시지각능력과 지적 능력이 아무리 훌륭하다 할지라도 알지 못하는 외국어를 독화로 이해하는 것은 불가능하다. 독화는 알고 있는 언어의 말소리를 읽는 것이다. 따라서 화자의 언어능력과 독화수행력은 매우 밀접한 관계를 갖는다. 어휘력과 관용적 표현의 이해력이 높을수록 독화가 용이하다. 독화능력은 전반적인 언어능력에 의해 결정된다고 해도 과언이 아닐 정도로 언어능력은 중요하다.

그 밖에도 독화자의 잔존청력, 청력손실 시기, 독화에 대한 내적 동기 수준과 자아개념 등의 정서적 특징들은 독화수행력에 영향을 준다. 특히 독화를 하는 데 있어서 실패에 대한 두려움이 없어야 하며, 무엇보다도 꾸준한 훈련이 중요하다.

(2) 화자변인

독화를 하는 청각장애 아동과 대화를 할 때 화자는 다음과 같은 점에 유의하여야 한다. 첫째, 자연스럽게 말소리를 낸다. 아동이 듣지 못한다고 하여 입모양만 보여 줄 경우 매우 부자연스럽고 과장된 입모양이 만들어진다. 이는 독화를 하는 데 방해요인이 된다. 둘째, 청각을 최대한 이용할 수 있도록 교사의 목소리 크기를 조금 높이고 말의 속도는 조금 늦추는 것이 좋다. 지나치게 크거나 지나치게 느릴 경우에는 마찬가지로 도움이 되지 않는다. 셋째, 말을 할 때 조음기관을 지나치게 과장하지 않는다. 입술과 턱은 많이 움직이되, 한 음절씩 말하지 않고 어절 단위로 끊어 주는 것이 좋다. 넷째, 얼굴표정을 풍부하게 하되, 무관자극이 되지 않도록 주의한다. 불필요한 몸짓은 자제하고, 가급적 짧은 문장으로 이야기하는 것이 좋다.

(3) 환경변인

환경변인에는 거리, 속도, 조명, 소음 등이 해당한다. 화자의 입이 잘 보이는 밝은 곳이 좋으며, 화자가 해를 등지고 말하면 독화를 할 때 눈이 부시기 때문에 피해야 한다. 거리는 2~3m 정도가 적당하며, 소음이 통제된 곳에서 말하는 것이 좋다. 독화 시 적정 조도는 대략 400~700룩스(Lux)[13] 정도이며 화자의 차림새는 너무 화려하지 않은 것이 좋다. 각도는 약 120°이내가 적당하다. 여러 사람이 말하는 상황에서는 독화가 어려울 수 있으므로 주의하고, 불가피한 경우에는 화자가 누구인지 손을 드는 등의 방법으로 신호해 주는 것이 좋다.

〈표 9-12〉 독화 관련 변인

음성단서	화자에 의해 표현되는 음성단서로서 청자의 청력손실도가 낮을수록 활용도가 높다.
시각단서	화자의 조음운동에 의한다. 그러나 음소가 가진 변별력 자질과 달리 말의 시지각적 최소단위인 독화소는 시각적 가시도가 높은 자음을 제외하고는 조음운동을 통해 시각단서를 알아내고 화자의 말을 충분히 이해하는 것이 어렵다.
비음성단서	화자에 의해 표현되는 비음성단서로서, 예를 들면 적절한 손짓과 몸짓이 대표적이다. 하지만 과한 비음성단서는 방해가 될 수 있다.
환경적 단서	의사소통 상황, 물리적 배치, 화자의 수, 거리, 조명, 각도 등이 모두 포함된다. 일반적으로 조음운동을 정확하게 지각하기 위해서는 화자로부터 멀지 않은 거리에 있도록 하며, 최상의 독화 조건을 제공해 주어야 한다.
독화자변인	독화자의 숙달도, 종합능력, 잔존청력, 과거 경험이 독화단서로 활용될 수 있다. 특히 언어이해력과 추리력이 높은 아동은 시각단서를 보다 효과적으로 사용한다. 아동의 청력 상태가 좋을수록, 언어능력이 좋을수록, 어휘력이 높을수록 그리고 동기부여가 높을수록 독화수행 능력도 우수하다.
화자변인	화자의 안면 특성, 조음기관의 움직임, 몸짓, 손짓 그리고 화자가 가지고 있는 독화자에 대한 태도는 독화 상황에서 중요한 영향을 미친다.

출처: 고은 외(2012)에서 재구성

13) 간접 조명은 100~200룩스, 직접 조명의 조도는 400~700룩스가 적당하다고 알려져 있으며, 문서 작업을 하는 사무실의 경우 400룩스 정도의 밝기를 권장한다.

3) 독화 지도

독화는 대부분의 청각장애인이 음성언어를 수용하는 방식이며, 따라서 반드시 학습해야 하는 기능이다. 건청인에게 독화는 청각정보를 처리하는 데 단순히 보조적인 역할을 하지만, 청각장애인에게 독화는 말을 수용하는 주요 감각통로라는 점에서 독화 지도는 매우 중요하다. 독화 지도란 시각을 통하여 말하는 사람의 입모양과 조음기관의 움직임을 읽고, 말을 이해하는 것을 가르치는 것이다(민병란, 2007).

(1) 독화소(시각소, visual-phonemes)

음성언어에서 음소는 말의 뜻을 구별해 주는 가장 작은 단위를 말한다. 한국어의 '바보'를 음성학적 기호로 표기하면 [pabo]가 된다. 그러나 [babo]라고 발음하더라도 의미변별을 일으키지 않기 때문에 앞의 /ㅂ/와 뒤의 /ㅂ/은 동일한 음소이다. 그러나 불의 [pul]과 풀의 [phul]은 의미를 변별시키기 때문에 /ㅂ/과 /ㅍ/은 별도의 음소로 인정한다. 독화에는 이와 유사한 개념으로 '독화소'가 있다. 독화소란 독화의 시각적 최소 단위로서 말소리의 청각적 특성은 다르지만 시각적으로 유사한 음소들을 하나로 묶은 것을 말한다. /ㅍ/ /ㅂ/ /ㅁ/ /ㅃ/ 그리고 /ㅌ/ /ㄷ/ /ㄴ/ /ㄸ/ 음의 경우에는 말소리는 다르지만 입술 모양은 매우 유사하다. 따라서 이들은 하나의 독화소가 된다. 독화소의 분류는 연구자마다 약간의 차이가 있다.

〈표 9-13〉 독화소 분류

연구자	자음·모음	최소 독화 단위
김영욱(2007)	자음	/ㅂ, ㅁ, ㅍ, ㅃ/, /ㄷ, ㅌ, ㄸ, ㄴ/, /ㅅ, ㅆ/, /ㄱ, ㅋ, ㄲ, ㄹ, ㅎ/, /ㅈ, ㅊ, ㅉ/, /ㅇ/
	모음	/아, 야/, /오, 요/, /우, 유/, /어, 여/, /위/, /워/ /이, 으, 의/, /예, 얘, 애, 에/, /외, 웨, 왜, 와/
이규식(1993)	자음	/ㅂ, ㅁ, ㅍ/, /ㄷ, ㅌ, ㄴ, ㄹ/, /ㅅ, ㅈ, ㅊ/ /ㄱ, ㅋ, ㅇ/
	모음	/오, 우/, /으, 이/, /아, 어/, /에, 애/

독화에서는 /바/ /마/ /파/와 같이 입모양은 같지만 다른 의미를 가지고 있는 음을 동형이음어(동구형 이음어)라고 한다.

(2) 독화 지도의 제한점

청각장애 아동에게 독화는 일상생활에서 정보를 받아들이는 중요한 수단이라는 점에서 매우 중요하며, 학교교육에서도 독화 지도는 강조되고 있다. 그러나 독화를 지도하는 것은 다음과 같은 점에서 어려움을 갖는다(김영욱, 1990).

- 독화과정 자체가 쉽지 않다. 독화는 말소리에 관련된 시각단서, 음성단서 그리고 비언어적 단서를 동시에 처리해야 한다.
- 시각정보의 처리가 청각처리보다 부정확하고 처리속도가 느리다.
- 평균 구형 변별력은 30% 정도로, 특히 자음 변별력이 낮다.
- 독화보다 구어속도가 빠르다.
- 조음운동에는 개인차가 있다.
- 독화자의 전반적인 언어능력이 낮다.
- 독화는 화자의 태도 및 조음운동, 단어의 친숙도, 물리적 환경 등이 중요한 변인으로 작용한다.

> 독화의 제한점으로, 첫 번째는 음성언어와 비교하여 변별력이 낮기 때문에 독화만으로 의미 파악이 어렵다는 것이다. 이것은 독화의 가장 큰 제한점이다. 두 번째는 낮은 가시도이다. 양순음을 제외한 치조음, 경구개음 그리고 연구개음에 해당하는 음소들의 경우에는 시각적으로 확인할 수가 없어서 시각적 변별이 어렵다. 세 번째는 음운환경에 따른 전이효과이다. 예를 들면, '국물'의 발음은 받침 'ㄱ'과 비음 'ㅁ'이 만나서 [궁물]로 발음이 된다. 이렇게 자음과 모음이 다르게 발음될 경우 지각에 어려움을 갖게 된다.

(3) 독화 지도법

청력손실이 클수록 청각보다는 시각을 통한 정보수용 요구가 크다. 앞서 언급한 바와 같이 어떤 의사소통 양식을 사용하는지와 무관하게 독화는 모든 청각장애 아동에게 필요한 소통수단이기 때문에 독화 지도는 반드시 필요하다. 독화능력은 체계적인 지도에 의해 훈련되기 때문이다.

• 전통적 독화 지도법

전통적인 독화지도법에는 크게 분석법과 종합법이 있다. 분석법(analytical approach)은 음소, 음절 그리고 낱말 단위로 확대하여 가르친다. 하나하나의 음소가 가지고 있는 시각적 변별 자질을 배우고 점차 음소의 결합으로 훈련한다. 처음에는 모음 변별과 같은 쉬운 과제에서 자음으로 확장시키고, 난이도를 높여 가는 방법이다. 모음과 자음이 주요 훈련 단위가 된다. 또한 종합법은 의사소통 상황에서 언어적·상황적 단서를 사용하여 의미를 파악하는 것을 강조한다(유은정 외, 2013). 독화 지도에서 종합법은 지식과 경험을 활용한 종합능력과 융통성에 초점을 둔 방법이라 할 수 있으며 문장수준의 독화과제가 주로 사용된다.

〈표 9-14〉 전통적 독화 지도법

지도법	예시
분석법	• (조음 위치가 다른) /칼/과 /팔/을 들려주고 구분하도록 한다. • (조음방법이 다른) /말/과 /발/을 들려주고 구분하도록 한다.
종합법	• "공을 노란색으로 색칠하세요."라고 하면 그 지시를 따른다. • 문장을 듣고 유사성이 있는 그림을 찾는다.

출처: 유은정 외(2013)에서 재구성.

• 총체적 접근법(wholistic approach)

전통적 접근법은 구체적인 독화기능의 숙달에 중점을 두고 시각적 단서만을 활용한 반면에, 총체적 접근법은 독화 지도에 청각을 함께 활용한다. 뿐만 아니라 큐드 스피치(cued speech), 수화, 지문자의 사용 그리고 진동보청기 등이 효과적으로 사용된다.

총체적 접근법에서는 독화와 청능훈련을 함께하는 것이 효과적이라고 보고, 주변 소음 등의 청각환경의 개선도 함께 고려한다. 총체적 접근법은 아동 중심 접근법으로서 실생활에서의 경험에 중점을 두고 자기평가와 다양한 의사소통 상황에서의 독화 훈련을 강조한다. 총체적 접근법에서는 다음과 같은 지도전략이 강조된다.

–다양한 의사소통상황에서 독화력을 평가한다.
–독화를 사용함으로써 얻는 효과에 대한 믿음을 스스로 갖는다.
–청각을 최대한 활용하고, 발성 및 발화훈련도 함께한다.
–적극적으로 독화하는 태도를 갖는다.
–교사 중심이 아닌 아동 중심의 교수·학습을 강조한다.
–자기평가를 강조한다.
–가능한 실제 생활에서 독화할 수 있는 기회를 제공한다.
–다양한 주변 사람과 독화를 해 보도록 한다.
–독화과제는 아동에게 친숙하고 흥미로우며 상황적 맥락을 가지고 있어야 한다.
–아동의 언어발달 수준에 맞는 독화과제로 한다.
–독화의 난이도는 언어적인 복잡성, 화제 및 어휘의 친숙성, 시각적 환경 조건, 아동의 흥미와 요구 등을 고려하여 조정한다.
–필요한 경우에는 시각적 변별 단서나 촉각장치 등을 활용한다.

(4) 교사지원 전략

독화를 직접 지도하거나 혹은 학급에 독화를 하는 청각장애 아동이 있을 경우 교사는 다음과 같은 점에 주목하여야 한다(고은 외, 2012; 김종현, 2007).

- 학생들의 정서적 문제와 요구에 민감하게 대처해야 한다. 학생이 독화에 대해 긍정적인 반응을 보이지 않을지라도 교사는 독려하면서 함께 노력해야 한다.
- 교사는 독화과정에 대한 지식을 가지고 있어야 한다. 시각적으로 분명하게 보이는 말소리와 그렇지 않은 말소리를 구분할 줄 알고, 그에 따른 혼선이 없도록 한다.
- 교사의 말하는 습관을 개선해야 한다. 입모양을 좀 더 분명하게 하고, 정상적인 형태를 유지하면서 명확한 발음을 하는 방법을 익혀야 한다.
- 학생의 독화수준에 따라 난이도를 조절해야 한다. 또한 처음 사용되는 단어는 가시도가 높고 친숙한 단어여야 하며, 내용을 연상시킬 수 있는 사전 단서를 제공하는 것이 좋다.
- 독화 지도에는 교사가 말하는 것을 보고 그대로 따라 말하기, 질문에 대답하기

또는 써 보기 등의 다양한 방법이 있다.

- 독화에는 가시도(visibility), 친숙도(familiarity), 연상(association)이 중요한 요소이다. 즉, 훈련 초기 단계에서는 가시도가 높은 단어, 친숙한 어구 그리고 연관되는 내용을 사용하여 쉽게 연상시켜 주는 것이 중요하다. 초기 단계에서부터 너무 난이도가 높을 경우 좌절하거나 흥미를 잃을 수 있다.
- 수업 시 말할 때는 항상 좀 더 큰 소리로 말해야 하며, 1~2개의 핵심 단어를 칠판에 써 놓으면 독화를 하는 데 도움이 된다.
- 말하면서 판서를 하지 않으며, 교사 및 학생의 위치를 고려하여 좌석 배치를 해야 한다. U형이나 O형은 집단토의를 할 때 독화를 좀 더 용이하게 하는 장점을 갖는다.
- 필기시간은 별도로 배정하여 수업 중에 이해하지 못하고 넘어가는 일이 없도록 해야 한다.
- 교과서를 읽을 때 입을 가리지 않고, 말을 할 때 교사의 위치를 고정시켜 독화를 하는 학생들이 독화를 하는 데 방해요인을 최소화해 주어야 한다.
- 필요시 자료를 수정해 준다. 예를 들면, 가시도와 친숙도가 더 높은 단어나 어구로 교체한다. 내용을 상세화하거나 내용을 다른 방법으로 진술하기 또는 연관되는 내용을 연상시키기 등이 있다.

(5) 큐드 스피치

큐드 스피치(cued speech)[14]는 구어언어의 보조수단으로 개발되었으며, 교육에서는 수화나 독화와 함께 선택적으로 사용되기도 한다. 1967년 갈로뎃(Gallaudet) 대학교의 코넷(Cornett)에 의해 개발되었다. 큐드 스피치의 활용방법을 청각장애 아동의 부모에게 전수하여 청각장애 아동과 부모가 서로 원활한 의사소통을 할 수 있도록 하는 데 목적이 있었다. 일리노이 농학교(Illinois School for the Deaf)에서는 2010년부터 큐드 스피치를 농학교 교육과정에 부분적으로 도입하기 시작했으며, 이후 여러 학교와 연구자들에 의해 그 효과가 보고되고 있다. 낮은 가시도와 변별의 어려움이 독화

---

14) 이 내용은 신지현, 정승희, 박경희(2010), 서창원, 김지영(2014), 서창원, 오세철(2016)의 논문을 종합하여 인용한 것이다.

의 제한점이라면, 큐드 스피치는 보다 정확하게 청각적 메시지를 시각적으로 전달해 준다. 수신호와 입모양을 동시에 사용함으로써 화자의 메시지를 읽을 수 있는데, 큐드 스피치의 가장 큰 특성은 구어언어를 음소 단위로 변환하여 전달하는 것이다. 예를 들면, '꽃잎'이라는 단어를 지화, 수화 그리고 지화로 설명하면 다음과 같다.

(지화)

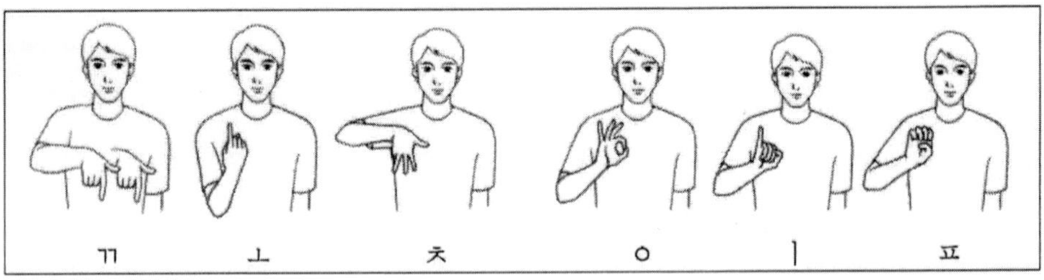

(수화)

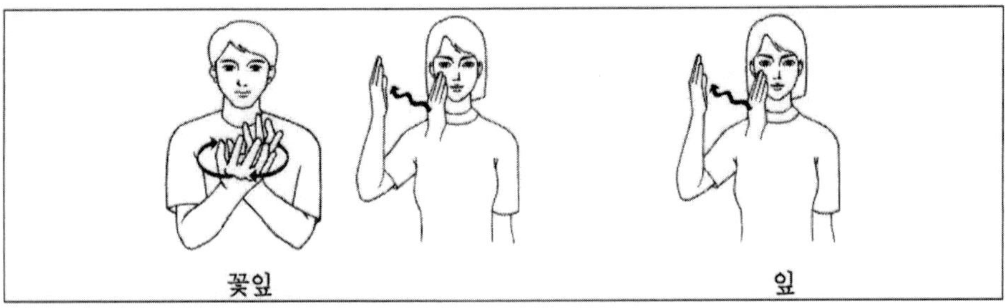

(큐드 스피치)

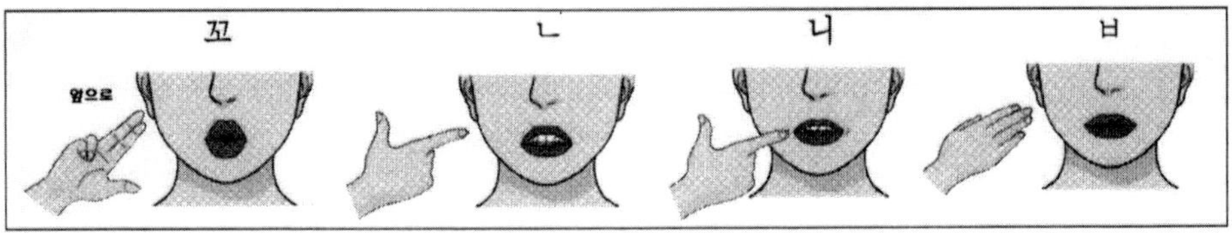

큐드 스피치로 전달되는 '꽃잎'은 발음 나는 대로 /꼰닙/으로 전달하게 되며, 화자는 이때 최소한 '꼰닙'으로 입모양을 지어야 하며, 청자는 입모양과 손 모양 그리고 손 위치를 동시에 코딩하여 '꼰닙'의 음소를 해독한다.

코넷은 /m//b//p/를 동일한 입모양으로 보고 손모양에서는 서로 다른 그룹으로 분류하였다. 즉, 시각적으로 변별이 큰 음소들을 하나의 손모양으로 통일하였다. 그런 맥락에서 한국어 큐드 스피티 차트(Korean Cued Speech 3.0)에서는 /ㅁ/와 /ㅌ/를, /ㄷ/와 /ㅍ/를 하나의 동일한 손모양으로 분류하였다.

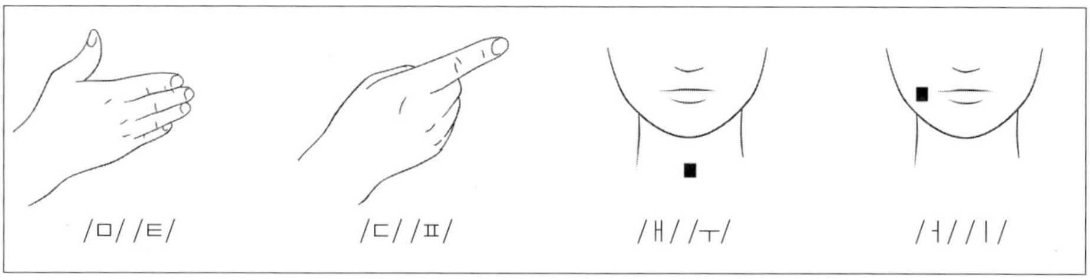

모음의 경우에도 마찬가지로 그룹화하여 입, 턱, 목, 옆에 손의 위치를 배치하도록 하였다. 이때에도 /ㅓ/와 /ㅣ/는 입모양이 뚜렷하게 구별되기 때문에 동일한 위치로 하였다. 따라서 단어 '무미'의 경우 /ㅁ/ 음소의 손모양을 목 근처에서 하고 다시 /ㅁ/ 음소 손모양을 입 근처에서 하면 '무미'로 읽게 된다. 반면에 발음지시법은 발음될 음성에 해당하는 문자를 지문자 형태로 제시한다는 차이점을 갖는다.

3. 말 · 언어지도

청각장애, 특히 선천성 고도난청인 경우에는 발성수준에 머무르는 경우가 많다. 그러나 최근에는 조기진단이 가능해지고, 보청기와 인공와우 착용이 보편화되면서 청각장애 아동의 듣기능력이 많이 향상되었다. 따라서 음성언어로 소통하고자 하는 욕구 또한 커지고 있다. 그러나 실제 청각장애 아동 대부분은 말하기에 어려움을 갖는다. 건청아동은 특별한 노력과 훈련 없이 자연스러운 환경 노출만으로도 정상적인 언어발달을 할 수 있으나, 청각장애 아동은 이 모든 것이 체계적인 학습과 훈련으로 이루어진다. 고도난청 아동의 경우에는 성인으로부터 구어적 강화를 받지 못할 뿐만 아니라 자신의 목소리를 피드백할 수 없기 때문에 숨쉬기와 말하기의 부조화, 흡기 시 발성, 목쉰 소리, 쥐어짜는 소리, 과도한 비음 등과 같은 음질상의 문제 등 매우 광범위한 결함을 보인다. 여기서는 청각장애 아동의 발음지도와 의사소통 전략으로 제한하여 살펴보고자 한다.

1) 발음지도

청각장애 아동의 대부분은 발음상의 문제가 있으며, 이는 말의 명료도를 낮게 하는 주 원인이 된다. 청각장애 아동의 발음을 개선하기 위해서는 시각적 단서를 활용하는 것이 효과적이다. 여기서는 조음점 지시법과 전통적 조음훈련으로 구분하여 설명하고자 한다.

(1) 조음점 지시법(phonetic placement)

조음점 지시법은 교사의 입모양이나 구형도와 같은 시각적 단서를 활용하는 방법이다. 정확한 조음점을 알려 주는 것이 무엇보다도 중요하다. 각각의 자음은 조음 위치와 조음방법에 따라 다르게 발음되며, 모음은 혀의 움직임으로 만들어진다. 따라서 교사는 손가락이나 설압자로 조음 위치를 조정해 주거나 거울이나 구형도 등을 사용하여 조음방법을 설명할 수 있다. 아동은 시각적 피드백을 받으며 의식적으로 조음점을 찾아가며 발음을 하게 되는데, 조음점 지시법은 특히 청각장애 아동에게 적절하다고 알려져 있다(Van Riper, 1978).

모음은 입 안에서 어떤 기류의 차단 없이 혀의 위치, 입술 모양 그리고 입 모양이 바뀌면서 산출되며, 자음은 조음 위치와 방법에 따라 다른 말소리가 나온다. 그러나 많은 음소의 경우에는 시각적으로 직접 조음운동을 관찰하기 어렵다. 따라서 구형도를 보고 모방하는 방법으로 지도하는 것이 효과적이다. 모음구형도의 예시는 [그림 9-7]과 같다.

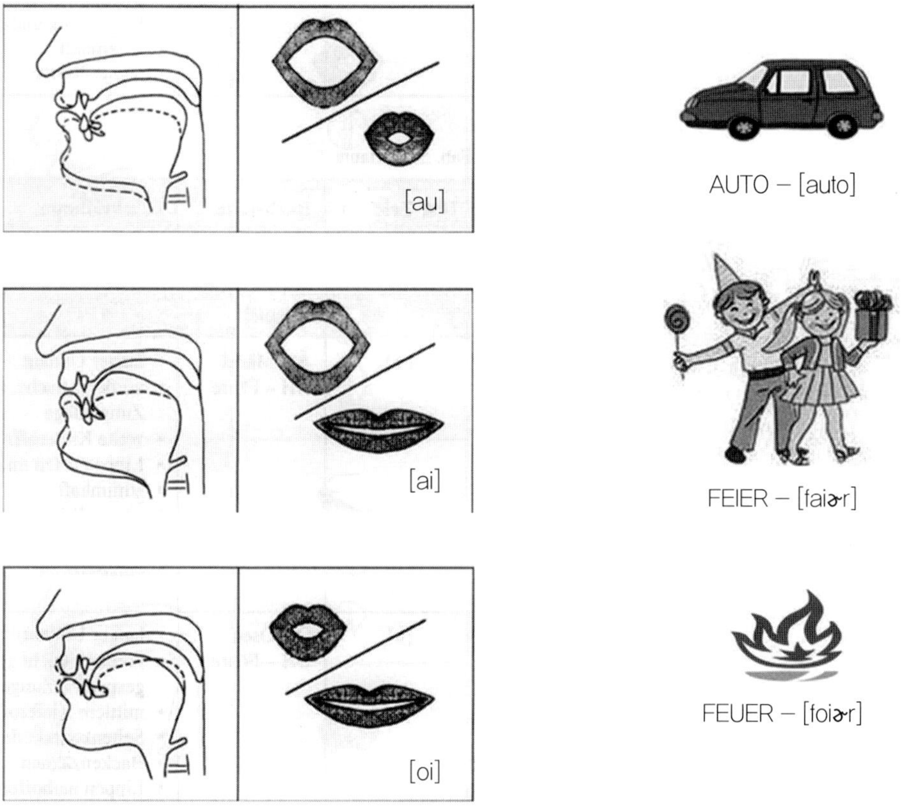

[그림 9-7] 모음구형도 예시

출처: Russ(2001).

예를 들면, /ㅏ/의 발음지도는 다음과 같은 방식으로 한다(손정숙, 1996에서 재구성).

- 턱을 내리고 혀의 중앙부를 평편하게 펼쳐 최대로 밑으로 낮춘다.[15] 이때 입은 크고 동그랗게 벌려 준다.
- '아'를 모방하여 발음한다.
- '아' '우' '이'를 함께 듣고 '아'를 찾아 발음하는 놀이를 한다.
- 입을 가리고 소리를 점점 작게 들려준다.
- 여러 개의 구형도를 보고 그중에서 '아'를 찾는다.
- 손바닥으로 입술을 가볍게 두드리면서 발음한다.

15) 설압자를 이용할 수 있다.

• '아'를 자연스럽게 반복한다.

마찰음 /ㅅ/의 발음지도는 다음과 같은 방식으로 한다.

• /ㅅ/가 나오는 조음 위치를 설압자를 사용하여 지적해 준다.
• 조음방법을 구형도를 통해 보여 주면서 설명해 준다.
• 교사의 입술 앞에 아동의 손을 대고 /ㅅ/ 음을 강하게 발음한다.
• 아동이 기류를 느끼는지 물어본다.
• 아동이 자신의 입술 앞에 손을 대고 /ㅅ/ 음을 발성해 본다.
• 교사는 /ㅅ/ 음이 들어간 음절, '사' '시' '소' '수' 등을 발음하며 모델링해 준다.
• 아동은 모방한다.

(2) 조음훈련 보조시스템

최근에는 청각장애인 조음훈련 보조시스템을 이용한 조음훈련 프로그램이 사용되고 있다. 스스로 훈련할 수 있는 시간이 늘어나고, 아동의 경우에는 흥미를 유발할 수 있다는 장점이 있다. 올바른 발음의 동영상을 보고 현재 자신의 발음과 올바른 발음과의 차이에 대한 시각적 피드백을 받을 수 있다. 발음의 스펙트로그램(Spectrogram)[16]이나 모양을 보여 주는 훈련 프로그램은 청각적으로 발음을 변별하고 확인이 어려운 청각장애 아동은 매우 효과적으로 자신의 발음 상태를 알 수 있다. 프라트(Praat)[17]와 같은 소프트웨어는 올바른 발음을 위해 조음기관을 어떻게 움직여야 하는지를 자세히 보여 주며, 현재 잘못된 조음기관의 움직임을 설명해 주기 때문에 발음 교정 개선에 매우 효과적이다. 조음훈련 보조시스템의 가장 중요한 단계는 발음 진단 단계와 피드백 단계이다. 소프트웨어는 발음 진단 단계에서 청각장애인의 현재 입 모양과 그 외 조음기관의 상태를 인식한다. 피드백 단계에서는 인식된 현재 상태를 올바른 발음과 비교하여 피드백 정보를 만들어서 그것을 화면에 나타내 준다. 분석을 통해 얻은 피드백 정보를 사용자에게 문장으로 표현해 준다(박한무, 정진우, 2008).

---

16) 음원파일을 분석하여 시각화된 그래프 형태로 보여 준다.
17) 말소리의 음성과학적 분석을 위한 컴퓨터용 공개 소프트웨어이다.

(3) 입 도장을 활용한 발음 지도[18)]

발음지도의 기본은 잘 듣고 따라 말하도록 하는 데에 있으나 청각장애 아동의 경우에는 그러한 청각적 모델링이 도움이 되지 않는다. 따라서 조음점 지시법이나 조음기관의 움직임을 시각적으로 보고, 그 과정을 분석하고 모방하면서 유사한 발음을 산출하도록 하는 것이 효과적이다. 여기서는 입도장을 활용한 발음지도를 하나의 예로서 소개하고자 한다. 우리가 산출하는 말소리는 여러 가지의 변별자질을 가지고 있다. 대표적으로는 분절음/비분절음, 유성음/무성음, 구강음/비음, 조음위치에 따른 소리의 자질 그리고 조음방법에 따른 소리의 자질 등으로 구분된다. 우선 [a] [e] [i] [o] [u] 5개 모음에 대한 구형과 입도장은 다음과 같다.

음소	[a]	[e]	[i]	[o]	[u]
구형	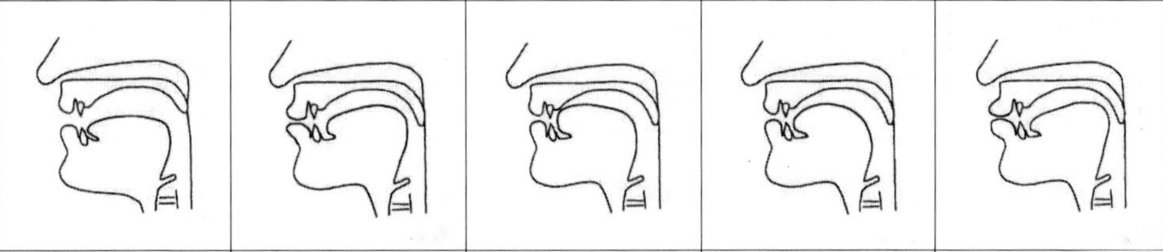				
입 도장	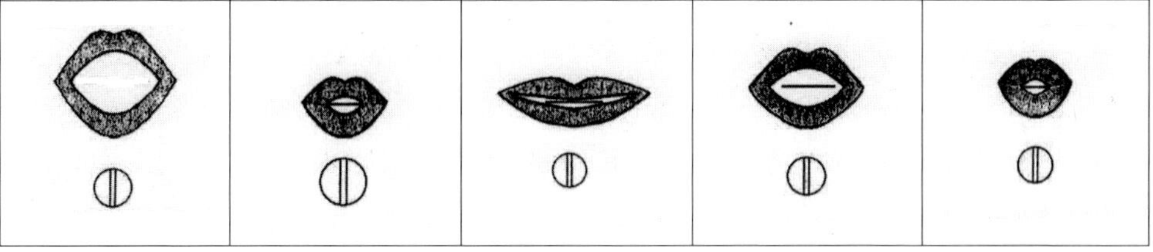				

[그림 9-8] 모음 입도장(예시)

모음은 모두 유성음이기 때문에 도장을 보면 ⦷ 표시가 되어있다. /b/와 /p/, /d/와 /t/, /g/와 /k/는 유성음과 무성음의 차이를 갖는다. 비음의 경우에는 입술과 코 문양을 함께 보여줌으로써 /b/와 /m/의 차이를 알 수 있도록 하고 있다. 양순음의 경우에는 입술이 붙는 입모양을, 치조음의 경우에는 혀가 치조에 붙었다 떨어지는 모양으로 각 음소의 산출방식을 정확하게 알 수 있다. 입도장을 활용한 발음지도는 개개의 음소를 다른 음소가 변별하여 발음하는 데에 효과적이며 다양한 방법으로 연습할 수 있다. 무엇보다도 놀이중심의 지도가 가능하다는 점에서 아동들의 흥미를 유발할 수 있다.

---

18) 본 내용은 Ruβ (2001)에 근거한다.

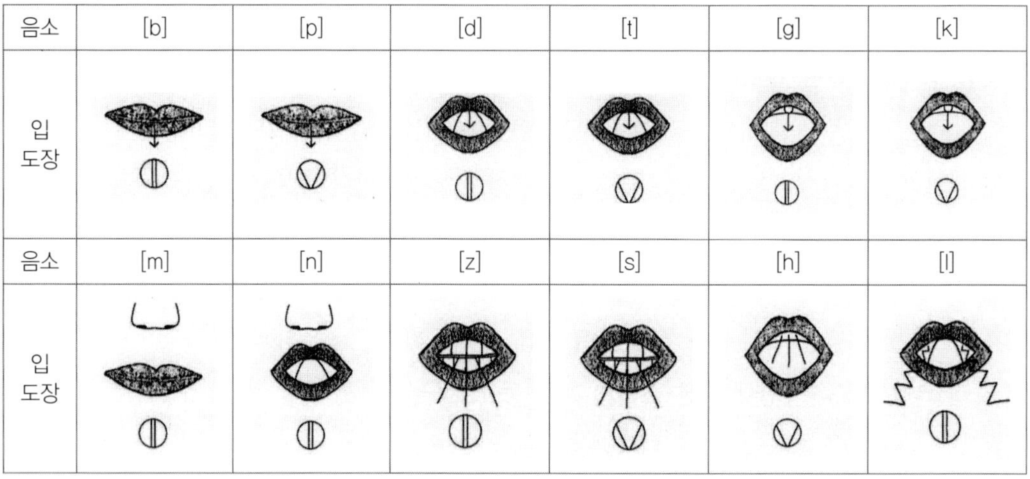

[그림 9-9] 자음 입도장(예시)

아동들은 각 음소와 입도장 간의 관계를 알고 나면 다음과 같은 과제들을 수행할 수 있다.

- 입도장을 보고 발음해 보세요.

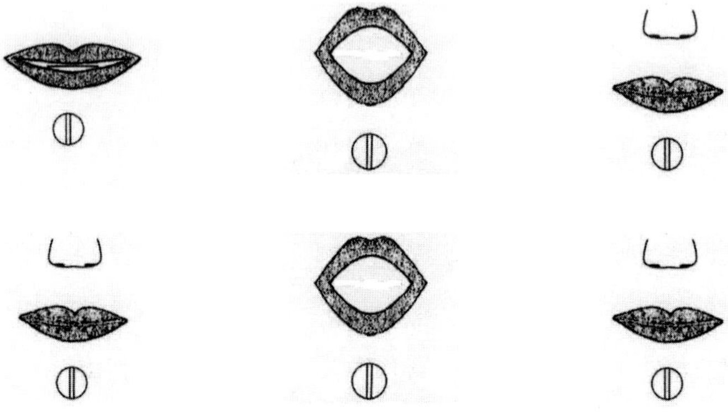

아래 예시와 같이 입도장 훈련은 독립된 음소를 정확하게 발음하는 것보다는 아동이 일상생활에서 자주 사용하는 단어를 활용하여 그 음소를 익히는 것이 더욱 효과적이다.

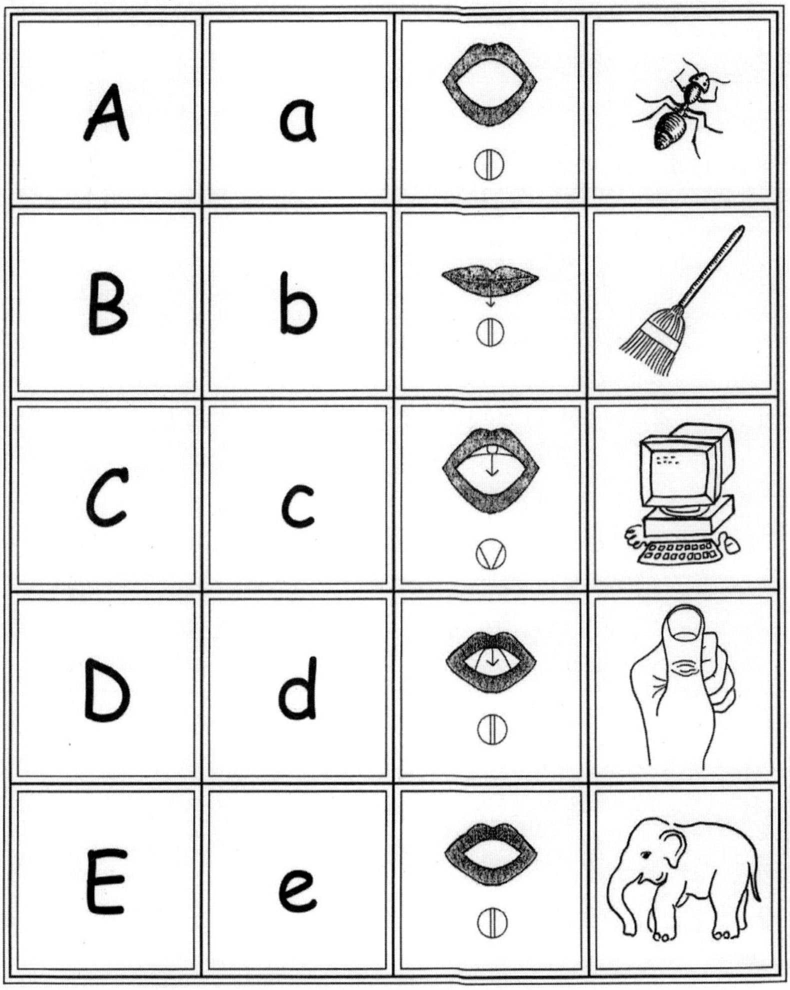

[그림 9-10] 입도장 그림 자료(예시)

2) 의사소통 전략

청각장애 아동은 의사소통의 경험 부족으로 구어정보를 처리하여 해석하는 기술이 부족하다. 또한 의사소통이 중단되거나 단절되었을 때 의사소통을 유지하기보다는 대화를 하려 하지 않고 포기하거나 피하는 경향이 있다(이규식, 2004). 이때 의사소통을 촉진시켜 줄 수 있는 훈련에는 여러 가지가 있다. 치료사와 일대일 훈련방법을 사용하거나, 환경중심중재 또는 부모훈련 프로그램 등을 활용할 수 있다. 그 가운데 의사소통 전략이란 화자와 청자가 의사소통을 하는 것을 돕는 전략으로서, 청각장애

아동은 화자의 입장이 되기도 하고 청자의 입장이 되기도 한다. 대표적인 의사소통 전략은 〈표 9-15〉와 같다.

〈표 9-15〉 의사소통 전략

전략	전략 내용
예기전략	• 의사소통의 내용 및 상호작용을 사전에 준비 • 사용 가능한 어휘, 질문, 의사소통에서 예측되는 어려움을 미리 검토
수정전략	• 아동이 의사소통하는 데 화자의 부적당한 행동이나 환경에 어려움이 있는 경우 수정하도록 요구 • 화자의 말이 지나치게 빠르거나 입을 가리는 행동을 할 때 혹은 주변의 소음이 너무 크거나 조명이 너무 어두워 화자의 얼굴을 제대로 볼 수 없는 경우 등 곤란을 주는 문제를 확인하여 수정하도록 요구
회복전략	• 메시지의 내용과 구조 혹은 화자의 의사소통 행동 모두를 수정(예: 더 천천히, 더 분명하게 해 달라고 요구하기) • 부분적으로 반복하기, 바꾸어 말하기, 핵심단어 말하기, 철자 말하기, 허공 혹은 손바닥에 쓰기, 쓰기 등 부가 설명 요구

출처: 이규식 외(2004), 이필상(2015)에서 재인용

예기전략은 다가올 상황을 예상하여 준비하는 것이다. 예를 들면, 명절에 귀성객이 고속도로 정체를 미리 예상한다면, 사람들은 소요시간을 넉넉하게 잡거나 예측되는 어려움을 미리 준비할 것이다. 의사소통 상황도 마찬가지이다. 영어 인터뷰를 잘하기 위해서 사람들은 예상되는 질문과 답변에서 사용될 어휘를 준비하고 연습한다. 예기전략은 이와 같이 예상되는 의사소통 상황을 가정하여 미리 준비하도록 하는 전략이다.

수정전략과 회복전략은 명확하게 구분하는 것이 쉽지 않다. 수정전략은 청자가 환경요인이나 화자의 부주의로 인하여 화자의 말을 알아듣지 못하였을 때 요구하는 방법이다. 청자 입장에서 화자의 행동이나 환경을 수정해 줄 것을 요구할 수 있다. 예를 들면, “좀 더 조용한 곳으로 가서 이야기할까요?” 또는 “저를 보고 이야기해 주시겠어요?” 등이 해당한다.

반면에 회복전략은 대화의 메시지를 놓쳤거나 낮은 언어이해력으로 인하여 상대방의 말을 알아듣지 못하였을 때 사용된다. 우리가 흔히 외국인과 이야기할 때 주요 단어를 이해하지 못했을 때 사용하는 전략이기도 하다. 회복전략에서는 “다시 말해

주시겠어요?" "또박또박 말해 주시겠어요?" "다른 단어로 바꿔 주시겠어요?" 등을 요구할 수 있다. 회복전략에는 반복 요구하기, 바꾸어 말하기, 간략화 요구하기 등이 있다. 반복은 화자가 다시 한 번 말을 들려줄 것을 요구하는 전략이다. 바꾸어 말하기는 다른 단어를 사용해서 유사한 의미를 갖는 문장으로 재구조화하여 들려주는 것이다. 간략화는 쉬운 단어나 단어의 수를 적게 하여 들려주도록 요구하는 것이다. 〈표 9-16〉은 회복전략의 예시를 보여 주고 있다.

〈표 9-16〉 회복전략(예시)

유형	예시
반복	화자: 주말에 연습 열심히 하고 오세요. 청자: <u>다시 한 번 이야기해 주시겠어요?</u> 화자: 주말에 연습 열심히 하고 오세요.
바꾸어 말하기	화자: 내가 생각했던 것과는 너무 상이한 결과였어. 청자: <u>다른 단어로 말해 주시겠어요?</u> 화자: 내가 생각했던 것과 결과가 많이 달랐어.
간략화	화자: 차라리 그 인간이 황홀한 지경이 되도록 칭찬을 해 주는 거야. 청자: <u>쉬운 말로 해 줄래?</u> 화자: 그 인간에게 칭찬을 많이 해 주라고.

의사소통 전략에서 발화수정 전략은 청각장애 아동의 말을 상대방이 잘 알아듣지 못했을 경우 청각장애 아동이 스스로 회복할 수 있는 발화수정 전략이다. 즉, 여기서는 청각장애 아동이 화자 입장이 된다. 〈표 9-17〉에서 제시하는 수정전략은 젠킨스(Jenkins, 1997)의 분류체계에 따른 것이다(이정민, 2011에서 재인용).

〈표 9-17〉 발화수정전략 유형의 정의와 예

유형	정의	예시
반복 (repeat)	이전 발화의 내용을 똑같이 반복한다.	A: 칭찬받았어요. B: 뭐라고? A: 칭찬받았어요.
수정 (rephrase)	발화를 새로운 단어나 구문으로 반복한다.	A: 오늘 영화는 다 매진이래. B: 뭐라고? A: 오늘 영화는 자리가 없대.

부연 설명 (elaboration)	이전 발화를 자세히 설명한다.	A: 홍준이 봤어? B: 뭐라고? A: 아까 모임에서 홍준이 봤냐고.
구어 확인 (verbal feedback)	청자가 요청한 정보만을 구어로 제시한다.	A: 그 집은 짜장면 값 얼마야? B: 짜장면? A: 응. 짜장면.
비구어 반응 (nonverbal feedback)	몸짓으로 청자의 질문에 대답하는 것이다.	A: 그 중국집 최고야. B: 양이 많아서? A: (고개 끄덕임)
부적절한 반응 (inappropriate response)	반응하지 않거나 이전 발화와 관련 없는 단어나 구문으로 반응한다.	A: 칭찬받았어요. B: 뭐라고? A: –

발화수정 전략은 서로 의사소통이 단절되었을 때 메시지를 수정하거나 변경해서 의사소통을 유지하기 위한 목적을 갖는다. 매우 불분명한 발음으로 인하여 상대방이 이해하지 못했을 때 청각장애 아동 스스로가 수정전략을 사용하여 의사소통을 유지할 수 있다. 즉, 화자의 입장에서 발화 내용이나 형태를 수정하는 것이다.

참고문헌

강순옥(1986). 청각장애아를 위한 조기언어치료교육 프로그램. 난청과 언어장애, 9(2), 57-72.

고은, 권주석, 조홍중, 최혜승, 이태수(2012). (예비교사를 위한) 특수아동의 이해. 전남: 전남대학교 출판부.

국립특수교육원(2016). 양육갈라잡이: 청각장애.

김영욱(1990). 독화 지도 방법의 문제와 개선 전략. 특수교육논집, 7, 1-21.

김영욱(2007). 청각장애아동 교육의 이해. 서울: 학지사.

김종현(2004). 말읽기 기능의 하위요소에 대한 고찰. 아동연구, 13, 13, 39-53.

김종현(2007). 국어표준화독화기능검사 개발을 위한 연구(3): 독화 지도 교사의 역할에 대한 고찰. 아동연구, 16, 84-96.

민병란(2007). 인공와우아동을 위한 교사용 지침서 개발 연구. 충남: 국립특수교육원.

박한무(2009). 입 모양 인식을 이용한 청각장애인 조음 훈련 보조 시스템. 동국대학교 석사학위논문.

박한무, 정진우(2008). 청각장애인 조음 훈련 보조 시스템을 위한 입 모양 인식 방법. **한국지능시스템학회 학술발표 논문집, 18**(2), 286-289.

박화진(2011). 청각장애인을 위한 청능훈련 서비스모델 및 기능성 게임콘텐츠 설계. **한국디지털콘텐츠학회 논문지, 12**(4), 467-474.

박희정(1997). 초분절적 어음지각 훈련 프로그램이 청각장애아의 어음변별력 개선에 미치는 효과. 대구대학교 석사학위논문.

서창원, 김지영(2014). 한국어 큐드스피치 3.0의 구조적 타당성. **특수아동교육연구, 16**(4), 61-82.

서창원, 오세철(2016). 청각장애를 위한 대안적 한국어전달비교. **특수아동교육연구, 18**(2), 77-97.

손정숙(1996). 청각장애아 발음지도 방안 연구. 충남대학교 석사학위논문.

신지현, 정승희, 박경희(2010). 큐드스피치의 활용 가능성에 대한 재조명. **한국청각 · 언어장애교육연구, 1**(1), 107-123.

신혜란(2008). 웹 기반 청능훈련 프로그램이 청각장애 성인의 언어 변별력과 말 명료도에 미치는 효과. 대구대학교 재활과학대학원 석사학위논문.

오혜정(2008). 부모지원-가정중재가 청각장애 유아의 의사소통 기술에 미치는 효과. 공주대학교 대학원 박사학위논문.

유은정, 백무진, 안성우, 최상배, 서중현, 이광렬, 서유경, 허민정(2013). **청각장애아동교육**. 서울: 학지사.

유재권, 이경미(2011). 청각장애아동을 위한 멀티미디어 청능훈련 설계. **한국컴퓨터게임학회논문지, 2**(24), 53-62.

이규식(1993). **청각장애아 언어지도**. 대구: 중문출판사.

이규식(2004). **청각학**. 대구: 대구대학교 출판부.

이정민(2011). 발화수정전략이 인공와우이식아동의 정보전달능력에 미치는 효과. 대구대학교 대학원 석사학위논문.

이춘호(2014). 청각장애 아동의 특징을 고려한 청능훈련 기능성게임 개발과 효과성 연구. 중앙대학교 첨단영상대학원 박사학위논문.

이필상, 권순항, 김수진, 김시영, 박미혜, 박선희, 정은희(2015). **청각장애아동교육의 이해**. 서울: 학지사.

채정희(2005). 부모 개입 청능훈련 프로그램이 청각장애아동의 의사소통 능력에 미치는 효과. 대구대학교 대학원 석사학위논문.

최용주, 정미란, 황민아(2010). **학령기아동의 언어치료 프로그램**. 서울: 학지사.

홍하나(2013). 후천성 인공와우 이식 성인의 청능훈련사례연구. **재활복지, 17**(4), 371-382.

Carhart, R. (1960). Auditory training. Rinehart & Winston.

Erber, N.(1982). *Audiotory Trining*. Alexander Graham Bell Association for the Deaf.

Löwe, A.(1991). *Hörerziehung für hörgeschädigte Kinder*. Schindele.

Russ, M. (2001). Mundmotorik bei der Lautbildung. Ernst Reinhardt. Verlag.

Van Riper(1978).

제 10 장

수어지도

그대로 두어라 흐르는 것이 물이다.
사랑의 용서도 용서함도 구하지 말고
청춘도 청춘의 돌무덤도 돌아보지 말고
그대로 두어라 흐르는 것이 길이다.

정호승의 「강물」 중에서

대부분의 사람들은 음성을 매개체로 의사소통을 한다. 그러나 고도의 청력손실로 인해 음성 언어를 의사소통 수단으로 사용하기 어려운 사람들은 수화(手話)로 소통을 한다. 건청인은 듣는 언어를 사용하고, 농인은 움직임을 통한 시각적인 언어를 사용하여 의사소통을 하는 것이다. 농문화는 수화를 중심으로 이루어지는 언어공동체이며, 그들이 사용하는 수화는 언어로서의 조건을 갖추고 있는 시공간적 언어이다. 그런 맥락에서 최근에는 수화라는 용어보다는 수어(手語)라는 표현을 더 선호하는 경향이 있다. 수어는 크게 수화와 지화(한글/숫자)로 구성되어 있으며, 이 장에서는 수화의 역사와 정의 그리고 구성요소 등을 중심으로 살펴보고자 한다.

- 수화는 어떠한 역사적 배경을 가지고 있는가?
- 수화란 무엇이며 어떠한 언어적 구성요소를 가지고 있는가?
- 수화교육이 특수교육에 시사하는 바는 무엇인가?

1. 수화의 역사 및 정의

1) 수화교육의 역사[1)]

우리나라 수화교육의 역사는 의사이자 선교사였던 로제타 셔우드 홀(Rossetta Sherwood Hall) 여사가 1909년 평양맹아학교를 설립하면서부터 시작된다. 중국 산동성에 있는 농학교에 다녀온 이익민은 귀국 후 농교육을 실시하였으나, 당시 중국 학교에서는 수화를 공식적으로 사용하지 않았다는 점으로 보아, 당시 수화보다는 구화교육에 의존하였을 것으로 추정된다. 일제강점기인 1913년 조선총독부는 제생원 맹아부를 설치하고 교육을 실시하였으나 의사소통 수단으로 수화가 사용되었던 것으로 보기는 어렵다. 해방 후 서울 국립맹아학교 교장이었던 윤백원은 한글 지문자를 창안하여 1946년부터 학교에서 지문자 교육을 실시하기 시작하였다. 1962년 한국특수교육연구협회에서는 구화법으로 농교육을 실시할 것을 결의하였으며, 수화교육이 학교 현장에 도입된 것은 제3차 교육과정에서부터이다.

〈표 10-1〉 청각장애학교 교육과정의 수화 도입

교육과정	주요 내용
제3차 교육과정 (1983년 문교부 고시 제83-13)	• 중학부 및 고등부의 요육활동[2)]의 언어표현활동에 수화 포함 -지문자 익히기 -수화 익히기(표준수화 익히기 / 어법에 맞는 수화 익히기)
제4차 교육과정 (1989년 문교부 고시 제89-10)	• 유치부를 제외한 초 · 중 · 고의 교육목표와 교과목 및 요육활동에 편성 -초등부: 학습과 일상생활에 필요한 말, 수화, 지문자, 글 등의 기본적인 언어능력과 수리적 사고력, 표현력을 기른다. -중 · 고등부: 말, 수화, 지문자, 글을 포함한 의사소통 능력을 신장시키고 사고력과 표현력을 길러 이를 활용할 수 있게 한다.

1) 이는 한국청각장애교육 100주년 기념사업회에서 출판한 『한국청각장애교육 100년사』에서 일부 발췌 · 정리하였다.

2) 유치부와 초등부에서는 적용하지 않았다.

제5차 교육과정 (1998년 교육부 고시 1998-11호)	• 유 · 초 · 중 · 고별 교육과정에 수화지도 편성 -유치부: 잔존청력의 기능적 활용이 불가능한 농유아의 경우 수화와 지문자의 활용을 통한 시각적 의사소통을 조기 단계에서부터 확실히 길러 주어야 한다. -초등부: 유치부 단계에서 토털 커뮤니케이션 접근에 의한 의사소통 기능이 정착될 수 있게 구화 혹은 수화를 정착할 수 있게 해야 한다. -중 · 고등부: 적합한 의사소통 양식의 적극적 활용을 통하여 '원활한' 언어수행 능력을 기른다(중학부). 적합한 의사소통 양식의 적극적 활용을 통하여 '정교한' 언어수행능력을 기른다(고등부).

이러한 교육과정의 변천을 통해 수화가 청각장애학교에서 자리를 잡아가는 과정에서, 1989년 서울 농학교에서는 국내 최초로 의도적인 수화교육을 실시하기 위해 수화를 교과목으로 채택하고 주 1시간씩 지도하게 될 학생지도용 수화교본 3권을 간행하였다(장진석, 2006). 1987년에는 '농학교 초 · 중 · 고 언어표현 활동 교사용 지도서[3]'가, 이어 1990년대에는 교육부(당시 문교부)에 의해 『수화 1 · 2 · 3(1993~ 1995)』 『초등부 국어 4 · 5 · 6(1994~1996)』이 발행되었다. 1991년에는 교육부 장학자료로 『한글식 표준수화』가 발간되었는데 『수화 1 · 2 · 3』은 '한글식 표준수화'가 표방하고 있는 '한국식수화(Signed Korean)'를 채택하고 있다(김칠관, 1999). 이는 학교나 교육부에서 개발한 수화가 자연수화가 아닌 문법수화 체계였다는 것을 보여 주고 있다.

2) 수어의 정의

수화와 수어는 서로 비슷한 의미를 가지고 있다. 수화는 speech로, 수어는 language로 비교할 수 있다(이율하, 2014). 즉, 수화는 농인이 사용하는 언어의 발화에 초점을 두고 있으며, 수어는 하나의 규칙체계로서의 언어를 뜻한다고 볼 수 있다. 수화도 세계 각국의 독립적인 개별 언어를 가지고 있다. 예를 들면, 미국과 캐나다는 미국수화언어(American Sign Language: ASL), 우리나라에서 사용되고 있는 수화언어는 한국수화언어(Korean Sign Language: KSL), 일본은 일본수화언어(Jananese Sign Language: JSL)라고 부른다는 점에서 볼 때(장세은, 2000), '수화언어', 즉 '수어'라고 부르는 것이 타당

3) 지도서에는 지문자, 지숫자, 수화의 일부가 수록되어 있다(윤병천, 1996).

할 것으로 보인다. 그러나 이 책에서는 큰 틀에서 '수어'라는 용어를 사용하되, 발화의 의미를 갖는 부분에 대해서는 특수교육 교육과정에서 사용하고 있는 '수화'를 그대로 쓰고자 한다.

1990년 간행된 『국어사전』(이기문 감수)에서는 수화란 '주로 농아자끼리 손짓으로 하는 말'로 정의되며 지화(指話)를 유의어로 간주하고 있다. 그러나 수어가 '손으로 하는 말' 이상의 문법체계를 가지고 있는 하나의 언어라는 점에서 수어는 다음과 같이 정의할 수 있다.

> 수어란 손의 움직임과 비수지 신호(nonmanual signals, 얼굴표정과 몸짓)를 사용하여 공간적 차원에서 표현하는 시각언어인 동시에 문법체계를 갖춘 농인들의 일차 언어이다.

수어는 공간에서 이루어지는 시각-운동언어로서 단지 손을 사용한 몸짓(gestures)이 아니다. 우리가 일반적으로 언어의 기능이라고 하는 정보적 기능, 표현적 기능, 명령적 기능, 친교적 기능, 관어적 기능, 미적 기능 등을 수화는 모두 가지고 있다. 단지 단어를 구성하는 데에 있어서 음성언어는 입으로 발성으로 하고 귀로 그것을 인지하는 반면, 수화는 손으로 발성하고 눈으로 인지한다는 차이를 갖는다. 모든 언어에는 체계적인 규칙이 있는 것처럼 수어에도 고유한 언어학적 특성이 있다.

3) 자연수화와 문법수화

수화는 자연수화와 문법수화로 구분할 수 있다.

- 자연수화: 농인들이 문화와 관습 속에서 자연발생적으로 만들어 낸 수화이다. 그런 맥락에서 자연수화는 '농식수화' 또는 '한국수화(KSL)'라고도 불린다. 자연수화는 문법이 국어와 다르고 자체의 문법과 규칙을 가지고 있다. 관용적 표현이 많은 것이 특징이다.
- 문법수화: 각국의 언어 문법에 맞게 인위적으로 만들어 낸 수화를 말한다. 그래서 표준수화라고도 불리는데, 과연 이것을 '표준'이라고 할 수 있느냐는 점에서는 논란의 여지가 있다. 자연수화가 관용적 표현 중심인 반면, 문법수화는 문장

형식의 수화가 중심이 되기 때문에 '문장식 수화' 또는 국어 문법에 맞도록 개발되었다 하여 '국어대응식 수화'라고도 불리고 있다.

미국수화언어(ASL)가 농인들의 문화를 대변하는 그들만의 소통언어라면, 영어식 수화(Signed English)는 영어 어순으로 영어 단어에 상응하는 수화를 발화하게 하여 일반인과 상호교류가 가능한 수화를 말한다. 마찬가지로 한국어 문법에 맞게 수정된 수화는 한국식 수화(Signed Korean)라 하여 문법수화나 표준수화와 동일한 의미로 사용되고 있다. 장진석(2006)은 수화를 한국수화와 국어대응식 수화로 구분하고 그 특성을 〈표 10-2〉와 같이 비교하고 있다.

〈표 10-2〉 한국수화와 국어대응식 수화의 특성

한국수화(자연수화)	국어대응식 수화(문법수화)
• 축약하여 표현함 • 구조와 어순 등이 음성언어와 매우 다름 • 지화를 거의 활용하지 않음 • 국어에 대한 이해가 필요 없음 • 문법형태소를 생략함	• 말이나 문장을 그대로 표현함 • 구조와 어순이 음성언어와 유사함 • 지화를 적극 활용함 • 국어 문법지식을 필요로 함 • 문법형태소를 지문자나 수화어휘로 표현함

자연수화가 농문화 속에서 자연발생적으로 생성되었다고는 하나 자연수화를 사용하고 있는 학생들에게조차 수화는 통일되어 있지 않았다. 이러한 수화교육상의 혼란을 막고 수화의 통일을 기하기 위한 목적으로 개발된 것이 바로 문법수화이다(장진석, 2006a). 그러나 이것이 과연 농인의 진정한 언어인 '수화'라고 할 수 있는지에 대한 논란은 계속되고 있다. 수화에 대한 인식이 변화되면서, 이제까지 농교육 현장에서 사용되어 왔던 '문법수화'에 대한 문제점들이 지적되고 있다. 그 대표적인 이유는 다음과 같다. 첫째, 어떠한 농문화권에서도 사용되지 않고 있고, 둘째, 농인들 속에서 세대를 이어 전승되지 않고, 셋째, 농인의 문화적 사회를 반영하지 않고, 넷째, 혼종어(hybrids)로서 음성언어의 구조와 수화언어 그 어느 쪽 특성도 완전하게 갖추지 못하고 있다는 것이다(김칠관, 1999b). 가급적 국어의 의미에 가깝도록 변형된 국어대응식 수화는 실제 자연수화의 많은 부분에서 다르게 사용된다. 예를 들면, 자연수화에서는 '너에게 주다.'는 오른손을 내미는 모양을 하고, '그들에게 주다.'는 양손을 내미는 모

양을 한다. 그러나 국어대응식 수화에서는 〈–들〉이라는 수화기호를 지문자 ㄷ자형을 차용하여 쓴다. '매우' '퍽' '크다'의 수화는 오른손 1지와 2지를 펴서 왼쪽에서 오른쪽으로 움직인다. 그러나 국어대응식 수화표현에서는 지문자 〈ㅋ〉 + 〈매우〉의 순으로 표현한다. '빠르게 걷다'를 표현하는 데에 있어서도 국어대응식 수화에서는 〈빠르다〉와 지문자 〈ㄱ+ㅔ〉를 사용하여 '빠르게'를 표현한다. 혹은 '누가 말했나?'와 같은 국어표현은 국어대응식 수화의 경우 〈누가〉 + 〈말하다〉 + 〈끝〉 + 〈묻다〉가 되지만 자연수화 표현은 〈말〉 + 〈누가〉로 표현된다. 단어 표현상의 문제도 나타난다. '구부린 오른손으로 다이얼을 돌리듯이 좌우로 돌리는 것'이 자연수화에서는 볼륨을 조정하는 의미로 사용되는 반면에 국어대응식 수화에서는 음식 맛 조절, 행동 조정 등에서도 일률적으로 사용되기도 한다(장진석, 2005). 이와 같이 국어대응식 수화는 자연수화와 표현양식에 있어서 많은 차이를 갖는다.

4) 농문화

농아동의 90%는 건청부모에게서 나타난다. 그래서 청인문화를 먼저 접하게 되고, 대부분은 청각장애 학교에 입학하여서야 농문화를 알게 된다. 그들은 농문화(Deaf cultur)라는 이름으로 매우 강한 연대감을 형성하고 있으며, 독특한 자신들의 사회문화를 형성하고 있다. 농문화의 가장 중요한 특징은 수화를 사용한다는 것이다. 그 문화 속에서는 서로 의사소통에 어려움이 없으며, 그들만의 가치와 행동규범에 대해 자부심과 긍정적 자부심을 갖게 된다. 농문화 속의 구성원이라 함은 수화를 사용한다는 것을 전제로 하기 때문에 수화를 사용하지 않는 청각장애인을 그 집단에서는 이방인이라 할 수 있다. 즉, 농문화의 핵심은 바로 수화이다.

대화할 때는 서로 눈을 마주보면서 대화를 하며 대화 장소도 조명이 밝은 공간을 선호한다. 차를 마시며 대화하는 자리에서도 테이블 위에 시선을 분산시키는 꽃병이나 장식이 없는 것을 선호한다. 상대방의 주의를 끌기 위해서 어깨를 가볍게 치고, 손을 흔들면서 상대방을 부르기도 하고, 바닥에 발을 굴림으로써 발생되는 진동으로 상대방에게 자신을 부르고 있음을 전달하고, 불빛의 깜빡거림을 이용하기도 하는 등 몸과 시각으로 느낌을 전달하면서 주의를 끄는 특성은 농문화의 일부분이다. 농인들이 청인과 다른 것은 다음 예에서도 관찰된다(변승일, 2003).

- 이름을 부를 때 청인들은 음성으로 상대의 이름을 부르지만 농인들은 이름과 성을 모두 부른다.
- 자신을 농인이라고 말한다.
- 수화 이름[4)]을 소개한다.
- 어느 곳에서 왔는지 소개한다.
- 어느 학교를 나왔는지 소개한다.

앞의 특성들은 청각장애인들이 가지고 있는 농정체성을 반영하는 부분이라 할 수 있다. 예를 들면, 지체장애인의 경우에는 "저는 지체장애인 ○○○입니다."라고 말하지 않지만 청각장애인은 "저는 농인 ○○○입니다."라고 말하는 경향이 있다. 이름을 말하는 데 있어서도 지화를 사용하여 이름 석 자 '○○○'을 말하는 대신에 수화 이름으로 자신을 소개하기도 한다. 수화 이름은 자신의 특성을 보여 주는 일종의 별명과도 같다. 예를 들면, 턱에 점이 있는 여자의 경우 엄지손가락으로 턱의 점을 누르면서 새끼손가락을 올리면 '턱에 점이 있는 여자'로 자신의 수화이름을 만들기도 한다. 어느 곳 또는 어느 학교 출신을 밝히는 것도 일종의 자신의 자긍심을 보여 주는 것이라 할 수 있다.

레이건(Reagan, 1985)은 농문화 형성에 있어서 중요한 요소를 다음 네 가지로 정리하였다(김경진, 2007에서 재인용).

첫째, 수화이다. 수화는 정체감 형성을 가능하게 하며, 농인들의 생활양식에서 아주 중요한 요소로 작용한다. 수화를 못하는 것은 마치 한국인인데 한국어를 하지 못하는 것과도 같다. 둘째, 집단 정체감이다. 농문화를 통해서 농인들이 문화를 공유하고 그들 사회에서의 대물림은 농문화의 정체성을 이룬다. 셋째, 청각장애인들 간의 족내혼이다. 그들의 약 90%가 농인끼리 결혼을 한다. 이는 자신의 농문화를 견고하게 하는 데 기여한다. 넷째, 집단 응집력과 조직적인 네트워크이다. 그들은 농인 단체나 종교활동 또는 그들만의 지원망을 구축한다.

4) 농문화는 얼굴의 특징이나 그 사람의 특징으로 수화 이름을 가지고 있다.

2. 수어의 특징[5)]

1) 도상성

도상성(圖像性)이란 실제로 지시하는 대상이 언어에 투영되어 있는 것을 말한다. 자의성과 반대되는 개념으로 음성언어와 비교하였을 때는 도상성이 높다고 할 수 있으나, 실제로 수화의 대부분은 자의적이다. 그럼에도 수화는 약간의 도상적(iconic)인 특성을 가지고 있기 때문에 문장 속에 담겨 있는 의미를 간혹 이해하는 것처럼 느껴지기도 한다. 도상성은 [그림 10-1]~[그림 10-3]과 같은 단어에서 잘 드러난다.

양손을 펴서 손끝을 마주 댄다.

[그림 10-1] 집

오른손 1, 5지를 펴서 귀와 입에 댄다.

[그림 10-2] 전화

양손을 펴 얼굴 앞에서 상하로 움직인다.

[그림 10-3] 세수하다

2) 자의성

자의성(恣意性)이란 낱말과 대상 간에 직접적인 관계가 없는 것을 말한다. 음성언어와 마찬가지로 수화는 임의적인 약속기호이다. 즉, 수화 동작과 지칭하는 사물 간에는 대부분 인과관계가 없다. 그렇기 때문에 세계 각국의 언어가 다르듯이 수화도 언어별로 표현이 다르다.

5) 이 장에서의 손가락 번호는 엄지손가락부터 1지, 2지, 3지, 4지, 5지로 한다.

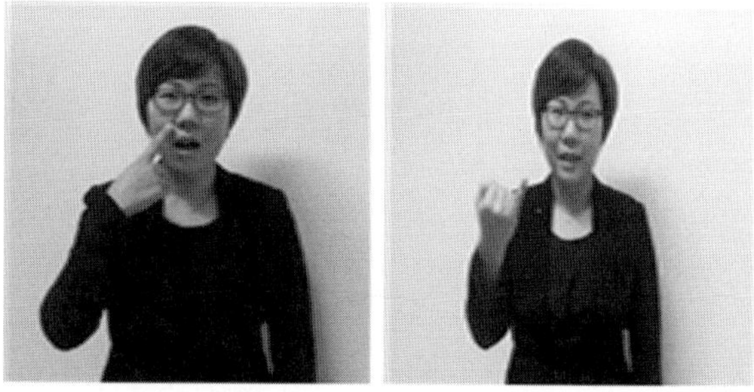

오른손 2지로 코 옆을 스친 후 5지를 앞으로 내민다.

[그림 10-4] 엄마-KSL

손을 펴서 1지로 턱을 두 번 쳐 준다.

[그림 10-5] 엄마-ASL

오른손 1, 2지를 왼쪽 가슴에 댄다.

[그림 10-6] 이름-KSL

양손 2지와 3지를 펴서 서로 두세 번 두드려 준다.

[그림 10-7] 이름-ASL

3) 동시성

수화의 동시성(同時性)은 음성언어의 분절성과 반대되는 개념이다. 음성언어는 분절음의 선형 연속체(linear sequence)라 할 수 있다. 즉, 문장은 단어로, 단어는 형태소로, 형태소는 다시 각각의 분절음으로 쪼개진다. 예를 들면, 음성언어에서의 단어 '친구'는 '친'+'구'로 결합되며, 다시 /ㅊ/ + /ㅣ/ + /ㄴ/ + /ㄱ/ + /ㅜ/라고 하는 음소 배열을 갖는다. 음성언어에서는 2개의 말소리가 동시에 발성되지 않는다. 그러나 수화는 공간에서 표현되기 때문에 여러 가지 요소가 동시에 산출되는 '동시성'을 갖는다. 예를 들면, 수화 단어 '친구'[6]는 동시에 만들어지는 수화소의 결합이다. 동시성은 문장 차원에서도 나타난다. 예를 들면, '밥을 먹다'[7]의 수화는 동사와 목적어를 동시에

6) 양손을 가슴 앞으로 모으며 두 번 정도 박수치듯 친다.
7) 손바닥을 입 방향으로 2~3번 움직인다.

오른손의 2지와 3지를 펴서 입 앞에서 돌리며 밖으로 올린다.

[그림 10-8] 노래하다

손가락을 펴서 1지를 배에 대고 나머지 손가락을 배에 댄다.

[그림 10-9] 배고프다

실현한다. 그러나 하나의 동작처럼 보이나 거기에는 수화소의 결합이 이루어진다는 점에서 분절성을 완전히 가지고 있지 않다고 보기는 어렵다.

4) 가역성

가역성(可逆性)이란 물질이 어떤 상태로 변했다가 본 상태로 되돌아가는 성질을 말한다. 이슬은 옅은 안개가 되기도 하고, 구름으로 만들어지기도 한다. 구름은 비가 되기도 하고 눈이 되기도 하며, 땅에 떨어진 비와 눈은 흙에 스며들어 강이 되기도 하고, 다시 아침 이슬이 되기도 한다. 이렇듯 가역성을 어떤 변화의 과정을 역으로 밟아 가면 다시 원상으로 복귀될 수 있다는 의미로 해석한다면, 수화는 음성언어와 달리 가역성을 가지고 있는 언어이다. 예를 들면, 음성언어가 가역성을 가지고 있다면 '있다'의 반대어는 '다있'이어야 하며, '행복'의 반대어는 '복행'이어야 한다. 물론 모든 수화에서 공통적으로 나타난다고 할 수는 없으나 수화는 음성언어와 달리 다음의 [그림 10-10]~[그림 10-11]과 같이 가역성을 가지고 있다.

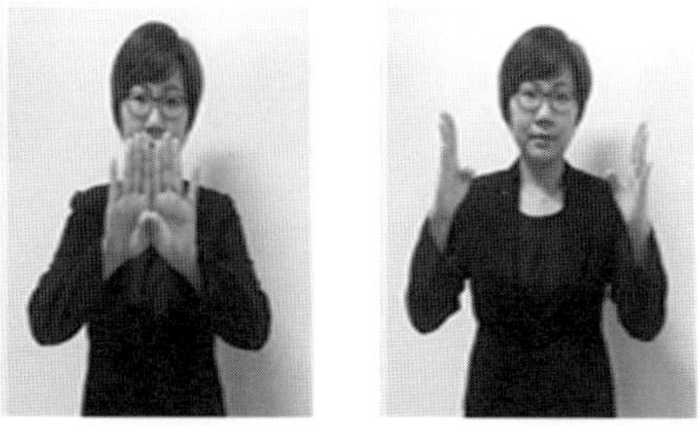

손바닥을 벌려 주면서 손목을 돌려 양 손바닥이 마주 보게 한다.

[그림 10-10] 열다

마주 보는 양손을 얼굴 앞에서 붙여 준다.

[그림 10-11] 닫다

5) 축약성

언어에서 축약은 일상적인 의사소통 상황에서 흔히 발견되는 현상이다. 전달하려는 메시지의 손상을 주지 않으면서 화자와 청자 간에 시간을 절약하거나 의미를 간결하게 하기 위해 사용되는데, 예를 들면 구화에서는 디지털 카메라(digital camera)를 디카(dica)로 줄여서 표현하거나, "아침밥 먹었어?"라는 질문을 "아침 먹었어?"라고 축약하기도 한다. 이렇듯 음성언어에서도 간혹 축약성이 발견되기도 하나, 형태 · 음운론적 측면에서 주로 나타난다. 그러나 수화는 통사론적 측면에서 매우 두드러진 축약성을 갖는데, 특히 자연수화는 긴 말을 짧게 줄여서 표현하는 축약성이 문법수화에 비해 훨씬 크다.

2지를 눈 밑에 두 번 정도 두드린다. 이때 표정을 함께한다.

[그림 10-12] 어디 한번 해 봐

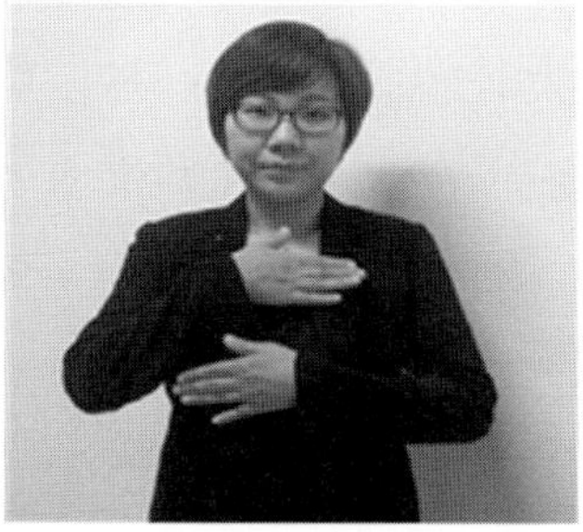

두 손을 펴 몸에 대고 좌우로 교차되게 움직인다.

[그림 10-13] 몸을 씻다

6) 공간성

수화의 중요한 특성 중 하나는 바로 공간성이다. 메시지가 공간에서 이루어질 뿐만 아니라 어떤 특정 공간에서 수화가 만들어지느냐에 따라 의미와 문법이 달라지기 때문이다. 예를 들면, 대화에서 "A와 B가 경기를 했는데 A는 이기고 B는 졌다."를 수화를 표현할 때는 공간을 둘로 나누어 의미를 전달한다.

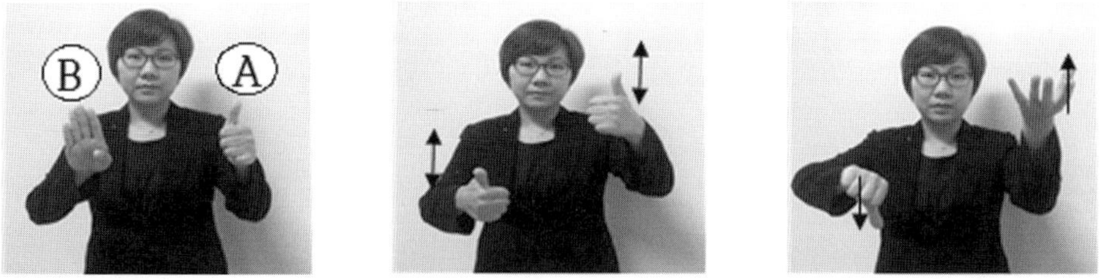

A와 B　　경기　　A이기고 B지다.

[그림 10-14] 경기에서 A가 B를 이겼다

3. 수화소의 구분

수화는 체계적이며 일정한 순서와 규칙 그리고 정해진 방법에 의해 결합되는 하나의 언어이다. 음성언어는 자음・모음과 같은 분절음을 사용하여 단어를 만드는 반면, 수화는 수화소를 사용하여 어휘를 구성한다. 수화소는 음성언어에서 소리의 차이를 가져오는 가장 작은 단위인 음소에 해당한다. 그런 맥락에서 볼 때 수화 또한 분절성의 특성을 어느 정도 가지고 있다고 볼 수 있다(원성옥, 2013). 수어의 구성요소는 [그림 10-15]와 같다.

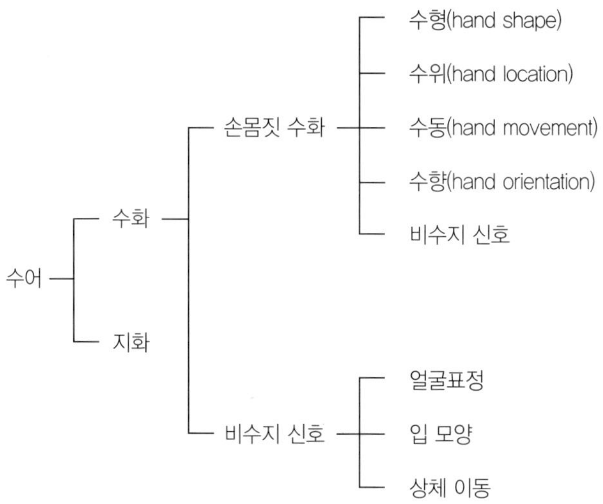

[그림 10-15] 수어의 구성요소

1) 수형

수형은 수화를 할 때 손의 모양을 말한다. 한국 수형소를 어떻게 분류하느냐는 학자마다 다르다. 김승국(1997)은 주먹을 쥔 손, 자연스럽게 편 손 등 29개로 분류하였다. 그 예시는 〈표 10-3〉과 같다.

〈표 10-3〉 수형의 분류

번호	수형
1	주먹은 쥔 손
2	자연스럽게 편 손
3	손가락을 벌려 편 손
4	C 모양으로 굽힌 또는 그보다 약간 더 벌린 손
5	손가락 마디를 굽힌 손
6	엄지와 집게손가락 끝을 맞대고 나머지 손가락을 편 손
7	주먹을 쥐고 집게손가락만 편 손
8	주먹을 쥐고 집게와 가운뎃손가락을 붙여 편 손
9	주먹을 쥐고 새끼손가락을 편 손

반면에 이준우, 남기현(2004)은 1자형, O형, 집게형 등 37개로 분류하였다. 그에 대한 예시는 [그림 10-16]과 같다.

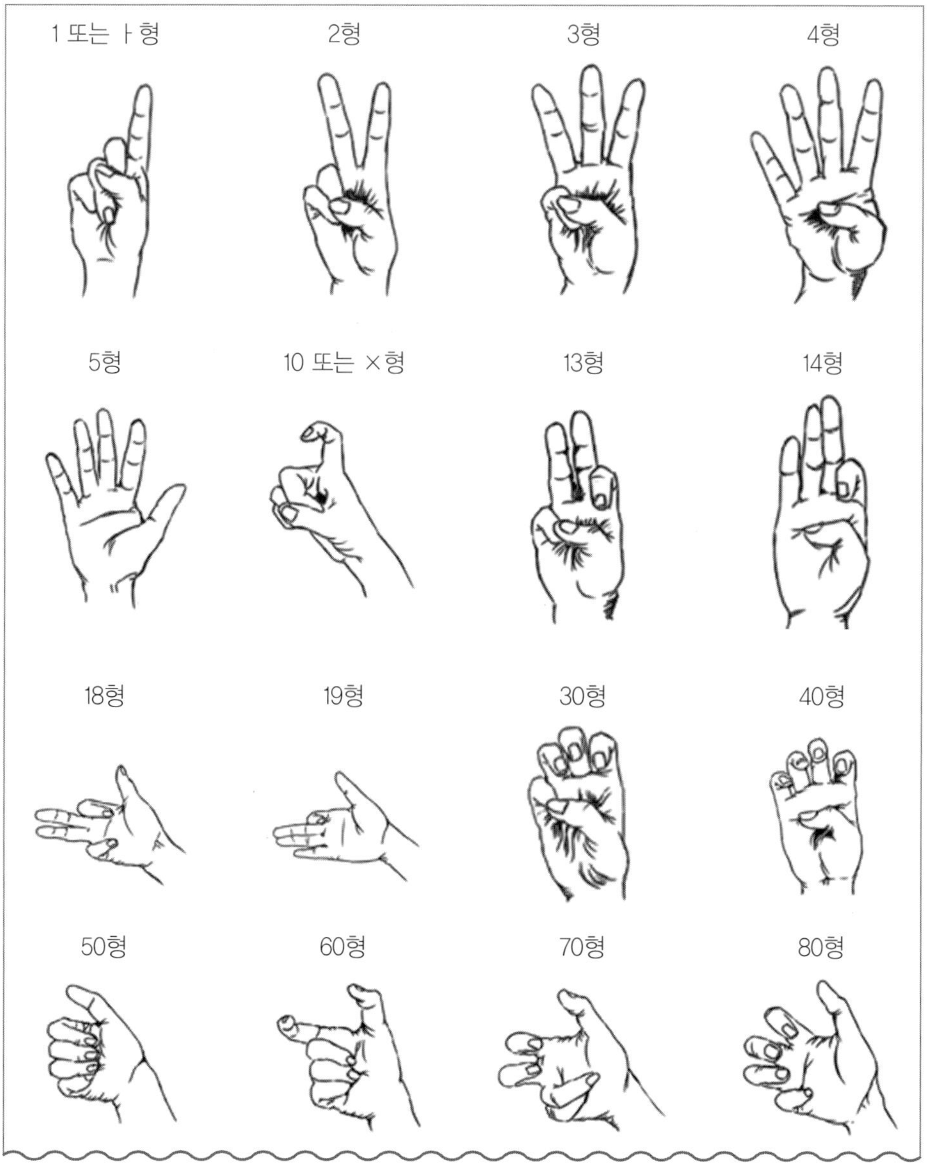

[그림 10-16] 수형도의 예

손의 모양에 따라 단어의 의미가 달라질 수 있는데, 예를 들면 '예쁘다'와 '어렵다'는 다음과 같은 차이를 갖는다. '예쁘다'는 검지를 뺨에 대고 살짝 돌려 주지만, '어렵다'는 엄지와 검지를 뺨에 대고 살짝 돌려 준다.

[그림 10-17] 예쁘다

[그림 10-18] 어렵다

2) 수위

수위는 수화를 하는 손의 위치를 말한다. 수위의 분류도 학자마다 차이가 있는데, 예를 들면 김승국(1997)처럼 모든 위치를 세분화시켜 분류할 수도 있지만, 반대로 크게 머리, 얼굴 부분, 어깨, 가슴, 손으로 구분할 수도 있다(이준우 외, 2010). 조금 더 세분화하자면 〈표 10-4〉와 같다.

〈표 10-4〉 수위의 분류

수위	해당 수화 예시
머리	할머니[8], 내일[9]
얼굴	좋다[10], 행복[11]
어깨	모르다[12], 책임[13]
가슴	반갑다[14], 자랑하다[15]
손	친하다[16], 친구[17]

8) 오른손을 이마에서 오른쪽으로 약간 흔들며 이동한 후 5지를 세운다.
9) 오른손 2지를 세워 관자놀이 옆에서 앞으로 내민다.
10) 주먹 쥔 오른손을 코에 댄다.
11) 오른손으로 턱을 쓰다듬어 내린다.
12) 오른손 어깨를 한두 번 스쳐 올린다.
13) 오른손을 구부려 어깨에 댄다.
14) 양손을 약간 구부려 가슴에 대고 엇갈리게 움직인다.
15) 양손을 펴서 1지를 가슴에 대고 손가락을 흔든다.
16) 양손을 맞잡고 약간 흔들며 친한 표정을 한다.
17) 양 손바닥을 마주대고 손뼉을 두 번 정도 친다.

수위에 따라 단어의 의미가 달라지는 것으로는, 예를 들면 엄지를 이마에 붙이고 손가락을 흔들어 주면 '닭'을 의미하지만, 엄지를 코에 붙이고 손가락을 흔들면 '바보'가 되는 경우를 말한다.

[그림 10-19] 닭

[그림 10-20] 바보

3) 수동

수동은 수형의 움직임에 따라 분류하는데, 석동일 등(1998)은 49개로 분석한 반면 김승국(1997)은 36개로 분석하였다. 최상배와 이창원(2015)은 운동 형태, 운동 방향, 운동방식 등으로 구분하여 총 61개의 수동소 유형을 제시하였다. 대표적인 수동소의 예시는 〈표 10-5〉와 같다.

〈표 10-5〉 수동의 분류

수	수동	예시
1	상향운동	형[18]
2	상하운동	자매[19]
3	좌우운동	무엇[20]
4	뒤집는 동작	아니다[21]

18) 양손 3지를 세운 후 오른손을 위로 올린다.
19) 양손 5지를 세워서 상하로 움직인다.
20) 오른손 2지를 펴서 좌우로 흔든다.
21) 양손을 마주잡은 상태에서 양손 1, 2지를 펴서 뒤집는다.

[그림 10-21] 존경

[그림 10-22] 칭찬

수동에 따라 의미가 달라지는 예로서 '존경하다'는 왼손 1지를 세우고 오른손바닥으로 받쳐 위로 약간 올리지만, '칭찬하다'의 수화는 왼손 1지를 세우고 오른손바닥으로 두세 번 쳐 올림으로써 수화의 의미가 달라진다.

4) 수향

수향은 손바닥과 손가락의 방향이 어디를 향하는지에 따라 분류한다. 김승국(1997)은 손바닥 방향 10개와 손가락 방향 10개로 구분하였으며, 석동일 등(1998)은 수향의 결정요소를 보다 세분화하여 기술하였다. 예를 들면, '받다'라는 수화는 손끝이 앞을 향하고 손바닥이 위를 향하므로 [+ 손가락 앞] [+ 손바닥 위]의 특징으로 표시된다.

수향에 따라 단어의 의미가 달라지는 경우는, 예를 들면 '교제하다(사귀다)'와 '놀다'의 단어 등에서 발견된다. '교제하다'는 양 손바닥 모두 위를 향한 상태에서 오른손은 위에, 왼손은 밑으로 하여 엇갈리게 돌려 주지만, '놀다'는 양 손바닥을 서로 마주 보

[그림 10-23] 교제하다

[그림 10-24] 놀다

게 하면서 엇갈리게 돌려 줌으로써 의미가 달라진다. 또한 양손을 펴서 배 앞에서 밖으로 내밀면 '주다'의 의미이지만 반대로 양손을 펴서 내민 손을 안쪽으로 당기면 '받다'의 의미가 된다. 이는 모두 수향에 따라 의미가 달라지는 경우에 해당한다.

5) 비수지 신호

비수지 신호(非手指信號, non-manual signals)[22]란 수지신호(手指信號)의 반대 개념으로, 얼굴표정이나 입 모양, 머리와 상체의 움직임 등과 같이 손동작 외의 몸짓이 주는 신호를 말한다. 비수지 신호는 음성언어에서 초분절음과 같은 역할을 한다. 초분절음은 강세, 고저 또는 장단에 의해 만들어지는 소리로서 뜻이 구별되는 기능을 하는데, 수화에서 비수지 신호는 문장을 이해하는 데 중요한 역할을 하며, 문법적 기능을 담당한다. 예를 들면 다음과 같다.

[그림 10-25] 거짓말!(공갈!)

[그림 10-26] 왜?

4. 수화의 기호 구성방법

수화 어휘는 음성언어와 마찬가지로 의미와 형식의 조합으로 이루어진다. 수화를 구성하는 방법은 연구자마다 조금씩 다르게 분류하였으나, 구성원칙은 크게 다르지 않다. 분트(Wundt, 1900)는 지사와 모방으로 나누고, 모방에는 모사와 표상 그리고 상징의 방법이 있다고 보았다.

22) 비수지 신호는 독립적인 단어의 의미를 가질 수도 있고, 다른 수화소와 함께 의미를 구별해 줄 수도 있다.

〈표 10-6〉 분트의 수화기호 구성방법

형식	의미	
지사기호 (direction signs)	가장 간단하고 원시적인 것으로서 의미하는 대상이나 사물을 가리키는 것을 말한다.	
모방 (imitative signs)	대상이나 행위 또는 개념을 유사하게 만들어 내는 것을 말한다.	
	모사(coping)	대상의 윤곽을 손이나 손가락으로 그리는 것을 말한다.
	표상 (representing)	대상의 특성을 묘사하는 것을 말한다.
	상징 (symbolizing)	단어의 유사성을 표현할 수 없는 추상적 개념을 나타내는 것이다.

스토코(Stokoe, 1965)는 몸짓기호, 모방기호, 표지기호, 지사기호, 어두지시기호, 명칭기호 등의 6개로 나누었다.

이를 바탕으로 김승국(1997)은 우리나라에서 사용되는 수화의 기호 구성방법을 '지사, 모방, 상형, 형지, 형동, 회의, 전주' 등 일곱 가지로 구분하여 제시하였다. 이 분류는 한자의 구조 및 사용에 관한 일곱 가지의 구별 명칭이라 하는 육서(六書)에 영향을 받은 듯하다. 우선 한자 조성의 여섯 가지 원칙은 상형(象形), 지사(指事), 회의(會意), 형성(形聲), 전주(轉注), 가차(假借)를 말한다. 김승국(1997)의 일곱 가지 수화기호 구성방법은 육서와 공통된 요소가 많다.

- 지사: 수화기호가 의미하는 것을 직접 손이나 손가락으로 가리키는 것을 말한다. 예를 들면, '머리'와 같은 단어를 직접 가리킬 수도 있지만, '당신' '이것' 등과 같이 가리키는 동작이 무엇인지 쉽게 변별할 수 있는 것 등을 모두 포함한다.

[그림 10-27] 머리

[그림 10-28] 너(당신)

• 모방: 기호가 의미하는 동작을 그대로 해 보이는 것을 말한다. 예를 들면, '울다'나 '아프다'와 같이 상징하는 동작의 수화를 말한다.

[그림 10-29] 겨울(춥다)

[그림 10-30] 말하다

• 상형: 상형문자의 본 의미는 물체의 형상을 본 따서 낱말의 뜻을 나타내는 것을 말한다. 즉, 수화에서 상형이란 대상의 형체를 만들거나 그려 보이는 것을 말한다. 예를 들면, '집'이나 '주먹' 등과 같은 수화를 말한다.

[그림 10-31] 섬[23)]

[그림 10-32] 주먹

• 형지: 기호가 의미하는 대상의 형체를 만들고 그것이 가리키는 동작을 해 보이는 것을 말한다. 예를 들면, 바깥(밖)은 왼손을 중심으로 하며 오른손을 왼손 밖으로 이동시키는 수화이다.

23) 왼손으로 산 모양을 만들고 오른손을 펴서 물결 모양으로 좌우로 움직이다.

[그림 10-33] 정상[24)]

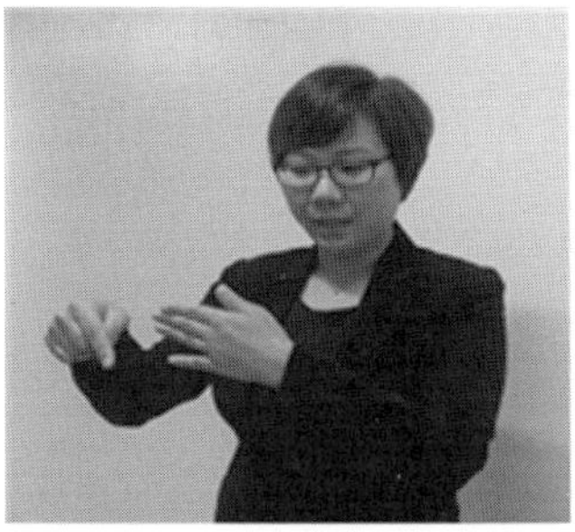

[그림 10-34] 바깥

• 형동: 기호가 의미하는 대상의 형체를 만들고 그 대상이 하는 행동을 해 보이는 것을 말한다.

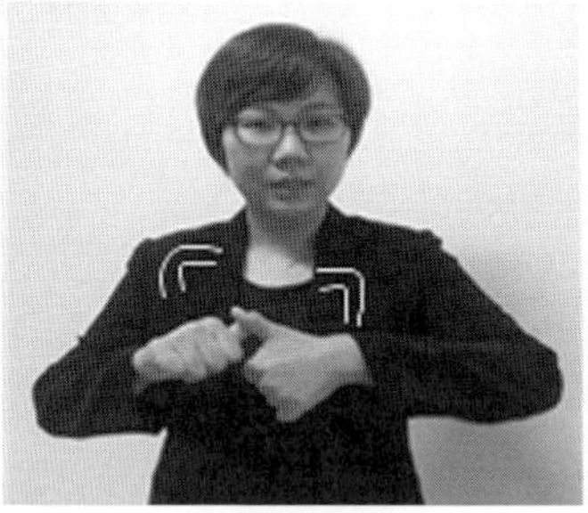

[그림 10-35] 씨름

[그림 10-36] 나비

• 회의: 둘 이상의 글자를 합하여 새로 한 글자를 만드는 방법을 회의문자라 하며, 한자에서는 '일(日)'과 '월(月)'이 만나 '명(明)'이 되거나 '녀(女)'와 '남(男)'이 만나 '호(好)'가 되는 경우이다. 수화에서 회의란 '우체국'처럼 '편지'와 '집'이 만나는 경우이다.

24) 왼손으로 산 모양을 만들고 오른손으로 가리킨다.

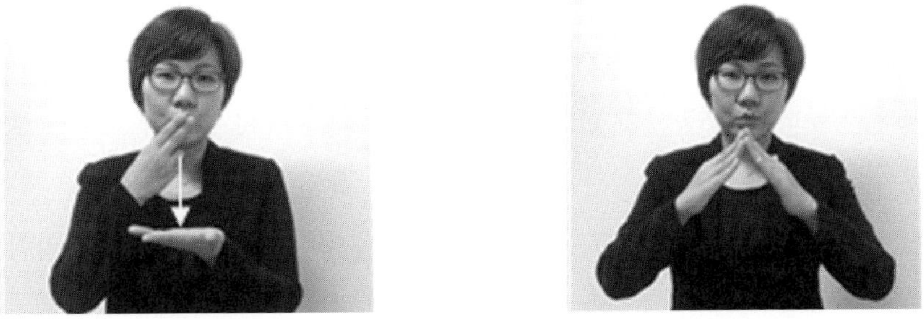

[그림 10-37] 우체국

• 전주(轉注): 전주의 원뜻은 어떤 한자의 원래의 뜻을 비슷한 뜻으로 전용하는 방법으로, 한자에서 '악할 악(惡)'이 '미워할 오(惡)'로도 쓰이는 경우이다. 수화에서는 수화기호의 의미가 전이되어 다른 뜻의 수화기호로 사용되는 것을 말한다. 예를 들면, 단어 '땀' '덥다' '여름'은 하나의 수화로 사용된다. 수화는 음성언어에 비하여 전주가 훨씬 많이 일어난다.

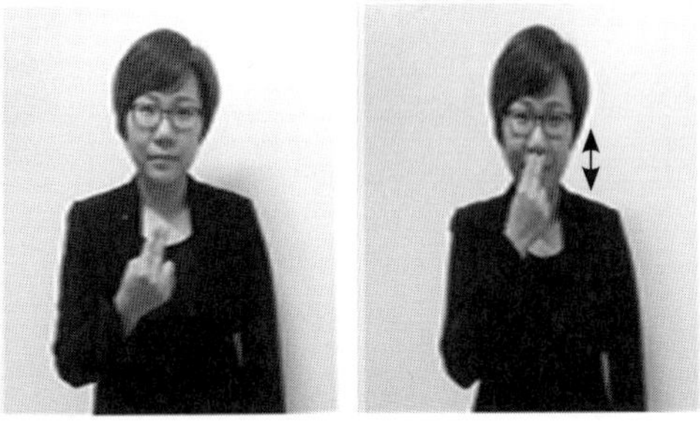

[그림 10-38] 숨쉬다(생명, 홍콩, 보험)

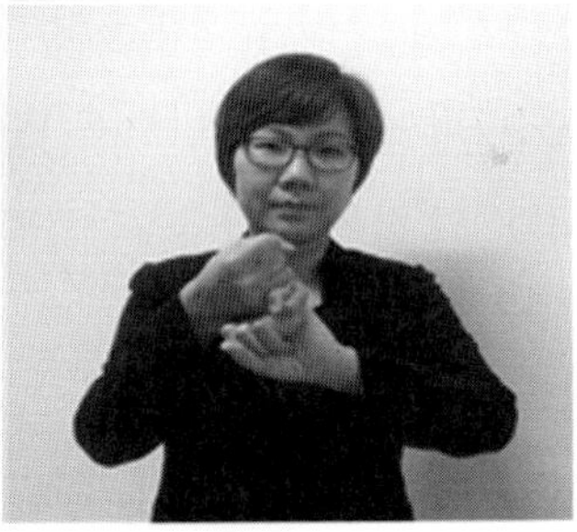

[그림 10-39] 반드시(꼭, 약속)

5. 수화의 언어학적 분석

수화를 국어대응식의 문법양식에 맞추어 언어학적 특성을 분석하는 것은 문제점이 많다. 수화에서는 하나의 어휘에 하나의 형태만 있는 것이 아니다. 예를 들면, '없다'의 수화는 오른손 2, 3지를 펴서 턱 밑에 붙이는 형태도 있지만, 관용적으로 사용되는 표현으로는 상황에 따라 '손 털기' 또는 '손 벌리기' 형태로도 나타난다. 특히 관용적 표현의 경우에는 한 언어 안에서도 지역이나 관습 등에 따라 나타나기도 하고 나타나지 않기도 하기 때문에, 자연수화를 하나로 표준화하는 것은 매우 어렵다. 자연수화에서는 '주다'라는 동사가 단독으로 쓰일 경우에는 다섯 손가락 모두를 붙여 편 상태에서 한 지점에서 다른 지점으로 이동하지만, '돈을 주다'의 수화는 엄지와 검지 끝을 서로 붙여 돈처럼 손의 모양을 만들고, '컵을 주다'의 경우에는 다섯 손가락을 구부려 컵을 잡았을 때의 손 모양을 만든다(원성옥, 2013). 이렇게 수화는 문장에서 결합되는 명사에 따라 차이가 오기도 한다. 예를 들면, 기본 어순이라고 할 때 음성언어는 기본적으로 '주어+동사' 또는 '주어+목적어+동사' 등의 일정한 어순이 있지만, 수화는 오랜 세월 동안 농문화 속에서 자연발생적으로 만들어진 언어이기 때문에 그 구조나 표현양식에서 하나의 공식을 제시하는 것은 매우 어렵다. 따라서 여기서는 자연수화를 이해하는 데 초점을 두고 설명하고자 한다.

1) 기본 어순과 종결어미

자연수화와 달리 국어대응식 수화에서는 종결어미의 경우 손바닥이 위로 향하게 편 왼손 바닥에 오른손 바닥을 댔다가 떼어 내린다. 예를 들면, 다음 그림의 '노래를 했습니다.'의 경우 국어대응식 수화와 자연수화는 다음과 같이 다르게 표현된다.

노래[25)]

끝[26)]

25) 오른손 2, 3지를 구부려 입 앞에서 원을 그리며 돌린다.

26) 과거형인 '했다' '먹었다' 등의 동사는 '끝'의 수화를 함께 사용함으로써 과거형이 된다.

~입니다

[그림 10-40] 노래를 했습니다(국어대응식)

반면에 자연수화는 과거시제 '끝'이라는 수화기호를 사용하여 종결어미까지 국어의 모든 문법 정보를 전달한다.

노래 끝

[그림 10-41] 노래를 했습니다(자연수화)

2) 높임법

높임법이 발달한 국어의 특성이 수화에도 나타나고 있다. 예를 들면, 국어에서는 또래나 아랫사람에게 하는 "안녕?"이라는 인사와 윗사람에게 하는 "안녕하세요?"는 분명하게 구별된다. 하지만 수화에서는 '안녕'이라는 어휘 하나만 있다. 그렇다면 수화에서는 어떻게 높임법을 실현하고 있는가? 자연수화에서는 '몸을 숙이는 자세'와 같은 비수지 신호를 사용하여 높임을 표현한다(이율하, 2014).

[그림 10-42] 안녕!

[그림 10-43] 안녕하십니까?

[그림 10-44] 고마워!

[그림 10-45] 고맙습니다

3) 최소대립쌍

음성언어에서 최소대립쌍이란 말소리 하나를 교체함으로써 의미의 변별이 생기는 음절이나 단어의 쌍을 말하는데, 수화에서 최소대립쌍이란 수형, 수위, 수동, 수향에 해당하는 수화소 가운데 하나에서만 대조를 보임으로써 의미가 달라지는 것을 말한다. 예를 들면, 수형에서만 대조를 보이는 어휘로는 '예쁘다'와 '어렵다'를 들 수 있다.

단어	수형	수위	수동	수향
예쁘다	숫자 1형	뺨	손목 돌림	아래
어렵다	부리형	뺨	손목 돌림	아래

수위에서만 최소 대립쌍을 보이는 단어로는, 예를 들면 '만들다'와 '수고하다'가 해당한다.

단어	수형	수위	수동	수향
만들다[27)]	주먹	손	상하운동	내향
수고하다[28)]	주먹	팔	상하운동	내향

수동에 의해 최소 대립쌍을 이루는 단어는, 예를 들면 '배우다'와 '멋있다'가 있다.

단어	수형	수위	수동	수향
배우다[29)]	숫자 10형	얼굴(코)	전후운동	내향
멋있다[30)]	숫자 10형	얼굴(코)	외향	내향

수향에서만 대조를 보이는 어휘로는, 예를 들면 '사귀다'와 '놀다'를 들 수 있다.

단어	수형	수위	수동	수향
사귀다	바른손형	가슴	순환	손바닥이 모두 위
놀다	바른손형	가슴	순환	손바닥이 마주 봄

4) 관용적 표현

자연수화에서 관용적 표현은 매우 빈번하게 나타나는 특성이다. 예를 들면, 귓불을 잡아당기는 것은 '귀가 얇다'라는 의미의 관용적 표현이다. 또는 '깨끗하다'와 '주다'가 합하여 '솔직히 말하다'로 사용되는 것도 수화에서 자주 나타나는 관용적 표현에 해당한다.

27) 오른쪽 주먹으로 왼쪽 주먹 위를 한두 번 내리친다.
28) 양손을 주먹 쥐고 오른손 주먹 밑 부분으로 왼팔을 두세 번 두드린다.
29) 오른손 2지를 구부려 코앞에서(↔) 한두 번 움직인다.
30) 오른손 2지를 코앞에 갖다 댄 후, 물결 모양의 선을 그으며 앞으로 뺀다.

깨끗하다[31] 주다

[그림 10-46] 솔직히 말하다

5) 단어 형성방법

단어는 더 이상 쪼갤 수 없는 하나의 형태소로 된 단일어와 복합어로 구분된다. 복합어는 다시 2개의 어근이 결합된 합성어와 하나의 어근에 접두사나 접미사가 결합된 파생어로 나뉜다. 이런 단어 형성 방법은 수화에서도 나타난다. 단어 '할머니'는 음성언어에서는 단일어에 해당하지만 수화에서는 '주름'+'여자', 즉 2개의 형태소로 결합되며, '아들'은 '남자'와 '태어나다'의 수화가 합해져서 형성된 단어이다. '딸'도 마찬가지로 '여자'+'태어나다'의 복합어에 해당한다.

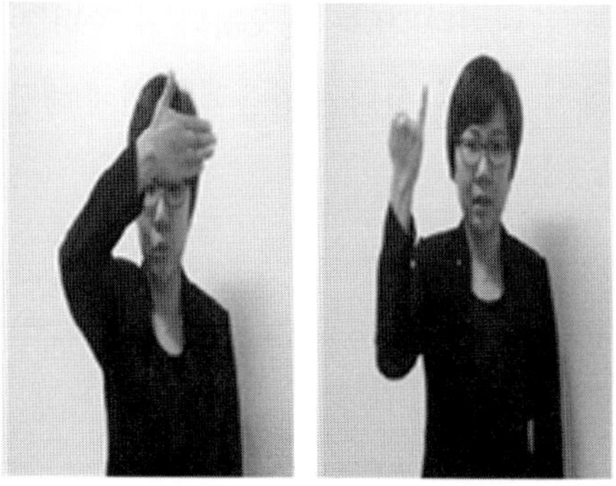

[그림 10-47] 할머니

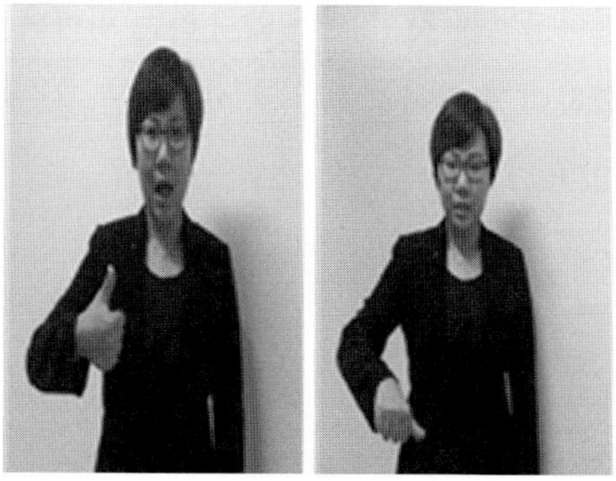

[그림 10-48] 아들

31) 손바닥을 펴서 얼굴 대각선으로 내린다.

- 수화는 구어와 달리 하나의 동작이 품사의 구별 없이 동일하게 사용된다. 예를 들면, 명사인 '건강'과 동사로서의 '건강하다' 그리고 형용사 '건강한'을 표현할 때도 구분이 없다.
- 동작의 반복은 강조의 기능을 갖는다. 예를 들면, '또'는 오른손 2, 3지를 오른쪽에서 왼쪽으로 이동하면서 한 번만 펴는 반면에, '자주'는 이 동작을 두세 번 반복한다.
- 지화를 쓸 경우에는 오른손을 사용하여 천천히 한 음절씩 또박또박 써야 하며, 손의 위치와 모양 그리고 방향을 정확히 해야 한다.
- 수화를 할 때는 하나의 음(音)뿐만 아니라 표정과 제스처를 풍부하게 표현해야 한다.
- 윗사람과 대화를 할 경우에는 몸의 자세나 표정을 공손하게 하여 존대의 의미를 나타낸다.
- 수화에는 '~은' '~가' '~에게' 등의 조사가 대부분 생략된다.
- 생략과 축약이 많다.
- 과거형인 '했다' '먹었다' 등의 동사는 '끝'의 수화를 함께 사용함으로써 과거형이 된다.
- 수화는 음성언어와 비교하여 어휘가 다양하지 않다. 한 가지 수화가 여러 가지 뜻으로 사용되는 경우가 많은데, 예를 들면 사계절의 경우 '봄'은 '따뜻하다'의 동사로 함께 쓰이며, '여름'은 덥다, '가을'은 '바람'과 '불다', '겨울'은 춥다로 함께 사용된다.
- 수화 표현이 없거나 고유명사의 경우는 지화를 사용하기도 한다.

수화는 크게 수화와 지화[32](지문자, 수지철자)로 나뉜다. 수화는 손으로 하는 것이고, 지화는 문자를 손가락을 사용하여 나타내는 것이다. 엄밀히 말하면, 지화는 건청인이 사용하는 문자언어를 옮겨 놓은 것이다. 자연수화보다 문법수화에서 더 빈번히 사용되며 우리나라는 1947년에 윤백원이 한글 자음과 모음의 형태를 바탕으로 지문자를 창안하였다.

32) 지화는 문자언어를 바탕으로 하여 만들어졌기 때문에 지문자(指文字)라는 표현이 더 적절할 것으로 보이나, 여기에서는 수화와 맥을 같이 하기 위하여 지화라는 표현을 사용하기로 한다.

〈부록 1〉 한글 지문자

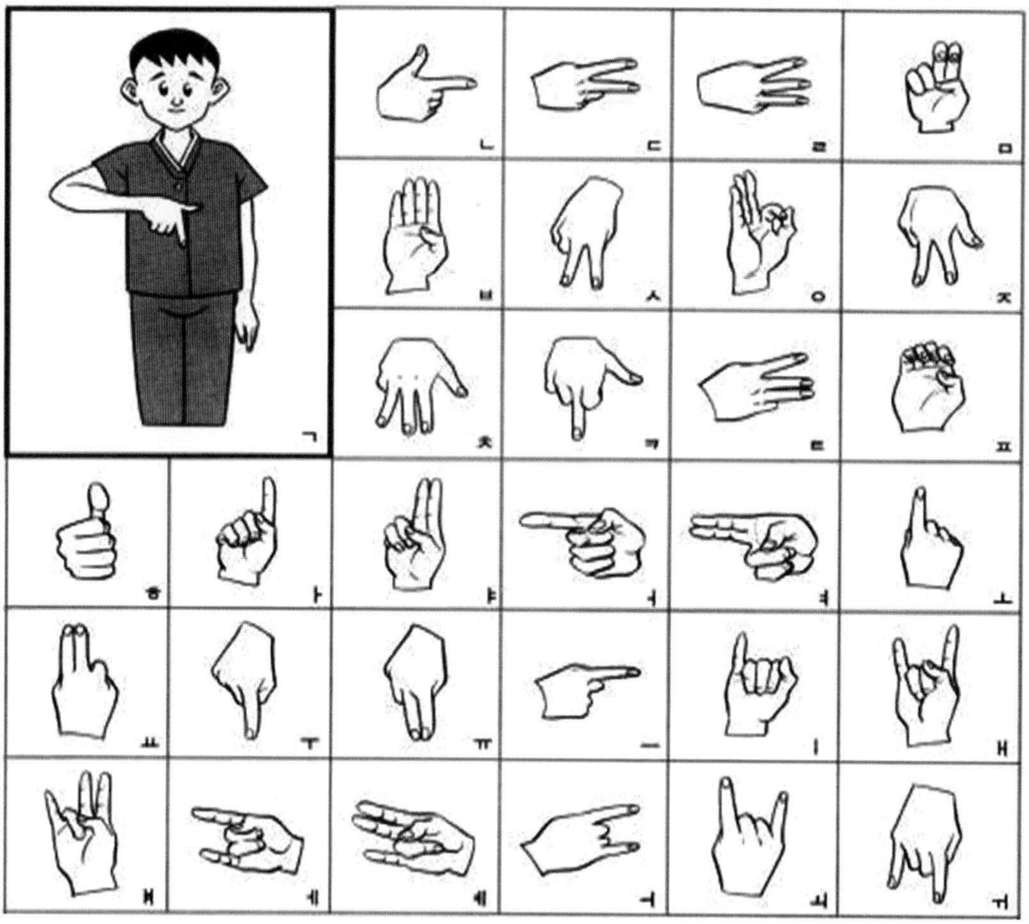

출처: 방해성(2001).

〈부록 2〉 영어 지문자

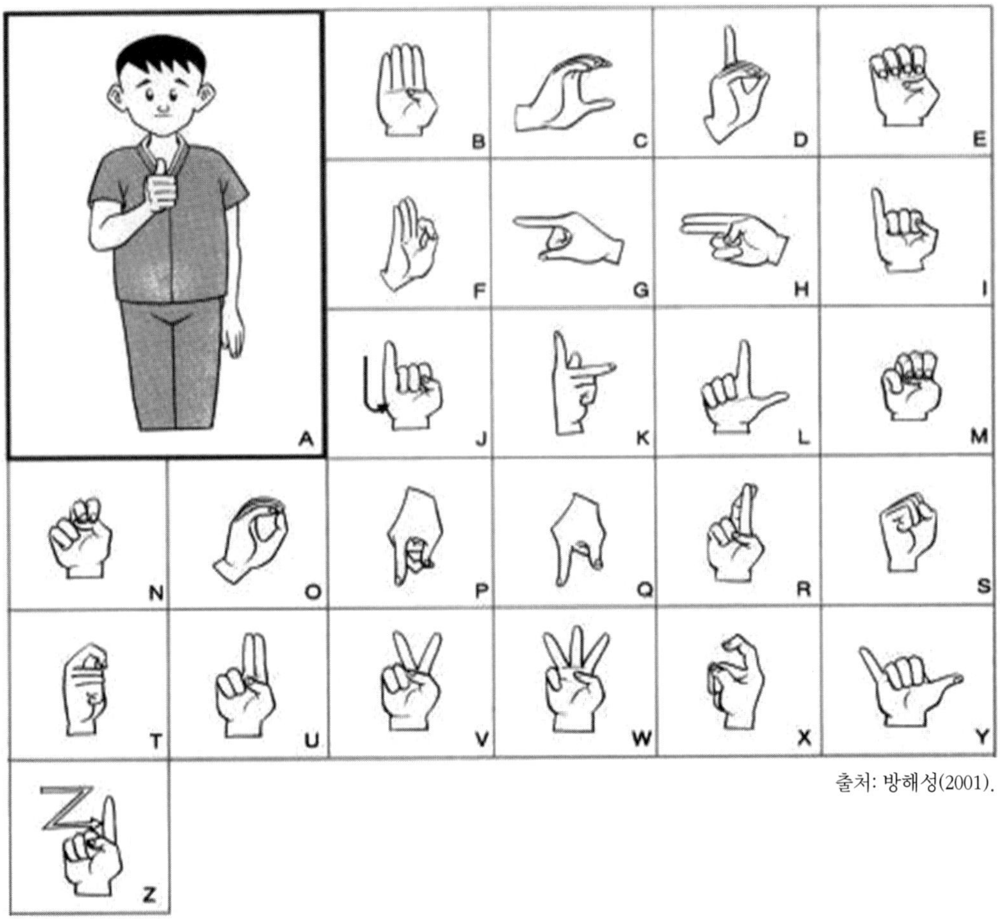

출처: 방해성(2001).

〈부록 3〉 지숫자

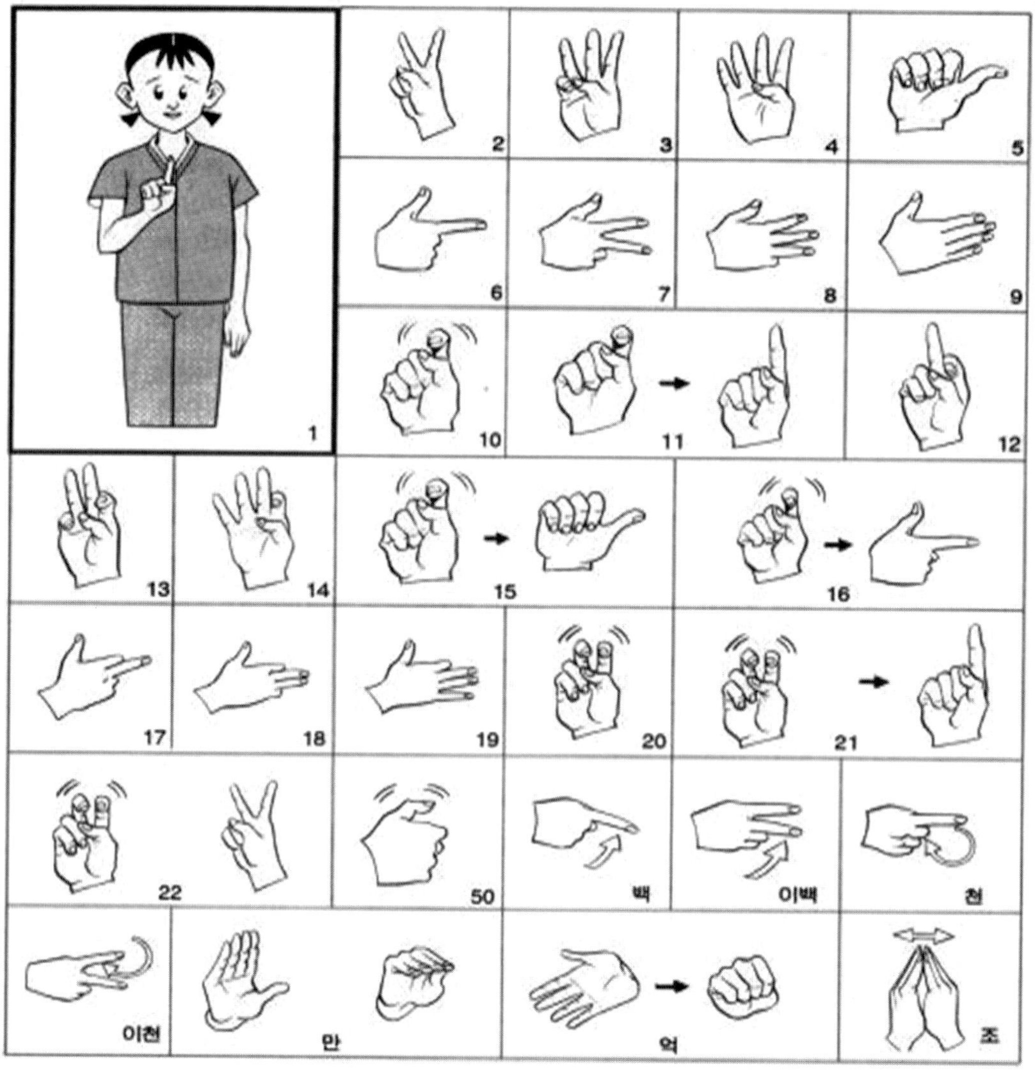

출처: 방해성(2001).

참고문헌

김경진(2007). 농문화에 대한 질적연구. 대구대학교 대학원 박사학위논문.

김승국(1998). **청각장애아동 교육**. 서울: 교육과학사.

김칠관(1999a). 농학교 수화교육의 전향적 검토 -방향 설정을 위한 탐색-. **한국수화학회 학술대회 발표집**, 44-61.

김칠관(1999b). 한국의 농교육과 수화. **수화연구**, 65-78.

동아출판(1990). **동아새국어사전**. 서울: 동아출판사.

방해성(2001). **자비의 수화교실**. 서울: 불광출판부.

변승일(2003). 농문화의 이야기. **아름다운 손짓**, 24.

석동일, 이규식, 국미경, 강창욱(1998). **청각장애아 언어지도와 치료방법**. 대구: 대구대학교 출판부.

윤광보, 윤병천, 우정한, 이정옥(2008). **동영상으로 배우는 생활수화**. 대구: 정림사.

윤병천(1996). 한국 청각장애인의 사용 수화 어휘 빈도 조사. **수화연구**, 1, 19-34.

원성옥(2013). **수화**. 서울: 커뮤니케이션북스.

이율하(2014). 한국수어의 높임법 연구. **제16회 한국수화학회 학술대회 자료집**, 175-205.

이준우, 남기현(2004). **수화의 이해와 실제: 고급과정**. 서울: 나남.

이준우, 김연신, 송재순, 한기열, 홍유미, 김칠관, 손천식, 김용익, 김병찬(2010). **한국수화 회화 첫걸음**. 서울: 나남.

장세은(2000). 한 · 미 수화언어의 연구동향과 언어학적 접근. **신라대학교 인문과학연구소 백양인문논집**, 5, 5-47.

장진석(2005). 자연수화의 관점에서 본 한국어대응식 수화 실현의 문제점 분석. **특수교육연구**, 12(2), 265-282.

장진석(2006). 한국수화의 언어적 특성에 따른 국어대응식 수화의 문제점 분석. **특수교육저널**, 7(2), 107-125.

정진영(2002). 수화무용이 자아개념과 농문화 정체성에 미치는 영향에 대한 질적연구. **특수아동교육연구**, 4(2), 99-120.

최상배, 이창원(2015). 한국수화언어 수동소 유형과 특징. **특수교육 저널: 이론과 실천**, 16(1), 219-236.

한국청각장애교육 100주년 기념사업회(2009). **한국청각장애교육 100년사**. 서울: 성광문화사.

제 11 장

교육과정 및 교과교육

누군가는 1,000일을 기억하고
또 누군가는 7시간을 기억하지 못한다.
열흘 붉은 꽃은 없다고 하지만
어찌된 일인지 세상은 온통
양귀비 천지이다.

교육과정이라는 개념은 매우 다양하고 광범위하다. 이 장에서의 교육과정은 가장 전통적이고 대표적이라 할 수 있는 교육내용(content)에 바탕을 두며, 2015 개정 특수교육 교육과정을 토대로 한다. 우리나라는 국가수준 교육과정으로서 국가가 법령으로 제시한다. 이 장에서는 특수교육 교육과정의 편성과 특수교육 공통교육과정의 운영을 살펴보고, 중핵 교과라 할 수 있는 국어과와 영어과를 중심으로 청각장애 학생을 위한 세부 학습요소 등을 알아보고자 한다. 또한 청각장애 학생의 교수방법에 대해 살펴보고자 한다.

- 교육과정이란 무엇이며, 특수교육 교육과정의 편성은 어떠한가?
- 특수교육 공통교육과정에서 교과교육은 어떻게 이루어지는가?
- 청각장애 학생을 위해서는 어떠한 교수적 수정이 이루어지는가?

1. 교육과정

1) 교육과정의 정의

교육과정(教育課程)이란 커리큘럼(curriculum)으로 번역되며, 교육의 과정에서 그 목적과 목표를 달성하기 위하여 무엇을 선정해서 어떻게 조직하여 가르칠 것인가를 종합적으로 묶은 교육의 전체 계획을 의미한다(김진희, 이기문, 2001). 즉, 교육과정이란 학생의 교육목표를 달성하기 위해 교사가 어떤 교육내용과 학습활동을 할 것인지에 대한 계획이다. 교육과정은 관점에 따라 다양하게 구분된다. 공식적 교육과정과 잠재적 교육과정 그리고 영 교육과정으로 구분되는 관점에 따르면 공식적 교육과정이란 공적인 문서 속에 담긴 교육 계획을 의미한다.[1)]

이 절에서 다루는 교육과정이란 공식적 교육과정을 의미하며, 우리나라 교육과정은 국가가 법령으로 제시한다. 국가수준의 교육과정은 교육과정 개정 필요성이 발생할 경우 수시로 개정하게 되는데, 2015년 9월 23일 교육부는 새로운 교육과정의 총론 및 각론을 고시하였고, 이를 '2015 개정 교육과정'이라 한다.

2015 개정 교육과정은 「초 · 중등교육법」 제23조 제2항에 의거하며, 초 · 중등학교 교육과정 고시(교육부고시 제 2015-80호, 2015. 12. 1.)에 따라 초등학교 1, 2학년의

〈표 11-1〉 2015 개정 교육과정 적용 연도

연도 / 학교급	2017	2018	2019	2020
초등학교	1, 2학년	3, 4학년	5, 6학년	-
중학교	-	1학년	2학년	3학년
고등학교		1학년	2학년	3학년

1) 잠재적 교육과정은 공식적인 교육과정이 시행되는 과정에서 동시에 이루어지는 것을 말하며 영 교육과정은 공식적 교육과정을 선택함으로써 학교에서 배우지 못하는 교육과정을 말한다(김승호, 2016). 즉, 잠재적 교육과정은 의도하지 않은 학습결과가 발생할 수 있으며, 영 교육과정은 관습적 또는 의도적으로 배제된 지식, 태도 또는 행동양식들이라 할 수 있다.

경우에는 2017학년도부터 적용을 받게 된다. 2015 개정 교육과정의 적용 연도는 〈표 11-1〉과 같다.

2) 특수교육 교육과정의 법적 근거

2010 개정 교육과정에서부터는 '특수학교' 교육과정이라는 용어 대신 '특수교육' 교육과정이라는 용어를 사용하고 있다. '특수교육' 교육과정은 「장애인 등에 대한 특수교육법」 제20조 규정에 따른다.

> 제20조(교육과정의 운영 등)
>
> ① 특수교육기관의 유치원 · 초등학교 · 중학교 · 고등학교 과정의 교육과정은 장애의 종별 및 정도를 고려하여 교육부령으로 정하고, 영아교육과정과 전공과의 교육과정은 교육감의 승인을 받아 학교장이 정한다.
>
> ② 특수교육기관의 장 및 특수교육대상자가 배치된 일반학교의 장은 제1항에 따른 교육과정의 범위 안에서 특수교육대상자 개인의 장애종별과 정도, 연령, 현재 및 미래의 교육 요구 등을 고려하여 교육과정의 내용을 조정하여 운영할 수 있다.
>
> ③ 특수학교의 장은 교육감의 승인을 받아 유치원 · 초등학교 · 중학교 · 고등학교 과정을 통합하여 운영할 수 있다.

이 규정에 따르면, 특수교육기관의 교육과정은 국가수준 교육과정이며, 단 영아교육과정과 전공과는 학교장이 교육감의 승인을 받아 교육과정을 정하도록 되어 있다. 또한 일반학교의 장은 특수교육대상자가 배치되어 있을 경우 특수교육대상자에게 적합한 교육과정을 운영할 수 있도록 하고 있다. 즉, 통합교육 현장에서는 일반교육과정과 필요시 기본교육과정 두 가지 모두를 적용할 수 있다는 것을 의미한다. 제3항에 따르면 특수학교의 경우에는 학생이 속한 학교급에 제한받지 않고 다른 학교급의 교육과정도 적용할 수 있도록 하고 있다. 「장애인 등에 대한 특수교육법 시행규칙」 제3조 2에서는 보다 구체적으로 교육과정을 설명하고 있다. 그 규정은 다음과 같다.

제3조의 2(교육과정)

① 법 제20조 제1항에 따른 특수교육기관의 교육과정은 유치원 교육과정, 공통 교육과정, 선택교육과정 및 기본 교육과정으로 구분한다.

② 제1항에 따른 교육과정의 대상 및 내용은 다음 각 호와 같다.

1. 유치원 교육과정: 만 3세부터 초등학교 취학 전까지의 어린이를 대상으로 하고, 「유아교육법」 제13조 제2항에 따라 교육부장관이 정하는 유치원 교육과정에 준하여 편성된 과정
2. 공통 교육과정: 초등학생 및 중학생을 대상으로 하고, 「초 · 중등교육법」 제23조 제2항에 따라 교육부장관이 정하는 초등학교 및 중학교 교육과정에 준하여 편성된 과정
3. 선택 교육과정: 고등학생을 대상으로 하고, 「초 · 중등교육법」 제23조 제2항에 따라 교육부장관이 정하는 고등학교 교육과정에 준하여 편성된 과정
4. 기본 교육과정: 특수교육대상자의 장애종별 및 정도를 고려하여 제2호 및 제3호의 교육과정을 적용하기 어려운 학생을 대상으로 하고, 대상자의 능력에 따라 학년의 구분 없이 다음 각 목의 어느 하나에 해당하는 교과의 수준을 다르게 적용할 수 있도록 편성된 과정

가. 국어, 사회, 수학, 과학, 실과, 체육, 음악, 미술 및 교육부장관이 필요하다고 인정하는 교과

나. 특수교육대상자의 진로 및 직업에 관한 교과

③ 제1항 및 제2항에서 규정된 사항 외에 교육과정의 내용 및 기준에 관하여 필요한 세부사항은 교육부장관이 정하여 고시한다.

이 법에 근거하였을 때 특수교육대상자는 일차적으로는 일반교육 대상자와 동일한 교육과정을 밟지만, 필요에 따라서는 기본 교육과정을 통해 능력에 따른 교육을 제공받을 수 있도록 되어 있다. 시행규칙은 다음과 같은 요지에 근거한다.

> 시각장애, 지체장애 등의 사유로 특수교육이 필요한 사람에게 적용되는 유치원 · 초등학교 · 중학교 · 고등학교의 교육과정을 유치원 교육과정, 공통 교육과정, 선택 교육과정 및 기본 교육과정으로 구분하여 정하고, 기본 교육과정은 특수교육대상자의 장애종별 및 정도를 고려하여 공통 교육과정 및 선택 교육과정을 적용하기 어려운 사람을 대상으로 하되, 대상자의 능력에 따라 교과수준을 달리 적용할 수 있도록 편성하는 등 「장애인 등에 대한 특수교육법」에서 위임된 특수교육기관의 교육과정에 관한 사항을 정하려는 것이다(박창언, 2011).

3) 2015 개정 특수교육 교육과정[2)]

'특수교육 교육과정'은 일반 초·중학교 교육과정인 공통 교육과정과 고등학교 교육과정인 선택 교육과정의 기본 틀을 근간으로 특수교육 대상 학생을 위한 교육적 요구의 보편성과 특수성을 반영하여 연관·조정한 교육과정을 말한다. 공통 교육과정은 말 그대로 모든 학생들이 공통적이면서 필수적으로 배워야 할 교육과정으로서 초등학교 1학년부터 중학교 3학년까지의 9년의 기간을 '공통 교육과정'으로 설정하고 있다. 고등학교 1학년부터 3학년까지의 3년간은 '선택 중심 교육과정'으로 설정하여 적용한다. 그리고 특수교육 대상자에게는 별도의 '특수교육 교육과정'이 적용된다.

'특수교육 교육과정'은 크게 세 가지 유형이 있다. 첫째, 특수교육 공통 교육과정은 일반교육과정을 재구성한 것으로서 시각·청각·지체장애를 가지고 있는 특수교육 대상자를 위해 국어, 영어, 체육 교과에 적용된다. 둘째, 특수교육 전문 교과 교육과정은 직업교육과정에 해당하며, 셋째, 기본 교육과정은 대안형 교육과정으로서 초·중학교 교육과정의 '공통 교육과정'과 특수교육 교육과정의 '공통 교육과정'과는 별도의 성격을 갖는다(오세웅, 2015). 즉, 공통 교육과정과 선택 중심 교육과정을 이수할 수 없는 특수교육 대상자는 '기본 교육과정'을 적용받을 수 있다. 특수교육 교육과정 유형 및 활용 대상은 〈표 11-2〉와 같다.

〈표 11-2〉 특수교육 교육과정 유형 및 대상

교육과정 유형	활용 대상
(특수교육) 공통 교육과정	시각·청각·지체장애 학생
(특수교육) 선택교육과정	시각·청각·지체장애 학생과 경도 지적장애 학생을 주 대상으로 한 모든 장애학생
특수교육 전문 교과 교육과정 (전공과)	시각·청각·지체장애 학생과 경도 지적장애 학생을 주 대상으로 한 모든 장애학생
기본 교육과정 (대안형 교육과정)	초·중등학교 교육과정을 수정하여도 적용이 어려운 중도 지적장애 학생

교육과정 유형에 따른 성격 및 적용 대상은 〈표 11-3〉과 같다.

2) 이는 교육부 고시 제2015-81호(2015.12.01.)에 따른 「2015 개정 특수교육 교육과정 매뉴얼」에 근거한 내용이다.

〈표 11-3〉 특수교육과정 유형별 성격 및 적용 대상

교육과정 유형	성격	적용대상
(특수교육) 유치원 교육과정	일반 유치원 교육과정(누리과정)을 근간으로 하는 교육과정	만 3~5세
(특수교육) 공통 교육과정	일반교육의 보편성을 근간으로 편성 · 운영되는 교육과정 ※ 시각 · 청각 · 지체장애 학생들의 경우 특수교육 공통 교육과정[3] (국어, 영어, 체육)을 활용할 수 있음	초 1~ 중 3학년
(특수교육) 선택 중심 교육과정	고등학교 과정에서 일반교육의 보편성을 근간으로 편성 · 운영되는 교육과정 ※ 장애 특성을 고려하여 특수교육 전문 교과 교육과정[4](직업, 이료)을 활용할 수 있음	고 1~3학년
기본 교육과정	공통 교육과정 및 선택 중심 교육과정을 적용하기 어려운 학생들을 위해 편성 · 운영하는 교육과정 ※ 초 · 중등학교 교육과정을 재구성 및 수정하여도 적용이 어려운 학생들을 위해 실생활 및 삶과 연계되는 내용을 중심으로 주성된 대안형 교육과정	초 1~ 고 3학년

2015 특수교육 통계에 따르면, 일반학교에 재학하고 있는 특수교육 대상 학생의 수가 전체 장애학생 87,504명의 70.4%인 61,973명에 달한다. 이는 일반교육과정과의 연계 및 통합성이 매우 중요하다는 것을 보여 주고 있다. 어떠한 교육과정을 적용할 것인가 하는 것은 학생수준에 따라 결정되는데, 예를 들면 초 · 중등학교 교육과정을 적용하는 학교라 할지라도 학생에게 그 적용이 어려운 경우에는 기본 교육과정을 병행하여 적용할 수 있다.

교육부 고시 제2015-81호 [별책 1]에 따르면 특수학교에서는 국어, 영어, 체육에 한하여서는 시각 · 청각 · 지체장애 학생의 장애 특성을 반영하여 별도로 개발된 '특수교육 공통 교육과정'을 활용할 수 있도록 되어 있다. 또한 모든 학생을 위한 교육기회의 제공원칙에 따라 특수교육 대상 학생을 위해 특수학급을 설치 · 운영하는 경우, 학생의 장애 특성 및 정도를 고려하여 초 · 중등학교 교육과정을 조정하여 운영하거나 특수교육 교육과정 및 교수-학습자료를 활용할 수 있다.

3) 일반교육과정을 기준으로 시각 · 청각 · 지체장애 학생의 내용 추가 또는 수정되었다.
4) 시각 · 청각 · 지체장애 학생 및 경도 지적장애 학생을 주 대상으로 하여 직업 적응 및 기초직무 능력 배양을 할 수 있는 특화된 내용으로 구성되었다. 선택 중심 교육과정의 전문 교과 Ⅲ으로 편제되었다.

4) 학교 교육과정 편성

교과란 교육내용을 학교교육의 목적에 맞게 조직해 놓은 묶음을 말하는 것으로서 국어, 수학, 과학, 체육 등과 같은 교육내용을 말한다(서울대학교 교육연구소, 2011). 즉, 교과는 학교 수업에서 이루어지는 교육과정을 지칭하는 것으로 수업은 교과를 기본 단위로 한다(오세웅, 2015). 국가수준 교육과정의 각론에서는 각 교과의 내용 및 각 교과의 '목표' '방법' '평가' 등이 제시된다. 즉, 교과가 되기 위해서는 반드시 교육과정에 의해 명시되어 있어야 하며 다음과 같은 교과(군)로 구분된다.

(1) 초등학교

초등학교 교육과정은 교과(군)과 창의적 체험활동으로 편성하며, 1~2학년의 교과는 국어, 수학, 바른 생활, 슬기로운 생활, 즐거운 생활로 한다. 창의적 체험활동의 경우 학생들의 발달수준, 학교의 여건 등을 고려하여 학년(군) 별로 선택적으로 편성·운영할 수 있으며, 학교는 필요한 경우 학생의 장애 특성 및 요구에 따른 교육내용을 창의적 체험활동으로 편성·운영할 수 있다. 이때 창의적 체험활동은 자율활동, 동아리 활동, 진로 활동을 의미하며, 입학 초기 적응 프로그램, 정보통신 활용 교육, 보건

〈표 11-4〉 초등학교 교과(군)

구분		1~2학년
교과(군)	국어	국어, 수학, 바른 생활[5], 슬기로운 생활[6], 즐거운 생활[7]
	사회/도덕	
	수학	
	과학/실과	
	체육	
	예술(음악/미술)	
	영어	
창의적 체험활동		안전한 생활[8]

5) 사회/도덕 교과의 성격을 가진다.
6) 과학/실과 교과의 성격을 가진다.
7) 음악/미술/체육 교과의 성격을 가진다.
8) 1, 2학년은 체험활동 중심의 '안전한 생활'을 포함하여 편성·운영한다.

교육 등으로 활용할 수 있다.

(2) 중학교

중학교 교육과정은 교과(군)과 창의적 체험활동으로 편성하며, 선택 교과는 재활, 여가활동, 정보통신 활용, 생활영어, 보건 등의 과목으로 한다. 선택교과는 2개 이상의 과목을 개설함으로써 학생의 선택권이 보장되도록 하며, 필요한 경우 시 · 도 교육청 지침에 따른 새로운 선택 과목을 개설할 수 있다. 창의적 체험활동은 자율 활동, 동아리 활동, 봉사 활동, 진로 활동 등으로 하되, 필요한 경우 학교는 학생의 장애 특성 및 요구에 따른 교육 내용을 창의적 체험활동으로 편성 · 운영할 수 있다. 2015 개정 교육과정에서는 중학교 과정 중 한 학기는 자유학기제로 운영하도록 되어 있다.

〈표 11-5〉 중학교 교과(군)

구분	
교과(군)	국어
	사회(역사 포함)도덕
	수학
	과학/기술 · 가정/정보
	체육
	예술(음악/미술)
	영어
	선택교과
창의적 체험활동	

(3) 일반 고등학교(특수학교 포함)

고등학교 교육과정은 교과(군)과 창의적 체험활동으로 편성하며, 교과는 보통교과와 전문 교과로 구분한다. 보통교과[9]는 〈표 11-6〉과 같다.

9) 학교는 교육과정을 보통 교과 중심으로 편성하되, 필요에 따라 전문 교과의 과목을 편성 · 운영할 수 있다.

① 보통 교과

〈표 11-6〉 일반고등학교 보통 교과(군)

	교과 영역	교과(군)	공통과목 (단위)	선택과목	
				일반 선택[10]	진로 선택[11]
교과 (군)	기초	국어	국어	화법과 작문, 독서, 언어와 매체, 문학	실용 국어, 심화 국어, 고전 읽기
		수학	수학	수학 I, 수학 II, 미적분, 확률과 통계	실용 수학, 기하, 경제 수학, 수학 과제 탐구
		영어	영어	영어 회화, 영어 I, 영어 독해와 작문, 영어 II	실용영어, 영어권 문화, 진로 영어, 영미 문학 읽기
		한국사	한국사		
	탐구	사회(역사/도덕 포함)	통합사회	한국지리, 세계지리, 세계사, 동아시아사, 경제, 정치와 법, 사회·문화, 생활과 윤리, 윤리와 사상	여행지리, 사회문제 탐구, 고전과 윤리
		과학	통합과학 과학탐구 실험	물리학 I, 화학 I, 생명과학 I, 지구과학 I	물리학 II, 화학 II, 생명과학 II, 지구과학 II, 과학사, 생활과 과학, 융합과학
	체육·예술	체육		체육, 운동과 건강	스포츠 생활, 체육 탐구
		예술		음악, 미술, 연극	음악연주, 음각감상과 비평, 미술창작, 미술감상과 비평
	생활·교양	기술·가정		기술·가정, 정보	농업생명과학, 공학일반, 창의경영, 해양문화와 기술, 가정과학, 지식재산일반
		제2외국어		독일어 I, 일본어 I, 프랑스어 I, 러시아어 I, 스페인어 I, 아랍어 I, 중국어 I, 베트남어 I	독일어 II, 일본어 II, 프랑스어 II, 러시아어 II, 스페인어 II, 아랍어 II, 중국어 II, 베트남어 II
		한문		한문 I	
		교양		철학, 논리학, 심리학, 교육학, 종교학, 진로와 직업, 보건, 환경, 실용경제, 논술	
창의적 체험활동					

10) 학교는 학생이 이수하기를 희망하는 일반 선택 과목을 개설하도록 노력해야 하다.

11) 모든 학생이 보통 교과의 진로 선택 과목에서 3개 과목 이상을 이수할 수 있도록 한다.

〈표 11-6〉에서 알 수 있듯이 교과 영역은 기초, 탐구, 체육 · 예술, 생활 · 교양으로 구성되며 보통 교과(군)는 국어, 수학, 영어, 한국사, 사회(역사/도덕 포함), 과학, 체육, 예술, 기술 · 가정, 제2외국어, 한문, 교양으로 구성된다. 보통 교과는 다시 공통 과목과 선택 과목으로 나뉘며, 선택 과목은 일반 선택과 진로 선택 과목으로 구분된다. 전문교과는 전문교과 I, 전문교과 II, 전문교과 III으로 구분된다.

② 전문교과

특수교육 대상자에게 있어서 교과의 의미는 일반교육과 동일하며, 그 어떠한 교과도 장애 여부나 경중에 의해 배제되거나 소홀하게 다루어져서는 안 된다는 것은 자명한 일이다.

〈표 11-7〉 고등학교 전문교과(군)

전문교과 영역	교과(군)
전문교과 I	과학 계열, 체육 계열, 예술 계열, 외국어 계열, 국제 계열
전문교과 II	경영 · 금융, 보건 · 복지, 디자인 · 문화 콘텐츠, 미용 · 관광 · 레저, 음식 조리, 건설, 기계, 재료, 화학 공업, 섬유 · 의류, 전기 · 전자, 정보 · 통신, 식품 · 가공, 인쇄 · 출판 · 공예, 환경 · 안전, 농림 · 수산 · 해양, 선박 운항
전문교과 III[12]	직업, 이료(시각장애학교)

2. 교과교육

이 절에서는 2015 특수교육 공통 교육과정에서 청각장애 학생의 특성을 어떻게 반영하고 있는지, 어떠한 점에 주안점을 두고 있는지를 국어과와 영어과를 중심으로 살펴보고자 한다.

12) 직업, 이료 교과를 중심으로 운영하는 학교의 경우 공통 과목 이수 단위 이외의 시수는 전문 교과 I, II, III으로 대체하여 편성 · 운영할 수 있다.

1) 국어과

국어과의 교수 · 학습 내용은 듣기 · 말하기, 읽기, 쓰기, 문법, 문학 영역으로 구성된다. 듣기 · 말하기는 '말 · 수어 읽기'와 '말 · 수어하기'를 포함한다. 특수교육 공통 교육과정에서는 국어과의 경우 초등학교 1~2학년, 3~4학년, 5~6학년, 중학교 1~3학년으로 단계화하여 학습요소, 성취기준, 교수-학습방법 및 유의사항 그리고 평가방법 및 유의사항을 제시하고 있다. 여기서는 학습요소와 성취기준을 중심으로 한 내용만을 발췌하여 살펴보고자 한다.

(1) 초등학교

학년	영역	학습요소 및 성취기준
1~2학년	듣기 · 말하기	인사말 주고받기, 일의 순서 이해하기, 대화하기(감정표현), 자신 있게 말하기, 주의집중하여 듣기, 바르고 고운 말 사용하기, 보장구 사용법 익히기, **주파수 변조(FM) 보청기 활용하기, 자음 · 모음의 구형 바로 알기, 수어할 때 손의 형태 · 동작 · 위치를 바르게 하기, 지문자 읽기, 지문자 쓰기, 일상생활 수어 낱말 알기, 그림이나 낱말을 보고 말 · 수어하기**
		• 보장구(보청기, 인공와우)를 착용하고 내용에 집중하여 듣는다.[13] • 말 · 수어로 표현한 간단한 생활 문장을 듣고(말 · 수어 읽기), 그 내용을 파악하여 대화한다(수어한다).[14]
	읽기	정확하게 소리 내어 읽기, 알맞게 띄어 읽기, 주요 내용 확인하기, 인물의 처지와 마음 짐작하기, 읽기에 흥미 갖기, **자음 · 모음 낱자로 낱말을 만들고 말 · 수어로 읽기, 낱말카드를 나열하여 문장을 만들고 말 · 수어로 표현하기**, 묵자 읽기 환경 조성하기, 정자와 약자 점자로 된 낱말과 문장 읽기
		• 글자의 짜임새를 알고 낱말과 문장을 올바른 구형으로 읽고, 지문자 · 수어로 표현한다.

13) 보장구 사용방법의 숙지와 착용의 생활화 그리고 교실에서 교사가 하는 말을 보다 명료하게 듣도록 돕는 것으로 주파수 변조(FM) 보청기를 활용할 수 있다.

14) 각 자음과 모음의 소리 변별, 입 모양을 보고 어떤 음인지 보기에서 찾아보거나 직접 말하도록 한다.

	쓰기	글자 정확하게 쓰기, 글씨 바르게 쓰기, 완성된 문장 쓰기, 짧은 글 쓰기, 경험에 대한 생각이나 느낌 쓰기, 쓰기에 흥미 갖기, **말이나 지문자 · 수어로 제시하는 내용을 짧은 문장으로 쓰기**, 묵자 쓰기 환경 조성하기, 점자 쓰기 도구 익히기, 정자와 약자 점자로 된 낱말과 문장 쓰기
		• 자신의 생각이나 말 또는 지문자 · 수어로 제시하는 내용을 짧은 문장으로 바르게 쓴다.
	문법	한글 자모의 이름과 소릿값 알기, 소리와 표기의 관계 이해하기, 문장부호 바르게 사용하기, 글자 · 낱말 · 문장에 흥미 갖기, **한글 자음 · 모음의 지문자 알기**, 한글 점자 자모의 점의 번호 알기, 한글 점자에서 붙임표의 기능 이해하기, 점자 문장부호 알기, 약자와 약어 점자의 사용 규정 이해하기
		• 한글 자음 · 모음에 대응하는 지문자를 알고 문장 속에서 이를 바르게 사용한다.
	문학	작품 낭독 · 낭송하기(느낌과 분위기), 인물의 모습 · 행동 · 마음 상상하기, 말의 재미 느끼기, 생각 · 느낌 · 경험을 표현하기, 문학에 흥미 갖기, **자막이 삽입된 노래, 수어 동시, 수어 이야기 등 감상하기**
		• 자막이 삽입된 노래, 수어, 동시, 수어 이안기 등을 감상하고 주 의사소통 양식으로 표현한다.
3~4학년	듣기 · 말하기	대화하기, 회의하기, 인과관계 이해하기, 효과적으로 표현하기, 요약하며 듣기, 대화 예절 지키지, **말 · 수어를 사용하여 발표하기, 대상과 상황에 알맞은 얼굴표정과 손의 움직임을 담아 수어하기**, 일상생활의 문장을 말이나 수어로 듣거나 보고 말하기, 대화의 규칙을 알고 말 · 수어하기
		• 말 · 수어로 표현한 일상생활의 문장을 듣고 그 내용을 파악하여 말 · 수어로 대화한다.
	읽기	중심 생각 파악하기, 대강의 내용 간추리기, 짐작하기, 사실과 의견 구별하기, 읽기 경험을 나누는 태도 갖기, **새로운 낱말의 뜻과 수어 알기, 맥락에 맞게 파악한 낱말의 의미를 말 · 수어(지문자)로 정확하게 표현하기**
		• 글을 읽고 글의 의미를 파악하여 말 · 수어로 표현한다.
	쓰기	문단 쓰기, 시간의 흐름에 따라 쓰기, 의견이 드러나는 글쓰기, 마음을 표현하는 글쓰기, 쓰기에 자신감 갖기, 삽화, 동영상, 수어로 제시되는 자료를 보고 문장 쓰기
		• 제시된 자료(삽화, 동영상, 수어)를 보고 자신이 표현하고자 하는 내용을 문장으로 바르게 쓴다.

	문법	낱말 분류하기[15], 낱말의 의미관계 이해하기[16], 기본적인 문장의 짜임 알기, 높임법 바르게 사용하기, 한글을 소중히 여기는 태도 갖기
	문학	감각적 표현의 효과 느끼기, 인물 · 사건 · 배경 이해하기, 이야기의 흐름 파악하기, 이야기 이어서 구성하기, 작품에 대한 생각과 느낌 표현하기, 작품을 즐겨 읽기
5~6학년	듣기 · 말하기	구어 의사소통, 토의하기, 토론하기, 발표할 내용 정리하기, 발표하기, 추론하며 듣기, 공감하며 듣는 태도 갖기, 자막이 삽입된 동영상 자료 또는 수어 동영상 자료 등을 보고 중심 내용을 파악하기, 간결하고 공손한 표현 사용하기, 대상과 맥락을 고려하여 발표 준비하기
		• 자막이 삽입된 동영상 자료 또는 수어 동영상 자료 등을 보고 중심 내용을 발표한다.
	읽기	의미 구성 과정으로서의 읽기, 요약하기, 주장과 주제 파악하기, 내용의 타당성 평가하기, 표현의 적절성 평가하기, 다양한 읽기방법 적용하기, 읽기 습관 점검하기, 스스로 글을 찾아 읽기, 다양한 시청각 자료 활용하여 읽기
		• 다양한 시청각자료 등을 통해 다양한 읽기 전략을 활용하여 글을 읽는다.
	쓰기	의미 구성으로서의 쓰기, 목적과 주제에 따라 내용 선정하기, 설명 대상의 특성에 맞게 쓰기, 근거를 들어 주장하는 글쓰기, 체험에 대한 감상 쓰기, 독자를 존중 · 배려하며 쓰기, **삽화나 만화, 수어 동영상자료 등을 보고 내용 파악하기**, 문단과 문단 사이의 연결관계 알기, 형식 문단의 중심 내용 연결하기, 내용 문단의 중심 내용 연결하기
		• 삽화나 만화, 수어 동영상자료 등을 보고 내용과 형식에 맞게 글을 쓴다.
	문법	언어의 기능, 낱말 확장방법 알기[17], 낱말의 의미 파악하기[18], 관용 표현 활용하기, 문장성분 이해하기, 호응관계 이해하기, 국어를 바르게 사용하기
		• 청각장애 학생은 문법에 취약하므로 문장성분과 호응관계를 명시적으로 설명하고 문법요소가 두드러지는 자료를 제공한다.

15) 기본형, 모양이 바뀌는 낱말, 모양이 바뀌지 않는 낱말을 분류하기
16) 동의어, 반대어, 상 · 하위어를 이해하기
17) 합성어와 파생어를 알기
18) 문맥적 의미, 다의어, 동음이의어를 알기

	문학	문학의 의의, 작품 속 세계와 현실 세계 비교하기, 비유적 표현, 이야기나 극으로 표현하기, 작품을 매개로 하여 소통하기, 작품에서 발견한 가치 내면화하기, 작품에 대한 생각과 느낌, **경험을 말 · 수어 등의 적절한 의사소통 양식으로 표현하기**
		• 작품에 대한 생각과 느낌, 경험을 말 · 수어 등의 적절한 의사소통 양식으로 표현한다.

(2) 중학교

영역	학습요소 및 주요 내용
듣기 · 말하기	의미 공유 과정으로서의 듣기 · 말하기, 대화하기, 면담하기, 토의하기, 토론하기, 청중 분석하기, 말하기 불안에 대처하기, 발표하기, 비판하며 듣기, 매체 활용하기, 언어폭력의 문제점 알기, 배려하여 말하기, **수어 통역, 자막, 소리로 진행되는 뉴스나 영화 등 보기, 자신의 의견, 주장, 제안 등을 적절한 듣기 · 말하기전략을 사용하여 말 · 수어 등으로 바르게 전하기, 수어를 바르게 사용하여 내용 전달하기**
	• 수어, 자막, 소리로 진행되는 뉴스나 영화, 삽화나 만화 등 다양한 매체자료를 보고 자신의 의견이나 주장을 말 · 수어 등의 적절한 의사소통 양식으로 표현한다.
읽기	문제해결 과정으로서의 읽기, 예측하기, 요약하기, 예측하기, 설명방법 파악하기, 논증방법 파악하기, 동일한 화제의 글 비교하며 읽기, 표현방법과 의도 평가하기, 한 편의 글 읽기, 읽기과정 점검하며 읽기, 읽기를 생활화하기
	• 배경지식과 경험이 부족한 학습자를 위해 글의 주제와 관련된 그림 수어 영상자료, 만화 등을 제공하여 글에 대한 접근성과 이해도를 높인다. • 글에 대한 이해도 평가 시에는 학습자와 주 의사소통 양식으로 표현하는 것을 포함한다.
쓰기	문제해결 과정으로서의 쓰기, 설명하는 글쓰기, 보고서 쓰기, 주장하는 글쓰기, 감동이나 즐거움을 주는 글쓰기, 내용 선정하기, 내용의 통일성 갖추기, 개성적으로 표현하기, 매체언어의 특성을 살펴 표현하기, 고쳐 쓰기, 쓰기 윤리 지키기, **그림, 동영상, 수어 등 시각적인 자료 및 매체 활용하기, 자신의 경험과 관련하여 말이나 수어로 이야기하고 글로 쓰기**
	• 시각적 단서에 강한 청각장애 학생들의 감각적 특성과 흥미를 고려하여 다양한 시각적인 자료나 매체 활용을 통해 음성언어 정보 수용의 결핍을 최대한 보상해 준다.
문법	언어의 본질, 음운체계와 특성[19], 단어의 표기와 발음방법, 품사의 종류와 특성, 어휘의 체계와 양상, 문장의 짜임[20], 담화의 개념과 특성, 한글 창제의 원리, 통일시대의 국어에 관심 갖기

	• 음운, 담화, 어문 규범 등에 대해 학습자의 주 의사소통 양식을 사용하여 명시적으로 설명하고 낱말, 문장에 대한 이해와 함께 핵심 문법을 연습할 수 있는 다양한 활동이나 전략을 제공한다.
문학	심미적 체험으로서의 문학, 문학적 소통, 비유와 상징의 효과, 갈등의 진행과 해결, 보는 이나 말하는 이의 관점, 작품의 사회문화적 배경, 현재적 의미를 고려한 감상, 해석의 다양성, 작품의 재구성 양상, 개성적 발상과 표현, 문학을 통하여 삶을 성찰하기
	• 다양한 문학작품을 적절한 의사소통 양식에 따라 제공하여 작품의 다양한 관점과 표현방법을 감상하면서 문학작품에 대한 이해도를 높이고 즐거움과 흥미를 느낄 수 있도록 한다.

2) 영어과

영어과의 핵심 역량은 '영어 의사소통 역량' '자기관리 역량' '공동체 역량' '지식정보처리 역량'으로 구체화할 수 있다. 영어 의사소통 역량은 일상생활 및 다양한 상황에서 영어로 의사소통할 수 있는 역량을 말하며, 자기관리 역량은 학습자가 자기 주도적으로 영어 학습을 지속할 수 있는 역량을 말한다. 공동체 역량이란 언어 및 문화적 다양성에 대한 이해 및 포용능력을 포함하며, 지식정보처리 역량은 영어로 표현된 정보를 적절하게 활용하는 능력을 말한다. 시각 · 청각장애 학생을 위한 영어 교과는 다음과 같은 점에 유의할 것을 명시하고 있다.

> 시각 · 청각장애 학생을 위한 영어 교과는 일반 교육과정 영어 교과 성격을 바탕으로 하되, 학생의 장애 정도 및 개별적 학습 특성과 개인차를 고려한 교수-학습을 권장한다. 특히 시각 · 청각장애 학생들은 장애 특성상 경험의 질과 내용이 일반 학생과 다르거나 제한적일 수 있으므로, 언어의 네 기능, 즉 듣기, 말하기, 읽기, 쓰기 등에 관련된 자료와 경험을 풍부하게 제공하도록 고려한다. 시각장애 학생들에게는 시력과 기능 시각을 고려한 문자 매체의 선정이 중요하며, 시각 결손을 보완할 수 있는 다양한 자료를 제공하도록 한다. 또 청각장애 학생들에게는 청력 상태에 따라 적합한 의사소통 양식을 활용하고, 청각 결손을 보완할 수 있는 다양한 자료를 제공한다.

19) 자음체계와 모음체계를 알기
20) 홑문장과 겹문장, 이어진 문장과 안은 문장을 알기

(1) 초등학교

학년	영역	성취기준
3~4학년	듣기 (말 · 수어 읽기)	학습자들이 영어의 소리, 강세, 리듬, 억양을 식별하고 쉽고 간단한 낱말, 어구, 문장, 표현 등을 듣고 이해하며 일상생활 속의 친숙한 말이나 대화를 듣고 세부 정보를 파악할 수 있는 능력을 기른다.
		• 서로 다른 소리의 구형을 구분할 수 있다.[21)] • 서로 다른 수어의 구도를 구분할 수 있다.[22)]
	말하기 (말 · 수어하기)	영어 알파벳과 낱말의 소리 및 문장의 강세, 리듬, 억양에 맞게 따라 말하기와 간단한 문장으로 의미를 전달하고, 일상생활의 쉽고 간단한 표현으로 질문하기와 대답하기를 통해 의미를 교환할 수 있다.
		• 알파벳과 낱말을 지문자로 표현할 수 있다.
	읽기	알파벳을 식별하고 영어의 소리와 철자관계를 이해하여 낱말을 읽을 수 있는 기초를 다지는 과정으로 낱말과 어구, 문장을 따라 읽는 단계를 넘어 낱말이나 어구, 문장을 읽고 그 의미를 이해할 수 있다.
	쓰기	영어 알파벳 대소문자를 구별하여 쓰고, 구두로 읽힌 낱말과 어구를 따라 쓰거나 보고 쓰며 쉽고 간단한 낱말이나 어구를 쓸 수 있도록 한다.
		• 상대방이 표현하는 알파벳 지문자를 보고 쓸 수 있다.
5~6학년	듣기 (말 · 수어 읽기)	2~3개의 연속된 지시나 설명하는 말을 듣고 이해하며, 일상생활 속의 친숙한 주제에 관한 말이나 대화를 듣고 세부 정보를 파악하고, 쉽고 간단한 말이나 대화를 듣고 세부 정보, 중심 내용 및 맥락을 파악할 수 있다.
		• 수지 부호 영어(Signed English)를 보고 우리말 뜻을 말 · 수어로 표현할 수 있다.
	말하기 (말 · 수어하기)	주변 사람과 사물 등에 관해 문장으로 말하기와 자신과 일상생활 속의 친숙한 주제에 관해 질문하고 대답하기 등을 통해 말하고자 하는 의미를 전달하고 교환할 수 있다.
		• 영어 사전을 활용하여 낱말을 발음할 수 있다. • 수지 부호 영어로 낱말을 표현할 수 있다.
	읽기	문장을 읽고 이해하는 것을 기반으로 짧고 간단한 글을 읽고 의미를 이해하는 수준에 도달할 수 있다.
	쓰기	쉽고 간단한 낱말과 어구를 듣고, 쓰며, 알파벳 대소문자와 문장부호를 쓰고, 구두로 익힌 문장이나 예시문을 참고하여 간단한 글을 쓰며 일상생활에 관한 짧고 간단한 글을 쓸 수 있다.

21) 다양한 감각을 통한 알파벳 음가 경험을 바탕으로 알파벳 음을 변별하고 구형을 읽어 어떤 음가인지 구분할 수 있는 수준을 말한다.
22) 수어 어휘마다 일정한 손의 형태, 동작, 위치를 지니고 있음을 알고 이를 구분할 수 있는 수준을 말한다.

(2) 중학교

학년	영역	성취 기준
1~3학년	듣기 (말 · 수어 읽기)	일상생활이나 친숙한 일반적 주제에 관한 말 혹은 대화를 듣고 그 흐름을 이해하며 중심 내용이나 세부 정보를 파악하는 능력을 기른다.
	말하기 (말 · 수어하기)	일상생활이나 친숙한 일반적 주제와 관련된 실제적인 의사소통 중심의 학습활동을 통해 의미를 교환하고 전달할 수 있는 능력을 기른다.
	읽기	일상생활이나 친숙한 일반적 주제에 관한 글을 읽고 세부 내용이나 중심 내용 및 글의 논리적 관계를 이해하고 글의 행간의 의미를 이해할 수 있는 능력을 기른다.
	쓰기	일상생활이나 친숙한 주제와 관련하여 문장 또는 문단 단위의 글을 쓰고 상황과 목적에 맞는 글을 쓸 수 있는 능력을 기른다.

3. 교수방법

1) 학업성취도 관련 변인

특수교육 교육과정은 일반학교 교육과정의 접근성 강화에 주목하다 보니 청각장애 학생의 특성이 충분히 고려되지 않는다는 지적이 끊이지 않고 있다. 특히 중핵 교과인 국어나 언어 영역인 영어에서는 더 많은 어려움을 겪는다. 실제로 2002년에 실시된 장애학생의 국가수준 학업성취도 평가[23]결과에서 청각장애 학생들은 언어 영역인 국어와 영어 교과에서 약 70% 이상이 학습부진 현상을 보였다(국립특수교육원, 2002). 청각장애 학생들은 시각장애나 지체부자유 학생들과 비교하여 학업성취도에서 뚜렷한 부진을 보인다는 사실은 이미 알려진 바 있다. 그 이유는 무엇인가? 일반적으로 학업성취 능력은 인지와 매우 밀접한 관계를 가지며, 청각장애 학생의 인지적 특성은 다음 세 가지 주장이 함께한다(한국청각언어장애교육학회, 2012).

- 청각장애 학생은 건청학생에 비해 지능수준이 낮다.

23) 2002년 10월 15일 전국의 초등학교 3학년 학생을 대상으로 기초학력 진단평가가 실시되었다.

- 청각장애 학생의 지능 수준은 건청학생과 양적으로는 동일하지만 질적으로는 차이가 있다.
- 청각장애 학생의 지능수준은 건청학생의 지능수준과 차이가 없다.

일반학교의 건청학생과 청각장애학교에 재학하는 청각장애 학생들을 대상으로 비언어성 지능검사를 실시한 연구결과(임호찬, 송진숙, 2001)에 따르면, 성별과 부모의 교육수준은 지능검사 점수에서의 차이가 있는 것으로 나타났다. 그러나 두 집단 간에는 통계적으로 유의한 차이를 보이지 않았으며, 반대로 지능과 학업수행 간에는 상관관계가 있는 것으로 나타났다. 이는 청력손실이나 청각기능의 장애가 낮은 지적 능력으로 이어진다는 기존의 통념을 깨는 결과이다. 결국 청각장애 학생들의 낮은 학업수행 능력의 원인은 지능과 직접적인 관계가 없다는 것을 보여 주고 있다. 일반적인 청각장애 학생의 학업성취도 관련 변인은 다음과 같다(국립특수교육원, 2002).

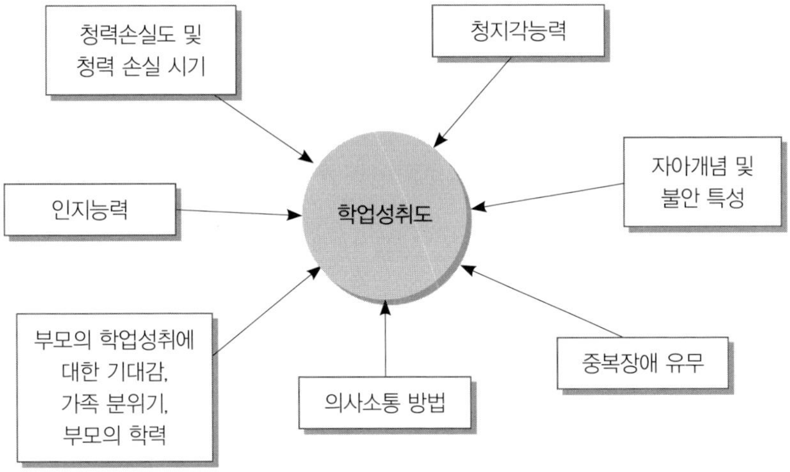

[그림 11-1] 학업성취도 관련 변인

청각장애 학생의 학업에 영향을 미치는 관련 변인은 이처럼 다양하다. 전혀 사람의 말소리를 듣고 이해하는 것이 불가능한 농학생과 어느 정도의 잔존청력을 가지고 있는 난청학생이 다를 것이며, 선천성으로 언어자극을 전혀 받지 못한 집단과 3~4세 이후에 청력손실이 있는 집단은 또 다를 것이다. 그 밖에도 가정환경과 개인이 가지고 있는 특성 등은 모두 관련 변인이 되기 때문에 "청각장애 학생의 학업수준은 이렇다."라고 예단할 수는 없다.

그러나 설령 청각장애 학생들의 지능이 일반아동과 비교하여 큰 차이가 없다할지라도, 음성언어 습득이 지체될 경우에는 대부분 학업에 영향을 미친다. 낮은 의사소통 능력으로 인하여 청각장애 학생들은 그들이 가지고 있는 인지능력보다도 더 낮은 학업성취 능력을 보이는데, 낮은 학업성취 능력의 원인은 다음과 같이 추정할 수 있다.

첫째, 듣기, 말하기, 읽기, 쓰기, 셈하기 등 기초학습 능력에 현저한 지체현상을 보인다(권요한, 2013).

둘째, 청각장애로 인해 언어발달이 지체되면서 수업에서 이루어지는 정보를 받아들이는 데에 제한이 따른다.

셋째, 학업에 대한 부정적 태도, 낮은 자아개념 및 낮은 학업에 대한 성취동기 등은 학업에 부정적인 영향을 미친다.

넷째, 청각장애 학생들은 수화라는 그들만의 독특한 언어를 사용하기 때문에 국어의 문법적 체계와는 거리가 먼 문장을 구사한다(김경진, 2001).

다섯째, 특수교사 및 관련 서비스 전문가들의 지원을 받는다할지라도 통합교육 현장에서 청각장애 학생은 자신이 가지고 있는 장애와 정도에 따른 교육과정 지원을 받지 못하고 있다.

학업 결손이 누적되면 심한 학력지체를 보이게 되기 때문에 교사는 청각장애 학생의 장애 특성을 고려한 교수매체, 시각자료의 활용, 개별화 수업 등을 적극적으로 활용하여야 한다.

2) 교육과정 수정(Curriculum Modification)

장애학생들의 일반학교 배치는 증가하는 추세이며, 이러한 양적 성장과 함께 질적 측면이 강조되고 있다. 장애학생을 어디에 배치할 것인가의 문제를 뛰어넘어 장애학생이 통합학급의 교육과정에 얼마만큼 의미 있는 참여를 할 수 있는가를 고민하게 된 것이다. 교육과정 수정은 일반 교육과정 접근과 참여를 가능하게 하는 하나의 방법으로서 장애학생의 수업참여를 촉진하기 위해 교실의 환경이나 수업방법 또는 평가 등을 수정하는 것을 말한다.

> 교육과정 수정이란 통합학급에서 장애학생과 비장애학생이 같은 학급에서 동일한 수업에 함께 참여할 수 있도록 장애학생의 개별적인 능력, 강점, 필요를 고려하여 교수목표 및 활동, 교수환경을 수정하는 것을 의미한다.
>
> 출처: 교육부(2017)

(1) 교육과정 수정의 유형

교육과정 수정은 일반적으로 다음과 같이 세 가지 유형으로 설명할 수 있다(교육부, 2017).

〈표 11-8〉 교육과정 수정의 유형

유형	개념	전략
교육과정 조정	• 장애학생이 통합학급의 수업 및 교수활동에 참여할 수 있도록 교수적 지원 및 기회를 제공하되, 통합학급의 교수목표 및 내용, 학생의 수행수준 및 성취기준에 대한 기대는 변경하지 않음	• 환경 수정(좌석배치, 소음 및 조명 조정 등) • 시간 연장, 수업활동 중 쉬는 시간 제공 • 대필자, 또래도우미 • 보조기기 및 자료(보청기, 확대경, 확대자료 등)
교육과정 수정	• 장애학생이 통합학급 수업 및 교수활동에 참여할 수 있도록 교수적 지원 및 기회를 제공하되, 장애학생의 개별적인 특성 및 요구를 고려한 IEP에 준하여 통합학급의 교수목표 및 내용, 학생의 수행수준 및 성취기준에 대한 기대를 변경함(예: 중다 교육과정 vs. 중복 교육과정)	• 인지수준을 고려하여 읽기자료 및 수행과제의 난이도를 낮춤 • 학습지 및 과제수행의 분량을 줄여 줌(예: 10문항 중 2문항 풀기) • 논술시간에 글을 쓰는 대신 주제를 그림으로 표현함
교육과정 변경(대체)	• 장애학생의 특성 및 요구를 고려할 때, 통합학급의 비장애학생과 동일한 교육과정을 통해 장애학생의 개별적 요구를 충족시키기 어려운 경우 일반 교육과정 대신 기본 교육과정을 고려하여 개별화된 대체 교육과정을 적용함	• 기능적 교육과정 • 생활 중심 교육과정

(2) 교육과정 수정의 유형별 방법

이를 다시 교수환경, 교수집단, 교수방법, 교수내용 그리고 평가방법에 대한 수정으로 구분하여 정리하면 다음과 같다(김지영, 2012).

〈표 11-9〉 교육과정 수정방법

교육과정 수정	유형 예시	의미
환경수정	• 물리적 환경 수정 • 시간적 환경 수정 • 사회적 환경 수정	• 교수환경의 수정은 일반학급의 물리적 · 사회적 환경을 장애학생의 일반학급에서의 학습목표 달성을 촉진하기 위해서 수정 및 보완하는 것
집단수정	• 집단의 크기 수정 • 집단의 형태 수정	• 교육 내용을 가장 적합하게 교수하기 위해서 교사가 사용하는 학생들의 교수적 집단화에서 수정 및 보완하는 것
방법수정	• 교수활동 수정 • 교수전략 수정 • 교수자료 수정	• 교수가 제시되고 전달되는 방식에서의 수정 및 보완하는 것
내용수정	• 내용 단순화 • 난이도 조정 • 내용 보충	• 일반 교육과정의 내용을 장애학생의 독특한 교육적 욕구와 기술의 수행수준에 적합하게 다양한 수준으로 수정 및 보완하는 것
평가수정	• 평가시간 수정 • 평가방법 수정 • 대안평가	• 학업수행의 진보에 대한 매일의 측정과 성적기준을 수정 및 보완하는 것

① 교수환경의 수정

교수환경의 수정이란 사회적 · 심리적 환경이나 물리적 환경을 적절하게 만드는 것을 말한다. 사회 · 심리적 환경 수정에 있어서는 우선 청각장애 학생들에게 있어서 긍정적이고 수용적인 학습환경이 중요하다. 잘 듣지 못함으로 인하여 위축된 행동이 유발되고 주변 사람과 관계를 맺는 것에 두려움을 갖게 된다. 특히 의사소통 능력의 결함으로 인하여 청각장애 학생은 상대방에게 자신의 생각과 느낌을 정확하게 표현하는 데 어려움을 겪게 되며, 학습에도 소극적이고 자신감을 갖지 못하는 특성을 보이게 된다. 원활한 사회적 상호작용이 가능하기 위해서는 학생과 교사 그리고 학생과 학생들 간의 긍정적인 관계형성이 매우 중요하다. 장애학생의 심리적 안정감과 소속감을 가질 수 있도록 교사가 노력해야 하며, 또래의 지원교수 활동을 받을 수 있도록 구성원을 고려한 자리배치도 필요하다. 뿐만 아니라 청각장애 학생을 위한 교육환경의 수정에는 의사소통을 극대화할 수 있는 환경 제공이 필수적이다. 지체장애 학생의 경우 안전한 이동을 위해 지지대를 설치하거나 휠체어를 탄 학생을 위해 바닥의 턱을 없애고 출입구의 넓이를 확장시키는 등이 교수환경의 수정이라면(박은혜, 김정연, 2010), 청각장애 학생의 경우에는 교실 내의 쾌적하고 명료성이 높은 음향환경이 여기에 해당한다.

- 학교 건물의 외벽 차음 성능 및 교실 간 경계벽의 차음 성능을 향상시킨다.
- 천장에 흡음판을 설치하여 소음을 감소시킨다.
- 교실의 잔향시간[24]을 줄이기 위하여 흡음재를 고르게 배치한다.
- 카펫은 바닥에서 학생들이 끄는 책상이나 걸상의 소음을 감소시킬 수 있다. 그러나 인공와우를 착용한 경우에는 정전기를 가급적 피해야 한다는 점에 주의해야 한다.
- 각종 기계 설비 소음 등을 최대한 낮춘다. 예를 들면, 냉난방을 위해 일체형 패키지 장비를 사용하지 않는다.
- 문과 문 사이의 거리가 떨어져 있는 것이 좋다. 문이 마주 보거나 인접해 있을 경우 소음이 쉽게 전달된다.
- 교실 내 소음수준을 최대한으로 낮출 수 있도록 한다.[25] 또한 교사의 음성레벨과 배경소음과의 비(S/N)는 최소 10dB 이상이어야 한다.

또한 독화를 하는 학생의 경우 교사의 구형이 잘 볼 수 있는 자리에 앉힌다. 이때 광선이 교사의 정면에 비치도록 한다. 만약 교사가 햇빛을 등지게 되면 학생이 교사의 구형을 보는 것을 방해하기 때문이다. 교사와 학생과의 거리가 3m 이상이 되면 독화를 하는 데 비효율적이다. 또한 교사 뒤에 있는 현란한 빛이나 장식 등은 피하는 것이 좋다. 음원과 거리가 멀어지면 말소리의 명료도가 떨어지므로 교실에서의 자리 배치는 앞쪽으로 하되, 교탁 앞은 시야를 가릴 수 있으므로 주의해야 한다. 또한 사람

---

24) 이상적인 교실의 잔향시간은 0.6~0.8초이나 대부분의 교실은 1초 이상의 잔향시간을 갖는다(정정호, 2007; 이경희, 이상우, 최원령, 1989).

25) 교실 내에서의 적정 배경소음 레벨은 일반적으로 25~30 수준이다(정정호, 2007).

들의 이동이 많은 문 앞은 피하는 것이 좋다. 교수환경의 수정은 물리적 환경과 사회적 · 심리적 환경 면에서 이루어지는 수정을 모두 포함한다.

② 교수집단의 수정

교수집단의 수정이란 장애학생이 학습활동에 적극적으로 참여할 수 있도록 특별한 교수집단 구성을 활용하는 것을 말한다. 교수집단 형태는 여러 가지 여건을 고려하여 선택하여야 하며, 교수집단의 대표적인 형태는 〈표 11-10〉과 같다.

〈표 11-10〉 교수집단의 수정

교수집단 형태	특성
대집단	교사 중심의 구조화된 교수 형태로서 한 명의 교사와 다수의 학생들로 수업이 이루어진다. 학습자의 특성이 고려되지 않은 채 전체 학생이 교사로부터 같은 내용을 같은 방법으로 배운다.
또래교수	소집단 협력학습의 한 형태로서 교사의 지원 및 감독하에 한 학생(또래교수자, peer totur)이 수준이 다른 학생(또래 학습자, peer tutee)을 지도하는 방법이다.
협동학습 (협력학습)	학습능력이 각기 다른 학생들이 공동의 학습목표를 가지고 소집단(5~6)명을 구성하여 함께 활동하는 수업방법이다.
협력교수	물리적으로 한 공간에서 두 명 이상의 교사가 다양한 학생들로 구성된 집단에 대해 교수한다.

출처: 신현기(2004)에서 재구성.

③ 교수방법의 수정

교수방법의 수정이란 학습과제의 난이도나 양을 조절하거나 정보제시 방법을 수정 또는 대안적 교수자료 등을 준비하는 것을 말한다. 장애학생들은 동일한 방법으로 동일한 시간 내에 동일한 양의 정보를 학습하는 데 어려움을 갖기 때문에(신현기, 2004), 장애학생의 요구수준에 맞는 교수자료 및 방법을 적합화해야 한다. 교수방법의 수정에는 교수활동, 교수전략, 교수자료에서의 수정 · 보완을 포함한다(박승희. 1999). 교수방법 수정의 예는 〈표 11-11〉과 같다.

〈표 11-11〉 교수방법의 수정

구분	내용
교수활동	• 의도적인 발표 기회 제공 -발표 내용에 대한 사전 개별 지도 -보고 쓴 것을 읽는 형식으로 발표 • 개별 학습활동 지도 -용어와 개념에 대한 사전 개별 지도 -수행 수준에 맞는 실험 · 관찰 내용 수정 -주요 핵심 단어 읽고 쓰기 지도 • 교수할 과제를 작은 단계로 나누기 • 과제의 양을 줄이기 • 과제를 쉽게 또는 구체적으로 수정하기 • 과제를 활동 중심적으로 수정하기
교수전략	• 경험과 발견학습이 중시되는 전략 • 지역사회 중심적 수업을 통한 전략 • 행동강화 전략 • 활동 중심적 수업 • 정보 제시 및 반응양식 전략
교수자료	• 특수교사와 사전에 협의하여 학습자료를 요청하거나 공동으로 제작 • 학습에 필요한 그림, 사진자료, 모형 준비 • 단원별 필요한 개별 학습지 제작 • 보조공학기기와 컴퓨터 활용 • 구체물 활용

출처: 강경숙 외(2009); 김영한, 김성옥(2001); 서유진(2001).

청각장애 학생은 의사소통 능력의 결함을 가지고 있기 때문에 교수방법 수정에 있어서 다음과 같은 점에 초점을 두고 접근하여야 한다.

- 발표 기회를 의도적으로 준다.
- 활동은 작은 단계로 제시한다.
- 구어적 지시는 짧은 문장으로 한다.
- 시각적 단서 및 자료를 함께 제시해 준다.
- 구형을 잘 볼 수 있도록 입 모양을 크게 해 준다.
- 필요한 경우 선행학습을 할 수 있도록 자료를 사전에 배부해 준다.

- 새로운 단어가 나올 경우 개념을 먼저 습득할 수 있는 충분한 시간을 준다.

④ 교수내용의 수정

교수내용의 수정은 수업목표와 수업내용의 수정이 대표적으로 이루어진다. 일차적으로 교실이라는 곳은 다양한 수준의 학생들로 구성되어 있으나, 특히 장애학생들의 경우에는 그 개인차가 너무 크기 때문에 일반학생들을 기준으로 설계된 교육과정상의 수업목표에 도달하기 어렵다. 이럴 경우 일반학생들과 동일한 주제를 다루되, 학습목표는 장애학생의 수준에 따라 다양한 수준에서 수정할 수 있다. 예를 들면, '평균대에서 균형을 잡는 것'이 학습목표라면, 평형기능에 결함을 가지고 있는 청각장애 학생에게는 교실 바닥에 스티커 등으로 중심선을 긋고 그 위를 걸어 보도록 하는 것으로 수정할 수 있다. 또는 같은 활동을 하되, 좀 더 쉬운 단계로 수정할 수 있다. 예를 들면, 역할극 수업에서 청각장애 학생에게는 대사의 어휘 수준을 낮춰 주거나, 혹은 글을 읽고 '원인'과 '결과'에 대해 설명하는 것이 주 수업내용이라면 어휘력이 낮은 청각장애 학생에게는 원인과 결과를 암시하는 그림카드를 주고 그것을 이해하고 설명하도록 하는 활동 등이 해당한다.

⑤ 평가방법의 수정

평가방법의 수정이란 학업수행 과정에 대한 측정과 성적기준 등을 수정하거나 보완하는 것을 말한다(정동영, 정현우, 2012). 평가는 모든 학생에게 공정하여야 하며, 장애로 인하여 평가결과가 왜곡되는 것은 공정한 평가라 할 수 없다. 그러나 장애학생의 경우 장애로 인하여 적절한 평가를 받지 못하는 경우가 많으므로 교수적 수정의 한 과정으로서 평가방법의 수정은 필요하다. 장애학생을 평가하는 방법은 크게 표준평가, 표준평가의 수정 그리고 대안평가로 구분될 수 있다.

표준평가는 평가 내용과 방법에서 일반 학생들과 동일하게 평가받는 방법이다. 표준평가의 수정은 평가내용이나 방법에서 어려움을 경험하는 장애학생의 경우 평가내용을 쉽게 바꾸거나 시험시간을 연장하는 등의 평가방법을 말한다. 즉, 평가의 본질은 바꾸지 않고 평가자료나 절차의 변경을 의미한다. 〈표 11-12〉는 청각장애 학생을 위한 평가환경의 수정, 평가도구의 수정, 평가방법의 수정의 예다.

〈표 11-12〉 평가방법의 수정

표준평가의 수정 범주	방법
평가환경	평가공간의 수정과 평가시간의 수정 등이 주로 이루어진다. • 소음으로부터 차단된 독립된 교실 제공 • 특별 자리 배치 • 시간 연장
평가도구	평가자료의 수정과 보조인력 지원 등이 주로 이루어진다. • 소리 증폭 장비 사용 • 어휘 사전 사용 • 수화통역사와 같은 보조인력 지원
평가방법	평가문항 제시, 학생이 응답하는 방법 등의 수정이 이루어진다. • 평가문항의 단순화 • 핵심어 강조 • 의사소통 능력과 독해력을 감안한 문항의 난이도 조절 • 수화로 답하기

출처: 정동영(2007).

청각장애 학생은 청각적 정보를 신속하고 정확하게 처리하는 데 어려움을 가짐으로써 학업수행 능력을 평가에서 제대로 발휘하지 못하는 경우가 많다. 교사의 구두 지시나 청각적으로 제시되는 과제를 정확하게 이해하지 못하거나 청각적인 정보를 활용하여 수행하여야 하는 평가문항에 대해서 적절히 반응하지 못할 수 있다. 또한 일반 학생들의 경우에는 거의 영향을 미치지 않는 소음에도 심각한 방해를 받을 수 있으므로 평가에서 반드시 배려되어야 한다.

반면에 대안평가란 표준평가의 수정에도 어려움을 갖는 학생들을 대상으로 학생 수준에 맞게 평가하는 방법으로서, 평가 내용이 단순하고 기초적이며 장애학생이 가진 능력을 알고 그에 따른 지원을 가능하게 해 준다는 장점을 갖는다. 대안평가의 유형에는 대표적으로 포트폴리오 평가, 수행평가 그리고 체크리스트 평가가 있다(〈표 11-13〉 참조).

〈표 11-13〉 대안평가의 유형

평가유형	특성
포트폴리오 평가	학생의 직접적인 기록물을 통해 평가
수행평가	학생이 얼마만큼 배웠는지를 대답이나 시범을 통해 평가
체크리스트 평가	학생들의 수준을 항목별로 평가

출처: 강종구(2009).

• 포트폴리오 평가

청각장애가 있는 유아의 경우에는 특히 언어 영역에서 전형적인 지필검사 위주의 검사를 통해서는 능력의 진전 등을 파악하기 어렵다. 따라서 다양한 활동에서 나타난 능력들을 지속적이고 주기적으로 관찰하여 변화과정을 기록하는 포트폴리오 평가는 매우 효과적이다(박선희, 이규식, 2002). 포트폴리오와 흔히 말하는 자료철(folder)의 차이는 〈표 11-14〉와 같다.

〈표 11-14〉 포트폴리오와 자료철의 차이

포트폴리오	자료철
• 대표적이고 개선적이며 최상의 표본들을 수집한다. • 수집은 학생의 반성을 포함한다. • 표본은 교사와 학생의 의견과 학생의 목표를 포함한다.	• 표본들은 정확한 기준에 의해 선택된 것이 아니다. • 표본들은 학생의 반성을 포함하지 않을 수도 있다. • 표본은 보통 학생들의 의견과 목표가 포함되지 못한다.

출처: 조한무(2004).

• 수행평가

수행평가란 학생 스스로가 자신의 지식이나 기능을 나타낼 수 있도록 산출물을 만들거나, 행동으로 나타내거나, 답을 작성(구성)하도록 요구하는 평가방식이다(백순근 외, 1996). 수행평가는 학습결과에 대한 양적 평가보다는 장애학생의 개별 특성과 요구에 부합되는 평가라는 장점을 갖는다. 장애학생의 특성과 수준에 맞는 척도안 수정의 예시는 〈표 11-15〉와 같다.

〈표 11-15〉 수행평가 수정

과목	일반학생	장애학생
• 일반학생과 동일한 평가내용에 점수배점 방법만 수정한 경우		
도덕	※평가 내용: 가족신문 만들기 -5점: 창의력, 완성도가 높으며 제시한 형식을 갖추었다. -3점: 창의력과 완성도는 있으나 제시한 형식을 갖추지 못하였다. -2점: 창의력과 완성도가 미흡하며 제시한 형식을 갖추지 못하였다.	※평가 내용: 좌동 -5점: 가족사진을 양식에 맞게 붙이고 가족의 이름을 모두 잘 적었다. -3점: 가족사진을 양식에 맞게 붙였으나 가족의 이름을 잘못 적었다. -2점: 가족사진을 양식에 어긋나게 붙였으며 가족의 이름을 잘 적지 못하였다.
• 평가 내용과 점수배점 방법을 모두 수정한 경우		
국어	※평가 내용: '춘향전 그 후'라는 제목의 시나리오를 만들고 연극을 완성하기 -5점: 창의적이며 제시된 시나리오의 형식에 일치한다. 모둠의 협동성이 높다. -3점: 창의력, 시나리오의 형식, 모둠의 협동성 세 가지 중 한 가지 이상이 부족하다. -2점: 창의력, 시나리오의 형식, 모둠의 협동성 세 가지 모두 미흡하다.	※평가 내용: 춘향전의 줄거리를 30자 내외로 적고, 모둠의 연극에 배우로 참여하기 -5점: 춘향전의 줄거리를 적고, 모둠의 연극에 배우로 참여하였다. -3점: 춘향전의 줄거리 적기와 배우로 참여하기 2개 중 1개가 미흡하다. -2점: 2개가 모두 미흡하다.

출처: 강경숙, 이나영(2006)에서 재구성.

• 체크리스트

체크리스트는 미리 준비된 여러 가지 항목을 표시하게 하는 평가지로서 학습에 대한 준비성, 학습에 참여하는 적극성, 학습 후의 달성 여부 등을 미리 준비된 리스트에 의거하여 체크하는 방법이다(윤금희 외, 2000). 〈표 11-16〉은 교사의 체크리스트로 학생들의 수학과 수업시간 중의 행동을 관찰하여 평가한 것이다.

〈표 11-16〉 체크리스트

이름/날짜	문제 이해	기본 개념 이해	아이디어제시	수학적 기호 사용	적절한 전략 사용	의사 소통	다른 주제와의 연결	흥미	좋은 질문	총점
장○○	0	0	0	+	+	+	+	−	−	5.5
박○○	+	+	−	+	−	+	+	0	0	6.0
김○○										
총점은 10점 중 1점은 기본점수 +: 1점, 0: 0.5점, −: 0점으로 계산한다.										

출처: 고상숙, 김숙(2003)에서 재구성.

청각장애 학생을 평가하는 데 가장 중요한 것은 장애로 인하여 결과가 왜곡되는 것을 피하는 것이다. 그런 맥락에서 다음과 같은 검사조정 방법을 고려할 수 있다(국립특수교육원, 2003).

〈표 11-17〉 검사조정 방법

조정의 형태	조정의 예시
제시형태	수화 지시, 청각 보조기 사용, 수화 통역자 제공
반응형태	수화 응답
검사시간	검사시간 연장, 검사 중 휴식, 몇 차례로 나누어 실시
검사환경	증폭 및 방음시설, 독립된 장소, 특수자리 배치, 듣기평가-필답고사로 대체

3) 교육과정 수정 사례[26)]

교육과정 수정에서 무엇보다도 중요한 것은 장애학생을 포함한 모든 학생이 수업에 의미 있게 참여하는 것이다. 그러기 위해서는 특수교사와 통합학급 교사가 학생의 수업참여 수준이나 특성 등을 사전에 면밀히 관찰하고 조사하여야 한다. 이때 장애학생의 개별화교육계획의 교육목표를 확인해야 한다. 다음은 교육과정 수정 사례이다.

26) 교육부(2017)의 내용에 근거하여 재구성함.

〈표 11-18〉 교육과정 수정 예시

<table>
<tr><td rowspan="2">교육과정
조정</td><td colspan="3">교수목표 및 내용, 성취수준에 대한 기대는 동일하고, 학생에게 필요한 교육적 지원을 제공</td></tr>
<tr><td colspan="3">• 청각장애 학생을 위한 보조기기로서 FM 보청기 제공
• 독화에 집중할 수 있는 좌석배치
• 교실 내 소음 유발요인 차단
• 아동에게 우호적인 모둠 구성
• 또래도우미 지정</td></tr>
<tr><td rowspan="9">교육과정
수정</td><td colspan="3">교육목표와 내용, 학생의 성취수준에 대한 기대 변경</td></tr>
<tr><td rowspan="2">학습목표의 수정
(영어과)</td><td colspan="2">• 원하는 음식을 주문하고 필요한 사항을 요청할 수 있다.</td></tr>
<tr><td colspan="2">→ 메뉴판에서 원하는 음식을 가리키며 주문할 수 있다.</td></tr>
<tr><td rowspan="2">학습 내용의 수정
(영어과)</td><td colspan="2">• 식당에서 음식을 고르는 대화 듣기</td></tr>
<tr><td colspan="2">→ 영어로 된 메뉴판 알파벳 읽고 쓰기</td></tr>
<tr><td rowspan="2">학습자료의 수정</td><td>일반</td><td>수정</td></tr>
<tr><td>∨Speak Out

A What do you usually order at a fast food restaurant?
I usually order.

B Emily is placing an order at a food restaurant. Read along as you listen to the conversation and find out what she's ordering.</td><td>• 음식을 나타내는 단어의 뜻을 써 보고, 음식의 스티커를 붙여 봅시다.</td></tr>
<tr><td rowspan="2">평가의 수정</td><td>일반</td><td>수정</td></tr>
<tr><td>수행평가(60%)
1. Keep weekly English journals about your dietary life.
2. Talk about three foverite food in three minutes.
3. 포트폴리오: 수업시간에 배부된 학습지 및 학습 자료와 학습결과물 모음집 제출
4. 지필검사(40%)</td><td>○○이의 평가
-교사가 제시한 영어 문장을 보고 쓰기. 단, 글씨체와 철자오류 여부를 평가함
-또래도우미가 말해주는 내용을 한 문장씩 따라 말하기. 단, 발표 자세와 성량을 중요하게 평가함</td></tr>
</table>

4. 국어과 교수 · 학습과정안[27)]

다음은 청각장애 학교 고등부 3학년을 대상으로 한 국어과 교수 · 학습과정이다.[28)] 우선 학생 개인별 기초학력 및 행동 특성은 다음과 같다.

〈표 11-19〉 학생 개인별 기초학력 및 행동 특성 분석

이름 (수준)	성별	청력		학습 및 행동 관찰	
		좌	우	학습면 (문해능력 중심)	행동면
○○○ (II수준)	남	120dB	120dB	• 어휘력이 빈약하나 간단한 문장은 이해함 • 자신의 생각을 수화나 글로 표현하는데 어려움이 있음	• 기숙생으로 차분한 성격이나 학습환경의 조성이 요구됨
○○○ (II수준)	여	107dB	100dB	• 기초적인 어휘력은 습득됨 • 어순에 맞는 문장 표현력이 부족함	• 통학생으로 성격이 온순하나 게으르고 소극적임
○○○ (I수준)	여	120dB	120dB	• 조사의 활용능력이 부족함 • 수식언이 포함된 문장의 표현력이 부족함	• 통학생으로 성격이 쾌활하고 매사에 적극적이나 자제력이 부족함
○○○ (I수준)	남	78dB	81dB	• 기본 어휘를 이해함 • 문단의 요지를 파악할 수 있음	• 통학생으로 행동이 바르고 차분한 성격이나 게으름
○○○ (I수준)	남	115dB	119dB	• 간단한 문장은 이해함 • 기초적인 어휘력은 있으나 문단의 요지를 파악하기 어려움	• 통학하며 예의가 바르나 고집이 강하고 학습환경의 조성이 요구됨
○○○ (I수준)	남	120dB	106dB	• 문법적 기본지식이 부족함 • 어휘를 활용한 간단한 문장을 표현할 수 있음	• 통학하며 성격은 온순하나 학습 의욕이 떨어져서 가정의 지도가 요구됨

27) 박인수(2007)와 전라남도 교육청에서 제공하는 자료를 바탕으로 한다.
28) 본 자료는 해당 학교 청각부 교사들의 전체 동의를 얻었으며 이름을 제외한 내용수정은 하지 않았다.

문해능력이 전반적으로 부족하다는 점과 각 개인별 학습습관 및 학업성취 발달수준을 고려하여 교사는 다음과 같은 국어과 교수 · 학습과정안을 작성하였다. 단원은 '기사문 쓰기'로서 교사는 학생들이 직접 경험한 내용을 바탕으로 학교생활이나 학습생활의 장면에서 육하원칙을 바탕으로 하여 기사문을 쓸 수 있는 데 수업목표를 두었다. 보고된 학생 특성에서도 알 수 있듯이, 학생들의 학업성취 수준은 개인 간의 차이가 크며 대부분 기초학력과 학습능력이 떨어진다는 것을 알 수 있다. 〈표 11-20〉에서 교사는 학생들의 능력을 I수준(상)과 II(하)로 구분하여 I수준은 기사문을 육하원칙에 맞게 이해하는 데에, II수준은 낱말을 익히고 그림을 보고 문장을 표현하는 데 학습 내용을 수정하였다. 제시된 어휘를 이해하고, 예시문을 읽고 육하원칙에 맞게 표현할 줄 알며, 실제 경험을 통해 기사문을 쓸 수 있게 될 것을 기대할 수 있다.

〈표 11-20〉 (국어)과 교수 · 학습과정안

<table>
<tr><td>단 원</td><td colspan="2">기사문 – (육하원칙을 중심으로)</td><td>차시</td><td>3/3</td><td>지도교사</td><td colspan="2">○○○</td></tr>
<tr><td>대 상</td><td colspan="5">고등부 3학년, 남(4)명, 여(2)명, 계 (6)명</td><td>장소</td><td>고등부 3학년 교실</td></tr>
<tr><td>본시 주제</td><td colspan="5">기사문을 육하원칙에 맞게 이해하기</td><td colspan="2"></td></tr>
<tr><td>학습 목표</td><td colspan="5">◆ I 수준(상) : 기사문의 내용을 육하원칙에 맞게 이해할 수 있다.
◆ II 수준(하) : 어휘의 뜻을 이해하고 간단한 문장을 익힐 수 있다.</td><td colspan="2">좌석배치도
◈ 교사
● ● ★ ★
★ ★ ★ ★
(★– I 수준,
●– II 수준)</td></tr>
<tr><td>자 료</td><td colspan="5">조작자료, PPT, 궤도.</td><td colspan="2"></td></tr>
<tr><td rowspan="3">학습 단계</td><td rowspan="3">학습 요소</td><td colspan="4">교 수 · 학 습 활 동</td><td rowspan="3">시간</td><td rowspan="3">자료 및 유의점</td></tr>
<tr><td rowspan="2">교사활동</td><td colspan="3">학생활동</td></tr>
<tr><td colspan="2">I 수준</td><td>II 수준</td></tr>
<tr><td>도 입</td><td>• 학습분위기 조성
–출석 확인–
• 발성 · 발화 연습
• 학습동기 유발
• 전시학습 확인
• 공부할 문제</td><td>• 이름 부르기
• 발성연습
('ㅂ' 입술소리)
• 최근 시사 내용 이야기 하기
• 육하원칙의 종류</td><td colspan="3">• 자신의 이름을 듣고 대답하기
• 오토바이 소리 흉내 내기
• 정확한 조음점을 생각하며 단어 읽기
• 서로 상의하여 알아 맞추기
• 배운 내용을 생각하며 발표하기
(누가, 언제, 어디서, 무엇을, 어떻게, 왜)</td><td>8′</td><td>• 실물화상기
• 신문(전국체육대회 내용)
• PPT
http://www.edunet4u.net</td></tr>
<tr><td></td><td></td><td colspan="4">【기사문에서 육하원칙에 해당되는 내용을 알아봅시다.】</td><td></td><td></td></tr>
</table>

전개	• 예시문을 읽고 낱말과 문장의 뜻 알기	• 다음 낱말은 무슨 뜻입니까? ① 회복되다. ② 베다. • 다음 문장의 뜻은 무엇입니까? ① 건강이 회복되다. ② 기계와 낫으로 풀을 베다.	• 낱말을 수화로 표현하고 설명한다. ①건강을 다시 찾다. ②(연장으로)자르다. • 제시한 문장을 설명한다. • 수화와 구화로 표현해 본다.	• 단어의 뜻을 이해하며 쓴다. 문장을 보고 수화로 따라한다.	27′	• 학습지(II 수준) • PPT • 조작자료 • 실물화상기
	• 예시문의 줄거리 파악하기	• 예시문(1)을 읽고 육하원칙에 맞게 발표해 봅시다. • 예시문(2)를 읽고 육하원칙에 맞게 발표해 봅시다.	(모듬학습) • 육하원칙에 알맞은 내용으로 1조가 발표한다(최○○, 우○○) • 육하원칙에 알맞은 내용으로 2조가 발표한다. (권○○, 황○○)	• 그림자료를 보고 '누가, 무엇 을, 어찌하다'로 구분하여 문장을 쓰기를 한다.	27′	• 조작자료 • 실물화상기 ① '왜'에 대한 요소는 '무엇을'에 해당되는 행동의 원인이나 이유를 생각해 본다.
정리	• 학습 정리 • 형성평가 • 차시예고 및 과제 제시	• 기사문의 내용과 육하원칙에 대해 요약·정리한다. • 평가지 배부 • 학습지에 풀어오기	• 기사문의 내용은 육하원칙에 맞게 있는 사실 그대로 쓴다. • 평가 문제를 해결한다. 13과 '친구'의 내용을 읽고 단어 찾아오기		10′	• 조작자료 • 평가지

판 서 계 획	형 성 평 가
1. 단어 학습 : ① 회복되다 ② 베다(깎다) 2. 문장학습 : ① 건강이 회복되다. ② 낫으로 풀을 베다(깎다). ③ 칼로 연필을 깎다. ※ [-(으)로] : 기구격 조사	1. '예시문'에서 '무엇을'에 해당되는 내용을 쓰시오. ( ) 2. '예시문'에서 '어떻게'에 해당되는 내용을 쓰시오. ( )

다음은 청각장애학교 고등부 3학년을 대상으로 한 독서과 교수·학습과정안의 예이다.

〈표 11-21〉 (독서)과 교수 · 학습과정안

단원	3. 현대시	본시 주제	「향수」(정지용)의 이미지를 통한 내용 파악하기			차시	2/3
일시	2010. 06. 24.(목) 4교시	대상	고등학교 3학년	장소	고3 교실	지도 교사	○○○
선수 학습능력	시의 기본적인 구조를 이해하나 이미지를 형상화하는 데 어려움이 있다.						
본시 학습목표	시 '향수'(정지용)의 내용을 이미지를 통해 내용을 파악할 수 있다.						

단계	지도 요소	교수 · 학습활동		자료 및 유의점
		교사활동	학생 활동	
도입 (7')	• 출석 확인	• 이름 부르기	• 자신의 이름을 구화로 대답한다.	• 자신감을 가지고 발표한다. • PPT
	• 호흡훈련	• 호흡훈련 (발성연습)	• 초성 'ㅅ' 발성연습	
	• 청능훈련	• 과일 이름 변별하기	• 과일 이름을 변별한다(수박, 사과).	
	• 동기유발하기	• 고향에 대한 추억 질문하기	T1 : 고향이 시골입니까? 도시입니까? S1 : 시골 농촌마을입니다. T2 : 어렸을 적 고향의 모습을 말해 보세요. S2 : 산과 강이 흐르고 들에서 부모님께서 일하는 모습과 소가 풀을 뜯고 있는 모습 등이 떠 오릅니다.	
	• 전시학습 확인	• 시 '향수'의 어휘 알아보기	• 배운 내용을 생각하며 발표한다.	
	• 공부할 문제 제시	• 공부할 문제 확인하기 (수화와 구화로 표현하며 읽기)	시 「향수」의 내용을 이미지를 통해 내용을 파악해 봅시다.	
전개 (28')	• 내용 파악하기	• 시의 구성 확인하기	T1 : 모두 몇 연으로 구성되어 있나요? S1 : 5연입니다. T2 : 1연을 이미지화 하면 어떤 모습일까요? S2 : 제시한 그림 중에서 선택하고 설명한다. T3 : 2연을 이미지화 하면 어떤 모습일까요? S3 : 제시한 그림 중에서 선택하고 설명한다. T4 : 3연을 이미지화 하면 어떤 모습일까요? S4 : 제시한 그림 중에서 선택하고 설명한다. T5 : 4연을 이미지화 하면 어떤 모습일까요? S5 : 제시한 그림 중에서 선택하고 설명한다.	• 제시한 그림과 시의 내용을 서로 연결하여 이미지화 한다. • PPT

			I수준	II수준	자료 및 유의점
		• 각 연을 이미지화 하기	T4: 5연을 이미지화 하면 어떤 모습일까요? S5: 제시한 그림 중에서 선택하고 설명한다. T6: 과일과 관계된 문장을 구화와 수어로 표현해 보세요. S6: 구화 및 수화로 표현하고 뜻을 이해한다.	T1: 수박은 무슨 색인가요? S1: 초록색입니다. T2: 참외는 무슨 색인가요? S2: 노란색입니다. 제시한 그림카드(수박, 참외)에 초록색과 노란색을 구별하여 색칠을 한다.	• 수어와 구화로 발표하게 한다. • 문장을 어순에 알맞게 쓰게 한다. • PPT
정리 및 차시 예고 (10')		• 정리 및 형성평가하기	• 과일과 관계된 단어와 문장을 수어로 표현할 수 있는지를 확인한다.		• PPT
		• 차시 예고	• I 수준 : 동네 과일가게에 있는 과일 이름 알아오기 • II수준 : 맛과 관계된 단어 조사해 오기		
핵심판서		【수어로 단어 알기】 ☞ 여름철, 가게, 초록색, 노란색, 달콤하다. 【기본개념 형성하기】 1. 수박은 무슨 색 입니까? ☞ (초록색)입니다. 2. 참외는 무슨 색 입니까? ☞ (노란색)입니다. 【문장 활용하기】 1. 날씨가 더운 (여름)입니다. 2. 수박(참외)을 먹고 싶어요. 3. 수박(참외)이 달콤해요. 4. 수박(참외)을 맛있게 먹어요.			
학습태도 평가기준		• 수업활동에 적극적으로 참여하였는가? • 자신감을 가지고 즐거운 마음으로 학습에 임하는가? • 자기 활동을 잘 수행하였는가?			

참고문헌

강경숙, 이나영(2006). 장애학생의 교육과정적 통합을 위한 수행평가 수정 실행과정 모색. **특수교육저널: 이론과 실천, 7**(2), 237-263.

강경숙, 최세민, 유장순, 김희규(2009). 정신지체학생의 교육과정적 통합을 위한 초등학교 과학과 교육과정 수정 적용사례. **초등교육연구, 22**(3), 287-314.

강종구(2009). 대안평가의 특성 및 효용성에 대한 탐구. **시각장애 연구, 25**(4), 127-146.

고상숙, 김숙(2003). 학교 현장에서 활용 가능한 수학과 수행평가 도구 개별. **한국수학교육학회지, 15**(1), 201-206.

교육부(2017). **초 · 중등학교 통합교육 실행 가이드북 Ⅰ**. 세종: 세종특별자치시교육청.

권순황(2014). 청각장애학생 공통교육과정 운영에 관한 연구. **한국청각 · 언어장애교육연구, 5**(2), 1-19.

권요한(2013). 청각장애학생의 학업성취 관련 요인 분석. **특수아동교육연구, 15**(3), 1-22.

국립특수교육원(2002). 한국 장애학생의 학업성취도 분석 연구.

국립특수교육원(2003). 장애학생의 국가수준 학업성취도 평가 참여 방안 연구.

국립특수교육원(2009). **특수교육학 용어사전**. 서울: 도서출판 하우.

김경진(2001). 청각장애 학생의 언어지도와 수화교육의 탐색. **특수교육 교육과정 연구, 2**, 247-264.

김승호(2016). 교육과정의 개념 모색. **교육논총, 53**(1), 1-19

김영한, 김성옥(2011). 과학과 교수적 수정이 정신지체아의 과학과 의사표현력에 주는 의미. **특수교육재활과학연구, 50**(2), 101-130.

김지영(2012). 교육과정 수정연구 동향 및 실험연구 분석: 국내 연구를 중심으로. **특수아동교육연구, 14**(3), 523-541.

김진희, 이기문(2001). **교육학 주제별 용어사전**. 경기: 지구문화사.

박선희, 이규식(2002). 청각장애 유아를 위한 포트폴리오 평가에 대한 고찰. **난청과 언어장애연구, 25**(1), 15-27.

박승희(1999). 일반학급에 통합된 장애학생의 수업의 질 향상을 위한 교수적 수정의 개념과 실행 방안. **특수교육학연구, 34**(2), 29-71.

박은혜, 김정연(2010). **지체장애 학생 교육**. 서울: 학지사.

박인수(2007). 청각장애 특수학교 개별화교육계획 수립과 운영에 대한 질적연구. 창원대학교 대학원 박사학위논문.

백순근, 허경철, 김신영, 채선희, 구자억, 최돈형, 이인제, 김왕근, 박경미(1996). **국가 공통 절대평가 기준 일반모형 개발 연구**. 충북: 한국교육개발원.

박창언(2011). 특수교육 교육과정의 법적 근거 규정의 문제와 대안 탐색. **특수교육학연구,**

46(1), 79-99.

서울대학교 교육연구소(2011). **교육학 용어사전**. 서울: 도서출판 하우.

서유진(2011). 학습장애 학생과 경도 정신지체 학생을 위한 초등 수학교과 교수적 수정 방안 분석. **학습장애연구, 8**(2), 129-161.

신현기(2004). **통합교육 교수적합화**. 서울: 학지사.

오세웅(2015). 기본 교육과정에 의한 교과의 분화와 통합과정 연구. **특수교육교과교육연구, 8**(3), 51-7.

윤금희, 김미숙, 이세시리아(1999). 초등학교 특별활동에서의 관현악반 수행평가 방안연구. **교과교육학연구, 3**(1), 68-87.

이경회, 이상우, 최원령(1989). 학습환경 개선을 위한 국민학교 교실의 설계기준 설정에 관한 연구(2) / 음환경을 중심으로. **대한건축학회 논문집, 5**(6), 225-235.

이만석, 이한주(2011). 교수적합화를 통한 장애아동의 통합체육 단일대상 연구. **한국체육학회지, 50**(1), 243-259.

임호찬, 송진숙(2001). Colored Progressive Matices(CPM) 지능검사를 통한 정상아동과 청각장애 아동의 비교연구. **한국영유아보육학, 25**(6), 243-259.

정동영(2007). 장애학생의 교육성과 제고를 위한 평가전략. **정신지체 연구, 9**(4), 135-159.

정동영, 정현우(2012). 장애학생을 위한 평가수정의 쟁점 해소방안 탐색. **특수교육교과교육연구, 5**(1), 1-18.

정정호(2007). 우수한 교실음향 구현을 위한 설계기준 및 개선방향 조사. **방재기술**, 17-25.

조한무(2004). 포트폴리오를 활용한 교수와 평가의 통합수업 소개. **경인교육대학교 과학교육논총, 16**(1), 261-286.

한국청각언어장애교육학회(2012). **청각장애아동교육**. 경기: 양서원.

전라남도교육청 www. jne.go.kr(2017. 06.02. 인출).

제 12 장

통합교육과 통합수업

예고된 불행이었다 한들
피할 수 없는 것들이
있는 것처럼
우리에게는 늘 준비된
선물이 있다.
오늘이 아니면
내일은 꼭 찾아올 그런……

이 장은 '통합교육'과 '통합수업'이라고 하는 소주제를 다룬다. 모든 아동은 동등한 권리와 기회를 제공받아야 하며, 장애아동의 경우에도 장애유형이나 장애의 심각성 정도와 상관없이 일반교육기관에서 교육받을 권리를 갖는다. 이는 「헌법」이 보장하고 있는 교육권에 해당하며, 이처럼 장애아동이 특수교육기관이 아닌 일반교육기관에서 교육받는 것을 우리는 '통합교육'이라고 한다. 그러나 그러한 통합이 물리적 통합이 아닌 교육적 성취를 이룰 수 있는 교수활동적 통합과 사회적 통합을 모두 아우를 수 있을 때 비로소 진정한 통합교육이 이루어졌다고 말할 수 있다. 이 장에서는 통합교육에 대한 일반적인 내용과 청각장애 학생을 위한 통합수업에서 이루어지는 여러 가지 지원방법을 살펴보고자 한다.

- 통합교육이란 무엇이며, 청각장애 학생 통합교육에서 중요한 쟁점은 무엇인가?
- 일반학급에 통합된 청각장애 학생들에게 적용할 수 있는 전략들에는 무엇이 있는가?

1. 통합교육

1) 통합교육의 정의

통합이란 어원상으로 볼 때, 원상회복(복구)으로서 원래 하나였던 것이 분리된 것에 대해 다시 되돌아오는 것을 말한다. 통합은 외적 결합과 내적·정신적인 유대를 모두 포함한다. 따라서 통합이란 장애아동을 일반아동이 교육받고 있는 시설에 배치하는 것만을 의미하는 것이 아니다. 통합이란 사회 구성원들이 얼마만큼 공동체 의식 속에서 함께 기여하고 역할을 하느냐의 문제, 즉 사회통합과 밀접하게 관련되어 있다. 학교에서 이루어지는 통합교육은 학교 내의 교육적 통합뿐만 아니라 우리 사회의 전반적인 사회통합을 이끌어 내는 중요한 도구적 성격을 갖는다는 점에서 민주사회가 추구하는 통합의 가장 기초적인 단계의 요건이 된다. 통합교육은 세계 대부분의 국가들이 지향하는 교육정책 중 하나이며 우리나라도 통합교육을 받는 학생들의 수는 매우 빠르게 증가하고 있다.

통합교육이란 장애아동과 일반아동이 같은 교실에서 자신의 수준에 적합한 교육을 받고 함께 배우고 놀면서 또래아동들과 동일한 학급 구성원으로 받아들여지는 것을 말한다. 통합교육 도입 당시 핵심은 분리부터의 해체, 최소한의 분리 그리고 장애학생의 일반학교 배치에 있었으며, 평등과 참여 그리고 인간 존엄성 보장 등의 철학적 사고가 바탕이 되었다. 통합교육의 이론적 모형을 구성하는 구체적인 개념들은 다음과 같다.

〈표 12-1〉 통합교육의 구체적 개념

용어	개념
정상화 (Normalization)	1960년대 스칸디나비아 반도에서 시작된 철학으로서 장애인의 분리와 격리적 보호에 반대하고, 보통의 생활환경 속에서도 정상적인 생활을 할 수 있다는 이념이다. 사회는 가능한 한 정상에 가까운 생활양식을 누릴 수 있도록 해 주어야 한다.

탈수용시설화 (Deinstitutionalization)	분리된 수용시설에서 지역사회로의 이동을 말한다. 수용시설에서 적절한 교육을 받지 못하였다는 비판에서 출발하였다.
최소제한환경 (The Least Restrictive Environment)	장애아동은 또래, 가정, 지역사회로부터 가능한 한 최소한으로 분리시켜야 한다.
주류화 (Mainstreaming)	장애아동들은 가능한 한 일반학급 내에서 통합하여 함께 수업을 받을 수 있도록 하며, 부족한 부분에 대해서만 특수교육을 받도록 하는 점진적 · 단계적 통합교육 형태를 말한다.
일반교육주도 (Regular Education Initiative: REI)	특수교육은 일반교육과 특수교육 체제가 아닌 일반교육하에 편입된 단일체제로 구축되어 일반교육이 특수교육을 주도해야 한다.
완전통합교육 (Full Inclusion)	모든 장애아동이 장애유형과 장애 정도에 상관없이 일반교육환경에 배치되고, 필요한 부분에서는 특수교육 서비스가 제공되는 통합교육 형태를 말한다.

출처: 고은, 진현자, 최진숙(2010).

우선 특수교육의 구법이라 할 수 있는 「특수교육진흥법」 제2조 6항에 규정된 통합교육의 법적 정의는 다음과 같다.

> "통합교육은 특수교육대상자의 정상적인 사회적응 능력의 발달을 위하여 일반학교에서 특수교육대상자를 교육하거나, 특수교육기관의 재학생을 일반학교의 교육과정에 일시적으로 참여시켜 교육하는 것을 말한다."

반면에 신법인 「장애인 등에 대한 특수교육법」[1] 제2조에서는 "통합교육이란 특수교육대상자가 일반학교에서 장애유형 · 장애 정도에 따라 차별을 받지 아니하고 또래와 함께 개개인의 교육적 요구에 적합한 교육을 받는 것을 말한다."라고 규정하고 있다. 이는 일시적 참여를 통합교육으로 간주하고 있지 않으며, 보다 적극적으로 완전통합교육의 개념이 반영되고 있다는 것을 보여 주고 있다.

통합교육을 실현하기 위해서는 크게 다음 세 가지 요소를 전제로 한다.

---

1) 2007년 4월 30일 국회를 통과하여 2007년 5월 25일 공포되었으며 2008년 5월 26일부터 시행되었다.

첫째, 물리적 통합(시간적 통합)이다. 장애아동을 또래들이 있는 일반교육 환경에 배치하는 것으로서 시간적 통합의 의미를 갖는다. 장애아동에게 적합한 건축학적 설계와 교실배치 등은 성공적인 통합교육을 위한 중요한 조건이 된다.

둘째, 교수활동적 통합(교육과정적 통합)이다. 장애아동이 일반교육 환경의 교수활동에 참여하는 것을 의미한다. 이를 위해서는 교육과정의 수정이 이루어져야 한다.

셋째, 사회적 통합이다. 장애아동이 통합학급에서 또래들과 의미 있는 상호작용을 함으로써 하나의 구성원으로 인식되고 수용되는 것을 의미한다. 사회적 통합은 통합교육 실천을 위한 가장 핵심이면서 가장 어려운 난제이기도 하다.

2) 완전통합교육의 정의

1994년 스페인의 살라만카에서 유네스코(UNESCO) 후원으로 '특별한 교육적 요구를 가진 이들의 교육을 위한' 국제회의가 개최되었다. 그리고 거기에서 처음으로 'inclusion'이라는 용어가 공식적으로 사용되었다. 이제까지 사용되었던 'integration' 대신 'inclusion'이라는 새로운 용어가 나오면서 통합교육에 대한 의미도 함께 변화되었다. 용어만 바뀌는 허구성이 아닌 살라만카 선언문은 실제로 통합교육에 대한 새로운 정책 틀을 변화시킨 것이다.

회의결과를 발표한 살라만카 선언문(The Salamanca Statement on Principles, Policy and Practice in Special Education)에서는 장애를 가진 이들을 위한 특수교육만이 아니라 모든 이들을 위한 교육이 강조되었다(박혜준, 2010). 즉, 통합교육에 대한 논쟁의 핵심이 더 이상 장애학생을 일반 교육환경에 배치하는 정책상의 문제에 머무르지 않고, 'schools for all'– 모든 이들을 위한 교육으로서의 통합교육으로 옮겨간 것이다. 살라만카 선언문에서 의미하는 완전통합교육(inclusion)이란 학교에서 교육을 받는 모든 학생의 다양성을 인정하고, 장애학생뿐만 아니라 학습에 어려움을 갖는 모든 이들을 위한 교육을 말한다. 등가성(等價性)은 인정하되, 동질성은 받아들이지 않는, 즉 차이에 대한 동등한 권리를 바탕으로 한다. 다르다는 것 자체가 정상적인 것이며 기본적으로 다양한 수준의 이질적 집단의 학생들이 모인 학교는 그들의 교육적 요구를 충족시켜 주어야 한다는 것이 완전통합교육의 가장 기본이 된다(고은, 2012). 법과 제도를 통해 통합교육(integration)이 만들어져 왔다면, 완전통합교육(inclusion)은 사회 전반적인 가치관의 변화와 학교조직의 변화를 전제한다는 점에서 많은 과제를 안고 있다. 동시에 완전통합교육은 우리가 반드시 지향해야 하는 학교개혁의 시작이기도 하다.

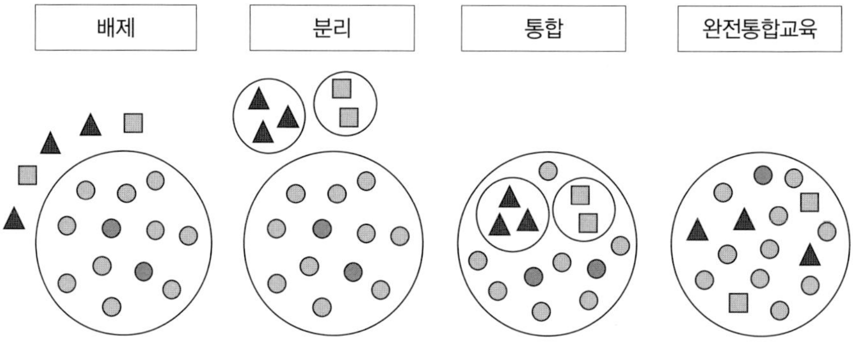

[그림 12-1] 배제모델에서 완전통합교육모델(Grohnfeldt, 2015)

일반학교에서 일부 수업은 일반학생과 같이 듣지만 그 외의 경우에는 특별교실에서 장애학생들끼리 수업을 받는 경우는 완전통합교육이라고 지칭하지 않는다. 이러한 부분통합의 경우에는 일반교사가 장애학생을 통합학급에서 배제하여 특수학급으로 보낼 수 있지만, 완전통합교육에서는 모든 학생들에 대한 교육과 지도책임을 일반교사가 지게 된다. 이때 특수교사는 하나의 팀으로 학급을 운영하게 된다. 완전통합교육 상황에서는 일반교실에서의 수업이 다양한 학생을 모두 수용할 수 있어야 하며, 교실 내에서 관련 지원서비스가 지원될 수 있어야 한다. 즉, 완전통합교육에서는 장애학생이 일반교실에 적응하는 것이 아니라 일반교사가 학생이 가지고 있는 장애특성에 적응하여 수업전략을 보완한다(최연숙, 박원희, 2012). 다음은 완전통합교육에서의 교사의 사고적 전환을 도식화한 것이다.

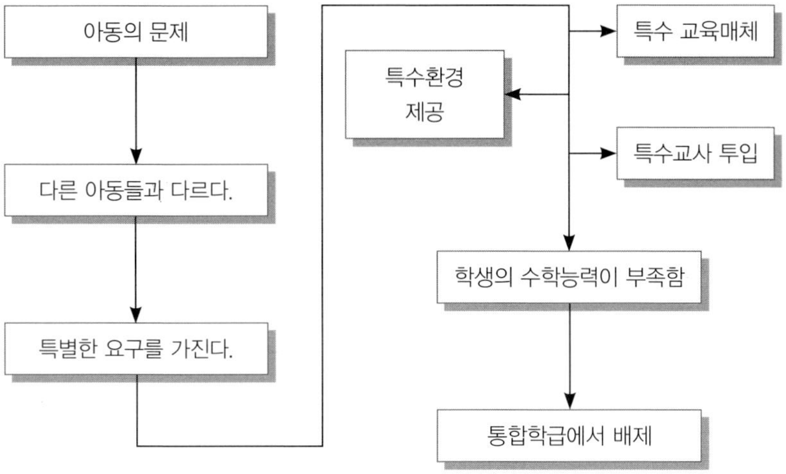

[그림 12-2] 통합교육에서 교사의 사고

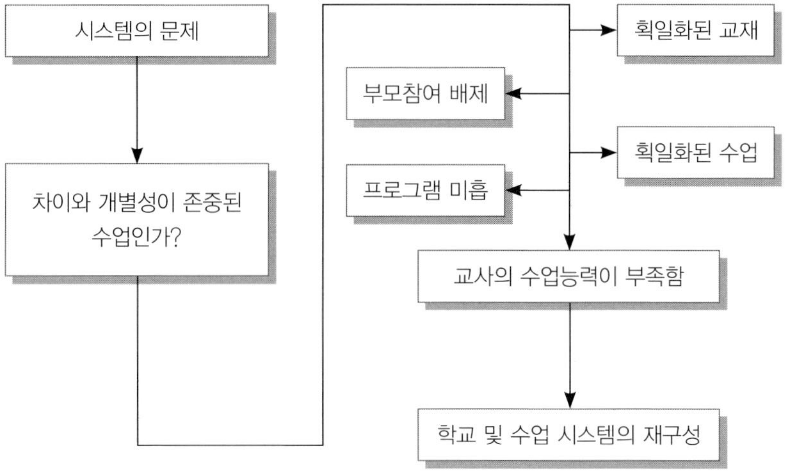

[그림 12-3] 완전통합교육에서 교사의 사고적 전환

출처: 고은(2012).

3) 청각장애학생의 통합교육

국내의 경우 1970년대는 특수학급의 시도기라 할 수 있으며, 1980년대는 특수학급 수의 양적 급성장기 그리고 1990년대는 시간제 특수학급의 확장기라 할 수 있다(박승희, 1999). 특수학급을 중심으로 시작된 통합교육의 양적 팽창은 2010년으로 접어들면서 일반학급 내 통합교육으로 확장되기 시작하였다. 2015년 특수교육연차보고서

(교육부)에 따르면 우리나라 청각장애 특수교육대상자의 약 70% 이상이 현재 통합교육을 받고 있다. 2006년 발표자료에 근거하여 볼 때 일반학교에서 교육을 받는 청각장애 아동의 수가 전체 청각장애 특수교육대상자의 약 46%로, 불과 10년 사이에 2배 이상 증가하였다는 것을 알 수 있다. 특히 일반학급에 통합된 청각장애 학생은 2001년 0.8%에서 2011년 44%, 2014년 약 50%로 10년 사이에 50배 이상이 증가하였다(전응섭, 정은희, 2015). 신생아 선별검사의 시행, 보청기 기술의 발달 그리고 인공와우 착용의 증가로 인해 최근 10여 년 동안 통합교육을 받는 청각장애 아동의 수는 급증하였으며 이 추세는 앞으로도 유지될 것으로 보인다.

문제는 통합교육의 운영방식이다. 지금까지는 물리적 통합에 치중된 통합교육의 양적 팽창에 주력하였다면, 이제는 교수활동적 통합과 사회적 통합까지의 질적 부분에 대한 고려와 개선방안을 모색해야 할 시점인 것이다. 통합교육 환경 자체가 청각장애 아동에게 최고의 환경이 될 수는 없다. 특히 청각장애 아동은 듣기능력의 결함으로 구어 사용이 잘 되지 않으며, 수업 내용을 이해하는 데 어려움이 있을 뿐만 아니라 또래 아이들과의 상호작용도 취약하다는 점에서 적절한 중재 없이는 통합교육의 수혜자가 아닌 피해자로 전락할 수 있는 가능성 또한 배제하기 어렵다. 일반학교에 적응하지 못하고 적지 않은 수의 청각장애 학생들이 청각장애학교로 복귀하는 현상은 이러한 문제점을 잘 보여 주는 것이라 할 수 있다. 청각장애학교로의 복귀는 초등학교 과정에서 약 50%, 중학교와 고등학교에서 각각 28%, 21%로 보고되고 있다(김정화, 2009). 이는 청각장애 학생의 통합교육 배치환경이 반드시 교육의 효율성을 보장해 주는 것은 아니라는 것을 말해 준다. 청각장애 학생이 적절한 수준에서 학습을 위한 준비가 되어 있지 않거나, 교사가 학생을 가르치는 방법을 알지 못할 경우 어떠한 커리큘럼이나 개별화된 교육 프로그램도 학업을 성공적으로 이끌 수 없다는 점에서(이종민, 최상배 역, 2012), 통합교육 자체가 최적의 환경이라고 말할 수 있는 근거는 없다.

통합교육 현장에서 나타나는 대표적인 문제점은 다음과 같다.

첫째, 통합학급 교사의 전문성과 지식 부족이다. 특수학급으로 운영되는 통합교육의 형태에서는 최소한 행정적인 측면에서 볼 때 한 명의 장애학생을 2명의 교사가 담당한다. 여기서 2명의 교사란 통합학급 교사와 특수학급 교사다. 이들은 서로 협력관계를 유지하며 공동의 목적 달성을 위해 노력해야 한다. 장애학생의 입장에서도 통합학급과 특수학급이라고 하는 이원적인 집단 구성에 적응해야 하며, 이때 무엇보다도 중요한 것은 통합학급 담임교사의 교육적 전문성과 태도이다. 교사가 통합학급을 담당하기에 충분한 역량을 지니고 있는지, 통합학급 담임교사로서 필요한 조건을 지니고 있는지는 통합교육의 성패를 결정짓는 매우 중요한 요소이다. 현재 초등학교의 경우 특수교사 자격증을 소지하거나 연수를 이수한 교사의 수가 점점 증가하고 있다고는 하나, 그것이 통합학급의 수요를 따라가지 못할 뿐만 아니라 그 전문성은 매우 낮은 상황이다(박상민, 이대식, 2010). 물론 중등학교의 경우에는 그 문제의 심각성이 더욱 크며, 이는 질적인 통합교육 실행을 위해 노력해야 하는 매우 중요한 과제다.

둘째, 일반아동들로부터의 심리적 거부이다. 소속된 통합학급이 시간적 통합 이상을 제공하지 못한다면, 장애학생은 더 고립되고 더 제한된 환경에 놓이게 된다. 시간적 통합은 통합교육의 확대만으로도 가능하지만 장애학생에 대한 사회적 통합의 실현은 별개의 문제이다. 장애학생의 외모, 사회적 위축행동, 사회적 기술의 결함, 장애에 대한 부정적 태도와 편견 그리고 장애학생들에 대한 부모들의 부적절한 행동 등으로 인해 통합교육 현장에서 많은 장애학생들은 수용되지 못하고 오히려 무시당하거나 거부당하고 있다(최은정, 박순길, 2014). 통합교육의 긍정적인 결과를 위해서는 또래 아동들의 감성적이고 수용적인 태도가 무엇보다도 중요하다.

셋째, 입시 위주의 학교교육 풍토이다. 해방 이후 한국은 모든 영역에서 새로운 질서로 재편되는 변화를 겪었으며, 그 가운데 끊임없이 교육개혁이 이루어졌다. 그럼에도 한국교육의 현실은 교육의 수단적 가치화, 학력 지상주의, 물질 만능주의 등으로 인한 인격교육의 부재가 여전히 지적되고 있다. 입시 위주의 교육현장은 '협력'과 '이해'보다는 '경쟁'을 강조하고 따라서 통합교육이라고 하는 새로운 상황을 받아들이는 데 제한점을 안고 있다. 학교라는 곳은 본래 다양한 특성과 서로 다른 문화적 배경을 가진 학생들이 모여서 함께 성장해 나가는 곳이라는 인식이 전제되어야 한다.

넷째, 일방적인 일반교육과정으로의 통합이다. 제7차 교육과정에서 청각장애 학생의 통합교육을 위해 국민공통기본교육과정을 적용해야 한다는 주장은 이론적 차원에서는 설득력이 있으나 이것이 실제 청각장애 학생의 특성을 충분히 고려하였는지, 지도하는 교사의 지지를 근거로 하고 있는지에 대해서는 의문이 제기된다(박인수, 2010). 청각장애 학생의 경우 보청기나 인공와우 착용에도 불구하고 언어발달 지체로 인한 의사소통 결함을 가지고 있으며, 그로 인하여 교과수업 성취능력과 낮은 학업성취도를 보인다는 점에서 일방적인 일반교육과정으로의 통합보다는 교육과정의 재논의가 필요할 것으로 보인다.

청각장애 학생들이 일반학급에서 성공적으로 적응하기 위해서는 그 밖에도 수많은 요건이 개선되고 보완되어야 한다. 통합학급 교사를 지원해 주는 조직뿐만 아니라 일반 학생들을 대상으로 한 장애이해 프로그램, 일반교사의 평등적 시각 및 수화에 대한 긍정적 태도와 교육과정의 수정 등이 뒤따라야 한다. 무엇보다도 수화통역사나 필기통역사를 활용하는 지원방법과 청각장애 교육 전문가를 순회교사로 활용하는 방법 등은 통합교육을 받고 있는 청각장애 학생을 지원하는 중요한 방법이 된다(최상배, 2012). 국내의 경우 통합교육을 받고 있는 청각장애 아동에 대한 이와 같은 지원체계는 아직 정립되지 않은 상태이며, 일반학교에서 통합교육을 받고 있는 청각장애 학생을 어떻게 지원할 것인가에 대한 대책 마련은 매우 시급한 문제이다.

2. 통합수업

1) 협력

(1) 협력유형

일반교사와 특수교사와의 협력은 상호교류(reciprocity)와 신뢰(trust) 정도에 따라 coactivity(공동활동), cooperation(협력), coordination(조정) 그리고 collaboration(협업)으로 구분된다.[2]

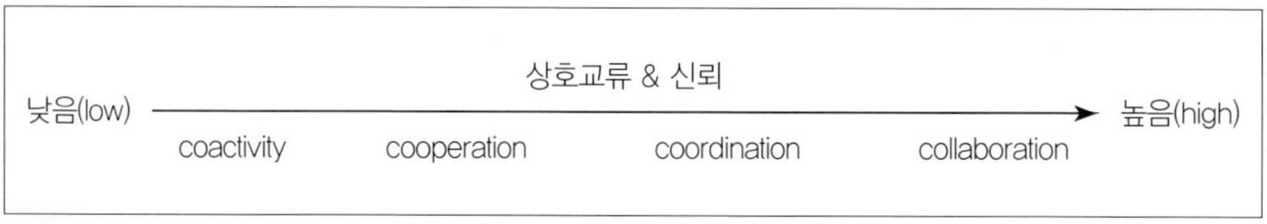

출처: Marvin(1990).

2) coactivity는 함께 행동을 한다는 의미에서 '공동활동', cooperation은 가장 일반적 의미로서의 '협력', coordination은 다른 구성원이 하고 있는 일을 알고 그에 따라 서로 조정하며 조화를 이루어 함께한다는 맥락에서 '조정' 그리고 collaboration은 '협업'으로 번역한다.

coactivity(공동활동)는 일반교사와 특수교사가 비슷한 영역의 업무를 보지만 수업과 관련하여서는 독립적이다. 각자의 생각을 서로 교환하는 일도 거의 없으며 계획을 짜고 실행하는 과정에서도 특별한 지원이나 피드백을 하는 일도 없다. 상호교류가 거의 없는 활동 단계라고 할 수 있다.

cooperation(협력)은 일반교사와 특수교사 간에 협력이 이루어지는 단계로서 수업시간을 협의하거나 일반적인 목표를 설정하는 데에는 서로 협의를 한다. 그러나 개개 학생에 대한 구체적인 지원방법에 대해서는 함께 논의하지 않는다. 이런 관계에서 협력수업을 하게 될 경우에는 역할과 책임 부분이 명확하지 않아 오히려 혼선을 빚게 된다. 매우 소극적인 협력 단계이다.

coordination(조정)은 일반교사와 특수교사 간에 신뢰가 바탕이 되는 단계다. 개개 학생을 어떻게 지원할 것이며 수업목표와 수업구성을 어떻게 할 것인가에 대해 직접적인 논의가 이루어진다. 그러나 역할과 책임에 있어서는 명확한 구분이 지어져 있다.

collaboration(협업)은 두 교사 간에 신뢰와 존중을 바탕으로 완전한 하나의 팀이 되는 협력형태이다. 수업 상황에 따라 각자가 가지고 있는 능력을 유동적으로 발휘하고 '상황적 리더십(situational leadership)'이라 하여 일반교사와 특수교사는 동등한 협력관계를 유지한다. 즉, 역할이 명확하게 구분되지 않아서 일정 부분에서는 업무가 중복되는 것처럼 보이기도 한다. collaboration은 가장 효율적이고 바람직한 협력형태로 간주됨과 동시에 현실화시키기에는 가장 어려운 형태이기도 하다. 머빈(Marvin, 1990)은 네 가지 협력형태의 특성을 다음과 같이 정리하고 있다.

〈표 12-2〉 협력의 형태

	과제	장점	단점
coactivity	독립적으로 업무수행	책임 소재가 분명함	• 중복지도의 가능성 • 정보교류의 어려움
cooperation	시간표 조정과 기본적인 목표에 대한 합의	수업내용에 대한 합의가 필요하지 않음	• 형식적인 차원에서의 정보교류 • 상호공통적인 지원이 어려움
coordination	수업에 대해 공동책임을 갖고 수업내용에 대해 함께 공유하되, 독립된 책임영역이 있으며 역할이 고정됨	역할이 분명하고 신뢰하는 분위기 속에서 공동지원이 가능함	• 서로 간의 갈등 가능성이 높아질 수 있음 • 합의가 필요함

collaboration	공동 가치, 상황에 따른 특수 지식과 기능 투입, 공동으로 수업 준비, 역할 교대 가능	–상호 간의 높은 신뢰도와 상호존중적인 업무 수행이 가능함 –학생들에게 협력에 대한 하나의 모델이 됨 –수업계획과 진행을 모두 함께 함	–서로 관계가 좋지 않을 경우 진행이 어려움 –시간 투자가 필요함

출처: Marvin(1990).

앞의 네 가지 협력형태를 좀 더 쉽게 예를 들자면 coactivity는 기존의 풀아웃(full out) 시스템에서의 교사와 언어치료사와의 관계에 해당한다. 두 집단은 서로 독립적으로 대상 아동을 지도하고 매우 독립적인 장소와 시간 속에서 서로의 목표를 가지고 활동하기 때문에 함께 정보를 공유하거나 직접적으로 지원하지 않는다. cooperation은 조직 구성원 간의 협동을 일컫는 용어로서 상호 간에 기본적인 지원을 제공하는 것을 말한다. 그룹 구성원 사이에 나누어진 과업을 개인적으로 완수하고 최종 결과는 이들 개인적 산출을 합하는 개념으로서(송재준, 김문중, 2012), 일반학교 내의 특수학급 상황을 연상할 수 있다. 원적학급 교사는 특수교사와 시간표 조정을 하거나 특수교사는 IEP 작성 등과 같은 영역에서 일반교사와 협력하고 아동에 대한 정보를 제공할 수는 있다. 그러나 일반교사와 특수교사는 각자의 수업을 진행한다. coordination과 collaboration의 구별은 조금 더 어렵다. coordination에서 일반교사와 특수교사는 신뢰를 가지고 학생 한 명에 대해 공동의 목표와 책임의식을 갖는다. 공동의 목표를 설정하고 서로 밀접한 상호작용을 유지하되, coordination에서는 역할과 책임이 분명하다. collaboration 단계에서는 고유의 역할과 과업이 아닌 동등한 관계와 동등한 역할을 전제로 한다. 공유된 목표와 그에 따른 공동의 책임의식을 가지고 함께 중재하고 함께 평가하는 매우 긴밀한 상호작용을 전제로 한다. 하나의 협상 테이블에 앉아 서로 영향을 주고받으며 과업을 수행하는 것을 연상할 수 있는 형태이다. 이처럼 위 4개의 용어는 때로 혼재되어 사용되고 있으나 실제로는 분명한 차이가 있다.

(2) 협력적 접근

통합현장에서 무엇보다도 중요한 것은 전문가들의 협력이다. 이때 협력관계는 일반교사와 특수교사뿐만 아니라 교사와 관련 서비스 제공자, 교사와 부모 그리고 지역사회 요원들과의 협력에 이르기까지 매우 다양하다. 협력은 서로가 가지고 있는 강점과 자원을 활용함으로써 최상의 서비스를 제공할 수 있다는 장점을 갖는다. 물론 앞서 언급한 바와 같이 협력의 형태는 여러 가지 유형과 단계가 있다.

우선 협력적 접근이란 공동의 목표를 향해서 두 명 이상의 사람들이 함께 일하는 것을 말한다. 즉, 일반교사는 일반학급에서, 특수교사는 특정 시간에 특수학급에서 학생을 직접 가르치는 pull out의 형태라 할지라도 공동으로 목표를 세우고 그 문제에 대해 함께 확인하고 정보를 교환하고 함께 관련 업무를 수행한다면 이는 협력적 접근이다. 그러나 만약 특수학급에서 장애학생이 무엇을 새롭게 배우고 있는지, 일과 활동 내에서 어떻게 피드백을 주어야 하는지를 알지 못한 채로 독립적 관계를 유지한다면, 이는 협력활동이 이루어지고 있다고 볼 수 없다. 즉, 협력적 팀 접근(collaborative team approach)이란 하나의 공동목표를 향해 둘 이상의 팀 구성원들이 함께 계획하고 의사결정하며 문제를 해결해 나가는, 즉 적극적인 상호작용 과정을 말한다. 이때 궁극적인 목적은 장애학생에게 최상의 적절한 지원을 제공하는 것이다.

협력적 접근이 이루어지지 않고 각자의 전문영역에서 명확하게 분담된 업무를 특정 장소에서 각각 독립적으로 수행할 경우, 교사는 다른 동료나 전문가들과 고립되고, 자신의 지식이나 경험을 넘어서는 새로운 교수적 접근을 시도할 수 있는 기회가 차단된다(김경숙, 2006). 성공적인 협력적 접근이 가능하기 위해서는 몇 가지 조건을 충족시켜야 한다(이소현, 박은혜, 2011).

첫째, 자발적인 관계에 의해 협력이 이루어진다.
둘째, 상호적인 목표를 가지고 협력한다.
셋째, 각 사람은 동등하게 대접 받는다.
넷째, 각 사람은 동일한 의사결정 권한을 갖는다.
다섯째, 책임, 책무성, 자료를 공유한다.

2) 협력교수(co-teaching)

성공적인 통합교육이란 일반학급에 장애학생을 배치했다는 것만을 의미하는 것이 아니다. 장애학생은 통합교실에서 자신의 강점과 약점이 충분히 고려되고 최적으로 학습할 수 있는 환경과 기회를 제공받아야 한다. 통합교실에서 이루어지는 협력교수는 장애학생에게 적합한 교육과정을 운영하기 위한 매우 중요한 요소이다. 협력교수는 일반교사들 간의 팀티칭(team teaching)을 근간으로 한다. 여기서 팀티칭이란 한 명의 교사가 다수의 학생을 지도하는 수업 구조에서 벗어나 두 명의 교사가 한 팀으로 수업을 계획하고 교수하고 평가하며 공동 책임을 지는 교수방법을 말한다. 일반교육에서의 팀티칭은 특수교육에서 일반교사와 특수교사와의 협력교수 형태로 변화되었다(박소영, 2007).

> 협력교수란 2명 혹은 그 이상의 교사가 다양한 특성과 요구를 지닌 학생들을 같은 공간에서 함께 교수하는 것을 의미하는 것으로, 통합학습 교사와 특수교사는 학생들의 평가, 교수계획 및 교수직 수정, 자료수집, 행동지원의 전 영역에서 서로의 책임과 전문성을 공유하는 것을 말한다.
>
> 출처: 교육부(2017).

(1) 협력교수의 유형

일반교사와의 협력관계는 통합교육의 충분조건은 될 수 없지만, 필수조건임에는 분명하다. 이제까지는 일반학급에 통합되어 있는 장애학생을 정규수업에서 분리시키거나, 별도의 환경에서 특수교사가 개별 지도하는 방식이었다면, 최근 협력교수 모형에서는 두 교사가 모든 학생을 대상으로 함께 지도한다. 통합교실에서의 협력수업은 다음 여섯 가지 형태의 협력교수 방법을 고려할 수 있다.

교수-관찰교수(one teaching, one observing)는 교사 중 한 명이 관찰자의 역할을 담당하며, 수업시간 전체에 대한 세부적인 관찰 정보를 통해 새로운 관점과 학생의 진전 정도를 정확하게 진단할 수 있다. 스테이션 교수(station teaching)는 수업 내용을 모둠형태로 구분하는 것을 전제로 한다. 학생들은 움직이면서 2명의 교사로부터 다른 내용을 지도받는 형태다. 평행교수(parallel teaching)는 두 교사가 함께 수업을 계

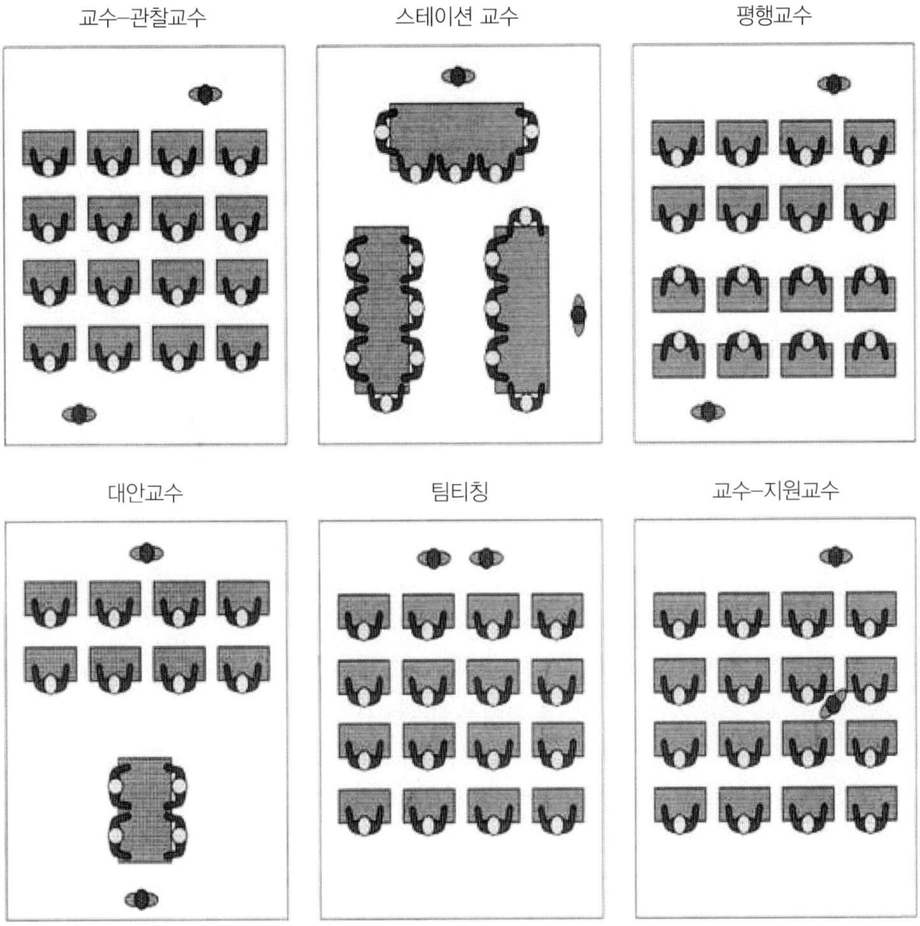

[그림 12-4] 협력교수 모형

출처: Werning, Avci-Werning(2015).

획하고 한 학급을 이질적인 두 집단으로 나눈 후 2명의 교사는 각각의 집단을 맡아 지도하는 방식이다. 그러나 학생들은 기본적으로 같은 수업내용을 배운다. 대안교수(alternative teaching)는 한 명의 교사가 대집단, 또 1명의 교사가 소집단에서 수업을 진행하는 방식이다. 이때 소집단은 개별지도가 많이 필요한 학생들로 구성된다. 팀티칭(team teaching)은 협력교수 가운데 가장 높은 수준의 협력이 요구된다. 이때 두 명의 교사는 동등한 책임과 역할을 갖게 되며 함께 교대로 수업을 진행한다. 교수-지원교수(one teaching, one assisting)는 1명의 교사가 수업에 대한 주 책임을 맡고 다수의 학생을 지도하는 동안에, 다른 1명의 협력교사가 도움이 필요한 학생을 개별지도하는 형태이다. 각 유형별 장점 및 고려사항은 다음과 같다.

〈표 12-3〉 협력교수 모형별 특성

모형	수업방식	장점	고려점
교수–관찰 교수	• 진단 목적에 부합함 • 공동으로 관찰 리스트 작성 • 한 명의 교사는 수업을 진행하고 다른 한 명의 교사는 수업관찰	• 수업 중 학생참여 및 상호작용을 상세하게 관찰 가능	• 우발적인 관찰이나 감시가 되지 않도록 함
스테이션 교수	• 2개 이상의 활동 공간 확보 • 교사는 수업내용을 모둠형태로 구성하고 학생들은 스테이션을 따라 이동하면서 각 담당 교사로부터 수업을 받음	• 소집단학습 가능 • 독립적으로 학습할 수 있는 기회 제공 • 교사와 학생의 비율이 낮음	• 이동 시 소음이나 관리 어려움 • 내용 중복이나 갈등요소에 대한 철저한 준비가 요구됨 • 학습 내용이 위계적이지 않아야 함
평행교수	• 두 교사가 각자의 방식대로 수업 진행 • 동일한 수업 내용	• 요리나 미술활동 등과 같이 교사 대 학생의 비율이 낮은 활동에 적합함 • 집중적인 지도와 연습이 가능	• 충분한 공동 계획이 요구됨(난이도와 수업진행 속도의 일관성) • 넓은 교실 공간 • 소음 및 문제행동 문제 발생 • 학생들의 선호도가 편중될 수 있음
대안교수	• 한 명의 교사는 대집단을, 또 한 명의 교사는 소집단 수업 진행 • 심화교육과 보충교육에 적합	• 특별히 교육적 서비스가 필요한 다수 아동에 대한 지원 가능 • 차별화 교수방법을 통한 개별지도 가능 • 학습내용에 대한 학생들의 수준 차가 많을 때 효과적임	• 교사 간의 역할 분담의 불균형 • pull out 효과 • 낙인효과
팀티칭 (팀교수)	• 두 명의 교사가 공동으로 수업진행 • 모든 학생을 대상으로 동등한 책임과 역할수행 • 수화교사와 구어교사가 교대로 모델링 제시 • 원어민 교사와 한국인 교사 수업	• 토론이나 인지 영역의 활성화를 요구하는 다양한 활동에서 지도 가능 • 의사소통과 화합 등의 협력관계	• 철저한 공동 준비과정이 요구됨 • 학생들의 혼선 야기 가능성

교수-지원 교수	• 한 명의 교사는 대다수의 학생을 대상으로 수업을 하고, 다른 한 명의 교사는 순회하면서 개별지원이 필요한 다른 학생들을 지도	• 일대일 지도 가능 • 효과적인 문제행동 관리 • 유동적 지원	• 개별지원 교사 역할 비중의 불균형 • 주 교사와 보조교사로 역할 고정

출처: Werning, Avci-Werning, 2015; 최승숙, 2007; 박소영, 2007에서 재구성.

모든 과목에 대해 협력교수를 운영하려고 하기보다 특정 과목을 정해서 한 학기 동안 매주 또는 격주로 진행하는 것이 교사의 부담을 줄일 수 있다. 무엇보다도 중요한 것은 적용 상황에 적합한 협력교수를 적용하는 것이다.

교수-관찰교수는 수업시간에 문제행동을 보이는 학생의 선행사건을 파악하기 위해 적용하는 것이 효과적이며 스테이션 교수는, 예를 들어 사회시간에 세계의 다양한 문화에 대해 학습할 때 각 나라별 스테이션을 구성할 수 있다. 평행교수는 수학시간에 사칙연산 과정을 두 그룹으로 나누어 설명하고 연습할 경우에 적용하는 것이 효과적이다. 대안교수는 대집단은 숙제를 하는 동안에, 소집단 학생들은 보충학습을 하는 상황에서 효과적으로 운영 가능하다. 팀티칭은 두 교사의 경험이 서로 상호보완적일 수 있을 때 효과적인데, 가령 사회시간에 한 교사는 수업을 진행하고, 다른 교사는 칠판에 판서를 하는 형태의 협력교수가 가능하다. 교수-지원교수는 수업 자체는 한 교사가 주도하고 예를 들어, 영어시간에 A교사는 영문법에 대해 설명할 때 B교사는 도움이 필요한 학생에게 모르는 단어나 문법용어를 지도하는 형태로 진행할 수 있다(교육부, 2017).

(2) 협력교수의 효과

협력교수를 실시함으로써 다양한 효과를 기대할 수 있다. 이를 장애학생, 비장애학생 그리고 교사 측면으로 나누어 볼 때 그 효과는 다음과 같다(최승숙, 2004; 2007).

〈표 12-4〉 협력교수의 효과

대상	효과
장애학생	• 교사나 또래와의 상호작용 증진 • 사회적 기술의 향상 • 자존감 형성 • 문제행동 감소 • 과제 집중시간 증가 • 학업수행 능력 향상
비장애학생	• 장애인식 개선 • 장애학생과의 교우관계 형성 • 협력하는 자세와 방법 습득 • (특수교육대상자뿐만 아니라) 개별적 지원이 필요한 일반학생들의 지속적인 학습지원
교사	• 다양한 교수기술과 지식 습득의 기회 • 수업에서 다양한 활동 시도 가능 • (일반교사) 문제행동에 대한 대처능력 향상 • (일반교사) 교수수정 전략에 대한 지식 습득 • (특수교사) 일반교육과정의 흐름과 전체교수 기술의 습득

협력교수의 효과는 다음과 같이 요약할 수 있다. 첫째, 협력교수를 통해 학생들의 학문적 · 사회적 기술과 학생 스스로의 자존감이 향상된다. 둘째, 교사 대 학생의 비율이 줄어듦으로써 긍정적인 교수 학습환경이 형성된다. 셋째, 협력교수를 함으로써 교사들은 다양한 교수방법을 적용할 수 있다. 넷째, 협력적인 관계 구축을 통해 교실 내에 협력적인 분위기가 증진된다. 다섯째, 협력교사들은 전문가로서의 성장, 개인적인 지원 그리고 동기향상을 통해 직업에 대한 만족감이 높아진다(최승숙, 2007).

3) 협력적 자문

(1) 협력적 자문의 정의

자문이란 문제에 직면한 교사가 다른 사람으로부터 조언과 실제적 지원을 구하는 절차를 말한다. 여기서 협력적 자문이란 협력적인 부분이 강조된 것으로서 어느 한쪽이 일방적으로 자문을 받기보다는 교대로 역할이 바뀌면서 정보를 제공해 주는 자문자의 입장이 될 수 있다(이소현, 박은혜, 2011). 즉, 협력적 자문은 두 교사 모두 공동의 위치에서 동등한 책임을 지고 함께 문제를 해결하는 방식이다. 전통적 자문과 협력적 자문의 특성은 다음과 같은 차이를 갖는다.

〈표 12-5〉 전통적 자문과 협력적 자문 특성 비교

전통적 자문(consultation)	협력적 자문(collaborative consultation)
• 참여의도가 자발적이거나 의존적일 수 있음 • 자문과정이 협력적이거나 협력적이지 않을 수 있음 • 문제해결과정이 전문가와 비전문가 관계	• 참여의도가 자발적, 협력적 그리고 상호의존적임 • 상호 정의된 문제와 목표를 함께 해결함 • 역할/책무성을 공유함 • 자원을 공유함

출처: Wood, 2002, 최승숙 2006에서 재인용.

협력적 자문은 공식적 또는 비공식적 회의를 통해 이루어질 수 있다. 그 내용 또한 통합교육 인식개선과 관련된 활동에서부터 개별아동에 대한 문제행동의 예방이나 또는 교정을 목적으로 이루어지거나 여러 전문가들로 구성된 협력적 자문 팀을 구성하여 통합지원을 실행하는 등 매우 다양한 상황에 적용할 수 있다. 중요한 것은 공동의 목표와 계획수립 그리고 실행의 모든 단계에서 교사 간 협력이 이루어진다는 것이다.

(2) 협력적 자문 단계

협력적 자문은 다음과 같은 절차로 진행된다.

〈표 12-6〉 협력적 자문 단계

단계	활동	내용
1	자문 준비	편안한 물리적 환경을 마련한다. 또한 원활한 의사소통을 위한 의사소통 기술과 대화 시 주의할 점 등을 생각해 둔다.
2	자문 실시	자문교사와 자문을 받는 교사는 라포를 형성하고, 잠정적으로 정의된 문제에 대해 초점을 두고 문제를 파악한다.
3	문제 확인 및 진술	대상 아동의 문제를 명확히 파악하여 구체적으로 서술한다. 이때 문제 정의는 구체적이어야 하며, 전문적인 용어는 피하는 것이 좋다. 문제를 잘 파악하기 위해 다양한 방식을 통해 정보를 수집하고 문제에 대한 진술은 문서로 작성되어야 한다.

4	중재방안	중재방법에 대한 결정을 제시해야 한다. 아이디어를 자유롭게 제안하여 가장 합리적인 대안을 선택하게 되는데, 이때 다음 세 가지 측면을 특히 고려한다. −중재방법이 교실 일과나 관련자들의 업무를 방해하지 않는가? −중재방안이 실행 가능한가? −직접 문제해결에 참여할 참여자가 중재방법을 편안하게 느끼는가?
5	중재계획 작성과 중재시행	실행과정을 구체화한다. 중재를 계획하고 각 역할에 따른 책임을 분배하며, 평가기준과 방법을 구체적으로 마련한다.
6	진보 상황 평가	중재방안의 효과성과 문제해결 과정의 감독 및 평가를 위한 시간을 마련한다. 중재수정이나 중재종료에 관한 내용을 서로 논의하고 평가한다.

출처: 최승숙(2006).

4) 청각장애 학생을 위한 통합수업 지원

장애학생들은 자신이 가지고 있는 장애로 인하여 불이익을 당해서는 안 된다. 장애를 보상해 주거나 최소화할 수 있도록 도와주는 것이 무엇보다도 중요한데, 대표적으로 다음과 같은 방법을 들 수 있다.

(1) 환경개선

통합교실은 몇 가지 물리적 조건을 충족해야 한다. 거기에는 학교행정 및 조직상의 문제, 자리배치와 학급 분위기 조성 등이 포함된다.

• 학급규모

학급규모가 크다는 것은 청각장애 학생에게는 그만큼 불리한 요건이다. 따라서 학교장은 통합학급에 대해서는 학생 수를 줄여 주고, 업무분할을 도입하여 교사의 부담을 덜어 주어야 한다.

• 교실배치

청각장애 학생에게 좋은 자리배치란 잘 볼 수 있는 조건을 말한다. 첫째는 조명이다. 교실은 전체적으로 밝고 동일한 조명 밝기를 가져야 한다. 칠판 앞쪽은 어둡지 않도록 필요시 조명을 비춰 주는 것이 좋다. 프로젝터(빔)나 TV를 사용한 후에는 반드시 바로 꺼야 하며, 눈부심을 방지하기 위하여 조명은 학생의 등 뒤에 있는 것이 좋다. 창문은 가급적 학생을 등지고 있는 것이 좋으며, 학생의 자리와 교탁과의 거리는 3m를 넘지 않아야 한다. 또한 모둠수업을 하게 될 경우 쉽게 책장 위치를 변형할 수 있는 구조가 좋으며 교실에서 사용되는 의자는 쉽게 방향을 바꾸어 앉을 수 있는 회전의자가 좋다. 책상배치는 반원 형태나 L자형 또는 [그림 12-5]와 같은 형태가 적절하다.

[그림 12-5] 바람직한 교실환경

출처: Werning, Avci-Werning(2015).

• 음향학적 조건

교실에서의 소음은 청각장애 학생의 어음청취력과 집중력을 현저하게 떨어뜨린다. 따라서 교실 내 소음을 줄이는 것은 무엇보다도 중요하다. 학교 건물이 노후화되었거나 교실이 도로변에 있을 경우에는 청각장애 학생에게 불리하다. 학교 건물을 신축하거나 혹은 청각장애 학생이 있는 통합교실의 경우에는 소음제거에 효율적인 자재를 사용하는 것이 좋다. 교실의 잔향은 0.45초를 초과해서는 안 되며, 의자나 책상 다리에는 소음용 덮개를 씌워 주는 것이 소음을 줄이는 데 효과적이다. TV나 프로젝터 등과 같은 전자제품은 사용 즉시 꺼야 하며, 일상적인 활동을 하면서 발생하는 소음을 줄일 수 있는 행동지침 등을 학생들에게 알려주는 것이 필요하다.

• 교실 분위기

설령 대부분의 학생이 청각장애 학생을 수용한다 하더라도, 연령이 어린 학생들은 지속적으로 충분히 배려하는 자세를 갖기 어렵다. 청각장애 학생의 입장에서도 '함께하기'에 대한 심리적 압박감은 크다. 특히 청각장애의 경우에는 의사소통에서 문제가 뚜렷하게 나타난다. 청각장애로 인하여 다른 사람의 말을 이해하지 못하고, 상대방은 불분명한 발음으로 인해서 청각장애 학생의 말을 이해하기 어렵다. 이는 교우관계를 형성하는 데 부정적인 영향을 미친다. 어떤 경우에는 청각보조기기 착용을 꺼려서 일부러 보청기를 빼 놓는 경우도 있을 수 있으며, 교사가 인지하지 못하는 사이에 '왕따'를 경험하는 경우도 있다. 따라서 교사는 그 모든 가능성을 열어 두고 학급 분위기를 주의 깊게 관찰할 필요가 있다. 여기에는 장애인식에 대한 개선도 필요하다. 문제가 있을 경우에는 그에 대해 말할 수 있어야 하며, 수업시간에 '청각장애'에 대한 주제를 가지고 토론을 하거나 '소리'에 대해 각자 경험해 보는 시간을 가질 수도 있다. 예를 들면, 주변 소음에 집중해 보거나, 특정 소리를 듣지 못함으로써 갖는 불편함을 경험해 보는 것도 좋다. 물론 여기에는 대상 아동이 불편해하지 않는다는 것을 전제로 한다.

• 독화조건

교사가 얼굴 방향을 일정하게 유지하기 위해서는 칠판보다는 프로젝터를 사용하는 것이 보다 효율적이다. 교사의 동선은 짧은 것이 좋으며 다른 학생들과도 눈맞춤이 잘 이루어질 수 있어야 한다. 특히 청각장애 학생은 교사뿐만 아니라 발표자의 얼굴도 쉽게 볼 수 있어야 한다. 그런 맥락에서 모둠 형태의 자리배치는 적절하다고 볼 수 없다. 모든 학급 구성원은 말소리의 크기와 억양, 속도 그리고 발음 등에 주의할 뿐만 아니라 소음이나 여러 사람이 동시에 말하는 상황을 피할 수 있는 규칙을 만드는 것이 좋다. 예를 들면, 다음과 같은 규칙을 사용할 수 있다.

	어떤 특별한 활동을 할 때 손가락 인형 등을 활용하여 주의를 집중시킨다.
	청각장애 학생은 상대방의 말을 이해하지 못했거나 본인이 발언을 해야 할 때 카드를 제시할 수 있다.
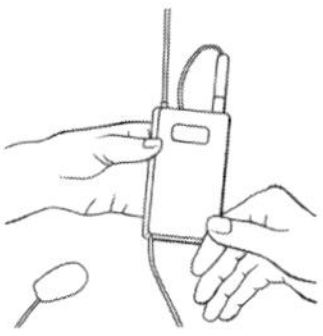	이 카드를 받은 사람만이 발언권을 갖는다.
	조용히 하라는 신호로 사용된다. 입은 다물고 귀는 열자는 신호이다.
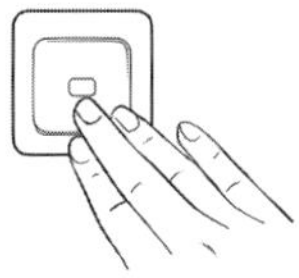	주변이 소음으로 시끄러워지거나 분위기를 바꾸기 위한 목적으로 불을 껐다가 다시 켠다.

[그림 12-6] 학급 내 규칙

(2) 교사의 언어

비슷한 수준의 학생을 동일한 교재로 가르치는데도 불구하고, 학교 교실에서 얻어지는 결과는 매우 다르다. 거기에는 많은 요소가 있겠지만, 그중에서 교사의 언어는 의사소통의 핵심이면서 수업의 질을 결정짓는 매우 중요한 요인이다. 우선 성공적인 의사소통을 위해서는 비언어적 요소, 준언어적 요소 그리고 언어적 요소를 잘 사용할 수 있어야 한다. 특히 청각장애 학생에게 이 세 가지 요소는 상호작용뿐만 아니라 수업의 효율성을 위해서도 매우 중요하다.

〈표 12-7〉 의사소통의 요소

요소	예시
비언어적 요소	표정, 제스처, 자세와 동작, 공간 이동
준언어적 요소	말소리의 빠르기, 높이, 세기, 침묵
언어적 요소	발음, 어휘, 문장의 정확성 및 효율성

학생들은 교사의 얼굴표정을 보고 선생님의 기분을 파악하거나, 자신이 질문을 해도 되는지 아니면 가만히 있어야 하는지를 느낀다. 상대방이 나에게 우호적인지 혹은 거부감을 가지고 있는지는 굳이 대화를 하지 않아도 알 수 있는 것과도 같다. 청각장애 학생을 지도하는 데 있어서 교사의 몸짓은 특히 중요하다. 불필요한 동작을 많이 사용하는 것은 방해가 되지만 의미를 보완해 주는 측면에서의 몸짓은 도움이 된다. 공간 이동도 일반적인 수업에서는 수업의 분위기를 바꾸어 주는 요인이 되지만, 청각장애 학생에게는 부정적 요인으로 작용할 수 있다. 준언어적 요소에서는 말의 속도가 너무 빠르거나 목소리의 크기가 너무 작은 경우에는 학습효과를 떨어뜨린다. 수업에서 침묵은 강력한 수업통제 수단이 될 수도 있는데, 청각장애 학생에게는 의도적인 교사의 침묵은 집중력을 유지시켜 주고 감각을 쉬게 할 수 있는 시간이 된다. 언어적 요소는 수업시간에 이루어지는 모든 교사의 발화 및 발문이 해당한다. 좋은 수업이 학습 목적을 달성시키기 위한 것이라면, 교사의 언어는 수업의 성패를 결정짓는 가장 중요한 요인이다. 동기와 흥미를 유도하고, 질문하고, 설명하고, 칭찬하고 그리고 잘 피드백하기 위해서 교사는 먼저 자신의 언어를 점검해 볼 필요가 있다. 교사의 언어는 학습을 촉진하는 요소가 되기도 하지만, 반대로 학생으로 하여금 압박감이나 지루함을 느끼게 할 수도 있기 때문이다. 특히 의사소통의 결함을 가지고 있는 청각장애 학생에게 교사의 언어는 무엇보다도 중요하다.

• 잘 들어주기

학생의 말을 잘 들어주는 것은 학생에게 무엇을 질문하는 것보다도 더 중요한 의미를 갖는다. 교실에서 교사는 잘 경청하는 자세와 공감을 표현하는 것이 중요하다. 학생이 말을 하고 있는데 다른 쪽으로 시선을 돌리거나 다른 행동을 하게 되면 학생은 말하고자 하는 의욕이 상실되며 다른 학생들의 주의집중도 산만해진다. 결국 교사가 잘 듣는 것은 학습 의욕을 촉진시킬 뿐만 아니라 듣기 모델로 작용한다. 청각장애 학생은 말하는 것에 대해 불안감을 갖기 쉬우므로 특히 교사의 '공감적 듣기' 태도가 중요하다. 다음은 교사의 적절한 경청 태도에 대한 예시이다.

- 학생의 말을 교사가 반복해 준다. 예를 들면, "이건 너무 어려워요."라고 말하면, 교사는 "너무 어려워요?"라고 말해 준다.
- 말하는 학생과 시선을 맞추고 학생의 말에 언어적 또는 비언어적 반응을 보인다.
- 발음이 매우 불분명하여 이해하기 어려울 때에는 다시 말할 것을 요구할 수 있다. 단순히 다시 말해 달라는 의미로, "응?" "뭐라고?"로 물을 수도 있지만, 전체 문장을 반복하여 말할 것을 요구할 수도 있다. 그러나 전체 문장을 다시 반복해야 하는 것은 청각장애 학생의 입장에서 다소 번거로울 수 있으므로, 메시지의 일부라도 이해했을 경우에는 부분 반복하기를 요구하는 것이 더 효과적이다. 화자의 발화 일부를 교사가 반복해 줌으로써 원래 발화 의미를 확인하는 효과를 갖는다. 메시지를 전혀 이해하지 못한 경우에는 다른 단어로 말해 달라고 하거나 손바닥에 철자를 써 달라고 요구할 수도 있다.

〈표 12-8〉 요구방법

요구유형	정의	예
(전체) 반복하기	청자가 화자에게 메시지 전체를 반복해 달라고 요구하는 것이다. 지나치게 자주 사용하면 효과가 감소한다.	A: 한드떼디보다다당맨머거오. B: 미안하지만 다시 한 번 말해 줄래?
(부분) 반복하기	자신이 이해한 부분을 기초로 하여 이해하지 못한 부분을 반복해 달라고 요구한다.	A: 저는 %#^에서 살아요. B: 어디에서 산다고?
		A: 하지니가 &^%&* 물어봤어요. B: 하지니가 뭘 물어봤다고?
바꾸어 말하기	같은 내용의 메시지를 다른 단어를 사용해서 말해 달라고 요구하는 것이다.	A: 너무 *&(%$#@**#@ 못하겠어요. B: 다르게 말해 볼래?

• 잘 말하기

교사의 말은 학생의 주의집중을 충분히 이끌어 올 수 있어야 한다. 그러기 위해서는 말이 분명해야 하며 이해하기 쉬워야 한다. 교사가 사용하는 언어는 학생들의 모델이 될 뿐만 아니라 학생들 간에 서로 의사소통이 되지 않을 때 교사가 대신 학생 말을 반복해 주거나 다른 말로 전달해 주는 통역사의 역할도 해야 한다. 다음의 예는 교사의 바람직한 발화태도이다.

- 분명하고 과장되지 않은 정도에서 천천히 이야기한다.
- 불필요한 감탄사는 가급적 사용하지 않는다.
- 완전한 문장을 사용하되, 짧은 문장으로 말한다.
- 질문을 할 때는 명확하게 하며, '무엇' '누가' '언제' '왜' 등의 의문사를 사용한다.
- 학생의 언어발달 수준에 맞는 어휘를 사용한다.
- 학생의 발화가 잘못 되었을 경우에는 수정해 준다.
- 학생의 이해를 돕기 위하여 비구어적 요소를 충분히 활용한다.
- 학생을 부를 때는 이름과 함께 손짓을 함께 사용한다.
- 학생이 정확히 이해했는지를 확인한다. 그러나 이때 "선생님이 한 말 이해했어?"라고 묻지 않고 "선생님이 뭐라고 했지?"라고 묻는다.
- 학생이 다른 학생들과 이루어진 대화 전체를 이해할 수 있도록 다른 사람의 말을 교사가 그대로 옮겨 준다. 예를 들면, 다음과 같은 상황이다.

> 학생: 선생님, 저는 플루트가 목관악기라고 생각해요.
> 교사: 하진이는 플루트가 목관악기라고 생각하는구나. 다른 사람들 생각은 어때요?

- 학생에게 한 번 더 들을 수 있는 기회를 주기 위하여 다음과 같이 도움을 줄 수 있다.

> • 교사: 방금 근력운동 장점 세 가지를 이야기했어요. 누가 다시 한 번 말해 볼까요?
> • 교사: 다시 정리해 보겠어요. 근력운동은 (…) 세 가지 장점을 가지고 있습니다.

- 말 도중에 쉼을 적절히 주어 생각하고 답을 준비할 수 있도록 한다.
- 학생이 무엇을 쓰고 있을 때에는 기다려 주고 가급적 말하지 않는다.

–경우에 따라서는 이해를 돕기 위하여 글로 다시 한 번 보여 준다.

–표현을 바꾸어 말해 주거나 짧게 말해 준다.

(3) 수업전략

통합수업을 하는 데 있어서 수업방식은 매우 중요하다. 이때 비장애학생과 장애학생 모두에게 긍정적이어야 하며 자칫 수업의 수준이 낮아지거나 시간 배분에서 균형을 잃어서는 안 된다. 청각장애 학생의 통합수업에 효율적으로 적용할 수 있는 수업방식은 크게 세 가지로 요약할 수 있다. 첫째는 시각화이며, 둘째는 조직화 그리고 셋째는 차별화이다.

〈표 12-9〉 수업전략

시각화	• 내용을 프로젝터나 랩톱(laptop)을 활용하여 문자로 써 준다. • 새로운 어휘나, 주요 내용 혹은 읽어야 할 페이지 등은 칠판에 써 준다. • 그림카드나 문자카드를 제시해 준다. • 동영상에 자막을 넣어 준다. • 과제나 일정 등과 같은 중요한 내용은 칠판이나 메모를 활용한다.
조직화	• 순서화한다. • 수업목표와 수행과제 등을 분명하게 한다. • 집중력 등을 고려하여 과제수행 단계를 적절히 나누어 준다. • 기본원리를 이해하기 쉽게 제시한다. • 교사나 혹은 다른 학생을 통해 주요 수업 내용을 반복한다.
차별화	• 양적 · 질적으로 과제를 수정한다. • 다른 학생들과 다른 수정된 자료를 준다. • 부연설명을 한다. • 친구와 협력할 수 있는 과제를 준다.

출처: Truckenbrodt & Leonhardt(2016).

앞의 세 가지 전략은 비단 청각장애 학생뿐만 아니라 일반학생 그리고 학업성취에 어려움을 가지고 있는 다른 학생들에게도 최적의 촉진전략이 될 수 있다. 차별화 전략을 잘못 사용할 경우 학생들 간의 성취 차이가 커질 수 있기 때문에 교사는 학생의 수준을 정확하게 파악하고 그에 따른 수정전략을 사용해야 한다. 앞의 차별화 전략에서 양적 · 질적으로 과제를 수정하는 방법의 예시는 다음과 같다.

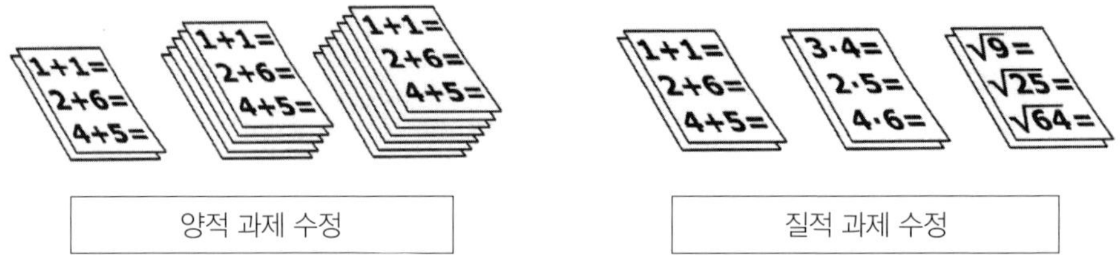

[그림 12-7] 과제 수정 예시

출처: Truckenbrodt & Leonhardt(2016).

또한 청각장애 학생은 일반아동에 비하여 언어적 정보를 받아들이는 양이 현저하게 적을 뿐만 아니라 훨씬 더 많은 주의력과 집중력이 요구된다. 정확하지 않은 지각이 입력될 경우에는 그 정보에 대해 보완하고 조절해 나가야 하기 때문이다. 따라서 청각장애 아동은 동일한 과제시간에도 쉽게 지치고 스트레스를 더 많이 받게 된다. 하르트만(Hartmann, 2001)은 일반아동의 주의집중 시간을 다음과 같이 제시하고 있다.

〈표 12-10〉 일반아동의 집중력 유지시간

연령	5~7세	7~10세	10~12	12세 이상
집중력 유지시간	15분	20분	25분	30분

청각장애아동의 집중력을 일반아동과 동일하게 유지하기 위해서는 몇 가지 지원 전략이 필요하다.

- 어려운 내용은 가능한 한 수업 초반부에 제시해 준다.
- 수업 도중에 잠깐씩의 휴식시간을 주어 시각(독화)과 청각을 쉴 수 있도록 한다.
- 아동의 집중력이 소진되기 전에 아동에게 말을 건네서 수업으로 유도한다.
- 최상의 지각조건을 만들어 준다. 예를 들면, 소음을 줄여 주고, 불빛 등을 이용하여 주의를 끈다.
- 비구어적 자극들을 활용하여 교사의 말에 집중할 수 있도록 한다.
- 아동의 이름을 직접 호명하거나 간접적으로 거론하여 집중하도록 한다.
- 이완된 분위기 속에서 감각 휴식시간을 준다.

• 교사 중심의 수업과 학생 중심의 수업, 집단 중심 활동과 소집단 또는 개별학습 등을 수업 내에서 적절히 배분한다.

평가는 그 타당성과 객관성을 보장하는 것도 중요하지만, 수업 자체에 대한 관심과 자신감을 유발할 수 있다는 점에서 교사는 평가의 적절성을 늘 고려해야 한다. 그에 대한 예시는 다음과 같다.

• 말로 과제를 제시하는 대신 글로 과제를 써 준다.
• 외국어 수업의 경우 발음 영역에서 비중을 줄여 준다.
• 어휘 사전 등을 활용할 수 있도록 해 준다.
• 듣기나 받아쓰기 등의 시험을 다른 방법으로 대체할 수 있도록 해 준다.
• 이해능력을 감안하여 과제수행 시간을 좀 더 늘려 준다.
• 필요한 경우 구두시험 대신 필기시험을 볼 수 있도록 해 준다.

(4) 놀이활동 지원

통합교육에서 무엇보다도 중요한 것은 그들이 또래아이들과 의미 있는 상호작용을 하는 것이다. 연령이 낮은 경우에는 놀이활동을 통해 사회적 상호작용을 촉진시켜 주는 것이 매우 효과적인데. 이때 구조화된 프로그램을 통해 접근하는 것이 좋다. 장애아동과 일반아동 모두에게 적합한 수준의 놀이여야 하며, 놀이활동 시 고려해야 할 사항은 다음과 같다(고은, 진현자, 최진숙, 2010).

• 장애아동은 일반적으로 반응속도가 느리므로 충분히 반응할 수 있는 시간을 준다.
• 장애아동은 과제를 수행하는 데 반복이 필요하다. 따라서 놀이활동도 반복해 줌으로써 아동이 참여할 수 있는 기회를 높여 준다.
• 장애아동은 규칙을 이해하는 데 어려움을 가질 수 있으므로 천천히 설명해 준다.
• 놀이를 끈기 있게 지속하지 못할 경우에는 수시로 교사의 칭찬과 격려가 필요하다.
• 교사의 말 속도와 활동 속도를 조금 늦춰 준다.
• 규칙에 대해 설명할 때에는 작은 단계로 나누어 설명하고, 직접 시범을 보여 준다.

- 또래들의 놀이를 먼저 관찰할 기회를 준다.
- 규칙에 대한 설명은 핵심단어를 반복해서 해 주어야 한다.
- 청각보조기기를 착용한 경우에는 신체적 접촉을 꺼릴 수 있으니 주의해야 한다.
- 상호작용에 소극적인 아동의 경우에는 협동놀이에 앞서 한 명의 또래와 먼저 일대일 상호작용을 할 수 있도록 도와준다.
- 활동의 시작과 끝은 시각적 신호로 제시해 준다.
- 쉽게 산만해지거나 장애아동이 활동을 거부할 경우에는 짧은 시간만 참여하도록 하여 전체적으로 분위기가 산만해지는 것을 피하는 것이 좋다.
- 동기유발이 낮은 경우에는 교사가 장애아동과 같은 조가 되어 지원해 줄 수 있다.
- 협동놀이를 할 때 심리적 압박을 느끼지 않도록 한다.

3. 청각장애 교육방침 및 언어교육법

농학교의 수가 줄어들고, 뿐만 아니라 재학생의 수도 급감하고 있는 데에는 물론 '통합교육'이라고 하는 국가정책과 사회의 패러다임이 작용한다. 그러나 앞서 언급한 바와 같이 일반학교에서 농학교로 역통합되는 현상이 생겨나기도 하며, 일부 학생들을 제외한 많은 청각장애학생은 의사소통뿐만 아니라 교과 영역에서도 상당한 부진을 보이는 것 또한 현실이다. 이 장에서는 청각장애 학생을 포함한 특수교육대상자에 대한 국가의 교육방침과 청각장애 학생의 언어교육을 종합적으로 살펴보고자 한다.

1) 국가의 교육방침[3)]

장애학생에 대한 국가의 교육방침은 매우 명확하다.

첫째, 「헌법」 제 31조 제1항에서는 '모든 국민은 능력에 따라 균등하게 교육받을 권리가 있다.'라고 명시하고 있다. 이는 양적 기회와 질적 기회를 모두 보장하는 것으

3) 이 내용은 김원경 외(2009)에 근거하고 있다.

로서 장애로 인하여 균등한 교육기회를 보장받을 수 없는 학습자에 대해서는 불리한 조건을 제거하여 차별 없는 교육을 받을 수 있도록 하는 것을 의미한다.

둘째,「초 · 중등교육법」 시행령뿐만 아니라「장애인 등에 대한 특수교육법」에서는 특수교육대상자의 교육을 위해 많은 내용이 법으로 규정되어 있다.

> 제3조(의무교육 등)
>
> ① 특수교육대상자에 대하여는「교육기본법」 제8조에도 불구하고 유치원 · 초등학교 · 중학교 및 고등학교 과정의 교육은 의무교육으로 하고, 제24조에 따른 전공과와 만 3세 미만의 장애영아교육은 무상으로 한다.

특수교육대상자의 의무교육 연한은 일반학생과 달리 유치원과 고등학교 과정으로 확대하고, 고등학교 과정 이후의 전공과와 만 3세 미만 영아교육에 대해서도 무상으로 확대하였다. 의무교육이라 함은 강제성을 가지고 있으며, 무상교육은 보호자가 선택하여 받거나 받지 않을 수 있다. 우선 의무교육 연한의 확대는 교육받을 기회를 좀 더 확대시킨다는 측면이 강하며, 취학의무와 유예나 면제의 경우 일반학생의 경우에는 보호자의 신청으로 학교장이 결정할 수 있으나 특수교육대상자는 교육감 또는 교육장에게 신청을 하고 관할 특수교육운영위원회의 심의를 거쳐 결정하도록 되어 있다.

> 제4조(차별의 금지)
>
> ① 각급학교의 장 또는 대학의 장은 특수교육대상자가 그 학교에 입학하고자 하는 경우에는 그가 지닌 장애를 이유로 입학의 지원을 거부하거나 입학전형 합격자의 입학을 거부하는 등 교육기회에 있어서 차별을 하여서는 아니 된다.

차별금지는 단지 입학지원 거부뿐만 아니라 특수교육 관련 서비스 제공, 수업참여 및 교내외 활동 참여, 개별화교육지원팀에서의 참여 등 구체적인 사항들에 있어서 차별행위를 금지하도록 되어 있다.

제17조(특수교육대상자의 배치 및 교육)

① 교육장 또는 교육감은 제15조에 따라 특수교육대상자로 선정된 자를 해당 특수교육운영위원회의 심사를 거쳐 다음 각 호의 어느 하나에 배치하여 교육하여야 한다.

1. 일반학교의 일반학급
2. 일반학교의 특수학급
3. 특수학교

특수교육을 요구한 학생이 특수교육대상자로 선정되면 특수교육운영위원회가 학교배치에 대한 심사를 한다. 거주지에서 가장 가까운 곳에 배치하도록 하며, 통합된 교육환경을 우선적으로 제공하는 것을 원칙으로 한다. 일반학교의 일반학급에 특수교육대상자를 배치한 경우에는 특수교육지원센터 근무 교원이 해당 학교를 방문하여 학습을 지원할 수 있다.

제20조(교육과정의 운영 등)

① 특수교육기관의 유치원 · 초등학교 · 중학교 · 고등학교과정의 교육과정은 장애의 종별 및 정도를 고려하여 교육과학기술부령으로 정하고 영아교육과정과 전공과의 교육과정은 교육감의 승인을 받아 학교장이 정한다.

② 특수교육기관의 장 및 특수교육대상자가 배치된 일반학교의 장은 제1항에 다른 교육과정의 범위 안에서 특수교육대상자 개인의 장애종별과 정도, 연령, 현재 및 미래의 교육요구 등을 고려하여 교육과정의 내용을 조정하여 운영할 수 있다.

③ 특수학교의 장은 교육감의 승인을 받아 유치원 · 초등학교 · 중학교 · 고등학교과정을 통합하여 운영할 수 있다.

영아교육과정과 전공과는 특수교육대상자에게만 적용되는 학제이므로 학교장이 결정하되 교육감의 승인을 받도록 되어 있다. 특수교육대상자가 배치된 일반학교의 장에 대해서도 특수교육대상자 개개인에게 적합한 교육과정 적용을 강조하고 있다. 특수학교의 경우에는 학교급을 구분하지 않고 통합 운영할 수 있다. 예를 들면, 중학부 학생에게 초등 교육과정 내용을 적용하는 것이 효율적이라면 초등학교 내용을 적용할 수 있다는 것을 의미한다.

제 21조 (통합교육)

② 제17조에 따라 특수교육대상자를 배치 받은 일반학교의 장은 교육과정의 조정, 보조인력의 지원, 학습보고기기의 지원, 교원연수 등을 포함한 통합교육 계획을 수립·시행하여야 한다.

각급학교의 장은 일차적으로 통합교육의 실현에 노력해야 하며, 특수학급이 없는 일반학교의 장은 특수학급 설치 여부와 상관없이 해당 지역의 특수교육지원센터의 전문인력이나 인근 학교 특수학급 교사의 지원을 받아 통합교육 계획을 수립하여야 한다.

제 28조(특수교육 관련 서비스 등)

② 교육감은 특수교육대상자가 필요로 하는 경우에는 물리치료, 작업치료 등 치료지원을 제공하여야 한다.

③ 각급학교의 장은 특수교육대상자를 위하여 보조인력을 제공하여야 한다.

특수교육 관련 서비스는 상담지원, 가족지원, 치료지원, 보조인력지원, 보조공학기기지원, 학습보고기기지원, 통학지원, 정보접근지원, 보행훈련, 심리행동적응훈련 등 모두 열 가지로 구분되어 있다. 치료지원은 특수교육대상자의 교육을 효율적으로 실시하기 위해 제공되며 특수교육지원센터에서 대상자의 교육지원 내용을 결정하고, 이를 토대로 개별화교육지원팀에서 치료지원의 내용과 방법을 결정하도록 되어 있다. 치료지원 제공방법은 시·도 교육청에서 결정하되, 기존 치료실을 활용한 치료사 배치나, 유관기관(병·의원, 보건소, 복지관 등) 활용 또는 치료지원 바우처제도 등을 활용할 수 있다.

2) 청각장애 학생의 언어교육

과거 농인들은 농학교나 구화학교에서 교육을 받지 못하거나 많은 경우에는 의무교육을 마치지 못하는 경우도 많았다. 최근에는 여러 가지 법제화를 통하여 교육여건이 나아진 것은 사실이다. 또한 보청기 활용이나 인공와우 수술을 통해 일반학교에서 통합교육을 받는 학생의 수는 계속 증가하고 있지만, 이를 교육수준이 향상되었다고 말할 수는 없다. 청각장애 학생에 대한 언어교육 방법은 크게 구화법, 수화법, 토털 커뮤니케이션 그리고 이중언어 접근으로 구분할 수 있다.

(1) 구화법

구화법은 독화와 청능훈련 그리고 말 훈련 등을 통해 화자의 이야기를 잘 이해하고 의사소통을 잘하는 데 그 목적이 있다. 여기서 화자란 청각장애를 가지고 있지 않은 일반 건청인[4]을 말한다. 청각장애를 가지고 있는 아동의 약 90%는 건청인 부모를 가지고 있기 때문에 대부분의 청각장애 아동이 처음 접하는 언어는 구화이다. 부모들은 아동이 건청 사회에서 살아가야 한다는 점에서 수화보다는 말하기를 강조하고, 수화를 사용하지 못하도록 하는 경우가 많다. 특히 일반학교에서의 통합교육에서는 청각장애 학생 한 명을 위한 언어교육으로 수화교육을 도입하거나 보충하는 것은 현실적으로 매우 어렵다. 구화학교의 경우에도 청능훈련과 발성훈련에만 치중한 결과 건청인과는 매우 부자연스럽고 적절하지 않은 수준의 의사소통을 하거나, 반대로 농인과는 수화를 전혀 알지 못하기 때문에 서로 소통을 할 수 없는 상황이 되기도 한다. 음성언어 중심의 사회에서 살아가야 하기 때문에 재활과 치료를 통해 음성언어를 사용할 수 있어야 한다는 사실은 부인하기 어렵지만, 보청기를 착용하여도 상대방의 말소리를 정확하게 알아듣거나 말할 수 없는, 그래서 말하는 사람의 입모양과 표정 등을 종합해 가면서도 음성언어 습득이 어려운 청각장애 아동에게 과연 구화법만이 최선인지에 대해서는 생각해 보아야 할 부분이다. 현재 대부분의 농학교에서의 언어교육은 초등과정에서는 우리말 국어어휘에 대한 발음을 알아듣게 가르치는 청능교육과 이를 따라 말할 수 있게 지도하는 발성·발음지도를 하도록 되어 있다. 중·고등부 과정에서는 정식 교과서가 아닌 학교 자체에서 만든 교재로 국어문장지도를 하고 있어서(장진석, 2012), 농학교의 언어교육의 상당 부분은 국어교육 중심이라는 것을 알 수 있다. 아동의 청력수준을 고려하지 않은 채 수화교육을 배제한 구화 중심의 언어교육이 청각장애 아동의 언어교육 실패로 작용하는 요소라는 문제가 제기되고 있다.

4) 건청인은 청인이라고도 불리며, 청력에 이상이 없는 사람을 말한다.

(2) 수화법

실제 농학교에서의 수화교육는 학교마다 차이가 있지만, '수화교과' 시간을 별도로 배정해서 가르치지는 않는다. 제7차 특수학교 교육과정과 2008년 개정 특수학교 교육과정에서는 청각장애 아동을 대상으로 국어과 지도의 말하기 영역에서 '수화하기', 듣기 영역에서 '수화 읽기'를 포함하여 초등학교 1학년부터 수어지도를 하고 있으나, 청각장애학교에 재학하고 있는 청각장애 학생의 경우 대부분 초등부 고학년에 이르러서부터 수화를 모국어로 받아들이고 있다(유은정 외, 2013). 교사가 수업시간에 자연스럽게 수화를 사용하고 그 과정에서 수화를 지도하는 경우가 대부분이지만, 실제 신임교사들의 경우 거의 수화를 모르는 상태에서 부임하기 때문에 수화로 교과를 수업한다는 것은 매우 기대하기 어렵다. 15개 청각장애 특수학교 중 11개가 사립학교로 보고되고 있는 바, 학교 근무연수가 증가할수록 수화구사 능력도 향상될 것이라고 보이나, 실제로 2006년 국가인권위원회 조사결과에 따르면 청각장애학교에 근무하는 교사 가운데 3.8%만이 수화통역사 자격증을 소지하고 있는 것으로 나타났다(송화선, 2011, 장진석, 2012에서 재인용). 이는 농학교의 언어교육 현실을 잘 보여 주는 것이라 할 수 있다. 학계에서는 건청인 중심의 사고에서 벗어나 수화의 중요성을 강조되는 것처럼 보이나 실제 현장에서의 수화교육은 매우 부실하다는 것을 말해 준다. 수화는 농인이 사회와 소통하는 의사소통 방법이며(박정란, 2010), 교과를 학습하는 데 있어서도 매우 핵심적인 매개체 역할을 한다는 점에서 수화교육은 좀 더 적극적으로 교육과정에 반영될 필요가 있다.

(3) 토털 커뮤니케이션(Total Communication: TC)

토털 커뮤니케이션은 통합법, 총체적 의사소통법 등으로 번역된다. TC는 역사적으로 오랫동안 계속되었던 구화법과 수화법의 논쟁을 종식시킬 수 있었던 대안적 의사소통방법이었다. TC는 청각장애인이 구어 및 수화뿐만 아니라 지문자와 큐드 스피치 등을 종합적으로 활용하여 의사를 충분히 표현하고 이를 건청인이 시각 및 청각 등으로 수용하고 이해하는 의사소통방법을 말한다(유은정 외, 2013). 수화와 구화 모두를 인정하고 청각장애 학생의 욕구에 맞게 접근시키자는 취지였으나, 실효성을 거두지는 못하였다. 그러나 TC는 70년대 미국을 중심으로 시작된 의사소통 방법으로서 수화의 가치를 높였다는 데 의의가 있다. 농교육에서 구화 일변도의 교수방법이 학업성취에 도움이 되지 않는다는 한계점에서 시작되었지만 일종의 철학적 사고로 머무는 한계를 보였다. 그러나 김경진(2003)의 설문조사에 따르면 청각장애학교 교사의 67%가 TC를 사용하고 그다음으로 25.2%, 구어와 기타 의사소통 수단은 7%라고 보고되고 있다(유은정 외, 2013에서 재인용). 이는 청각장애학교의 경우 수화가 구화보다는 더 사용비율이 높다는 것을 보여 주고 있다.

(4) 이중언어교육(bilingual language education: 2Bi)

2Bi는 1980년대에 미국에서 등장한 새로운 패러다임으로 이 교육의 핵심은 농아동에게 먼저 수화를 익히게 한 다음 국어를 제 2언어로 가르치는 데 있다. 즉, 수화와 국어라고 하는 이중언어를 가르치되, 모어(母語)로 수화를 우선적으로 가르치는 것이 무엇보다도 중요하다고 본다. 예를 들면, 학교에 입학하면 수화와 국어교육을 동시에 받고, 만약 일반학교에서 통합교육을 받고 있는 경우라면 인근 농학교에서 정기적으로 일차 언어로서 수화교육을 받을 수 있다. 농학교의 경우에는 학생의 수화 습득 수준에 따라 별도 지도반을 설치 · 운영할 수 있으며, 협력교수 형태로 운영할 수 있다. 이때 구화를 사용하는 교사와 수화의 전문교사가 적절하게 배치되어야 한다는 것은 자명한 일이다. 이러한 이중언어교육 방법이 현장에 투입되기 위해서는 수화구사 능력에 있어서 전문성을 갖춘 교사를 배출하는 교사양성과정이 또한 전제되어야 하며, 무엇보다도 수화교육에 대한 국가차원의 목표와 방침이 요구된다고 할 수 있다.

참고문헌

김경숙(2006). 장애아동 통합교육 실행을 위한 협력적 접근의 이론적 연구. **통합교육연구**, 1(1), 43-62.

고은, 진현자, 최진숙(2010). **장애아동과 일반아동이 함께 하는 사회적 통합놀이**. 경기: 교육과학사.

고은(20012). UN 장애인권리협약에 따른 완전통합교육으로의 전환 -독일의 교사교육제도를 중심으로-. **특수아동교육연구**, 14(2), 1-26.

교육부(2017). **초 · 중등학교 통합교육 실행 가이드북**. 세종: 세종특별자치시교육청.

김정화(2009). 청각장애인 통합교육의 전망과 지원방안. 한국청각장애교육 100주년 기념 학술대회, **국립특수교육원학술지**, 219-236.

박소영(2007). 장애유아 통합교육기관의 협력교수 수행과정 연구. 단국대학교 박사학위논문.

박승희(1999). 2000년대 한국 특수학급의 정체성과 발전방향: 특수학교, 특수학급 및 일반학급의 관계 구도의 진전. **특수교육학연구**, 33(2), 35-66.

박인수(2010). 청각장애 특수학교 개별화교육계획 수립과 운영에 대한 질적연구. 창원대학교 박사학위논문.

박혜준(2010). 통합교육의 의미 다시 생각하기. **통합교육연구**, 5(2), 103-128.

송재준, 김문중(2012). 조직의 협업모형설정을 위한 탐색적 연구. **국제경상교육연구**, 9(4), 373-397.

유은정, 백무진, 안성우, 최상배, 서중현, 이광렬, 서유경, 허민정(2013). **청각장애아동교육**. 서울: 학지사.

이소현, 박은혜(2011). **특수아동교육**. 서울: 학지사.

정웅섭, 정은희(2015). 통합교육의 만족도에 대한 청각장애학생, 학부모, 교사의 인식비교. **한국청각 · 언어장애교육연구**, 6(1), 167-190.

장진석(2012). 청각장애학생에 대한 효율적인 언어교육체제모형 개발 탐색. **특수교육저널: 이론과 실천**. 13(1), 193-212.

최상배(2012). 청각장애학생 통합교육 실태와 개선방안 -교육 수화통역을 중심으로-. **특수아동교육연구**, 14(3), 55-77.

최승숙(2004). 통합교육을 실시하고 있는 초등학교 교실에서의 협력교수 실제. **특수교육학연구**, 39(3), 269-292.

최승숙(2006). 통합학급 내 장애학생의 교수-학습을 위한 특수교사와 일반교사의 협력모형과 실제. **학습장애연구**, 3(3), 117-137.

최승숙(2007). 협력교수를 통한 장애 유아 지원체계 개발 방안. **유아특수교육연구**, 7(3), 29-52.

최연숙, 박원희(2012). 지식커뮤니티 기반의 청각장애아동 통합교육전략. **디지털정책연구**, 10(11), 579-588.

최은정, 박순길(2014). 통합학급과 비통합학급 초등학생의 장애수용태도 비교. **지체중복건강장애연구**, 57(3), 71-87.

한국통합교육학회(2005). **통합교육**. 서울: 학지사.

Hartmann, H.(2001). Integrativer Unterricht am Lohnmühlen-Gymnasiu, Hamburg. *In: Spektrum Hören*, 7(4), 32-41.

Lindauer, M.(2009). Schülerinnen und Schüler mit Auditiven Verarbeitungs/ und Wahrnehmungsstörungen(AVWS). Abschlussbericht zum Forschungsprojekt. Ed. Bentheim.

Marschark, M., & Hauser, Peter C. (2012). 이종민, 최상배 공역, 농아동은 어떻게 학습하는가. 서울: 교육과학사.

Marvin, C.(1990). Probelms in school-based-language consultation and collaboration services: Defining the terms and improving the process. In: W. A. Secord(Hrsg.) Best practices in school speech-language pathology. TX: The Psychological Corporation.

Truckenbrodt, T., & Leonhardt, A.(2016). Schüler mit Hörschädiigung im inklusiven Unterricht. 2. Auflage. Reinhardt.

Werning, R., & Avci-Werning, M.(2015). *Herausforderung Inklusion in Schule und Unterricht*. Klett Kallmeyer.

찾 • 아 • 보 • 기

인명

윤백원 345

Adler, A. 273
Amman 17

Bekesy, G. v. 23
Bell, A. G. 22
Bonet, J. P. 16

Carrion 16
Corti, A. G. G. 22

Erikson, E. 275

Gallaudet, T. H. 21

Hall, R. S. 26
Heidsiek 20
Heinicke, S. 18
Helmholtz, H. v. 22

l'Epee, A. d. 18

Maslow, A. 274

Ponce de León 16

Stoke, W. 24

Urbantschitsch, V. 21, 301

Wundt, W. 361

내용

0dB HL 143
1 · 3 · 6원칙 123
2Bi 24
6개음검사 308

coactivity 425
collaboration 425
cooperation 425
coordination 425
dB HL 88
dB SL 88
dB SPL 88
FM 보청기 200
mel 95
phon 96
situational leadership 425
SKI-HI 프로그램 314

가역성 353
감각신경성 난청 70
개념종결 322
고막 51
고막운동성검사 103
고막장근 53
고막천공 63
고실 51
고실도 105
고음역여과기 195
골도검사 147
골도전도 67
골미로 55
공간성 355
공명 83
과잉차폐 167
과잉축소 261
과잉확대 261
광대역소음 93
교과 384
교수-관찰교수 428
교수내용의 수정 402
교수방법의 수정 400
교수-지원교수 429
교수집단의 수정 400
교육과정 379, 397
교육과정 수정 396
구면파 80
구문론 262
구화법 448
국어과 388
국어대응식 수화 348
귀걸이형 보청기 198
귓속형 보청기 198
기능성 게임 316
기능이득검사 206
기도검사 145
기도전도 67
기본음 82
기억 281
기저막 57, 58

난원창 51
내림프액 57
내이 55
놀이청력검사 129
농문화 349
농정체성 278
뇌간유발반응 116
누가현상 193

단일-크로스 202
대안교수 429
대안평가 403
대측반사 108
도로교통법 39
도상성 351
독화 320
독화소 325
동시성 352
동측반사 108
등골 53
등골근 53
등골근반사검사 108
등라우드니스 곡선 96
디지털 증폭기 190

라이스너막 57
로체스터법 23
린네검사 137

마이크로폰 185
막미로 55
말 · 언어지도 331
말림현상 163
말지각검사 306
말초청각장애 71, 229
매질 77
매핑 216
메니에르병 65
메스킹 효과 233
면적비 효과 54
문맥 유추 어휘 지도 288
문법수화 347

바나나 스피치 309
바르덴부르크 증후군 66
바이-크로스 203
발음중심접근법 285
발화수정전략 339
방향 듣기 243
방향송화기 187
배음 82
백색잡음 93, 167
버클링 효과 55
변경 397
변별 303
변별자질 258
변조 247
변조이음향방사 116
변형형 마이크로폰 188
보청기 185
보청기 지원 43
복합음 81
분석법 327
불연속성 가설 256

불쾌역치 150
비선형증폭기 191
비수지 신호 361
비언어적 요소 438
비주기음 82, 93
빙검사 139

살라만카 선언문 419
상승법 146
상자형 보청기 197
선별검사 123
선형증폭기 191
소리 77
소음 민감도 244
소음 속 어음검사 242
소음 · 진동관리법 시행규칙 37
소음성 난청 72
소음작업 39
수동 359
수어 347
수위 358
수정 397
수정상승법 146
수정전략 338
수평법 167
수행평가 404
수향 360
수형 356
수화 346
수화기 194
수화법 449
수화소 355
순음 81
순음청력검사 140
슈바바검사 139
스테이션 교수 428
시각강화청력검사 129
시각능력 321
시각화 441
시간간격 감지 232
시간적 처리 232
신구화주의 23
실이삽입이득검사 207
심리사회적 이론 275
심층구조 264
쓰기 290

아날로그 증폭기 190
아음파 86
압축부 81
양이통합검사 242
어음명료도 값 158
어음명료도 곡선 162
어음청력검사 156
어음청취역치 158
어음탐지역치 158
언어적 요소 438
역자승 법칙 85
연속성 가설 257
열등감 273
영어과 392
예기전략 338
오픈형 보청기 199
옹알이 256

와우 56
완전통합교육 419
외림프액 57
외이 50
외이도 50, 63
외이도염 63
욕구이론 274
웨버검사 138
웹 기반 청능훈련 318
위상상쇄 91
유연성 323
음고 95
음량 96
음상정위 247
음색 97
음성명료도 87
음성에너지 87
음소축소 268
음소확장 268
음영청취 163
음운론 255
음의 방향정위 231
음차검사 137
의미론 259
의미망 어휘지도 288
의사소통 전략 337
이간감쇠 164
이개 50
이경화증 64
이관 53
이분청취 241
이석증 56
이소골 52
이소골 기형 64
이음향방사 113
이중언어교육 450
이해 303
인공와우 209
인지 282
일과성 음유발이음향방사 114
읽기 284
임피던스 정합 작용 54

자동이음향방사 125
자동청성뇌간반응 124
자발이음향방사 114
자연수화 347
자의성 351
잔향 85
장애등급판정기준 30
장애등급표 29
저음역여과기 195
적외선 보청기 201
전극 212
전방향송화기 186
전음성 난청 70
전정기관 56
정원창 51
정의적 어휘지도 287
조음점 지시법 332
조정 397
조직화 441
종파 79
종합능력 322

종합법 327
주기음 92
주파수 86
주파수 압축 보청기 203
주파수 패턴 241
준언어적 요소 438
중이 50
중이검사 103
중이염 64
중추성 난청 70
중추청각신경계 61
중추청각장애 71
중추청각처리장애 225, 229
증폭기 189
증후군 64
지각 280
지각종결 322
지렛대 효과 54
직업성 소음성 난청 38
진폭 81, 88

차별화 441
차폐 163
청각 순서화 232
청각기관의 구조 49
청각선별검사 관련 법령 40
청각장애 등록절차 42
청각장애 특수학교 36
청각적 기억 233
청각적 기억력 242
청각적 배열 243
청각적 변별 231, 243
청각적 분석 233, 243
청각적 종결 233, 243
청각적 주의력 242
청각적 주의집중 233
청각적 합성 233, 243
청각통합훈련 246
청각패턴 인식 231
청각피로 111
청각행동척도 239
청능훈련 301
청력도 148
청력역치 143
청신경병증 122
청음기 206
청지각 235
청지각 훈련 247
체크리스트 405
초음파 86
촉각 보청기 203
총체적 접근법 327
최대 차폐값 167
최대명료도 162
최소 차폐값 167
최소대립쌍 368
최적역치 150
추골 52
축약성 354
출현율 34
침골 52

칵테일 파티 효과 233
커플러이득검사 207

코르티기 57
쿠잉 256
큐드 스피치 329
크로스 보청기 202

탈분극 현상 59
탐지 303
텔레코일 195
토털 커뮤니케이션 23, 449
통합 232
통합교육 417
통합수업 424
트리처콜린스 증후군 65
특수교육 교육과정 382
팀티칭 429

파동 78
파장 86
편재화 231
평가방법의 수정 402
평균순음역치 143
평균화 119
평면파 80
평탄형 마이크로폰 188
평행교수 428
평형기능장애 32
폐쇄증 63
폐쇄효과 194

포트폴리오 평가 404
표준평가 402
표준평가의 수정 402
표층구조 264
피셔 청각행동 체크리스트 238
필터링 119
핑크잡음 93

하강법 146
학교건강검사규칙 42
학업성취도 394
한국수화 347
행동관찰청력검사 128
헤르츠 86
협대역소음 94
협력교수 428
협력유형 424
협력적 자문 432
협력적 접근 426
협력적 팀 접근 427
혼합성 난청 70
화용론 265
확인 303
환기구 195
회복전략 338
횡파 79
효과적 차폐 168
희박부 81

저자 소개

고은(Ko Un)

독일 Hannover 대학교 특수교육과 학사

독일 Hannover 대학교 특수교육과 석사

독일 Hannover 대학교 특수교육과 박사

현) 전남대학교 사범대학 특수교육학부 교수

청각장애아교육

Educating Deaf and Hard of Hearing Children

2017년 9월 25일 1판 1쇄 발행
2020년 2월 20일 1판 5쇄 발행

지은이 • 고 은
펴낸이 • 김 진 환
펴낸곳 • (주) 학지사
04031 서울특별시 마포구 양화로 15길 20 마인드월드빌딩 5층
대표전화 • 02) 330-5114 팩스 • 02) 324-2345
등록번호 • 제313-2006-000265호

홈페이지 • http://www.hakjisa.co.kr
페이스북 • https://www.facebook.com/hakjisabook

ISBN 978-89-997-1269-2 93370

정가 **21,000**원

저자와의 협약으로 인지는 생략합니다.
파본은 구입처에서 교환하여 드립니다.

이 도서의 국립중앙도서관 출판시도서목록(CIP)은 서지정보유통지원시스템 홈페이지(http://seoji.nl.go.kr)와 국가자료공동목록시스템(http://www.nl.go.kr/kolisnet)에서 이용하실 수 있습니다.
(CIP제어번호: CIP2017022492)